U0488598

首阳教育书系

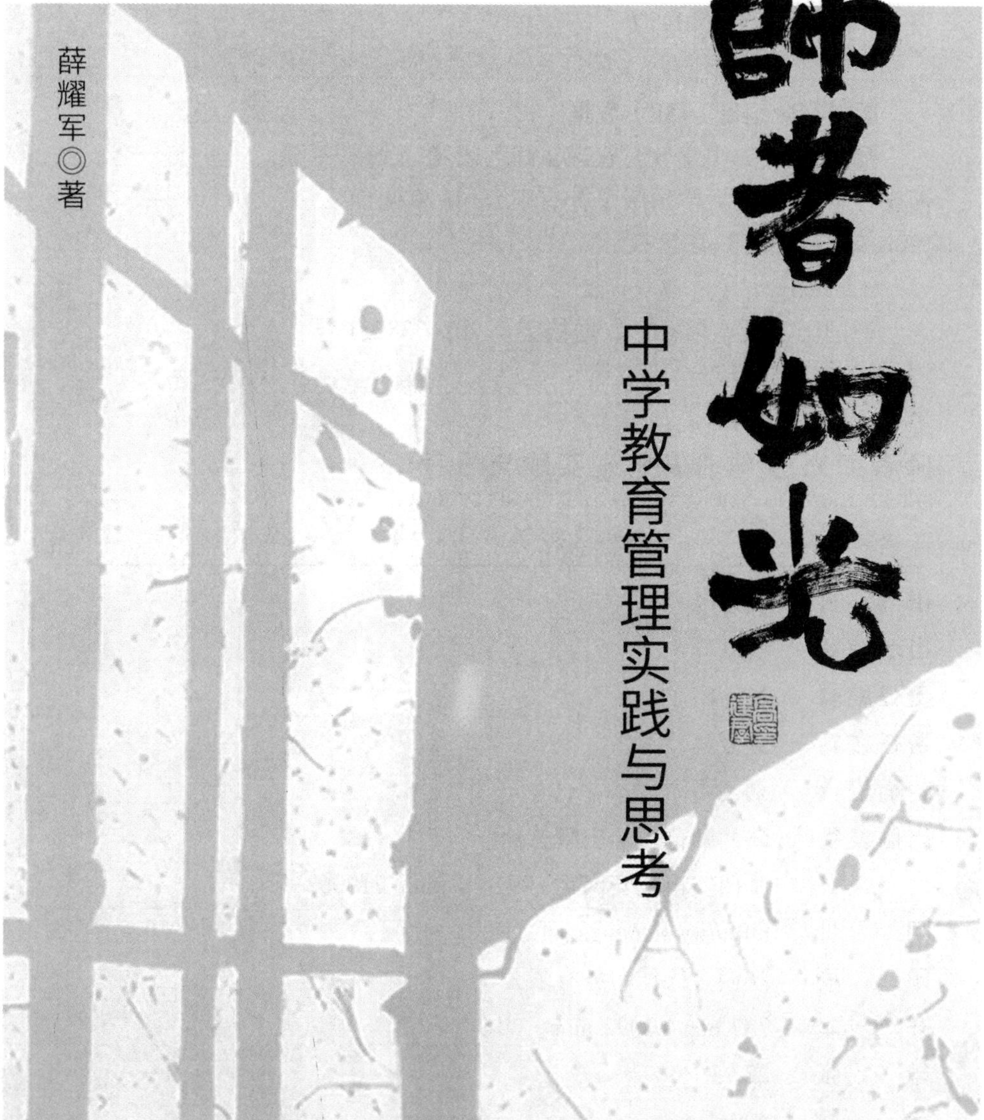

師者如光

中学教育管理实践与思考

薛耀军◎著

陕西师范大学出版总社 西安

图书代号：JY24N0977

图书在版编目（CIP）数据

师者如光：中学教育管理实践与思考 / 薛耀军著. 西安：陕西师范大学出版总社有限公司, 2024. 7.
ISBN 978-7-5695-4548-7

Ⅰ. G63

中国国家版本馆 CIP 数据核字第 202433892J 号

师者如光:中学教育管理实践与思考
SHIZHE RUGUANG : ZHONGXUE JIAOYU GUANLI SHIJIAN YU SIKAO

薛耀军　著

出 版 人	刘东风
出版统筹	曹联养
责任编辑	景　明
责任校对	张爱林
封面设计	刘乙睿
出版发行	陕西师范大学出版总社 （西安市长安南路 199 号　邮编 710062）
网　　址	http://www.snupg.com
印　　刷	陕西金德佳印务有限公司
开　　本	787 mm × 1092 mm　1/16
印　　张	27.75
字　　数	400 千
版　　次	2024 年 7 月第 1 版
印　　次	2024 年 7 月第 1 次印刷
书　　号	ISBN 978-7-5695-4548-7
定　　价	89.00 元

读者购书、书店添货或发现印装质量问题，请与本公司营销部联系、调换。
电话:（029）85307864　85303629　传真:（029）85303879

序

时光飞逝，转瞬五载，耀军校长新作《师者如光——中学教育管理实践与思考》即将出版。该著作集中展示了他的办学实践和思考，使我们有机会更好地理解他的办学思想，感悟他的教育情怀。

21 世纪以来，我国基础教育改革的深入推进，给学校管理者和教师的教育教学工作带来了挑战，也给教育教学发展带来了机遇。新时代要求教育工作者不断理解教育改革的真谛，践行教育改革的要求，改进自己的教育教学行为；也为那些善于思考、勇于实践、敢于担当的教育工作者提供了更加广阔的发展空间。耀军校长就是一个善于抓住机遇、勇于探索的基层教育管理者。

耀军校长的教育生涯起步于 20 世纪 90 年代，成长于教育改革时期，其教育职业的发展与教育改革同频共振。三十多年中，他相继在相桥朝阳小学、相桥初中、马额中学、华清中学、雨金中学、临潼中学等学校任职，实现了从任课教师、班主任、教研组长、中层管理者到副校长、校长等角色的转换，经历了大专、本科、研究生等学历的提升。这一系列的工作学习经历，使他的教育视野不断拓展，教育理论和实践水平显著提升。作为校长，他认真践行“教育家精神”，主导了临潼中学省级示范高中的成功创建，促进了学校办学水平和教育质量的全面提升。这一系统工程的完成，从某种程度上实现了他的教育理想和抱负，验证了他的教育思考和主张，也使他的教育思想得到了集中展示和全面提升。

本书中的每一篇文章，无论是工作计划方案，还是动员总结讲话，都反映出其教育思考的系统深入和教育教学管理实践的细致具体，其治校的基本观点和主张也得以清晰展现。

首先，重视价值引领。耀军校长一直孜孜不倦地追求人生的价值实现，并将这一崇高追求落实在教育工作之中，并始终将之与同行们共勉。“我们这一辈子不可能人人都活得高大上，但绝不可以活得低俗、庸俗和媚俗。通过工作修身养性、完善人格、磨砺意志、提升境界，最后达到心外无物、心静如水、精神充盈、身心愉悦，这就是工作修行的最高境界。”“一个人追求什么，他的幸福就靠什么来获得。”“教育是灵魂塑造灵魂、良知启迪良知、爱唤醒爱的过程。”担任校长后，他深刻领会和准确表达基础教育的性质和功能，确立了“奠基学生、成就教师”的办学理念，“环境优美、管理科学、质量卓越、特色鲜明”的办学目标以及“理想、责任”的校训，并以此为基本价值追求，建构了临潼中学的学校文化体系，凝聚和感召全校师生遵循基础教育规律，追求教育理想，践行有温度、有高度、有内涵的高质量教育理念。

其次，重视目标导向。耀军校长重视目标导向，他不仅通过中长期发展规划为学校确立了“环境优美、管理科学、质量卓越、特色鲜明”“让学校成为有温度、有高度、有内涵的师生生命共同体”的办学目标和发展愿景，确立了“秉承传统优势，着力内涵发展，提升办学水平，突出办学特色，培养身心健康、人格健全、精神丰盈、思想上进、意志坚定、心态阳光、个性鲜明、博学多识、开拓创新且具有人文素养、家国情怀和国际视野的现代有为青年”的育人目标，而且在所有具体的工作中都有明确的目标。围绕发展目标，进一步落实工作内容、方法、措施，整合优化校内外资源，建立起九鼎德育、特色课堂、书香校园、“1+N”办学模式等学校特色发展体系，推动学校的教育教学有序优质发展。

再次，重视制度规范。耀军校长笃信，能用制度解决的问题就不用会议解决，能用架构解决的问题就不用制度解决。他推动学校落实党组织领导的校长负责制，建立民主决策、校务公开等基本制度，探索建立“制度建设规范化、管理行为民主化、决策过程科学化、资源管理信息化”的“四化”管理运行机制，确立了“条＋块”有机融合的级部管理制度，修订完善了教职工聘任制、绩效工资考核制、干部公开竞聘制，建立了班主任管理、学生管理、活动和实践管理、教学常规和高效课堂管理体系以及新高考新课程管理体系、示范班管理体系、教育教学评价体系、后勤保障体系等一系列管理制度，建构起科学民主、运行高效的管理体系，极大地调动了教职工的积极性，保障了学校各项工作的良好运行。

最后，重视魅力感召。儒雅、知性、博学、仁爱、自尊，是人们对耀军校长的共同认知。独特的人格魅力得益于他的自我修养，他坚持学习，不断汲取营养，丰富自己的人生哲学；他用爱经营，用心付出，努力充盈其教育生涯。其人格魅力也得益于他的睿智善良，他要求学校管理者“每日十问”，同时由衷感谢他们的支持；他鼓励教师“家国情怀不应被理解为一种政治口号，而是教师人生高度的最后一公里，是教师作为知识分子最终极、最重要的担当”。他恪守儒家“齐家、治国、平天下”的理念，修身养性，拥有“桃李不言，下自成蹊”的教育情怀，并以之影响身边人。他认为只有不断提高修养修为，乐为人师，把拯救学生的灵魂作为终生奋斗的事业，才能收获职业的快乐和幸福。“教师不是圣贤，也不是道德标杆，但可以通过教学相长，实现对自己灵魂的救赎。”他严于律己，宽以待人，对退休教师，他感谢他们的付出，希望他们“身退心不退，一如既往地关心、支持学校工作”，希望他们“保重身体，注重健康，保持良好心态，培植兴趣爱好，做一个快乐有趣、性情高雅、健康幸福的人”。对待学生，他坚持每日寄语，从赤子情怀、意志品质、自我管理、价值追求等多方面勉励孩子们，以无声之语滋润孩子们成长。正是他的个人魅力，感召了全校师生，他们凝心聚力，在艰难的环境中，克服种种困难，经过三年坚持不懈的努力，最终将一所普通县域高中成功创建为省级示范高中。

临潼中学成就了他，他以教育智慧凝聚、提升了临潼中学的核心竞争力，期待耀军校长带领临潼中学更上一层楼。

刘天才

2024 年 6 月 27 日

自　序

本书的价值在哪里呢？

我既非教育家，也非知名教育人，既非大城市学校的校长，也非所谓名校校长，就是一位县域高中校长，那我能有什么特别的东西要给大家分享吗？我所说的有可借鉴的价值吗？

恰恰因为是县域高中的校长，我讲的关于学校发展的事情，一定会带有县域高中的特质，具有一定的普遍性。县域高中的现状是什么，困惑是什么，未来发展的希望在哪里，这些问题都可以在本书里寻出端倪或者找到线索。

本人从事校长工作已逾二十余载，期间当过偏远农村的初中校长、高中校长，也当过县城老牌省重点高中的副校长，三年前担任了县城另一所普通高中的校长。我曾对朋友说过，我从事教育工作的最大梦想或者最大使命就是要办出一所高质量、有特色、能示范的品牌强校、名校。为此，我每到一所学校，锐意改革、狠抓管理、提高质量，并将“质量立校、文化兴校、特色强校”这个理念贯穿于治校始终。

值得一提的是，在我任职的最后一个学校，在短短三年（2021 年至 2023 年）时间里，我带领团队将这所无论是环境、师资、生源还是教育教学质量都一般的普通高中成功创建为省级示范高中。我所在的县城，原本就有一所陕西省首批命名的省级重点中学，早在八年前就已成功晋升为省级示范高中。三年前我任职的这所高中，被戏称为“千年老二”，一直活在原有老牌省示范高中的“阴影”里，艰难前行。过去，省示范具有第一批次优先招生权，这就意味着我所在学校的生源相对而言比较薄弱。在生源就是发展硬资源的竞争环境里，如果不能取得招生平等权，竞争永远都是不公平的，发展永远都是不平衡的。那么，如何破解这个困局呢？我想，唯有自己的学校也能晋升为省级示范！

要创建省级示范，何其难哉！在我 2020 年 8 月来校以前，学校分别在 2013 年、2015 年、2018 年三次启动创建工作，但由于各种各样的原因最后都未能如愿。我想主要还是学校现状和省示范的要求差距太大。比照省级示范标准，无论是校园环境、设施设备、师资力量、高考质量还是校园文化、特色发展等都存在较大的差距。更要命的是，学校原有的沉重债务，使创建工作雪上加霜。但我从来都不是一个轻易认输的人，骨子里的倔强性格以及对教育的炽热情怀成为我立志创建省级示范高中的坚强动力。

任何事情都有其发展规律，创建省示范亦然。在对创建省示范这个学校发展大战略进行布局的时候，我们分别从两手抓起，一手抓质量立校，一手抓文化兴校和特色强校。创建省示范尽管条条框框比较多，但质量，尤其是高考质量仍然是一个绕不过去的弯。反过来说，如果一个省示范高中绝大部分学生都考不上大学，那其示范性不是大打折扣了吗？为此，我们运用首问负责制、立即落实原则、精细化管理思想这三大工作机制，明确责任、狠抓管理、步步为营、细抓落实，最终使高考质量逐年提升，到 2022 年时已达到学校建校以来的最好最高水平。本科量的大幅度提升，对于生源质量好、师资力量强、后勤保障得力的城市学校来说不算什么，但对于生源质量薄弱的县域高中来说，能实现低进高出，使九成多学生考入大学，这无疑是一个重大突破。此外，在创建伊始，我们不是先大刀阔斧地改造环境，添置各种设施设备，而是进行学校文化重塑。每个学校都有自己的前世今生，就像每个人拥有各自独特的生命体征和个性特色一样，或者说拥有自己独特的形象气质和精神内核。只有把握住这些，在进行文化建设的时候，才能准确把脉，对症下药。我所在的学校，原名城关中学，1999 年才搬迁到现址，并更名为临潼中学。极为可惜的是，老城关中学所有的东西除了一部分教学仪器及药品外，其他能够证明城关中学办学历史的老物件几乎都没有留存下来。在后来的校史馆建设中，我们动用了一切可以动用的资源和人脉，想找到当年的老物件，比如老教案、老教具、老照片等，但几乎一无所获。在这种情况下，要对学校文化进行溯源，靠实物已经没有可能性。那有没有其他的线索呢？功夫不负有心人，在大量调查研究的基础上，我发现了一条大家口口相传的线索。这条线索朴素得不能再朴素，但又重要得像一个重大事件的导火索。这条线索就是一句话，一句曾经广泛流传在教师当中的大白话："把筋挣断也要把教学质量搞上去！"这句话的背景就是老一辈临潼中学人在和县城另一所老牌省示范高中进行竞争时经常挂在嘴边的话，是一句永不放弃、永不言败的战斗口号！这不是内核精神是什么！在敏锐地捕捉到这个学校一脉相承的原生精神后，我们将其提炼提升为"厚德图强"这四个字，并作为学校精神加以发扬光大。有了这个学校精神，就等于找到了学校文化的根，并以此为基，对学校原有文化进行扬弃，于是就有了现有的文化框架和脉络，本书的第四编会详细讲解，并附有具体案例，这里不再赘述。

有了学校文化这个主轴，学校发展规划、校园环境改造、学校特色打造等工作的画卷便随之一一展开。省示范创建是一个复杂浩大的工程，涉及学校方方面面的工作，需要调集众多力量进行参与，尤其是对于刚刚接手的这样一个薄弱县域高中来说，其难度不言而喻。班子成员以及好心的领导都表达了他们的担忧，因为学校现状确实不容乐观。但是，我们没有气馁，更没有放弃，而是在保持清醒头脑的同时动手去做——开始擘画学校发展蓝图。在充分调研的基础上，我亲自动笔拟定了学校三年、五年、十年发展规划，在几易其稿后开展全校师生大讨论，定稿后又邀请专家进行全面评估，待其成熟后按图索骥。蓝图画好后，我们以学校文化建设为主线，开始进行校园环境改造、部室建设、课堂建设、教师队伍建设、学生发展建设、学校特色建设等一系列改造提升工作。不谦虚地说，我们付出了大量心血，做了许多常人难以想象的工作，这里不再一一苦情告白。尽管我们进行了艰苦卓绝的努力，但由于各种各样的原因，至今未能实现学校实质意义上的高质量发展，与理想中的强校名校还有较大的差距，对此，我们心怀愧疚。但我们扎扎实实做过的工作也有不少可圈可点的地方，为了使像我所在学校一样的兄弟学校有所借鉴，我把创建省示范工作当中一些好的做法提取出来，汇编成册，尽管不成体系，但总可以让有心的同类学校在创建省级示范或者实现高质量发展时少走弯路，也算是功德一件。

2023 年教师节前夕，习近平总书记在致全国优秀教师代表的信中指出："教师群体中涌现出一批教育家和优秀教师，他们具有心有大我、至诚报国的理想信念，言为士则、行为世范的道德情操，启智润心、因材施教的育人智慧，勤学笃行、求是创新的躬耕态度，乐教爱生、甘于奉献的仁爱之心，胸怀天下、以文化人的弘道追求，展现了中国特有的教育家精神。"其实，对于自幼喜读儒家经典的我来说，对于成为"立德、立言、立功"的圣人多少心存艳羡，甚至在无形中践行着圣人的标准。这样说来，我曾经那些深藏内心，成名成家的梦想，不是正好契合了习近平总书记对我们教育工作者的期望吗。陕西师范大学教育学部教授、教育学博士、博士生导师、国家"万人计划"教学名师陈鹏教授看过我的书稿后，有过一段评价："这是一个迫切需要教育家的时代，也是一个能够产生教育家的时代。在广大的一线教育教学工作者和教师群体中间，像薛耀军校长一样的无数优秀教育实践工作者正在积极践行中国特有的教育家精神，他们奋战在学校改革攻坚、创建一流的历史时刻，以自身之光，点亮师生之光，以满天星光照亮学生前行之路，为国家造就更多可堪大用、能担重任的栋梁之材。"这样的评价，多少让我有点沾沾自喜，但又惶恐不安！

诸君，如有机会，读到此书，我建议您不必从头读到尾，需要什么直接查找，即可快速借用。本人水平有限，难免贻笑大方，但只要本书中哪怕只是一句话对您有用，我便不会过于羞赧。

谢谢您对我报以善意的包容，不胜感激！

目 录

第一编

德育探究

第一章　班主任工作

第二章　校长的每日德育

第三章　临潼中学校本德育探索

第一章　班主任工作

真正的德育 首先是班主任的自我完善

如今，不愿当班主任的人越来越多，有些人为不当班主任找关系托门子，甚至以当了班主任就会得抑郁症、神经发疯等威胁学校。曾几何时，有些老师为了自己没有当成班主任而伤心失落。但反观现状，最有意义、最值得羡慕的班主任一职竟然沦落到“谈班主任色变”的地步，仿佛班主任是瘟神，唯恐躲之而不及。这到底是为什么？

我认为，原因是多方面的：一是如果全心投入班主任工作，以目前的班主任费来说，付出和回报不成正比；二是当班主任，在政治前途、评优评先、职称晋升、外出培训等方面均没有特殊的政策倾斜和照顾；三是教育没有赋予班主任行之有效的管理“法定特权”，导致管理难、风险高，和家长、学生发生纠纷甚至被殴打、被恶意举报的可能性不断加大；四是不良媒体对个别的教育负面事件以点带面、以偏概全地失实或夸大化报道，导致普罗大众对教育的神圣性、专业性越来越质疑，大多有良知、敬业爱岗的教师也躺着中枪，成为大家口诛笔伐的对象，导致教师“得天下英才而教之”的教育情怀尽失，班主任尤其如此；五是由于缺乏严格、科学的教师准入准出机制，导致只要进入教育系统，就好像进了保险箱，端了铁饭碗，干得再不好也拿他们没办法，导致好多教师不服从管理，挑战学校管理底线，不服从学校的工作安排，班主任这个“烫手山芋”自然也就被许多“校痞教师”恶意推辞。另外，还有很多原因，我不再一一列举。我今天讲的重点不是找不当班主任的原因，而是告诫我们的班主任，如何认识自己所担任的班主任工作，如何接受学校分配给自己的班主任工作？我认为，与其满腹牢骚，痛苦接受，不如直面问题，调整心态，勇于担当，寻找乐趣，干出成绩。

一、以良好的心态接受班主任工作

干好班主任工作说到底是责任心的问题，而责任心来自良好的心态。

总有一部分人觉得当班主任吃亏，所以要么逃避，要么应付，搞得自己心情不好，生活一团糟。我认为这是由于他们没有认真进行反思。

从成长的角度讲，只教书而不当班主任，永远成不了名师，更成不了教育家。被誉为当代“苏霍姆林斯基式的教师”魏书生、李镇西，都曾是有名的班主任，魏书生当了盘锦市教育局局长后，还在当着班主任。

从成就感的角度讲，只教书不当班主任，永远享受不到“桃李不言下自成蹊”的成就感。我们学校有些教师说起参加工作后的学生给自己过生日时的神情，充满了自豪感和成就感；有些老师则说现在的学生都是白眼狼，喂不熟。其实不然，造成学生毕业后不认你的主要原因，我看还是你没有对学生真心付出，没有找到当班主任的真正意义和乐趣所在。

从发展的角度讲，不当班主任，难以很快成熟，难以有所担当。班级管理是一种综合管理，涉及方方面面，具有一定的难度，需要一定的管理能力和技巧。如果能管好一个班级，就有可能管好一个年级甚至一所学校。现在很多人安于现状，喜欢享受，怕麻烦，怕干事，意志消沉，患得患失，干了一辈子，做事毫无建树，最终教书未成名师。

从自我保护和自己在学校所处位置的角度讲，班主任作为学校骨干，在参与学校事务的管理当中比一般教师拥有更多的话语权。更何况，所有学校对当班主任的老师在职称晋升、评优评先等方面都是有倾斜政策的。

二、担任班主任工作后，要学会自我心理调适

不要消极应付。既然接受了安排，就要改变心态，学会调适。不要想着，我本来不想当班主任，你非得让我当，那好，我当了以后故意消极工作，被动应付。这样做，你当然会心情不好，如果长期心情不好，对健康绝对不利。当然，你的消极情绪也会影响学生。

工作中遇到任何批评，首先要多想想自己哪些地方做得不够好，而不是出了问题就往歪处想：责任干事找我茬扣我分，领导整我扣我钱，都跟我过不去。你如果总是这样想，心情哪能愉快，身体如何健康得了？

当遇到困难，尤其是学生问题时，自己不能因为烦而乱了阵脚，要以研究的心态对待学生问题，把学生当中存在的问题当作课题来研究，静下心来总能找到解决的办法，长此以往，你的管理水平一定能够得以提高。另外，作为班主任要提高站位，我们为什么不能高尚一些，站在为国家民族培养人才的角度思考学生的教育问题呢？如果能这样想，当班主任这件事情自然也就多了一份家国情怀和责任担当的正义感和自豪感。

以简单的心理生活。人都会世故，但明知世故而不世故，是最大的聪明。现实生活中，我们有些人学问一肚子，但做人却小聪明小气量，叫人瞧不起。个别人善于揣摩领导意图，喜欢在领导之间选边站队，活得很累。还有人喜欢攀比，跟别人比车子比房子比老公，最后比得自己遍体鳞伤，牢骚满腹，怨言一堆。还有，我们当中有些教师，以无所谓的态度对待工作和学校领导，总是扬言：我就这样，看你们能把我怎么样。是的，领导不会把你怎么样，谁也不会把你怎么样，各人有各人的事情，谁也不会拿你当回事。人要想获得尊重，不是靠耍无赖恐吓，不是靠关系施压，而是靠工作，靠实力。

三、以班级管理工作为抓手，成就个人梦想

年轻人要有建功立业的雄心壮志，以昂扬饱满的精神状态，拼搏创新的宏大气势，造就一段无悔的人生。工作要能吃苦，不患得患失，敢碰硬，敢挑战，敢创新；胸怀要宽广，要有气量，能容事，能容人，能容困难；要给自己设立一个目标，三年一个台阶，五年一个飞跃，十年磨成一剑。

抓住机遇，促成飞跃。目前局里用人机制发生了很大变化，为人才的脱颖而出创造了许多有利条件，不管你是想成为名师，还是想成为管理者，都有很多机会。

从扎实的工作中求突破、求发展。我告诫年轻人，不是在领导身边多走动多表现，就会赢得领导的关注，关键还是工作表现。工作中的认识是最深刻、最真实的认识，工作中的情谊也是最珍贵、最纯真的情谊。那种坊间流传的“干得好不如说得好，说得好不如吹得好，吹得好不如拍得好”的处世哲学，只会误人前程，千万不可当真。

勤于思考，善于创新，工于行动。首先，要建立自己本班特色的管理运行机制。比如建立各种学生自治制度，建立各种委员会制。其次，要充分发挥班干部的作用。

尝试建立在任和后备两套班干部系统。再次，要以活动为载体，搞好班级德育，形成良好的班风学风。

有人说，要想让自己的教育生涯有意义，要想使自己的生活丰富多彩，那就当班主任吧！我想这绝不是一句二尺五的高帽子话，一定是那些因做班主任而事业有成且充实幸福的人，从多年实践中所得的发自肺腑的至理名言。

最后，用时下流行的一首歌祝福可敬可爱的班主任："愿你三冬暖，愿你春不寒，愿你天黑有灯，下雨有伞，……愿你路上，有良人相伴，……愿你独闯的日子不觉得孤单！"

解放自我 完善自我 才能做最优秀的德育导师

近年来，经济收入的多寡越来越成为衡量一个人是否成功和幸福的主要指标，于是“一切向钱看”似乎成了一种普遍价值观。这种价值观反映在学校工作中，就出现了一切从私利出发、拈轻怕重、趋利避害、公职私用、消极怠工等情形。反映在班主任的工作安排上，就出现了以各种理由拒绝推脱，致使学校工作严重受阻的情况。要说这一切在世俗眼里也在情理之中，趋利避害是人的本性，但作为具有普惠性质的公办学校，如果变成一个由唯利是图个体组成的乌合之众，那么这个组织的凝聚力、向心力、内驱力、发展力将无从谈起。长此以往，这个组织发展的最终结果必然是一盘散沙、一窝混乱。话说到这里，我不是在危言耸听，而是描述了一个大的现实背景而已。

作为学校的中流砥柱，班主任扮演着相当重要的角色，尽管这种角色没有得到相应的待遇和足够的重视，但班主任工作是否到位、得力，班主任是否能够改革、创新，则直接关系着学校的安全稳定和长远发展。目前，班主任队伍的建设还是存在一定的问题，比如新老交替的问题，自身素质提高的问题，专业经验匮乏和自主创新意识缺乏的问题，等等。基于此，我给班主任提几点建议。

一、珍惜担纲班主任的机会，学会在工作中获得快乐

当教师累，当班主任更累。所以，许多人宁愿多上课，也不愿意当班主任。还有些人年龄稍微大一些，就以身体不适或者孩子上学为由，逃避班主任工作。这个现象从每学期安排班主任工作的过程中就略见端倪，也是不争的事实。为什么会这样？原因在于：太劳累、责任大、待遇低、甚或是学校评价不公平，等等。但我觉得这都不是真正的理由，最根本的问题是认知。

对于一个有事业心的人来说，只要有兴趣、有价值，工作再累也不会觉得苦。而这种事业心来自对自我价值的追求。一个人追求什么，他的幸福就靠什么来获得。那我们追求什么，又靠什么来支撑我们的幸福？今生今世我做不了李嘉诚和比尔·盖茨了，也不能一夜暴富了，用充裕的金钱来包裹我们的幸福看来是不可能了，那么我们

的幸福来自何处？毋庸置疑，来自工作！尤其是班主任工作，给我们提供了前所未有的获得幸福和快乐的机会。不当班主任，你哪里有那种和学生亲如一家、共同成长的感觉？不当班主任，你哪能享受到桃李满天下的荣耀？魏书生曾说：“我属于愿意当班主任的那类教师。我总觉得，做教师而不当班主任，那真是失去了增长能力的机会，吃了大亏。”我国当代著名的教育改革家魏书生、李镇西等都是干了几十年班主任工作而后成长为一代教育家的。看，当班主任不光快乐和幸福，从更深意义上讲，还能提升自己的各种能力，说不定日后你还会成为教育家呢！至于学校给我们班主任的“优待”（评优、职称评定、外出培训等优先考虑），更是不用多说。所以说，让那些不愿当班主任的人后悔去吧，让我们这些留下来的人骄傲自豪吧！

二、主动在思想上和行动上解放自我，完善自我

班主任最基本、最主要的任务是什么？这个问题不明了，班主任就不会在思想上和行动上解放自己，更有甚者会迷茫于自身工作。

我们认为班主任最基本、最主要的任务是做学生心灵和学业的导师，具体到日常工作，那就是做好学生思想教育和学生常规管理。至于学校交给的其他工作内容，班主任只是协助和配合而已。但有时候学校的非科学评价会阻碍班主任的自我解放，比如说简单而庸俗的量化（我们的量化是对班主任常规工作的一种督促和提醒，而非班主任工作的全部）；还有“以智论德”的情况，不管班主任平时工作中做了多么深入、扎实的学生思想工作，也不管这些工作带来了多么良好的班风，只要成绩不理想就一票否决；还有一种是提倡并鼓励班主任当保姆，全天候地陪护学生，致使学生缺乏自治、自理能力。这些情况从学校层面上讲，我们已经认识到了其中的不足，但更重要的是，对于每一个班主任来说，更应主动实现自我的解放。

思想上的自我解放就是要勇于更新教育观念；行动上的自我解放就是要善于改革教育方法。班主任的思想观念应实现三个转变：一是变事务应付为教育科研。班主任要以研究的心态对待每一项工作和每一个学生，把每一个问题当作课题，把班级当科研基地。这样就会觉得每一天的工作都有新的发现、新的收获，异常紧张的工作也会因此变得生动有趣、有意义；二是变个人权威为集体意志。一个班当然离不开班主任的个人权威，但这种个人权威应该通过健康舆论、班纪班规转变为集体

意志，使班级由“我的”，变为“我们的”。这样，班级凝聚力才会形成，班主任工作才会事半功倍；三是变孤军奋战为师生合作。这是教师个人权威转变为集体意志后的必然结果。实际上，学生源于教师对自己的信任而产生的自觉性是不可忽视的，学生潜在的组织能力、管理能力更是不可估量。孤军奋战的苦与累想必当过班主任的教师都曾经历过，但未必人人都觉醒过。大家想一想，当每一个学生都以主人的姿态参与班级建设时，班主任还会累吗？基于这个思想上的认识，行动上很有必要改革我们的教育方法，使班主任摆脱繁杂事务的缠绕。要做到这一点，可以从两方面入手：大胆放手和民主管理。前面已经说过，班主任最基本、最主要的日常任务是学生思想教育和班级常规管理，因此班主任大可不必面面俱到。即使面对属于自己分内之责的班级常规管理和其他各种事务，也不必包办，而是放手让学生自己管理班级，处理各种事务。当然所谓民主管理，绝不是仅仅依靠几个班干部，而是引导学生建立班级规范，以制度的形式来保证每一个学生都有参与班级管理的权利和义务。一句话，变以人治班为依规治班，使学生真正成为集体的主人。

自我解放的意义，在于班主任由体力型的勤杂工成为科研型的教育者。因此，自我解放后的班主任，肩上的责任不是轻了而是重了。但和以前不同的是，这为班主任争取了一个完善自我的机会：他可以有更充裕的时间找学生谈心，深入学生心灵，研究学生思想，把学生工作做得更好；他可以有充沛的精力结合班级的教育实践，思考、探索教育改革，进行教育实验；他可以读书学习，撰写论文甚至著书立说，为中国教育做贡献……

三、挑战自我，做最优秀的班主任

人非生而知之者！同样，优秀班主任也非生而有之者。尤其对于刚刚从事班主任工作的年轻教师而言，要有初生牛犊不怕虎的精神，勇于学习，敢于创新，大胆地走出一条具有自我管理特色的班级管理道路来。

针对班级的管理是有一些规律可循的，但不可墨守成规。作为年轻班主任，学习他人的成功管理经验是一方面，但也不能迷信于老经验，要敢于结合班级实际大胆创新，不断挑战自我。每个班主任的成长、成熟、自我完善乃至成名成家，都会经历一个过程，而这个过程是呈螺旋状发展的。处在发展过程初期的时候，可能会出现职业倦怠现象——思想上排斥当班主任，行动上停滞不前，工作成了一种痛苦。怎么办？挑战自我，做科研型、专家型的优秀班主任是摆脱困惑的不二法门。对于工作了多年的班主任，尤其如此。

从科研的角度看，班主任工作当然很难做，但正因为难做，它才更有价值。目前，我们的德育理论研究相对薄弱，这使不少教师做起班主任来感到“无章可循、无本可依”。然而，德育理论的暂时匮乏恰恰为我们的班主任提供了一块开垦地，为我们的大胆创新提供了一个大显身手的舞台。比如，市场经济条件下的学生德育工作研究、现代班主任素质研究、班级管理科学化研究、德育效果的科学评价研究，等等。如此来看，班主任工作是一项多么富于实践性、理论性和开拓性的科学事业啊！它值得我们用一生的时间为之奋斗！只要我们善于思考、勤于实践、勇于创新，就会比单纯地做任课教师取得更丰硕的成果。

必须说明的是，从事德育研究和从事教学研究并不自相矛盾，二者往往相互促进、相得益彰。同志们，既然我们选择了这个职业，也就选择了无悔的人生，我们将献身于这个平凡而崇高的事业，一切辛苦都将是甜蜜的。

（本文借用了当代著名教育家李镇西的部分观点，在此表示感谢。）

先做人师 再做经师

班主任作为学校管理工作的纽带和桥梁，起着上情下达和落实执行具体工作的作用，不可谓不重要。学校许多重要的工作，尤其是办学理念和办学思路这些大战略的具体实施，缺少了班主任的推动和引领，就会大打折扣。班主任工作既是繁重的体力劳动，又是复杂的脑力劳动，我们这群人能踊跃担当在多数人看来是出力不讨好的班主任工作，说明我们是有良知的。这是一种教育良知，以德化人、为国育才的良知。但班主任工作绝不是凭着一股热情就能干好的，它不仅仅需要掌握一定的方式方法，拥有一定的管理技巧和管理艺术，更重要的是它需要有明确的认知、情感的付出、意志的考验、价值的追求，如此我们才能教育好、管理好学生，才能顺利完成学校交办的各项工作。作为班主任，如果我们自身都没有活明白，没有打开内心的万千结，没有稳固成熟的人生价值体系，那又如何去教育学生、影响学生？

一、我们这一辈子不可能人人都活得高大上，但绝不可以活得低俗、庸俗和媚俗

我不跟大家谈理想，我想跟大家谈一谈价值所在。我们的价值到底在哪儿？马斯洛的需求层次理论将人的需求分为五类：生理需求、安全需求、社交需求、尊重需求和自我实现需求。其中最高层级的需求就是自我实现的需求，这种自我实现其实是一种社会价值认可的实现。依据这个理论，我们活着的最终价值就在于要实现一种社会认可的价值——社会认可我们是一个好教师、好班主任。而当我们以德化人，为国育才，做了对社会对国家有益的事情，实现了社会认可的价值后，从道义层面讲我们是正义的、主流的，从精神层面讲我们是光明的、喜悦的。如此，我们的精神是通透的、心理是强大的、信念是坚定的。

二、有多大的担当，就有多大的福分

目前，在社会上存在着一种不良风气，那就是人人计较怕吃亏，个个想着占便宜，有一点麻烦就避之不及，有一点利益就趋之若鹜，这是一种病态。在这种不良风气的影响下，很多人的眼睛死盯着利益，脑袋规避着风险。可是，未来社会，谁才会

是最大的赢家？是那些虚伪者吗？是那些奸诈者吗？不是！未来社会，忠信者和担当者最终会成为最大的赢家！玻璃大王曹德旺先生的奋斗史，就有力地说明了这一点。有兴趣的同志可以看看曹德旺先生写的个人自传《心若菩提》。

马云创业时公司的前台童文红，始终坚持在阿里巴巴做前台这个看似不起眼的工作，她坚信马云会成功，十四年后终于由原前台成了副总裁。这种坚持坚信，实质就是一种担当。海底捞的副总杨利娟，一个初中毕业生，由于工作表现突出，敢于担当，一步一步地由服务员做到领班，再到大堂经理、店长，最终成为少数持股的高管之一。有一个讲她敢于担当的故事：海底捞 1999 年在西安开了第一家分店，有一天几个喝醉酒的人闹事，和海底捞的服务员打了起来，后又纠集了 60 多人持棍棒到海底捞准备打砸店面。当时杨利娟站出来冲在最前面，与其他员工一起和闹事者对峙，直至警察到来。她的这种担当精神得到了海底捞创始人张勇的赏识，也为她在海底捞的发展带来了很多机会。我们一般人为什么难以成功，就是因为缺乏担当，从而错失了各种发展的机会。

我经常善意地提醒年轻人，好好干，要敢于担当，敢于和不良风气作斗争。你遇事绕着走，偷奸耍滑，机会也绕着你走，你终将一事无成。当然，对于那些努力工作、敢于担当的同志，我想将来一定会得到满意的结果。念念不忘，必有回响啊！

三、工作绝不是拖垮我们生活的理由和贻误自己孩子教育的罪魁祸首

一个真正投身教育的人，绝不会因为工作而影响自己孩子的教育。著名教育家魏书生一年中 260 天都在外面讲学，当着班主任，还带着两个班的语文，可他的孩子仍以优异的成绩考入了清华大学。你可能会说魏书生全国只有一个，那我举举身边的例子：华清中学的孙娟、李文慧等名师，都是非常优秀敬业的教师，她们的孩子个个有出息，并没有因为努力工作而影响了孩子的教育，相反，正是她们勤奋敬业的精神激励着孩子们发奋学习。如果你认为是工作影响了你教育孩子，那你肯定不是个好老师，更不是个好父母。因为你在努力教育其他学生的时候，才能积累更多更好的教育经验，这些经验完全可以应用在你教育自己孩子的时候。如果你没有好好地教育自己的学生，没有总结出一套教育孩子的良方，那你又怎么能更好地教育自己的子女呢？这个道理不是很明显吗？

另外，如果你认为工作会影响你的生活，我认为，你这个人心智不健全，缺乏起码的统筹协调能力和基本的管理事务能力。因为工作本身就是生活，生活本身也是另外一种工作，不能割裂二者。换句话说，因为你没有真正地享受工作，所以你的生活也一塌糊涂；如果你用心工作，取得一定的成绩，得到一定的认可，那么这种被承认的愉悦情绪也会随之被带到日常生活中，使你意气风发。从这个意义上讲，工作绝不是拖垮我们生活的理由和贻误自己孩子教育的罪魁祸首。

四、带着工作修行，你的人生将无往而不胜

身处当今社会，我们往往被纷繁芜杂的各种现象遮住了双眼，被鸡毛蒜皮的琐事占据了心房。这些使我们不得一日安宁，时时刻刻都在患得患失，牢骚满腹，怨气冲天。我们像无头的苍蝇，不知飞往哪里，不知需要什么，不知哪里是最终的归宿。我们经常感叹活着没有意义，在心灵极度空虚的情况下，把希望寄托在各种劣质心灵鸡汤上面，或者用赌博等不良嗜好回避现实，消磨意志，自我麻醉，像鸵鸟一样把自己的头埋在沙堆里寻求心理慰藉和安全感。其实是我们把简单的事情复杂化了，只要我们抓住赖以生存的主线——工作，我们就会回归存在的本真和意义。

王阳明讲，工作即修行。工作即修行，其实就是“事上练”。“事上练”是王阳明心学中一个非常重要的智慧。如果将工作看作是一种修行的话，工作就不再是令人讨厌、使人煎熬的麻烦事，而是一种修行的法器，是通往幸福的路径和抓手。工作愈努力，修行越高，生活越幸福！修行修的是一种心境。

魏书生曾说：“若把学生当成天使时，我们天天活在天堂里；若把学生当成魔鬼时，我们就天天活在地狱里。”在班主任工作中，会面对各种类型的学生，他们资质不齐，性格迥异，如果我们在跟学生们打交道的过程中，没有修行的心态，那么一旦遇到逆境，势必会牢骚满腹甚至一蹶不振，直至在心里厌恶并放弃了班主任工作。若此，我们将失去了一个自我锻炼、自我发展的绝佳机会。

通过工作修身养性、完善人格、磨砺意志、提升境界，最后达到心无外物、心静如水、精神充盈、身心愉悦，这就是工作修行的最高境界。若达到了这个境界，我们还在乎那些蝇营狗苟、尔虞我诈、争权夺利、唯利是图的事吗？

五、用爱经营，用心付出，你带出的学生一定会充满人性的光辉，你带出的班级一定会成为一个温暖的大家庭

我们班主任经常苦口婆心地给学生讲一大堆道理，并且用严格的规定去管理自己的班级，结果总是收效甚微。问题出在哪儿？出在我们的教育缺乏真爱！朱永新老师曾讲："只有爱才能赢得爱，你爱教育事业，教育事业也会爱你，你才能获得事业上的乐趣。你爱学生，学生也才会爱你，也才会让你在和他们交往中忘记了外面的世界，忘记了生活的烦恼。"

教育是灵魂塑造灵魂、良知启迪良知、爱唤醒爱的过程。在这一过程中，如果缺乏爱这个催化剂，教育必将失去所有的温度。我们面对的学生，也许基础差、纪律差、习惯差，很不招人喜爱，但转换一下思维，如果我们真的能从心里去爱这些学生，对他们全身心地付出，我们的学生一定会觉醒，并且会学有所成，我们的班级一定会成为学生心灵的港湾，我们付出的爱也一定会得到回报。我认识一位民办学校的校聘老师，高中毕业，在一所小学教毕业班的语文，每次活动中她的班级都获奖，每次考试中她都比同课头的其他老师成绩好。为什么？不是因为她智商高，而是因为她心里有爱，对学生的爱，对教育的爱，对教师这个职业的热爱。"桃李不言，下自成蹊"，现在退休的她，经常能够收到来自全国各地学生的祝福和关心，学生们都亲切地叫她"妈妈"，她因此也感到非常幸福。然而，我看到的现状是，不少老师敷衍塞责、得过且过、欺骗学校、欺骗学生，最终误人子弟，自己也备受良心的谴责。这些"空心教师"的生活，一定也像他们的工作一样，缺乏生机和幸福。

六、用工作给人生一个交代，成就一个不一样的自己

我们搞教育的人，虽说不能个个成为专家学者，成为教育家，但为什么不能争取成为一个名师呢？即便不能成为名师，那为什么就不能成为一个负责任、有经验的好老师呢？我们的好多老师，不学习、不思考、不研究，穷其一生，庸庸碌碌，糊里糊涂，毫无建树，到头来怎么好意思给别人说自己教了一辈子书，是个老师呢？你说你有三十年的教育经验，我说你一个经验用了三十年，你不是一个合格的老师。

现在，我们好多年轻教师信奉那些所谓的"职场哲学"——干得好不如说得好，说得好不如吹得好，吹得好不如拍得好，拍得好不如送得好。说句真心话，这种所

谓的“职场哲学”也许会一时管用，但绝非安身立命之本，更有可能是一种毒药，毒害你的前程，毒害你的人生。因为这个所谓的“哲学观点”，脱离了事物的本质，背离了事物发展的方向，违背了人性的良知，最终会误导你不学无术，误入歧途。

工作虽然不是人生的全部，但绝对是人生的一条主线，任何企图游戏工作、亵玩生活的人，必将被工作所遗弃、被生活所淘汰，其人生必将是一个不完整的人生！

班主任工作八鉴

班主任工作繁重而复杂，既有脑力劳动又有体力劳动，要干好这项工作十分不易。在当前环境下，干好班主任工作不仅需要勤劳、智慧、勇气，甚至还要冒一定的风险，承担一定的责任。尤其是在班主任待遇不是很好的情况下，很多老师更是不愿意当班主任了。但我想，大部分老师不愿意带班倒不完全因待遇问题，也不尽是责任心缺乏的问题，主要原因还是对班主任工作心存畏惧，怕若干不好了会给自己制造不必要的事端。有句话叫“难者不会，会者不难”，今天，我很愿意跟大家分享我多年的班主任工作经验，以及我对班主任工作的思考和感悟，姑且称之为“班主任工作八项注意”，希望对想干好班主任工作的老师有所启发和帮助。

一、一种信念

一种信念就是要有为党育人、为国育才的责任感和使命感。

我们每一个从事教育的人，心里都要明白一个道理：我们的职业不仅仅是为养家糊口那么庸常，我们正在从事一项伟大的事业，是在为我们的党和国家以及民族培养建设者和接班人。因此，我们重任在肩，使命光荣。从个人的角度看，每一个孩子经过我们的教育培养，最后都能成为党和国家有用的人才，我们心里岂不快哉？

有了这个信念，我们还会逃避班主任工作吗？还会因为班主任工作的一时艰辛而叫苦不迭吗？我们会以满满的正能量迎难而上，勇挑重担，为国家、民族奉献自己的光和热。

二、两点意识

一点是安全意识，一点是质量意识。

安全是学校发展的基石，安全不保，何谈教育？所以，班主任工作要贯彻始终的一个意识就是安全意识，要让学生敬畏生命、呵护生命，并将其内化为一种行为自觉性，时时处处关注安全。

我们经常讲质量立校，一个学校没有办学质量，绝对不会得到社会、家长、学生的认可，最终也将会被淘汰出局。我心目中的质量，绝不是分数，绝不是每年一本、二本的升学率，我更看重的是学生综合素质的提升。质量的核心是：一切为了学生，为了学生一切。即我们要能够把所有学生安顿好，让他们个个都能打下为未来长足发展的良好基础。如此，我们的质量就是真正的质量，是全面发展的质量。

三、三重关系

一是班主任一定要处理好和学校领导之间的关系。这里我毋庸赘述，想引用李镇西老师的一段话以此表达同样的看法，他说："多站在校长角度想问题，在保持个性的同时服从大局，在勇于创新的同时增进理解，尽量用出色的工作成绩说服校长并赢得校长最大程度的支持——这就是我给你的建议。"这是我二十五年的班主任实践所获得的最大体会之一。我后来在班主任工作中的任何一项改革，都没有遇到过阻力，无论是校长还是主任，都成了我对班级管理改革和教育改革的坚强后盾和有力助手。

二是班主任一定要处理好与所带班级科任教师及学生之间的关系。就一个班级而言，班主任、科任教师、学生应该是一个团队，班主任则是团队的精神领袖。班主任应该有明确的教育理念和治班思想，并通过班级的制度建设和文化建设，将自己的这些理念和思想转化为所有师生的共识，并尽可能落实到行动上。只有这样，一个班才有可能成为真正的优秀班集体。班主任和本班科任教师、学生是志同道合的关系，是利益共同体和命运共同体。所以，班主任平时一定要加强沟通与协调，统一思想，统一认识，增强凝聚力和战斗力。

三是一定要处理好和家长之间的关系。首先，我们从思想上必须明白：家长和我们是同事关系，而不是两个阵营里毫不相关的人；我们同家长的目标和职责是一致的，那就是教育好学生，使其成人成才成功。家长的教育身份至关重要，学校进行的每一项改革，如果没有家长的配合与支持，要想顺利实施，几乎是不可能的。尤其是"新课程""新高考"的实施，如果缺乏家长的参与和支持，便难以有效实行。所以，班主任除了教育学生之外，还有一个重要任务，那就是要培训家长，对其产生良性影响。若要做好这些，一定要站在家长的角度考虑问题，以平等的姿态、平和的语气来处理和家长的关系，而不是高高在上指责、批评、埋怨家长，制造对立，产生怨恨。班主任是家校之间沟通的桥梁，我们一定要通过各种办法充分调动家长参与学校管理、学生管理的积极性，使我们的班级教育得到更多的帮助，使“三结合教育”落到实处。

处理好这三种关系，是班主任处理人际关系的基本功。作为班主任，恰当处理好以上三种关系，关乎本班的发展和稳定，关乎学校工作的安排与落实，关乎学校的教育质量和社会效应，所以我们必须重视。

四、四个克服

四个克服，即要求班主任能够克服畏难心理，克服抱怨心态，克服失控情绪，克服倦怠思想。

不少老师一接到学校安排的班主任工作就一头雾水、十分恐惧，甚至说，我是个老师，为什么要给我安排班主任工作呀！我教好书不就行了嘛，班主任安排给别人不行吗，非要折磨我？！从这个畏难情绪就可以看出，你是真的不懂得什么是教师。教师的职责就是教书育人，光教书不育人，那是合格的教师吗？再说，能者多劳，学校给你安排班主任工作，说明你有这方面的能力，有能力不发挥，我们的家国责任、社会担当体现在哪里？有些人，勉强当上班主任，却牢骚满腹，怨学校照顾不周，怨学生不听话，怨科任教师不给力，怨家长不配合，反正一天到晚，这不行那不顺眼。总之，让他当班主任就觉得是他命苦，是别人在欺负他。还有人，在面对学生犯错的时候，没有耐心，容易焦躁，甚至对学生大打出手，造成恶劣影响。另外，还有一种情况必须引起我们管理者的高度重视，那就是职业倦怠感。职业倦怠感表现为，遇事走程序、按部就班，不求有功但求无过，虽找不到大错，但也看不到激情，整个人就像是霜打的茄子，没有热情，没有斗志，没有创新。

这四种心理状态都是我们班主任工作道路上的拦路虎，如不克服，工作难以取得进展，还会出事。假如我们能够克服以上四种心理状态，以育人为乐的信念享受当班主任的过程，那么我们不但精神充盈，而且会越来越幸福。用江苏省名师李凤遐老师的话说：“要想身体好，班主任当到老。”当好班主任，不但不会影响身体、影响家庭、影响孩子的教育，相反还会促进和提高我们的各种能力。当好班主任的人，比别人有更多评优、晋升的机会，像魏书生、李镇西等都是当了班主任后走上校长、局长岗位的，而且他们当了领导干部以后，仍在继续坚持当班主任或者副班主任，可见班主任工作有多大的魅力。

五、五个建设、五级模式

五个建设是指，班主任接手班级的时候，首先要搞好学生领导班子建设；其次要搞好班组团队建设；三是要搞好班级文化建设；四是要搞好信息化应用建设；五是要搞好家长队伍建设。

班主任接手一个班级，首要任务是建立自己的管理团队，架构自己的管理模式，形成自己的管理机制，以保证班级能够正常、高效运转。班主任不能单兵作战，要和自己的科任教师形成合力，共同管理学生。班主任要善于和科任教师打成一片，不定期开会碰头，研讨生情学情教情，互通信息，形成合力，以提高教育教学效果；班主任要时刻关注科任教师的苦衷，要树立科任教师在学生心目中的良好形象。如此，班主任和科任教师拧成一股绳，不怕教育不好学生，不怕提高不了成绩。

班主任也要学会利用各种媒体，尤其是手机自媒体作为辅助手段，加强和学生及家长的沟通，达到事半功倍的效果。比如：可以利用家长群展示学生的生活、学习片段，或者向家长传达自己的教育感悟，或者和家长进行交流互动等。家长队伍建设好了，对于管理学生和落实学校的有关安排将会起到非常重要的作用。作为班主任，我们一定要起到学校和家长之间的桥梁作用，把学校的管理理念、思路和做法告知家长，让他们了解学校、参与到学校管理中来。如此，拉他们“入伙”，家长们就会有主人翁的责任感，和我们共同把班级和学校建设好。

五级模式是指，班主任分五个层级对班级进行管理：班主任要服从、领会学校领导对自身的管理；班主任对班长的领导；班长对各个部门委员的领导；各个部门委员对分管的人和具体工作的领导；班主任指挥各个单兵作战单元对具体工作进行直接领导。前四种管理不用我说了，重点说一下第五级模式。单兵作战单元管理是指除了班级中各级大小领导管辖以外的具体事务的管理，比如说，电灯由谁关掉，多媒体黑板由谁管理，放学后窗户由谁关闭，等等。单兵作战单元是保证其管理没有漏洞，达到事事有人管、处处有人管的目的。单兵作战单元既然称之为作战单元，那就不是某一个学生，而是2—3人组成的作战分队。这样保证了当某个人有事不能履行具体职责的时候，其他人能够及时补上。

六、六方机制

每一种管理模式就像“块”，而“块”是由无数个“条”构成的，每个“条”都有自己的运行机制，“条”的运行机制畅通了，“块”的工作才能有条不紊。班级管理中架构了五级管理模式，如果缺乏了应有的管理机制，管理模式的运行必然会出现问题，遇到障碍。这里我对影响班级管理模式运行的六个重要管理机制进行阐释，也许会对你的班级管理起到抛砖引玉的作用。

第一，建立“人人都是安全员”的全员安全管理及信息反馈机制。安全管理不是班主任一个人的事情，而是全体学生的事情，所以在加强安全教育、进行安全意识培养的同时，一定要建立安全防范的信息网络。每个人都是信息员，一旦出现特殊情况，应第一时间通过电话、微信等方式告知班主任，防患于未然，灭火于未生。

第二，建立“人人都是管理者”的学生自治自理机制，以及日常学习、纪律、卫生等监督、反馈、改进工作机制。我经常说的一句话就是：大凡成功者都是自我管理的高手。一个人不能自律是可怕的，最终会一事无成。高中阶段的学生，如果还充满依赖心理，不能独立自主、自我管理，还需要老师时时刻刻跟在后面进行管理，那么我们的教育就是失败的。班主任要激发学生潜在的争优创先意识，谁能高效管理自己，管理好班级事务，搞好各类活动，谁就是真正的强者。一个优秀的班主任绝不能单靠学生干部来管理班级，而是要发挥和调动班级所有成员的积极性，使全员参与班级的管理，只有这样，班级的各项事务才能样样落到实处。比如：班级纪律不好，不能只等班长或者纪律委员说，而是大家都要站出来说 "NO" ，效果一定比班干部孤军作战要好。

第三，建立“人人都是活动家”的学生自主开展各类德育活动和社团活动的运行机制。大家都知道，活动是德育的载体，没有活动单靠说教，效果甚微。这就要求班主任要善于引导和培养学生，让学生大胆自主开展活动，然后逐步带动，最后达到人人都乐于开展和主持各种活动的目的。这样坚持做下去，不仅会锻炼学生的各种能力，提高他们的自信心，还会将这种自信心迁移到学习上，使他们在学校“1+N”办学模式（以文化课升本为主体，以体育、绘画、音乐、舞蹈、传媒等艺体升本为有益补充的办学模式）下，尽力寻找到适合自己的升学路径，那将是一件非常了不起的事情。

第四，建立“人人都是美德青年”的星级学生评选机制。班主任一定要领会和运用好学校星级学生评选机制，用这个机制培养和构建良好的班风、学风，塑造学生健康成长的舆论氛围，为班级在稳定发展和良性竞争中形成你追我赶的局面打下坚实的基础。班主任思想上要高度重视星级学生评选，领会学校的真实意图。最忌讳的是搞形式、走过场，只强调结果，不注重平时评选的过程；更反对班主任自己内定星级学生名单，制造不公平，打击了大部分学生参与评选的积极性和主动性，进而把一个良好的德育活动抓手，搞得形同虚设，变成没有任何效果的负面事情。

第五，建立“人人都是评审官”的学生评优、评教运行机制。教育的公平性很大程度上表现为教育双方人格尊严、地位乃至权力上的平等，即教师可以评价学生，学生可以评价学生，学生也可以评价老师。这样可以最大限度地发挥学生自主管理、民主参与的积极性。班主任通过量化积分、表决选举等形式，使学生参与优秀学生的评选，最大限度地激发他们成为优秀学生的热情；学生评教使学生对教师的言行举止、课堂教学等都能够起到有效的监督作用，也为学校进一步加强教师管理积累了一手资料。

第六，建立“人人都是小校长”的危机应急处理机制。班级乃至学校内发生的任何一件不安全事件，每个学生都能够主动出来处理或者协助老师处理，并且懂得处理的程序和办法，这样即便班主任不在，危机事件发生后也能够得到有效应对，不至于使事态扩大。比如：发现某位同学突发病症，学会运用心肺复苏等方式进行救助；班级同学遭到外来袭击，在联合其他同学进行帮助的同时，能够迅速联系老师或者学校领导。要使每个学生做到这些，就需要班主任平时多加教育和训练。

七、七大原则

第一，德才兼备原则。班主任一定要注意克服片面的育人观，注重培养德才兼备的人才。在日常管理当中，不要只抓学习，而忽略了学生的德育教育；不要只喜欢学习好的学生，而轻视自己眼中的“差生”，从而忽略了其身上的闪光点。德是才的统帅，决定才的作用方向；才是德的支撑，影响德的作用范围；德与才是辩证统一的，相辅相成，缺一不可。我们党和国家坚持“德才兼备、以德为先”的用人标准，就是告诫我们教育者，一定要注重德育教育；也告诉我们的学生，有才无德，人生难以得到最佳的发展。

第二，终身学习原则。班主任一定要好学、多读书，用实际行动告诉学生，人一辈子都要努力学习，否则既跟不上时代发展的步伐，也不能拥有高质量的生活。

第三，共同成长原则。作为老师，我们一定要放低身段，谦虚谨慎，不要把学生看成被动的受体，他们都是有灵魂、有思想、有个性的活生生的人，坚决反对简单粗暴、一厢情愿、自以为是地教育学生。韩愈说：“弟子不必不如师，师不必贤于弟子”。在整个教育教学过程中，若能以空杯心态对待学生，我们就会发现，学生有很多地方都比我们强。平时说的教学相长，就是要让我们老师在教育教学过程中，自觉发现自己的不足，然后和学生一起学习，不断改进，共同成长。

第四，因材施教原则。这个原则我不多说。

第五，精细化管理原则。班级管理要做到错误少、问题少，就要对人、财、物、时、空等进行统筹安排、有效管理，做到人人有事干，事事有人干，时时有人管，处处有人管。

第六，问题导向原则。做班主任不能一味忙于事务、陷于事务，有时也要有“跳出三界外，不在五行中”的心态，静下心来，以研究者的心态，运用科学的方法，从具体问题入手寻找解决办法。长此以往，我们不仅能做一个好班主任，更能成为一个专家型、学者型甚至教育家型的班主任。

第七，廉洁从教原则。做班主任免不了和家长、学生打交道，在这个过程中，我们一定要保持读书人应有的气节，不要被利益蒙住双眼而做出有辱斯文的举动，否则，轻者违纪，重者将面临牢狱之灾。

八、八项注意

第一，要注意在教育学生的时候“爱”字当头。从事教育的人，尤其是班主任，如果缺乏爱心，一切皆是枉然。爱心能生出耐心、细心、包容心、同理心，能解决许多错综复杂而无法用道理解决的问题。爱心也能生出勤勉之心，一个热爱事业、热爱学生的人，绝不会早上睡懒觉、平时不到班。

第二，要注重以身作则。人常说，身教胜于言教。其身正，不令而行，其身不正，虽令不从。作为班主任，一定要深知，你的人品和学识、个性和魅力、言谈和举止，都会对学生的发展产生深远的影响。你真教，学生会真学；你真心，学生会真情；你虚伪，学生则言行不一。所以，要当好班主任，首先要学好做人。

第三，要时刻关注学生的身心健康。尤其是要关注那些家庭有特殊情况、身体体质特异或心理有严重问题的学生，多分一些爱给他们，避免突发各种意外事件。

第四，要注重学生诚信和规矩的意识教育。人无信不立，国无信不强。要利用各种形式的活动，比如诚信考试等，对学生进行诚信教育，使诚信内化为学生的品格，最终使他们受益终生。亚里士多德说，“优秀是一种习惯”。习惯从何而来，是从守规矩来的。良好的规矩意识和行为规范的养成，久而久之就会成为习惯，习惯日久便会成为性格，性格即命运。

第五，要注重对学生进行理想信念教育。现在的学生普遍缺乏理想信念，要培养他们的理想信念确非易事，这就需要我们班主任用自己的智慧去点燃学生内心深处那盏灰暗的油灯，使他们觉醒觉悟。从这个意义上讲，我们的确是人类灵魂的工程师，我们在做一项伟大而光荣的工程。

第六，在教育学生的时候，要保持适当距离。保持适当距离，并非像平时说的那样，给学生好心，不给学生好脸，保持神秘感，让他们摸不透我们，建立起一堵和学生之间的防火墙；也不是让我们远离学生，不走入他们内心深处。为师之道贵在举止得当、进退有节。因为过分的亲昵，不但有违师道，更会丧失教育的尊严感，甚至会无事生非。

第七，一定要注重家访。家访的含义已经不仅仅局限于到学生家里去访问，有时也可以利用手机微信、纸质书信、电话访谈等形式进行。家访不要做成告状会，而是要搞成商讨会，和家长共同研讨教育学生的办法，达到家校共同育人的目的。

第八，班主任一定要学会管控舆论。细心的、有经验的班主任，一定会敏感地捕捉到各种舆论动态，把可能对学校和班级产生不良影响的舆论苗头扼杀在襁褓之中，稳定班心，以此积极推进良好班风、学风乃至教风、校风的形成。

以上这些，完全是我的个人见解，难免有许多不足。我所讲的，旨在对如何做好一个班主任提点合理化的建议，我更希望能起到抛砖引玉的作用，启发大家对自己的工作进行反思、总结、提升。

我们知道，当老师苦，当班主任更苦。但如果能够做到苦中作乐乃至以苦为乐，便是工作的最高境界。正如明代学者章溢所说："乐与苦，相为倚伏者也，人知乐之为乐，而不知苦之为乐。"我们当班主任虽然苦，但比起其他任课教师，我们与学生接触得更为密切，对学生各方面的关心也更为细致，当然也更能得到学生的喜爱，这便是我们一生的情感财富。

班主任工作不仅仅会带给我们无穷无尽的情感财富和教育科研成果，而且还能锻炼我们的管理能力。李镇西老师说："一个好班主任，就是一个好校长。"虽然这话有些偏激，但绝对有道理。我就是非常感恩那些年的班主任经历，要不然，我不可能很快进入管理角色，也很难做好一个校长。李镇西老师曾在教职工大会上讲："对年轻人最好的培养，是让他们做班主任。在学校工作中，没有比做班主任工作更能锻炼人培养人的了。班主任工作穷尽了校长管理的全部奥秘。"

当然，我不是鼓励年轻人未来都去当校长，而是说班主任这个角色极大地锻炼了我们的各种能力，包括组织能力、协调能力、应变能力、沟通能力、危机处置能力等。有了这些能力，我们的生存技能将得到大大提高，我们当老师是个优秀老师，做班主任是个专家型班主任，做校长也会是个有作为的校长。即使我们不干教育这个行业，到了其他行业照样也干得得心应手。这就是当班主任的优势，也是当班主任的乐趣，更是人生的一种幸福。

第二章　校长的每日德育

作为校长，我几乎每天都坚持给学生写一段话（也可称之为校长寄语），放在学校大门口的显示屏上或者其他比较显眼的地方，学生们上下学的时候总能有意无意间看到，这种潜移默化、润物无声的提醒或告知，总比站在他们面前指手画脚地说教要好。学生可以看，也可以不看，但只要他们看到了那段话，也许就会在不经意间改变其思想、行为、心态等，这就是我想要达成的目的。

这些年来，校外的群众见到我时都说，看到校门口的校长寄语，不知学生们感动不感动、觉悟不觉悟，反正他们被感动了，觉悟了许多。当然，对于家长如是说，我也没有太当真，但据我了解，对于学生而言，他们当中不少人因此受益了，改变了，这就是我每日激情澎湃地给他们写寄语的最大动力和最好回报。也许，这也是一种德育的有效方式。

下面是我摘录的2020—2023年写的一部分校长寄语，并将其归为四类，分别是：赤子情怀、意志品质、自我管理、价值追求。

一、赤子情怀

1. 你的形象就是临潼中学的形象，你的高度就是临潼中学的高度，你的未来就是临潼中学的未来，让我们一起撸起袖子加油干！

2. 不负青春，不负家国，做最好的自己！

3. 身体发肤，受之父母；爱自己、爱生命，是孝之始，是德之基。

4. 纯粹的利己主义者不会真幸福，有爱心、有担当、有家国情怀的人，才是拥有真正幸福的大智慧者。

5. 珍惜同学情谊吧，也许他（她）就是你未来的领导、同事甚至是你的爱人，抑或是那个在你危难时刻伸出援手的人。

6. 学会尊重别人，就是对自己最大的尊重。

7. 友谊是人间最美的情感，但友谊不是一个人的独享独尊，而是两个人的相互馈赠。

8. “你是中国人吗？你爱中国吗？你愿意中国好吗？” 这是南开大学老校长张伯苓发出的爱国三问。作为临潼中学学子，对这历史之问、时代之问、未来之问我们要一直问下去！

9. 偏执是自以为懂得很多后的无知，谦卑是博学后才知道自己还有很多不懂的真知！

10. 同学们，从你们身上我看到了敢拼敢搏的勇气和绝不言败的坚持，希望你们把读书学习当成每日的挑战，也要作为每日的享受，不负春光，不负家国，为自己拼一个与众不同的未来。

11. 狭隘、自私的人，努力过后最多是一个精致的利己主义者，绝无大成的可能；而真正想为家国天下谋福利的人，即使将来物质上一无所有，但绝对会成为精神上的最高贵者。

12. 雷锋从未走远，雷锋精神早已融入每个文明人的血液。你我炎黄子孙，生在文明礼仪之邦，当倡导和发扬民族灵魂人物的高尚精神，做一个新时代有作为、有信仰、有理想、有责任的美德青年。

13. 临中学子，君子淑女；彬彬有礼，落落大方；心怀家国，志在四方；挑战自我，刚毅坚强；守住底线，美德榜样！

二、意志品质

1. 拿出精气神，活出真善美！

2. 青春岁月似黄金，蹉跎时光空留恨；十分努力十分果，变革学法终收获。

3. 你不努力怎么知道自己的潜力有多大？你不努力怎么知道未来的生活有多美！

4. 你的每一次放纵不羁都会在将来的失败里找到影子，你的每一份不懈努力都会在将来的成功里找到归因。

5. 坚持，每天就会进步一点点；努力，未来就会一点点靠近成功。

6. 你的态度，就是你的人生。用心读书学习，你就能成为生活的主角，过上你想要的人生！

7. 奋勇向前，刻苦学习，你一定会将一路荆棘踏出一路的芬芳！

8. 人生永远没有太晚的开始，因为有明天，今天永远只是起跑线。

9. 同样一日三餐，为何别人日有所长；同样积年累月，为何他人三年成功？生而为人，你当见贤思齐，发奋图强，向阳而生！

10. 真正的强者，必定是耐得住寂寞且拥有独立精神的人；只有弱者，才喜欢吹毛求疵苛求环境，才喜欢遇到问题只寻找客观理由不寻求主观突破！

11. 人生的路虽然漫长，但紧要处只有几步，特别是当你高中三年的时候！

12. 当你心胸像天空一样宽广的时候，那些恶言恶语就不会伤害到你。

13. 要敢于正视人与人之间客观存在的差别，但绝不妄自菲薄或者盲目自大，而是要努力成长为最好最精彩的自己！

14. 只要不放弃，总会有机会！

15. 常立志不如立长志！

16. 比学习更重要的是意志品质，比意志品质更重要的是良好品德。

17. 无论学习还是做人，不要等待、观望、依靠，你就是你的拯救者！

18. 不管人性如何不敢直视，你坚定做最好的自己！

19. 生而为人，岂可轻言放弃！

20. 人生最大的失败就是放弃自己！

21. 不怕学不懂，最怕自己装懂；不怕不学习，最怕装模作样、自欺欺人地学习！

22. 你不觉悟觉醒，就是再好的学校、再好的名师也无法使你优秀，因为内驱力才是学习的最好最强劲的动力。

23. 同学们，最美好的生活方式，不是睡到自然醒，不是在教室里无所事事，而是一群志同道合充满正能量的人奔跑在理想的道路上，紧张忙碌的新学期已开始，你准备好了吗？

24. 终日浑浑噩噩没有目标，怎么对得起这灿烂的青春？既然选择了远方，那就要风雨兼程，无所畏惧！

25. 别犹豫彷徨，别懦弱惆怅，你冲刺的样子很美，你登顶的身姿很酷！你我苦读三年定会破茧成蝶。

26. 记住，任何时候都不要给自己的懒惰、消极、放纵、失败找借口！懦夫有一万个理由说服自己就此止步不前或者放任自流，但强者从来都是坚持到最后从而改变命运的人！

三、自我管理

1. 优秀是一种习惯。

2. 勤奋是天才的摇篮，耕耘是智慧的源泉。

3. 你若心慌意乱，书里自有伏魔利剑；你若志存高远，人生定能宏图大展！

4. 成功不是将来才有的，而是从决定去做的那一刻起，持续累积而成。

5. 每日都要去思考：我学到了什么？我进步了吗？我为未来做好准备了吗？

6. 改变死学法，学习能力提高终身受益；不改学法得过且过，贻误前程必后悔！

7. 每天都会匆匆而过，但不能使平淡成为生活的底色；只有经年累月地努力后，你才会突然发现原来你也如此优秀，如此与众不同！

8. 坚持也有个量变到质变的过程，当你坚持到底的时候，幸运和胜利就会青睐于你！

9. 不积跬步无以至千里，不积小成无以至大成，要想未来成功，那就从每一堂课、每一次作业、每一次思考开始吧！

10. 小组学习要积极，积极组织，积极思考，积极创新，积极发言，练就自己的领袖气质。

11. 只有认真学习的人才能做到不耻下问，只有虚心学习的人才能做到问而不耻。

12. 这每分每秒就像我们身体里的血液，你忍心白白流失，浪费生命？珍惜时光吧！

13. 方法比苦干重要，选择比方法重要。

14. 要善于解放自己，融入集体，参与活动，共同成长！

15. 良药苦口利于病，忠言逆耳利于行；放纵看似最轻松，将来痛苦毁一生！

16. 所有成功人士都有一个共同特征：他们都是控制自我情绪的高手。自我控制本身就是一种文明举动和高格境界。

17. 你本来就很优秀，是因为不好的习惯，成了你快速进步的绊脚石。

18. 遵守法律法规才会有最大的行为自由，遵守校纪校规才能有最大的活动空间。

19. 敬畏规则，才能赢得尊重！践踏规则，必然自取其辱！

20. 一元复始，万象更新；“从”新启航，收身收心；挑战自我，挑战极限，迎战高考！

21. 鸡蛋从外面打破是食物，从内部打破是生命。我们无法叫醒装睡的人！破人生之局，唯有自悟自省，才能成为自己命运的主人。

22. 人生没有任何一段多余的时光，每一寸光阴，都可能是下一步开启精彩人生的关键节点。

23. 人生永远没有太晚的开始，因为有明天，今天永远只是起跑线。

24. 如果你对现在的自己不满，那就直面问题，提高认知，挑战自我，把原来的自己揉碎，用勇气、自信、力量、毅力重塑一个全新的自己！

25. 在群体随波逐流的时候，如果你保持清醒的头脑，有理想，有正见，有恒心，有勇气，那么若干年后你一定会脱颖而出，成就一个非凡的自己！

26. 同学们，哪里有什么救世主，你必须要有独立思想、自治意识、奋斗精神，你的人生你做主、你负责——成也由你，败也由你！

四、价值追求

1. 燕雀安于暖窝，鸿鹄志在蓝天！

2. 有目标的人生才有方向，有规划的人生才更精彩。

3. 读书、思考胜过财富和美貌，读书吧，唯有读书才能逆袭成为黑马！

4. 静下来吧，静下来读书学习吧，一个浮躁焦虑的民族是没有希望的！

5. “主不可以怒而兴师，将不可以愠而致战”，人不可意气而用事，同学之间当互帮互助，友善相处。

6. 要让学习成为你“自我发现、自我充实和自我实现”的过程，课堂学习才是幸福的。

7. 没有经过拼搏诠释的青春，只会是苍白的；没有经过奋斗考验的青春，只能是遗憾的。

8. 生而为人皆有烦恼，唯有远大的抱负，和为之坚持不懈的努力，才是消除烦恼的最好办法！

9. 真正的强者，不会欺侮别人，而是在危难时刻保护弱者、帮助他人；真正的懦夫，才会拉帮结派，恃强凌弱，伤害他人。

10. 比吃比穿只能获得一时虚荣的快感，而良性的学习竞争和品德的见贤思齐，才能让人真正取得进步和成长。

11. 人生没有你想象的漫长，且行且珍惜，成功要趁早！

12. 相比穷则独善其身，穷亦兼济天下格局更高。

13. 人生有多种活法，向上向善是最好的选择。

14. 学习固然重要，但形成正确的价值观更重要。生而为人，你必须清楚如何对善恶、美丑、是非等进行价值判断。

15. 太在意别人的看法，说明你不够成熟，缺乏定力；而加强学习、端正三观、强大自己，才能使你富有主见，自信满满。

16. 不做夸夸其谈、喜欢卖弄的浅薄人，要做真才实学、谦虚低调的厚道人。

17. 相信自己，珍视自己，你就是这个世界上独一无二的精品，是终有大用的可塑之才！

18. 多读好书不一定能够改变我们的命运，但多读好书一定会使我们生活丰富多彩、灵魂丰满有趣。

19. 人生不仅仅只有顺境、顺利和成功，也有逆境、挫折和失败，而敢于正视接受逆境、挫折和失败的人，才能最终实现真正的成功！

20. 科学家钱学森说，科学与艺术是孪生兄弟，都是美的创造。所以，热爱科学，也要热爱艺术，只有这样同学们才能成为全面发展的人！

21. 少年自当扶摇上，揽星衔月逐日光，高三学子们，愿你们扬帆劈浪逐梦想，高考夺魁，不负人间一趟。

22. “吾爱吾师，吾更爱真理。”同学们，坚持真善美，践行真善美，做一个不同凡响的自己！

23. 真善美永远不会过时，谁如果想用虚假、奸诈、丑恶来武装自己作为立身之本，谁必将虚度一生、后悔一生、失败一生！

第三章　临潼中学校本德育探索

“九鼎”德育体系

党的教育方针始终坚持德育为先，把坚定正确的政治方向放在第一位。党的十八大把“立德树人”明确为教育的根本任务，党的十九大进一步提出，要“落实立德树人根本任务”。党的十九届四中全会对完善立德树人体制机制提出新的具体要求。党的二十大再次提到，立德树人是教育的根本任务。

中学生正处于人生观、价值观、世界观还未定型的时期，“扣好人生的第一粒扣子”对于三观养成至关重要。为此，我校始终把德育放在首要位置，不断探索新时期德育工作的特点和规律，不断创新新时期德育工作的途径和方法，力求使德育内化成为学生自身成长的动力，为学生成长筑牢坚实的价值底座。

为了能更好地落实“立德树人”根本任务，我校结合实际，提出以“秦风唐韵”为学校底蕴，以“厚德图强”为精神主轴，整合和挖掘学校现有的德育资源，着力打造“九鼎”德育体系。

鼎者，国之重器，寓有尊贵、显赫、盛大、首要、重要之意。“九鼎德育”中的九，就是选取《中小学德育工作指南》中需要实施的五个德育内容中的九个主要方面，通过课程德育、活动德育、实践德育、文化德育等途径，把无形的德育转为有形的落实，不断提升学生的品德素养，努力打造具有临潼中学特色的“美德青年”——德智体美劳全面发展的社会主义接班人和建设者。

一、培养目标

实施“九鼎”德育，打造美德青年。

二、“九鼎”德育体系概述

高中阶段是学生身心成长的关键时期，也是对其进行道德情操、个人品质和行为习惯养成教育的最佳时期，抓好这一时期的德育教育，将对他们一生的发展起着至关重要的作用，具有非凡的意义。

2020 年，学校提出了面向学生未来的大德育课程体系，即“九鼎”德育体系。秉持“理想、责任”的校训，借助“三年一体化德育课程”和“分年级德育课程”，搭建多样化活动载体，发挥家校社全方位德育网络作用，建构具有临潼中学特色的“九鼎”德育体系。“九鼎”德育体系的建构和目标的制定是站位于青少年发展的立场与角度，与他们对话、共建。创设沉浸式德育课程，为每一个学生营造参与感，具有丰富的内涵和外延，成为学生成功发展的奠基。

我校的“九鼎”德育体系主要依据“三年九范”要求，通过实施“三年一体化德育课程”和“分年级德育课程”，使学生逐渐养成各种品质。通过各种活动提高道德认知，升华道德情感，并在活动中不断学习、体验、践行价值标准，最终实现德行培养目标。

（一）三规范：家国情怀、生命觉醒、明理自治

高中生正处于人格形成的关键阶段，尤其是高一年级，为了使学生形成正确的世界观、人生观、价值观，从学生入校开始，学校对学生进行家国情怀、生命觉醒、明理自治三个方面的规范教育，主要通过理想信念教育、感恩教育、诚信教育、学境大讲堂、生涯规划、生命意义等德育课程，中华优秀传统教育、星级学生评选等特色活动，研学旅行、参观大学等德育实践对学生进行思想教育和行为规范，把学生培养成为具有家国情怀的热血青年，让学生心怀良知，找准人生方向，明白人生意义，树立学生的主体责任意识。

（二）三风范：传承担当、友爱奉献、和谐生态

在“三规范”教育的基础上，学校从传承担当、友爱奉献、和谐生态三个方面对学生进行风范教育，具体开展的活动有贤达文化、特色学生社团等德育课程，建设书香校园、浸润贤达文化、展示君子风范、打造宿舍家文化、生态文明教育等德育活动，不断丰富各种校内校外活动和家校共育等德育实践，打造“美德青年”文化，培养学生的集体观念，培养学生正确的荣誉观。

（三）三示范：理想目标、自强独立、创造创新

在“三风范”的基础上，从理想目标、自强独立、创造创新三方面入手，引导学生以身作则当榜样、身正为范做标杆，学校通过生涯规划、各类竞赛等德育课程，励志教育、拓展训练、科技体育艺术节、科技创新大赛、毕业典礼等德育活动，家长讲堂、职业访谈等德育实践，教育学生勇于创造创新，勇敢逐梦圆梦，把实现个人理想和强国梦有机结合起来，同时把临潼中学“厚德图强”的精神永远传承下去。

表 1–1　临潼中学“九鼎”德育体系建设

德育途径 德育目标	德育主题	德育核心	德育课程	德育活动	德育实践
九鼎德育	三规范	家国情怀	学科课程、理想信念教育、感恩教育、诚信教育、青年党校、团课	三风一训一精神、升旗仪式、入团仪式、红歌比赛、观看爱国主义电影	国防教育实践活动、红色文化研学旅行
		生命觉醒	学科课程、学境大讲堂、生涯规划教育、生命意义教育、心理健康教育课	入学教育、安全教育	法治健康教育活动、参观临潼企业
		明理自治	学科课程、课堂行为规范、五项管理、《临潼中学学生管理手册》、主题班会、法制教育、宿舍管理	学生自主管理、全员量化、阳光活动、法制教育主题活动、安全疏散演练、法治教育活动	校外劳动实践、家务劳动、寒暑假社会实践活动
	三风范	传承担当	学科课程、社会主义核心价值观教育、中华传统文化教育、《行业楷模》校本课程、校园文化	贤达文化墙、身边的榜样、星级学生评选、我们的节日主题活动、国学经典	中华优秀文化传统教育活动、寻访优秀校友、走访临潼贤达
		友爱奉献	学科课程、特色学生社团、特色课堂之学习小组建设	宿舍家文化、班级文化建设、捐赠义卖活动	拓展训练、“石榴花”志愿者服务活动
		和谐生态	学科课程、生态文明教育、书香校园	中草药种植进校园、秦岭生态保护教育活动、垃圾分类、大扫除大擦洗	保护环境和关爱他人教育实践活动、家校共育
	三示范	理想目标	学科课程、运动会、励志教育	比赛竞赛、表彰奖励	远足踏青、成果展示
		自强独立	学科课程、生涯规划校本课、高三考练文化	十八岁成人仪式、毕业典礼	家长讲堂、职业访谈
		创造创新	学科课程、竞技类社团、科技类社团	科技体育艺术节、科技创新大赛	研究性学习、课题研究、文章发表

三、临潼中学“九鼎”德育实施途径

“九鼎”德育体系的组织实施，就是要通过课程育人、活动育人、实践育人、文化育人、环境育人等育人方式，使我们校训“理想、责任”中九个方面所体现的道德价值和道德意义在学生身上落地生根，在临潼中学综合实施。

（一）德育队伍

通过五级品牌班主任锻造工程、青蓝工程、领导包抓班级、班主任论坛等途径，落实好“选”“训”“管”“评”四字诀，以保证学校管理工作的稳步前进。

我校致力于德育工作的品质提升，先后成立德育引领团队、生涯规划团队、心理健康教育团队、中学生自主管理团队。各个团队积极开展德育科研活动，请进来，走出去，结合时代发展、学生需求，积极探索最前沿、最科学的育人途径。

（二）课程德育

1. 重视学科德育

开设人文类德育课程，主要包括语文、历史、地理和外语等课程。在教学过程中充分挖掘人文学科中的人文关怀、社会伦理内涵，潜移默化地激发学生的社会责任感和社会公德意识。

开设基础科学类课程，主要包括数学、物理、化学、生物等课程。对学生进行辩证唯物主义世界观、方法论的教育，进行科学精神、科学方法和科学态度的教育。

开设体艺类课程，主要包括体育、音乐、美术等课程。培养学生的健康体魄、意志品质和审美情趣。

2. 开设德育校本课程

我校充分利用本土资源，开展第二课堂建设，定期举办具有我校特色的学境大讲堂，组织开展价值观微课堂（党课、团课），开展多姿多彩的社团活动等，促进学生健康成长，全面发展。

开发德育校本教材。我校在开齐开足国家课程的基础上，加强校本课程建设，编写了《行业楷模》《学境》《红色精神谱系》《临潼中学学生管理手册》等校本课程体系。开设了学境大讲堂、国防教育课、成长教育课、礼仪教育课等，打造我校“九鼎”德育品牌。

（三）活动德育

我校以春节、清明节、劳动节、青年节、中秋节、重阳节等节日为契机，积极开展社会主义核心价值观教育活动，在升旗仪式、主题班会、社会实践活动、成人仪式等活动中，不断渗透价值观教育。此外，《临潼中学学生礼仪规范》教育让学生知礼、守礼，提高了学生的文明素养；“科技体育艺术节”“趣味比赛”等大型校园文化活动特色突出、活动精彩，深受师生喜爱。

（四）实践德育

我校非常重视实践德育，通过研学旅行、拓展训练、参观临潼当地企业、走进社区等丰富多彩的校外实践活动，让学生全方位地了解自己的兴趣、爱好、特长以及与此相对应的学科、职业。另外，还邀请临潼当地著名企业家进校宣讲，让学生感受企业文化，学习生涯规划。

（五）文化德育

依据党的教育方针和时代发展的要求，秉承“奠基学生，成就教师”的办学理念，我们提出了“好学笃行、坚毅乐观、自尊自强、爱国爱人”的育人目标，确立了“理想、责任”的校训，“爱国、文明、包容、创新”的校风，“启智、育德、敬业、求真”的教风和“博学、勤思、和谐、合作”的学风。鉴于国际国内形势的变化和国家发展对于人才的现实需求，我们本着“学生成才、教师发展、学校特色、社会认可、人民满意”的办学宗旨，提出了“环境优美、管理科学、质量卓越、特色鲜明”的办学目标。

学校以秦风唐韵为底色，以厚德图强为支柱，以校园文化建设为引领，倾力打造了“特色课堂、书香校园、九鼎德育、‘1+N’办学模式”等四大学校发展特色，并以打造高质量、有特色、能示范的品牌强校为发展目标，优化提升学校的各项工作。

（六）环境德育

2020年9月至今，成立工作专班，对学校其进行了整体优化设计，并提出了动态创建、模块实施、项目推进的创新建设思路。先后对学校大门进行了升级改造，对男女生公寓楼、高三教学楼、教师办公楼等进行了改造提升，建设了贤达教育文化墙、教师办公室文化墙、高三教室及走廊文化墙、宿舍及走廊文化墙，并统一布局完善学校绿化、美化工作，充分挖掘环境育人、全方位育人的应有功能，体现物物、人人、事事、处处、时时皆课程思想，把课程思想渗透到方方面面，把环境育人做到极致。

四、德育特色

（一）特色课程

1. “红色”课堂

我校将红色精神谱系融入“九鼎”德育校园文化，不断探寻挖掘红色故事中蕴含的中国精神，以环境滋养人，以文化感染人，以实践引领人，让红色精神承载理想信念，以此培养品德修养和爱国情怀，充分发挥红色精神谱系的精神动力价值。一方面，依托青年党校讲好红色故事；另一方面，依托重大红色纪念日，开展理论宣讲及沉浸式教育，增强红色教育感染力，缅怀革命先烈，坚定理想信念，凝聚奋进力量。

2. 学境大讲堂

充分利用校内外对学生各方面成长有影响的专家和名师资源，定期举行讲座，围绕促进学生成长、成人、成才这一主线，从思想教育建设、学习方法指导、综合素质培养、个人规划管理等方面开展专题授课活动。先后邀请“最美乡村教师”张红红、著名眼科专家汤彭、荣获“全国劳动模范”荣誉称号的番茄育种专家赵军贤等数位临潼贤达人士开展了多期学境大讲堂。

此外，我校还创办了校刊《学境》，收录师生学习心得和生活感悟，丰富师生的校园文化生活，营造积极向上、清新高雅、健康文明的校园文化，为广大师生提供了一个展示自我风采和相互交流的平台。

3. 价值观微课堂

该课程以主题班会和升国旗仪式两个系列为主。

主题班会教育就是一种唤醒教育，让学生真正认识和剖析自我，成为一个真正具有自律意识和充满阳光自信的青年。学校每周至少召开一次主题班会，培养学生自我管理能力，增强主人翁意识。

升国旗仪式是进行爱国主义教育的最重要形式，我校成立了专门的国旗护卫队，增设了国学经典的学习诵读环节，以此弘扬爱国主旋律与中华民族优秀传统文化，提高师生的民族自豪感和使命感，赓续红色精神，汲取奋进力量。

4. 多彩社团课程

为丰富学校活动载体，促进学生全面自主发展，我校从2020年开始，把社团课程作为学校选修课，课程涵盖了爱好特长类、竞技类、艺术类、德育实践类、学科类等。

社团课程不仅可以使学生开阔视野、丰富知识和增长智慧，而且有利于学生强化兴趣特长，培养学生的创新精神和实践能力。同时，在“1+N”办学模式指导下，我校还根据学生实际发展重点打造了传媒社团、美术社团、中药社团和茶艺社团等一批特色社团。

5. 生涯规划课程

在生涯规划教育中，学生可以通过职业倾向、性格等测试，以及对就业现状的分析，以此对自身的兴趣、特长有较为清晰的认识，明确自身的优势与不足，对自己的人生志向做出合理调整，对自己的职业倾向做出合理规划，确保人生轨迹定位精准、高效。

另外，开展生涯规划教育可以较大程度地降低新高考来临后学生在选课、高考志愿填报上的定位模糊，帮助学生预知未来学习生活和职业生涯路径上的障碍，提前做好规划，降低生涯风险。

（二）特色活动

1. 入学教育周活动

为了让学生一开学就能形成良好的精神风貌，加强学校常规管理，培养学生良好品行，我校每年的八月底，都会利用至少一周的时间作为新生入学教育周。教育周内，学校对学生进行国防教育、法制教育、礼仪教育，学习校规校纪，抓行为规范，促养成教育。

2.“星级学生”评选活动

“星级学生”评选在每月的最后一周班会时间进行，同时在“星级学生”评选的基础上，每月进行一次全校性的“月度星耀学生”评比，每学期进行一次年级“十佳中学生”评选，每个学年进行一次全校性的“美德青年”评选。

“星级学生”评选活动，旨在落实“厚德图强，各成其才”的办学理念，以此提升学生的思想品德、价值情操、知识能力，为学生终身发展奠基。学校通过“星级学生”评选，不断激发学生的榜样意识，增强同学之间良性的竞争意识、看齐意识，打造班级和校园里的榜样力量，形成“你追我赶，不甘落后”的氛围。

3.“贤达文化”教育活动

我校将临潼地域内各个行业具有一定影响力、品德高尚、关心公益事业的业界典范或历史人物，作为校本教材的人物案例，编辑成册，悬挂于墙；并定期邀请贤达人士来校开展讲座，用身边的榜样教育学生，爱家乡建设家乡，爱祖国建设祖国，爱人民奉献人民。

4. 拓展训练活动

在每年的高二年级转段仪式前后，我校都要组织一次拓展训练活动。该活动的目的在于激发学生的潜力，培养学生乐观的心态和坚强的意志及相互配合、相互支持的团队精神。拓展训练使班级学生精神力量凝聚到了一起，使每个人明白一个班级的进步需要大家的共同努力。

5. 学生自主管理

为充分调动学生参与学校管理的积极性，每个年级成立年级学生自主管理委员会（简称自管会）。自管会负责检查全校环境卫生、班级自习纪律、两操活动、仪容仪表等，培养学生组织能力和管理能力，让学生真正成为学校的主人。

6. 十八岁成人礼活动

每年的三月份，我校高三年级定期举办十八岁成人礼活动。十八岁是人生的一个重要转折点，十八岁成人礼活动激发学生成人的神圣感、使命感、责任感，使学生真正成为社会主义现代化建设的有用人才。

7. 阳光活动

培养良好锻炼习惯，磨炼学生意志品质。学校因地制宜，充分挖掘并整合现有资源，对阳光体育活动的内容和形式大胆创新，寓教于乐、寓动于乐。这些丰富多彩的校园阳光体育活动，不但激发了学生积极参加体育锻炼的热情，也掀起了全员运动健身的热潮，广受学生和家长好评，有效提高了学生的体质健康水平。

（三）特色实践

1. “石榴花”志愿者服务

为了进一步弘扬“奉献、友爱、互助、进步”的志愿者精神，我校成立了临潼中学志愿者服务队。每年的国庆黄金周期间，我校组织志愿者在华清池广场为来自五湖四海的游客服务，目前已经成为学校的一张名片。同时，志愿者们于每年的学雷锋活动月定期开展志愿服务活动，还不定期赴社区、公共交通岗等开展各类志愿服务宣传活动，取得了良好效果。

2. 职业规划

体验职场人生，指导规划未来。我校定期邀请本地区各行各业的典范结合社会需求及自身经历开设岗位体验、心仪大学、专业选择、就业指导等方面的讲座。讲座让学生与职场人面对面交流，为学生职业生涯规划提供有效信息，激发学生主动探索自我及规划未来的积极性，促使其对人生定位更加清晰准确，扬帆起航。

另外，我校还定期组织学生参观临潼当地企业，让学生通过走访学习、听取企业负责人讲解等方式，深入了解企业的管理运行、项目推进、职能转型等方面的问题。这些活动使学生深切感受到作为一名临潼人，身上所肩负的责任，激励学生更加努力学习，积极向上，为家乡的建设和发展贡献出自己的一份力量。

3. 远足踏青

每年的三月份，我校组织远足踏青活动。活动目的是让学生走出课堂，亲近自然、释放压力、锻炼体魄、磨炼意志，以此培养学生良好的心理素质和团队精神，培养学生热爱家乡的情感，增强团队意识，锻炼学生的社会实践能力。

五、“九鼎”德育体系分年级具体架构

德育体系分年级实施，确保德育卓有成效。“三年九范”行动，分年级德育的实施，使学生每年形成一种品质，每学年提升一个台阶。学生通过各种活动不断学习、体验、践行价值标准，以此提高道德认知，升华道德情感，最终形成德育素养。

高一：行为规范

高中是学生生理和心理变化较为明显的一个阶段。高一学生需要适应新的环境和新的学习方法，也面临着更多新的挑战，是形成思想思维的重要阶段。该阶段旨在培养学生感恩、明理、立志的价值情操。

具体形式：生涯规划课、入学教育课、家长讲堂、行为习惯养成教育、国防教育、社团活动、升国旗仪式、研学旅行等德育活动。

高二：品格提升

高二年级的学习内容结构发生了变化，面临着青春期的矛盾与纠结，是道德认知向道德实践转化的阶段。该阶段重点强调责任规范行为、聚焦意志，培养学生自治、合作、友爱的品质及责任担当精神。

具体形式：学生自主管理、班级小组建设、拓展训练、远足踏青活动、运动会、学境大讲堂、志愿服务等德育活动。

高三：理想担当

高三年级的学生即将迎来高考，世界观、人生观、价值观已基本形成，对职业前景的期待引发对人生意义的理解、判断及选择。该阶段旨在培养学生图强、独立、创造的精神。

具体形式：考练文化、成人礼、百日誓师、励志教育、心理疏导、毕业典礼、

志愿填报等活动。

表 1-2　临潼中学“九鼎”德育体系分年级实施办法

年级	高一年级	高二年级	高三年级
心理特点	高中是学生生理和心理变化较为明显的一个阶段。高一学生需要适应新的环境和新的学习方法，也面临着更多新的挑战，是形成思想思维的重要阶段。该阶段旨在培养学生感恩、明理、立志的价值情操	高二年级的学习内容结构发生了变化，面临着青春期的矛盾与纠结，是道德认知向道德实践转化的阶段。该阶段重点强调责任规范行为、聚焦意志，培养学生自治、合作、友爱的品质	高三年级的学生即将迎来高考，世界观、人生观、价值观基本形成，对职业前景的期待引发对人生意义的理解、判断及选择。该阶段旨在培养学生图强、独立、创造的精神
德育主题	自立教育——行为规范	自律教育——品格提升	自强教育——理想担当
3 月	学雷锋志愿者服务活动、研学旅行	学雷锋志愿者服务活动、远足踏青	百日誓师大会、十八岁成人仪式
4 月	祭扫革命先烈活动、科技体育艺术节	祭扫革命先烈活动、科技体育艺术节	趣味游戏助力高考、心理健康疏导讲座
5 月	红五月歌咏比赛、法制教育大会、“自立”主题班会展示、安全教育	红色经典诵读、“自律”主题班会展示、安全教育	感恩母校系列活动、“自强”主题班会展示、安全教育
6 月	生涯规划教育、美德青年评选	备战高三、转段仪式、临潼中学“十佳中学生”评选、拓展训练	毕业典礼《为梦想喝彩，为社会担当》、志愿填报
9 月	开学第一课：新生入学教育	开学第一课：行为习惯教育	开学第一课：高三动员大会
10 月	爱国教育：向国旗敬礼、社会主义核心价值观教育、“石榴花”志愿者服务	“石榴花”志愿者服务	高三考练文化、“拼搏高三”演讲比赛
11 月	爱校教育：三风一训一精神（含校歌、校徽、校服）、班级学习小组建设	学生自主管理、感恩教育	倒计时 200 天高三励志教育
12 月	学境大讲堂、安全教育主题月	学境大讲堂、安全教育主题月	家长开放日《我的未来不是梦》、安全教育主题月
贯穿全年	升国旗仪式、爱校教育、星级学生评选、行为规范教育、安全教育、社团活动	荣校教育、星级学生评选、学生自主管理、安全教育、班级小组建设	励志跑操、星级学生评选、每日宣誓活动、安全教育

六、临潼中学德育体系评价机制

近年来，学校深入贯彻落实中央和省区市深化教育评价改革相关文件精神，以学生综合素质评价体系改革为主要突破口，不断完善德育评价机制，使德育不但有抓手，而且可实施可评价。我校的德育评价以定量评价、定性评价为手段，通过过程评价、多元评价等方式，从班级、学校、社会层面阶梯推进。班级通过学生全员量化方式，以“星级学生”评选为抓手，着力打造“美德青年”评价体系，使德育落地生根，富有实效。具体如下：

（一）过程评价：分为定量评价和定性评价

定量评价主要基于我校的综合素质评价体系，实现对学生全员的量化（全员、全天、全方位评价），具体从五个维度（思想品德、学业水平、身心健康、艺术素养、社会实践）进行细致评价。这一过程旨在生成每位学生的个性化素质评价报告，为新高考“两依据一参考”提供坚实、有效的数据与资料支撑。定性评价主要指：每月进行的“星级学生”评选和“月度星耀学生”评选，每学期进行的年级“十佳中学生”评选，每学年进行的全校“美德青年”评选，并在年级大会、升旗仪式、开学典礼上为学生颁发证书并对外公示。

（二）多元评价：包括教学评价、德育活动评价及自评、互评、他评

教学评价主要是指教师根据每次作业或学习活动的具体要求，设计相应评价标准，再对照标准，对学生的学习成果评定分数或等级。

德育活动的评价管理基于学校德育量化考核管理办法的建设，将学习、纪律、卫生、住宿、德育课程、社团活动、主题活动、社会实践等纳入积分制管理。学校德育量化考核管理办法以学生量化考核学分为抓手，其中基础学分是学生德育学习达标的评价标准，奖励学分是体现学生差异性的评价标准，对学生德育实践中所表现出的自主性、创新性等差异进行认定。

自评、互评、他评主要是借助每学期末的高中综合素质评价对学生进行多元评价，促进学生全面发展。

表 1–3　临潼中学德育体系建设评价机制

评价机制	具体形式	解读
过程评价	定量评价：综合素质评价	方向引导
	定性评价：班级评价（星级学生评选）、年级评价（十佳中学生）、学校评价（美德青年）、社会评价（社会实践）	
多元评价	教学评价、活动评价，成果展示，自评、互评、他评	全面发展

总之，立德树人是教育的根本任务，坚持奠基学生是学校一以贯之的治学理念，我们一定会继续探索德育工作的有效路径、创新德育工作方式方法，在今后的工作中，“临中人”会不忘初心、砥砺前行。实施“九鼎”德育，打造美德青年，临潼中学永远在路上！

第二编

课堂改革

第一章　课堂改革之我见

第二章　临潼中学特色课堂建设案例

第一章　课堂改革之我见

构建有生命的课堂

在我们的职业生涯中，课堂教学占据了大部分时间，也成了我们生活中绕不开的弯。既如此，作为教师，面对新形势下的教育大变革，我们很有必要重新审视课堂和课堂教学。

现实中，有很多人对课堂教学已经缺乏神圣感，只是流水式地作业，被迫式地完成，把课堂教学完完全全当成是一种谋生手段。既是谋生的手段，那就是怎么轻松怎么来。如果把教育等同于一般的职业，产生这种想法也无可厚非，但恰恰神圣感是我们真正乐教爱教的动力源泉，丧失了这一点，课堂就会因缺乏生命力而死去。我们每个人都是平凡的人，但不应成为平庸的人，因为我们的职业道德不允许这样，骨子里的家国情怀不允许这样。教育不是高端的职业，但绝对是高尚的事业。而这个高尚事业的阵地就是课堂，课堂有尊严则教育就神圣，否则，教育者迟早都会沦为庸俗生活的附庸。

临潼中学为什么要进行课堂革命？就是因为我们部分教师已经倦怠、躺平甚至绝望了，失去了为师者应有的高度和尊严。要重拾高度和尊严，活出精彩，就必须刀口向内，对我们习以为常的课堂大动手术，赋予它生命力，从而使我们的教师生命也大放异彩。

本来，课堂是幸福的。问题是我们应以何种心态看待课堂教学。课堂对于我们教师来说，就是真实的人生存在，它体现着我们的世界观、人生观、价值观，它反映着我们的生活方式和交往方式。你如果以表演的心态对待课堂教学，那么学生就会以表演的心态进行回应，这样你就无法听到心灵和心灵对话的声音，你就无法看到灵魂和灵魂碰撞的火花，久而久之，你只能自欺欺人地活着，体会不到人性的真善美，又哪会有教育的真实感和幸福感？

本来，课堂是师生的生命共同体。但我们很多人把课堂当成了与仇人见面的地方，眼里不是一个个鲜活的生命，而是一个个令人生厌的物件。我们经常羡慕别人“桃李不言下自成蹊”的成就，但我们不知道这种骄傲来自对每一个学生具体生命无微不至的尊重和呵护，来自我们早已将学生看成是自己生命中不可分割的大爱。如果我们真的有智慧和耐心走进学生的生命深处，和他们同频共振，那么再捣蛋的学生都会被我们教育和感化。而课堂教学正是我们走进学生生命深处最佳的路径。

本来，课堂是专业价值的体现，是为师者最荣耀的地方。但我们很多人把课堂当成了痛苦的所在，甚至课堂成了有些人出丑的地方。为什么学生喜欢他讲课，而不喜欢你讲课？为什么有些专业实力雄厚的名师，敢于对夸夸其谈的所谓专家隔空喊话：“是骡子是马拉出来遛遛！”因为课堂就是舞台，专业才能出彩！我们常常感叹学生难管，为什么那些课堂教学优秀的教师压根就没有这种忧虑！戏唱得如此悦耳动听，谁还会东张西望左顾右盼？不要低估了学生的智商！

基于此，我们就应当进行课堂改革！改革我们的固有思维，改革我们的落后观念！上一学期至现阶段我们所进行的特色课堂建设，敲响了临潼中学课堂革命的钟声。战役打响后，尽管还存在诸多问题，甚至还有许多高地没有被攻克，但枪声惊醒了我们，如果不奋起抗争，最后落伍者必将成为僵尸。改革总是会有不同的声音，总是会有不少的质疑，但改革从未停止过！我们先前提出的“三环五步”教学法是一种大教学观，下一步我们会提出，要在大教学观下构建适合各个学科特点的课堂教学模式。作为设计者，我们清醒地认识到，哪有什么固定的课堂教学模式，我们之所以探讨所谓的模式，就是想告诉大家，每个人都可以自创一种课堂教学模式，只要科学、有趣、高效，只要易于接受并能推而广之，那就是一种好的教学模式。每一种课堂教学模式都是一种课堂教学可能，这万千的可能最终会构成临潼中学课堂教学改革花园里的万紫千红！

2022 年 3 月 31 日

课改 我们的使命

特色课堂建设的战役已经打响，我欣喜地看到，所有科目的所有老师开始行动起来，一场影响学校、教师和学生未来发展走向的改革就这样徐徐拉开了帷幕。为了大家能够各自扮演好角色，我想跟大家交流一下我的看法：

我们为什么要进行课堂改革？改什么？怎么改？我想这是所有人的疑惑所在。

大家知道，课堂是教学质量的生命线，教学质量是学校发展的生命线，学校发展是学校生存的生命线。一所学校要想立于不败之地，要想得到人民群众的认可，就得不断地改革发展。发展的核心是什么？是质量，是特色！试问我们的质量是不是叫得响拿得出？我们的特色是不是鲜明又突出？没有质量和特色，我们如何在竞争激烈的区域教育大环境中求得生存发展的一席之地？

课堂就是造血干细胞，干得好了，会发展学生方方面面的能力，会使教育教学质量得到全面提升，会让教师获得职业成就感和幸福感，更会使学校的教育生态环境和师生的精神风貌发生翻天覆地的变化。但反观我们的课堂教学，一讲到底的满堂灌仍是主流，学生被动接受仍是主要学习方式。如果不打开这个魔咒，我们依旧居高临下、随性肆意、自我欣赏地把知识抛给学生，甚至强加给学生，而不顾学生未来身心发展的需要，那么，我们是在误人子弟，说严重些我们会成为历史的罪人！

当然，我们现在所进行的特色课堂建设是特色学校建设的主要抓手，也是市局给我们的规定动作，是必须要实施完成的。我们毫无退路可言，必须全力以赴直面应对！

以上就是我们为什么要进行课堂教学改革的原因。那么，接下来改什么？改教法，改学法！怎么改？

第一，思想要高度重视。要把这场改革和提高教育教学质量紧密结合起来，要把这场改革和学校的发展命运联系起来，要把这场改革和自己的发展进步联系起来。尤其是对那些有想法、原来表现平平的人来说，这是一次弯道超越的绝佳机会。抓住了，你可能成为专家，成就梦想；抓不住，你可能和别人的差距越拉越大。

第二，更新教育理念，转变教学观念。课堂是实施课程的主阵地，是学生德智体美劳全面发展的主阵地，绝不是纯粹教知识那么简单。课堂是师生共同生长、成长、圆满的精神家园，是鲜活而富有生命的存在，绝不是封闭僵化的填鸭场。课堂是培养未来公民民主意识、法制意识、平等意识、独立意识的孵化器，师生的地位、人格是平等的，所以教师主导下的学生自主、合作、探究的学习方式理应成为最主要的手段和目的。

第三，躬身入局，大胆改革。要有壮士断腕、刮骨疗毒的决心和勇气，以杀身成仁的大无畏气概从自己熟知、依赖、守旧和舒适的课堂教学状态中走出来，为了孩子，为了家国，不怕失败，大胆改革。现在不是探讨改或不改的问题，现在是如何改和改得更好的问题；现在不是发牢骚说怨言的时候，现在是躬身入局不断试错的时候；现在不是你强调各种理由逃避特色课堂改革的时候，而是全校上下包括学生在内一个都不能少的时候。

第四，八仙过海各显神通。你要知道，尽管学校对于特色课堂进行了所谓的顶层设计，也制定了一系列的制度，但同时你必须明白，特色课堂目前尚未有固定的套路、模式，需要大家积极介入、大胆探索，八仙过海各显神通，而不是依靠学校或者领导赐予你稳定可靠的操作办法。所以，你不要等靠要，不要观望，不要站在河边看别人游泳，你只有跳下去，和大家一块游，才能在不断遇到问题、解决问题当中提升自己、提高自信，形成自己对于特色课堂的清晰认识、独特思路和最佳的实施办法，经过反复实践形成自己的课堂教学新模式。也许，你的这个模式就是大家所认可的模式，学校要推广的模式！必要时，学校可以以你的名字来命名这个模式。

第五，实现学校战略决策，千难万险不可阻挡。你要知道，特色课堂建设，不是心血来潮的一时之举，而是今后学校长期坚定不移要抓的战略决策。所以，你从一开始就要俯下身子，真抓实干，不要应付，不要逃避推诿；要有“踏石留印，抓铁留痕”的工作作风，不留退路，常抓不懈，久久为功，最终改变自己，提升素质。你更要知道，任何事情都不是一蹴而就的，我们必须树立长期作战的决心，不能被一时的挫败所吓倒，更不能一遇到困难就怀疑改革的正确性，然后给自己找理由，懒于改革，放任自流。改革不是郊游赏花，不是大快朵颐，改革是有阻力、风险和困难的，所以，我们要提前意识到这一点。

第六，循序渐进，久久为功。任何改革都是一个循序渐进的过程，特色课改依然如此，所以我们不要期望一开始就迅速达到某种效果，或者产生某种模式。特色课改是一个各种思想、思路、方式和方法不断碰撞的过程，只要我们善于发现火花，善于引导并总结提炼，相信星星之火可以燎原。反对急功近利、盲目冒进的思想和做法，反对不分课型、死搬硬套的做法，反对简单粗暴、强势推进的做法。

第七，做好顶层设计，行政强力推进。推进本次特色课堂建设的总体思路是：全面推进，重点突破，典型引领，逐步完善，形成范式。所以，本次改革要求全员参与，不漏一人，任何人都不能隔岸观火，把自己置身于临潼中学的发展之外而坐享其成。我绝对相信，我们临中人有觉悟、有实力完成本次改革。改革是大考，必能考出真人才。改革是机遇，成就一批人。我们允许落后，但不允许止步不前；我们赞赏热烈的讨论交流，但鄙视阴阳怪气的风凉话；我们不奢望人人都能成为课堂改革的专家，但希望人人都能成为特色课堂建设的思想家和实践家。我们希望通过这次课改，能涌现出一批可圈可点的典型人物、领军人物，为学校未来发展储备一批人才队伍。本次课堂改革，领导要带头上好示范课，要入班入组入课堂进行包抓帮扶，做课改的先锋队、急行军。学校也要出台相关考评奖罚政策，用行政力量强力推动改革落地生根，全面开花。

第八，课改要深入，质量是底线。这次特色课堂建设不是走形式耍花腔，不是仅仅为了完成上级交办的任务，而是针对我们课堂教学弊病进行的一次精准的外科手术，是提高教育教学质量和进行特色学校建设的重要抓手。不以形式为目的，要以质量为导向，不管我们采取什么形式的课堂教学模式，最终要的是高质量，没有质量，我们就是失败者。

老师们，学校兴衰，“我”的责任！决定临潼中学荣辱兴衰的关键时期已经来临，我们是冷漠相向、阳奉阴违，还是积极投入、坚决执行呢？我相信，我坚信，我们这一群教育人，一定能够做到心怀良知，肩负责任，开拓创新，奋力有为！一定能够把临潼中学建设成为一所高质量、有特色、能示范的品牌名校！

（本文是作者2021年3月17日就特色课堂建设致教师的第一封公开信）

第二章　临潼中学特色课堂建设案例

临潼中学“特色课堂”教学实施方案

一、方案实施的指导思想

贯彻《临潼中学特色课堂建设实施方案》精神，引导督促教师更新理念，大胆实践，注重落实。以课堂教学为抓手，以“让学生成为学习的主体，更轻松地学”为主导思想，使教师掌握课堂实施策略，“发挥主导作用，更有效地教”，以达临潼中学课堂教学质量高效提升。

二、方案实施的可行性

本实施方案推行必备的先决条件：

临潼中学教师集体备课制度、主备制及相关检查和评价制度的确立与实行。

课堂教学改革班级、学习小组的建立和科学管理。

符合新的课堂教学需要的课表、辅导表的编排，科任教师工作时间安排。

新课堂教学模式必备的后勤保障，主要体现为学习资料的及时印刷、发放，教学设备、器材的完备。

学生在教师指导下，按照预学案完成课前预学任务。

三、课堂教学理念及贯彻原则

（一）课堂教学理念

先学后教，以学定教。让学生成为学习的主体，更轻松地学；让教师成为课堂的主导，更轻松地教。

（二）课堂教学原则

1. 自主预习：不学不讲。学生先自主预习，没有预习就没有讲解。学生已会的不讲，学生通过自主学习能掌握的不讲。

2. 合作探究：不议不讲。学生先合作讨论，没有讨论就没有讲解。学生预学中生成的重点问题必讲，学生不理解、经过讨论仍没有解决的问题必讲。

3. 拓展提高：不练不讲。学生先练习，没有练习就没有讲解。重点必讲，易错易混知识点必讲，生成重难点必讲。

4. 评价激励：自评互评。自评，根据讨论中同学的观点、意见及老师的点拨，反思自我。生生互评，小组互评，教师点评，交流碰撞，重在激励。

四、临潼中学“特色课堂”实施步骤及具体要求

依据课堂教学理念及原则，依托集体备课和主备制形成导学案。导学案由四部分组成，具体指课前预学区、课中探究区、课堂思学区和课后固学区。导学案首先应明确呈现本课学习的具体目标及学法指导。

（一）课前预学

课前预学案主要为助读资料、基础知识、学习导引三个环节，预学案必须于上课前一天印发给学生，并以学校预学安排时间表为依托，以此保证学生完成预习的时间。

1. 预学目标

数量以 2—3 个为宜。任务要具体，可操作，能达成。不用“了解”“理解”“掌握”等模糊语言，要用“能记住”“能说出”“会运用”“会演算”“会推导”“能解决”等可检测的明确用语，并指出重难点。

2. 预学内容

划定学习范围，指导学习方法。预习导引呈现形式为问题导引，指导学生进行任务驱动型预学。基础知识和重点知识以知识梳理或练习的形式呈现，不同科目采用不同的内容呈现方式。根据学校目前的教情与学情，此环节必须明确学生的课前预学时间，据不同学科实际细化到分钟，教师全程跟进预学过程和效果检查。如整理、背诵知识点的识记，安排时间学生互检。

3. 问题生成

明确要求，留有空间，让学生把预学中的困惑之处分条梳理出来，在上课时进行小组讨论，根据不同课型设置个性化的要求。

教师检查（抽查）、批改预学案落实情况，每周每生至少批改一次。每个学习小组学科组长收集的预学生成的问题交科代表，由科代表整理汇总，课前呈交给授课教师，授课教师根据预学反馈完成教案和课件的修改。

（二）课中探究

1. 课堂探究的指导思想

（1）理念统一。学案中“课中探究区”主要分为课内研讨和课堂活动两大环节：课内研讨重点在于课堂重点、难点、疑点的探究；课堂活动为结合本课内容开展的拓展小训练，形式以短、平、快、活、链接考点为原则。

（2）尊重差异。遵循学科规律，尊重学科差异。具体内容可根据不同科目、不同课型及具体教学内容而定。

（3）形式多样。课中探究案的展示形式可为纸质探究案和 PPT 课件展示，但实施过程必须要求学生落实到纸上，做到能理解、会表达、会推导、会演算等。

2. 课堂探究的具体要求

（1）目标呈现

根据课中探究案列出本节课的学习目标和重点。每节课确定 1—2 个难点，体现分层教学。

①根据学科核心素养、课标、学情、教材等确定学习目标。

②课堂呈现的学习目标指本节课所要学习掌握的知识和培养提升的能力。必须明确、具体、可操作、可观察、可测量，起到统领课堂的作用。

③呈现目标后，必须进行解读，强调关键、重点，并说明其意义和作用。

（2）课堂探究

①问题呈现

课堂探究主要内容为问题探究。问题来源有三：预学反馈、课前预设、课堂生成。教师进行合理整合，以填空、简答等多种题型呈现。

②探究方式

主要有问答式、讨论式、展示式、评价点拨式等。提问与评价点拨为传统课堂探究方式，教师应注意提问的覆盖面、提问技巧、点评方法。

小组探究。小问题同桌交流，稍有难度可前后桌正背式讨论，大问题学科小组探讨。小组探讨规定内容限时开展讨论，由小组确定其发言人，展示本组探究讨论成果。

③课堂展示

展示形式可为陈述发言、板演讲解等多种形式。教师提前针对具体问题提出展示要求，启发指导学生围绕问题积极发言，不过分计较对错；组内交流控制音量，全班交流则要语言准确，表达流畅，声音洪亮。

规范学生发言的语言及方法（比如：我是第X组的X号，我觉得这个问题应该从以下几个方面来回答……回答完毕），语言语调既要体现商讨性，又要与所答问题内容切合，少绝对化，忌争吵式，培养学生与人交流的方式，提高学生的个人修养。

3. 课堂评价

可灵活运用生生互评、小组互评、教师点评等形式，评价要有针对性，忌大而空。教师时刻注意引导、把握正确的话题导向。交流碰撞，重在激励。

4. 总结拓展

教师对课堂探究内容进行总结、提炼、归纳、提升、拓宽、深化，注重思维点拨和方法启迪。要将小组讨论生成的问题讲清讲透，课内研讨问题作为课堂重难点，可适当提供思考角度以激发学生的探究兴趣。

可结合课堂思学区内容进行整合，灵活采取学生小结、教师小结的方式，运用思维导图，回归目标，归纳本节课知识体系，再次明确能力要求。

5. 课堂活动

课堂活动是结合本课内容开展的拓展小训练，形式以短、平、快、活、链接考点为原则，体现为课堂小练习、小练笔、高考小题练、课堂小创意。力求“三精”——目标精准、训练精短、展示精彩，时间以5~10分钟为宜。

（三）课堂思学

课堂思学区分为技法积累、视角拓展、思维导图、素材链接四大部分。技法积累为本课涉及知识点的归纳积累与能力训练，侧重思路与技巧点拨。视角拓展为本课延伸阅读或训练，注重能力迁移。思维导图为本课内容的框架式整理，可根据各学科各章节教授的实际内容，充分发挥学生的创造性，力求图文并重，脉络清晰，百花齐放。素材链接主要为相关阅读为主，丰富知识，激发兴趣，拓展见闻。

根据不同科目不同课型实际情况，有效整合课堂思学区与课中探究区内容，使学生课堂探究与教师讲授有机融合，做到突出重点，破解难点，达到高效拓展提升。

（四）课后固学

课后固学案体现形式为知识理解与识记，能力训练与检测。知识理解与识记采用生生（同桌）互查、小组检查、教师检查等形式。能力训练与检测体现为课后练、周练、月考、阶段考等形式。题目要体现基础性、时效性、关联性。

1. 课后检测

（1）检测形式可视科目与具体授课内容，采取多样的方式进行，因课而定、因生而异，检测及时，任务具体，落实到位，操作性强，覆盖到每一位学生，有查有批有评。

（2）并非每个课时都要有检测案，如：语文、英语可以一篇课文一次训练；物理、化学、政治、历史、地理、生物等一框题一次训练；数学最好课课有训练。

2. 习题讲评

（1）习题课的前提是阅卷评卷和试卷分析，充分掌握学生答卷的优缺点。从知识掌握和能力迁移两大维度进行全面分析，有效整合学生答题过程中的得分点、失分点及其原因。

（2）试卷讲评课要有教案。包括出示课题、呈现作答情况（学情）和学习目标三个环节。考查涉及的知识点、错因、解题思路和方法、易错易混点。做到讲评有重难点、有针对性，及时解决学生本课本章节检测中出现的问题和困惑。

（3）做到学生已会的不讲，重难点有针对性地讲，学生答卷有分歧有争议的地方充分研讨，忌无视答卷情况的逐题讲解，提高试卷讲评课的效率。

（4）要有探究质疑。学生讲解陈述答题思路，鼓励学生质疑补充，结合考点适当进行变式训练。探究过程中，可根据实际情况及时概括总结相关知识点或解题方法。

（5）要有课堂小结。方式可以是教师小结、学生小结。内容上回归目标考点和思想方法总结。

五、补充说明

本方案为临潼中学“特色课堂”落实的基本原则、思路和步骤。在贯彻上述原则的基础上，各学科应尊重学科自身规律，依据本学科特点，步骤上不断细化，操作上科学严谨，群策群力，深入探讨，使每一课每一个教学环节都行之有据，行之有效，以此努力提升课堂教学效率。

临潼中学“三环五步”教学法构建与解读

教学模式是教学理念实施的载体，中国自古倡导“因材施教”的教育理念，建构主义理论更是提倡构建以学生为中心的课堂教学，认为学生是认知的主体，是意义的主动建构者，教师只对学生的意义建构起帮助和促进作用，并不要求教师直接向学生传授和灌输知识。因此，构建新的教学模式是更新教师教育理念，顺应新课程、新高考改革，落实“课堂革命、陕西行动”，全面提升教育教学质量的有效途径。

一、教学法的特点

“三环五步”教学法就是基于学生的认知水平，在学生充分预学的基础上，采取“先学后教，以学定教”的教学方式，发挥学生学习小组的作用，开展自主式、探究式、合作式、互动式、项目化教学，促进课堂物态形式和教学方式的彻底改变，体现“学生主体、教师主导”教育思想，促进学生全面发展，为学生终身发展奠基。

二、教学法的课堂定义

“三环五步”教学法课堂定义为广义的课堂，它体现的是一种大课堂观，其有别于传统意义上的常规课，它是由预学课、探究课、固学课三部分组成，三个课堂组成了一个有机整体，让每节课都能按照“预—检—探—思—固”教学流程实施精

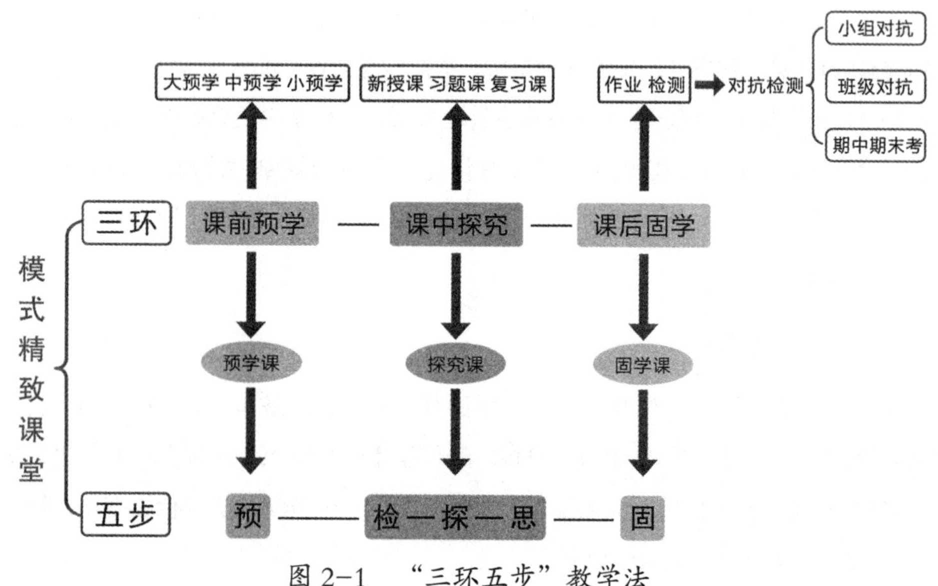

图 2-1 “三环五步”教学法

准教学，体现“先学后教，以学定教”的教育理念。在教学环节实施方面，学生先利用预学课，在教师的引导下充分阅读教材，通过小组合作，解决基本概念和基本原理等问题，完成基础预学；教师根据学生反馈的问题，合理设计授课内容，引导学生合作探究，质疑升华，培养学生思辨能力和学科素养；固学课以巩固训练为主，教师依据上课情况，科学设计训练试题，夯实基本，巩固提升。

三、预学课的设置

（一）预学课的目的

熟悉教材，教师引导学生解决教材中的概念、公式、原理定理、生字、单词、作者介绍、背景等相关问题。也可以作为解决教材问题所需要的初中知识讲解。

（二）预学课的分类

1. 大预学

大预学指学校利用周末、节假日、寒暑假安排的预学课。备课组要根据学情设计合理的预学案，年级组做好预学安排，学生按照预学安排在规定的时段内完成预学任务。

2. 中预学

中预学指学校安排的周内预学课。一般情况下，语文、数学、英语科目每周安排两节预学课，其他科目安排一节预学课。教师提前设计好预学内容，引导学生合作探究，完成预学案。对于学生预学后还不能解决的问题，可以在预学课上讲解，也可作为常规课的探究问题供学生分组讨论解决。

3. 小预学

小预学指学生利用在校的碎片时间进行的预学，可以是课余时间自学，也可以是小组合作探究，主要解决需要通过查阅相关资料和书籍来完成的预学任务。

（三）预学课的要求

1. 预学课要设计科学合理的预学案，要整合教材，哪些内容需要在预学课处理，哪些内容需要在正课探究。

2. 学生合作探究解决预学内容，将不能解决的问题填写预学反馈单，上课前反馈给教师。

3. 教师必须参与预学指导，切忌将预学课当自习，不介入，不指导，放任自流。

4. 教师要对学生预习效果进行检查，并将检查结果纳入小组评价之中。

5. 教师要根据学生预学反馈单对教案进行修改，切忌课前不对接学生，对学生所反馈问题不做处理，教学针对性不强。

四、探究课的设置

（一）探究课的目的

在预学基础上对教材进行深入剖析，联系生活实际，引导学生合作探究，培养学生解决生活中实际问题的能力，体现了“先学后教，以学定教”的教学理念。

（二）探究课的实施环节

图 2-2　探究课的实施环节

1. 导入新课

导入新课包括情景导入、目标导入、问题导入等多种方式。通过不同的导入方式，激发学生学习兴趣，以达到明确学习目标和任务的目的。

2. 学习目标的呈现及解读

学习目标是教师依据课标、教材，拟定的本节课学习任务及需要培养的学科素养。教师要依据预学情况和生源实际，制定符合学生实际的学习目标。学习目标要有层次性和科学性，可分为基础性目标和发展性目标，并能通过可执行、可度量的词语进行阐述。导入新课之后先展示、解读学习目标，利于学生明确本节课学习任务。

3. 反馈问题及预设问题

反馈问题是指学生在预学中无法解决的问题，教师要在课前进行点拨讲解。预设问题是教师根据课标要求、教材内容及学生反馈的问题，而事先确定的能体现本节课的重、难点的问题，以及学生易混、易错的知识点等，是学生反馈问题的补充、提升或拓展。

4. 预学检测

教师要设计合理的预学检测题，对学生预习效果进行检测，共性问题再做讲解，为进一步的合作探究奠定基础。

5. 课中探究

课中探究环节是“三环五步”教学法的“重场戏”“高潮戏”，是新课堂教学模式的核心、关键，是在自主预学基础上谋求突破性发展的环节，其学习质量直接关乎课堂效率。这个环节教师要根据预学反馈、预设问题、教材重难点、学习目标等设计符合本班生源实际的探究问题，探究问题的设置要有梯度，可分为基础探究和情景探究（深度探究）。基础探究是以基础性学习目标为依据，处理学生预学中不能解决的、学生易错易混的反馈问题和预设问题；情景探究（深度探究）是以发展性学习目标为依据，以生活情景为载体，以高考命题趋势为指向，培养学生运用知识解决实际问题的能力。教师可以通过问答、组织小组讨论、引导学生展示等方式组织课堂教学活动。

（1）问答：通过问答的方式检验学生对知识的掌握程度是课堂教学中最常见的手段，“三环五步”教学法在学生充分预学的前提下，对概念性、基础性的问题可以通过问答的形式解决，这种形式仅局限于预学检测或对基础性探究问题的解决。

（2）小组讨论：小组合作探究是“三环五步”教学法的核心，它是通过小组合作学习解决老师的预设问题或探究问题。全班可分为数个学习小组，每个小组不超过 6 人，每组设一名学科组长。在课堂教学中，学科组长主持全组同学集体讨论，逐个发言，形成结论。学科组长在组织讨论时要有分工，要人人参与、人人发展。讨论结束后应指定小组代表展示本组讨论的结果和观点。

（3）学生展示：展示环节是学习小组汇报讨论成果的重要途径，能有效提升扩大本节课堂的教学效果，是一节课的精华与亮点所在。展示的方法可以是板书、讲解，也可以是朗读、表演、陈述等。展示时要求语言规范；对于进行展示的学生要有选择，一般选中下水平的学生展示；展示后其他学习小组可以质疑、反驳或点评。

6. 课堂思学

课堂思学是对本节课的总结、提炼和升华，它由三个部分构成，分别为：小结、检测和拓展延伸。小结是对本节所讲内容的概括和总结，是对本节课学习目标的回顾，可以由学生小结，也可以由教师小结；通过框架图、思维导图的形式构建知识体系。检测是对本节课内容掌握程度的检查，教师提前设置好相应的检查习题，检测习题以基础性试题为主。拓展延伸是对本节课的升华和提升，内容设计以链接高考为主，也可以是相关前沿科学的介绍或课外知识的拓展。

7. 作业布置

教师根据本节课的授课情况，布置适当的课后作业，作业设计要科学合理，要符合学习目标的要求，作业收交要有记录，教师要及时批改和纠错。

五、固学课的设置

固学课是对本周所学知识的巩固、检验和纠错，它有别于传统的考练或自习。教师要根据上课情况设计合理的固学案，并组织学生完成。在完成过程中，对于个性问题，要组织小组讨论，帮助学困生纠正思路，即“兵教兵”；对于共性问题，教师要进行集中反馈讲解，即“师教兵”。固学课设置规则一般为：语文、数学、英语两节，其他科目一节。

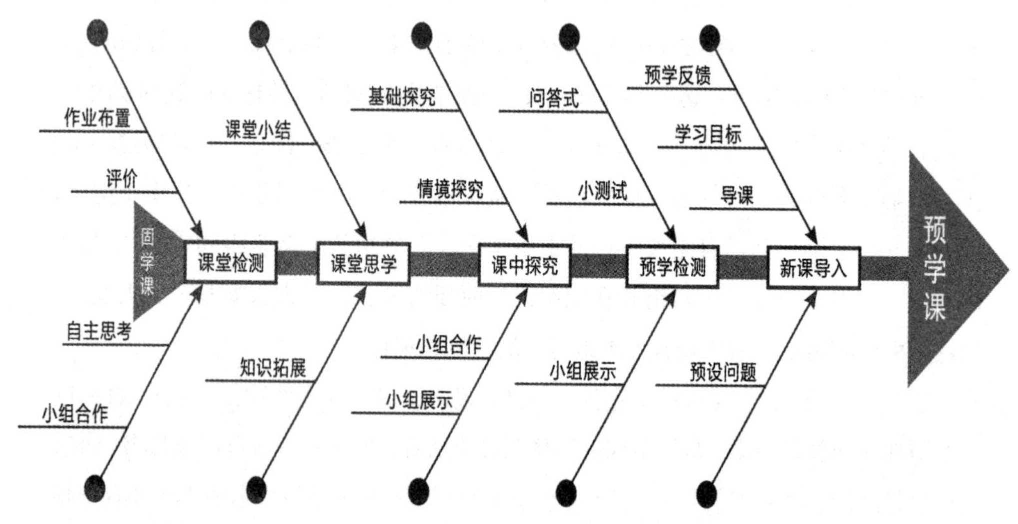

图 2–3　“三环五步”教学法流程

临潼中学班级小组模式探究与解读

在新课程理念下，学生自主学习、合作学习是促进学生成长、保证学习效果的一个重要环节。班级作为学生日常学习、生活的基本单元，是实施小组建设的主要阵地。在班级中开展小组建设，是实现课堂教学改革，落实学生自主学习、合作学习的重要途径。

一、探究背景

2020 年 12 月，我校的区位教育形势发生了巨大变化，面对学校的发展前景和师生共同的发展愿景，结合“课堂革命”紧紧围绕学生发展需求，以学生发展为主线，全面开展自主式、探究式、合作式、互动式教学的要求，我校决定全面深入地推进课堂教学改革。

建构主义学习理论认为协作学习的过程就是交流的过程，交流推进了每个学习者的学习进程，是达到意义建构的重要手段。同时“活教育”思想提倡分组学习、共同研讨，学生自定法则来管理自己。因此，需要在原有课堂探究小组的基础上建设更高效、集体性更强的小组合作模式。

班级作为学生学习生活的最基本单元，在班级中将学生分成各个小组，分组管理、分组学习、分组评价，通过班级小组的建设能更好地发展学生自主学习、合作交流的能力，能更有效地促进课改的推进与实施。

二、课题界定

在新课程改革中，强调培养学生的主体意识，调动学生的主观能动性，发展学生自主学习乃至自我管理的能力。学生分组合作探究的学习方法能一定程度上调动并培养学生的学习主动性，因为不够深入，不能适应深层次的教学要求。通过学习、调研发现：班级小组建设能更好地培养学生的自主学习能力，为实施课堂改革提供学习基础。

三、存在的困惑与问题

在以前的合作探究学习中，学生存在学习不主动，在合作学习过程中存在从讨论到聊天，合作讨论浅尝辄止，小组成员发展不均衡，讨论时机不恰当，合作学习规则不明确，讨论时间不充足，学生评价不完全等问题。为进一步落实加强学生学习效率，提升课堂教学效果，对班级小组的建设是非常必要的。

四、时间安排

第一阶段：2020 年 12 月—2021 年 2 月，成立领导小组并制定实施方案

为保障班级小组建设与学校课堂教学改革工作相适应，有序推进班级小组建设的开展工作，成立领导小组，负责班级小组建设工作方案的制定和跟进实施。

第二阶段：2021 年 3 月 1 日—2021 年 3 月 14 日，对班主任及班干部进行培训

按照班级小组建设方案安排，首先召开专题培训会，就如何实施班级小组建设对班主任进行培训，要求班主任掌握班级小组建设的具体实施方法并能彻底执行；其次对各班的班干部及分组后的各组长进行专题培训，强调班级小组建设的意义，就分组后如何开展小组学习、小组讨论、小组管理进行具体说明，使得班组干部能落实小组建设的日常管理工作。

第三阶段：2021 年 3 月 15 日—2021 年 6 月 30 日，在全校各班开展班级小组建设

以班主任为引导，以班组干部为核心，在各年级、各班全面实施分组管理与分组学习，班级建设领导小组加强对落实情况的检查督促，对在小组建设过程中有突出表现的小组定期表彰，推广成功经验，同时及时发现实施过程中的问题并制定对策，指导师生解决实施过程中遇到的问题。

第四阶段：2021 年 7 月，总结提升

首先以班级为单位，按照小组建设评价方法对本班的各小组建设进行总结，表彰先进，弥补不足；其次班级建设领导小组对全校的班级小组建设工作进行全面总结，吸取成功经验，反思不足，修订实施方案。

五、实施策略与方法解读

（一）以班级文化建设为引领

1. 确立班名、班级目标、班训、班级口号、班歌等，甚至还可以有班旗、班徽。

2. 营造良好的班级学习氛围（班内的文化布置）：各班组织建设要明确，要有教师可以手持的点名册；教室内基本的桌椅摆放、布局要整齐合理；班内要有文化墙，以学生分组、学生作业、学生生活等内容为主；班内黑板报要根据每期主题及时更换，要有新意、美观；还可以进行其他布置，如图书角、盆景等。

3. 学生个人评价公示栏目：学生个人量化考核积分表公布上墙。

（二）以班级制度建设为保障

1. 班规的制定

全班同学共同参与，为实现班级的目标而制订切合实际的班规，并由相应班内、组内的监管岗位成员严格执行。

2. 反思、评价制度的确立

各班要以《临潼中学学生个人量化综合考核方案》为基础建立本班学生综合素质评价体系，充分利用班会时间，实行每周总结、反思，每周公布上墙，学期综合考核，指出班内各组、各人所存在的问题，及时帮助，有效解决。

（三）以小组建设为核心

1. 小组构建

（1）小组划分

方案一：各班将全体学生按每 6 人 (8 人) 一组。分组时参考上学期末考试成绩或上一次考试成绩。以 60 人为例，1—10 名分别为 10 个小组的 1 号组员，11—20 名为各组的 2 号组员，21—30 名为 3 号组员，31—40 名为 4 号组员，依此类推，得出每组 6 名组员的 10 个大组。

方案二：各班将全体学生按每 6 人 (8 人) 一组。分组时参考上学期末考试成绩或上一次考试成绩。以 60 人为例，1—10 名分别为 10 个小组的 1 号组员；11—20 名为各组的 2 号组员，但 11 号为第十组组员、12 号为第九组组员，以此类推；21—30 名为 3 号组员；31—40 名为 4 号组员……同样采取龙摆尾的方式，依此类推，得出每组 6 名组员的 10 个大组。

方案三：各班将全体学生按每 6 人 (8 人) 一组。由学生自由组合进行分组，但要兼顾到各学科的学习状况，每组中必须各科有一名成绩突出的学生带动相关学科的学习。

原则上，小组划分为固定的最好，但班主任可根据各小组磨合程度、月考后各小组学习效果、学生个人感情等因素及时对小组进行微调甚至重组，但对于调整和重组一定要给学生讲清原因，让他们心甘情愿地进行。如果是微调，班主任还可引导小组对离开的成员进行签字留言及对新成员举行欢迎仪式，以此培养学生间的友谊。

（2）小组成员间的分工

5号
6号
课桌
课桌
1号
2号
课 桌
3号
4号

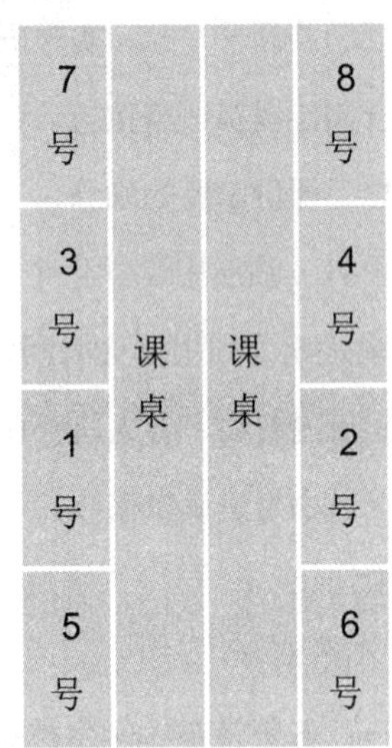

图 2-4　小组成员分工示意图

小组确立后，首先推选一名组长。这名组长十分重要，一般来说应选择那种有凝聚力、有上进心、有号召力的学生做组长，负责本组的全面工作，并直接向班主任汇报工作。另根据班级工作的需要和各人的特长，推选纪律组长、学习组长、风采组长、生活组长、安全组长各一名，各自负责相应的工作，做到组内事事有人做、人人有事做。在职责划分上，组内可采用在组牌作标注的形式以此强化每个组员的职责意识。其次，各任课老师要根据本组学生在该学科中的学习状态，确立组内的学习帮扶制度，一般采用的是一一结对法或一二结对法，一个成绩优秀的组员“包”一至两个该学科成绩相对弱的组员，对他们进行帮助、辅导、督促，落实兵教兵、兵练兵、兵强兵的策略，有利于全组学生学习的全面提高。科任老师要对每个组的结对帮扶情况经常性地检查、督促、指导。

（3）小组的文化建设

每个小组必须有自己的组名、奋斗目标、口号、组训等，这些内容要由小组成员共同制订、完善，并制作组牌置于班级学习园地内或小组课桌中间。在这基础上，各小组还可自创各自的组内文化项目。最后，小组成员共同制订所需要的组规，并在平常的实践中不断修订、完善。

2. 小组培训

（1）小组长的培训

小组的构建完成后，班主任立即就对应的小组长进行培训，培训组长至关重要，可以考虑以下措施：

第一，明确组长的责任和作用，增强组长的集体荣誉感和责任心。

第二，定期召开小组长会议，洞悉他们在思想上、学习上和生活上的困难并及时予以帮助，让小组长感受到老师的关怀和温暖。

第三，适时地肯定、表扬和激励，树立组长的威信。培训方式可采用：小组长上岗培训会议，小组长工作沙龙。强化"当好小组长"的意识、小组长个别谈话、单个小组的全体会议等，这样的培训在班级管理中应该做到每周进行。

（2）小组成员的培训

在各科教学中，要让任课教师明确各组学生编号的意义。在进行提问或者互动交流时，要根据学生的学习情况分层次培养。要加强学生互助意识的培养，要让优秀学生明白，教会后进生学习的过程也是自己深化学习、提高能力的过程，帮助后进生不仅不会影响自己，反而能提高自己的水平。要给后进生更多的学习、答题汇报、展示的机会，对他们每一点微小的进步，都要给予及时的肯定和赞扬，即使答错了，也要肯定他们的精神，逐步培养他们学习的积极性和自信心，让他们勇于加入小组的学习和探讨中来。

在班级和学校范围内，大力开展集体主义教育和团队精神教育，促进学生间的团结协作。转变传统的学生评价方式，在学习和日常管理的每个环节中，都以小组为单位进行评价，包括课堂表现、班级纪律、学习成绩等，个人成绩不再凸显。要让学生明白，只有小组的成绩优异才是自己的成功，以此来强化学生的团队意识，督促学生在小组内开展互助，提高整个小组的综合水平。

（四）以学生个人与小组评价促发展

1. 小组评价

在每周各小组组内评价的基础上，每月在班级内开展一次所有小组的评比活动，根据各小组的平均成绩、纪律表现、值日完成情况、文体活动参与情况等对各小组进行综合积分，评出本月“榜样小组”，并在班级文化墙展示。每学期对所有小组的各个方面表现进行总结表彰，争取面面俱到。

2. 个人评价

根据《临潼中学学生个人量化综合考核方案》得出的学生个人积分与个人所在小组积分对学生进行综合积分评价，个人积分占总评的 70%，小组积分占 30%。综合考评前 3 名者为本班三好学生，可参与学校评优，对于综合考评前 20% 的学生，可班级范围内奖励。

临潼中学特色课堂建设“主备制”实施细则

根据《临潼中学特色课堂建设实施方案》，在我校课堂教学改革集体备课制度的背景下，强力落实备课组教学研讨“主备制”，增强学科团队作战能力，提高课堂教学执行力，打造具有临潼中学特色的有效课堂，进而提升学校教学质量。临潼中学特色课堂建设“主备制”实施细则如下：

一、合理分工，明确任务

按照学校先周备课的要求，备课组长依据备课组成员擅长的学科板块，合理分配其主备的教学内容。

备课组长开学前把备课组“主备制”人员分工及教学内容的详细安排表报送校教研室。

所有备课组成员都应承担主备任务，按照安排必须提前一周完成所分配的主备任务。

各备课组在“主备制”实施过程中，可以采取“老青搭配”的原则，取长补短，既能优化备课质量，也能促进教师备课能力。

二、研读教材，认真备课

教学目标：符合课标，符合学情，学科素养落地。

教学内容：与教学目标相匹配，熟悉知识点，突破重难点，拓展延伸，链接高考等。

教学理念：“以学生发展为本”“培养学生核心素养”“树立正确的价值观”等新课程理念在本节课中的体现。

方法策略：根据学情，本堂课如何能教得生动、学得生动，教学目标如何能落到实处。

教学过程：包括课堂导入—教授新课—巩固练习—课堂小结—布置作业等环节。

作业布置：如何科学合理地给各类学生布置作业。

板书设计：板书简洁合理，思路清晰。

辅助工具：PPT 制作要简要，音频视频等资源引进要合理。

教材运用：集体备课过程中，各学科可根据不同的班型特点对教材有所取舍，课堂教学模式统一，授课重点难点有别。

课程思政：各学科可根据教学内容特点增加“课程思政”，注重课程与生产、社会、生活、人文历史等方面的联系。

三、实践推行，合作探究

按照学校统一规定，每周二、周四为备课组集体备课时间，即“大教研”活动，各备课组长组织，依据“主备流程指导”完成主备内容。由于学科的不同，每个学科的教师配置不同，每周上课的节数不同，每周备课组活动时间也会受限。因此，主备人“小教研”时间不必受备课组活动时间、地点的限制。同时集体备课也要尽可能体现“学科特色”和“班级类型”，要因材施教，不能生搬硬套。

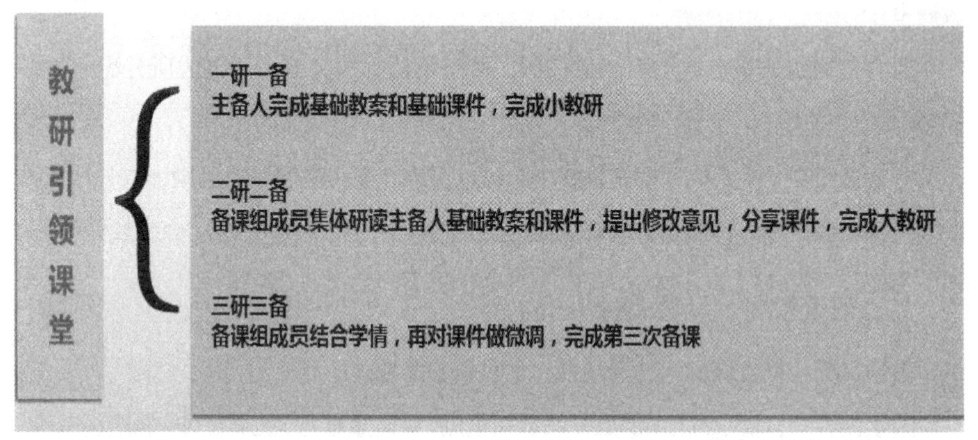

图 2-5 “三研三备”主备制图解

（一）一研一备

1. 主备人研读“教材”“课标”“教参”“预学案”“固学案”等，进行“小教研”，完成教学设计与教学课件。

2. 主备人结合教学课件说课，内容包括：教材分析、学习目标、教学重难点、教学方法、教学过程、作业及板书设计。

（二）二研二备

1. 备课组教师都要参与说课，并且要认真议课，分析讨论，帮助主备教师完善教学设计。

2. 备课组成员集体研读主备人的说课内容，提出合理的改进意见或建议。

3. 主备人依据“二研”情况，并结合自己说课时存在的问题，改进教学课件，完成第二次备课。

4. 主备教师将改进的教学设计和教学课件，与本组教师继续研讨，集思广益，确定集体授课的统一教学课件。

（三）三研三备

1. 主备人将集体授课的教学设计及课件定稿分享给备课组成员。

2. 备课组成员结合学情，在授课过程中可做微调，完成第三次备课。

3. 备课组成员授课后，反思教学过程，进一步修改完善教学设计及课件，完成“三研”。

备课组集体备课过程中，备课组长要认真做好“主备制”活动记录。记录主备教师说课主题及要点，说课的时间、地点，参与说课老师的分析研讨及改进意见等。

四、严格检查，督促落实

各备课组要高度重视在备课组内积极实行“主备制”，通过集体智慧，挖掘个人潜能，努力打造高效课、精品课。

教务处、教研室每周深入备课组，检查备课组集体备课和“主备制”的开展情况，督促备课组开展落实各项工作。

检查小组组长：刘素珺、汪永刚

检查小组成员：李水利、李晓娥、郭晓娟、各年级教务干事

（一）实地检查

1. 检查各备课组长是否按时按要求召集备课组成员进行集体备课。

2. 检查各备课组是否按照集体备课的安排具体落实“主备制”教学内容。

3. 检查“主备制”备课流程是否规范，是否形成操作性较强的课堂教学方案。

（二）资料检查

1. 检查各备课组长是否如实填写每周的备课组活动记录册，是否如实填写“主备制”活动记录表。

2.检查各备课组每周“主备制”的活动记录表，包括主备人、时间、地点、主备内容、参与教师、研讨改进等内容。

3.检查各备课组的集体备课及“主备制”活动照片等资料。

五、量化考核，科学评价

通过综合检查，教务处、教研室将对各备课组“主备制”落实情况从以下几个方面量化考核，科学评价：教师对所备内容的熟悉程度如何，教师如何引导学生突破重难点，引导的方法是否得当；教学思路是否清晰，教学内容是否完整，教师的引导、设问是否有效，每环节之间的过渡是否自然；教学策略以及学法指导是否科学、合理，是否能有效激发学生学习的兴趣，教学理念如何进行体现；拓展延伸、高考链接等环节与本节课的内容是否切合，对学生的学习是否切实起到了巩固提升作用；作业布置是否符合学生的类别层次，教师可根据不同班型调整作业重点和数量，避免同一班级使用不同类别作业而引起学生心理不适的问题；板书设计是否清晰、简洁、合理。

教研室定期将量化考核结果报送主管校长，审核通过后，根据学校规定，在年级组例会或全干会上，每周公布检查结果，每月表扬优秀备课组。学期末会将综合检查结果作为评选先进备课组的重要依据，并对先进备课组予以表彰奖励。

本方案为学校特色课堂建设背景下的“主备制”实施细则，以期加强教师之间的合作交流，凸显教师教学之所长，实现优质资源共享，提高课堂效率。

本方案将在实施实践过程中随时征集全体教师的建议，不断进行修订完善。

临潼中学特色课堂建设“主备制”操作流程指导

“主备制”落地实施促进了特色课堂建设的稳步推进，提升了教师课堂执行力。通过课堂观察、意见反馈及常规检查，发现在“主备制”实施方面还存在一些问题。为了及时解决问题，学校特制定《临潼中学特色课堂建设“主备制”操作流程指导》，请全体教师对照《临潼中学特色课堂建设“主备制”实施细则》，严格按照操作流程，规范执行。

一、分配任务

备课组长提前一周合理分配备课组成员主备任务。

备课组成员可以独立完成主备任务，也可以采取“老青搭配”的原则，组成主备团队。

备课组长把备课组主备任务详细分配安排表报送至校教研室。

二、一研一备

主备教师提前一周完成主备任务。

主备人研读“教材”“课标”“导学案”“固学案”等，完成一研一备。具体内容与要求参照《临潼中学特色课堂建设“主备制”实施细则》。

主备人通过“小教研”，编写基础设计，完成基础课件。

三、二研二备

主备人说课，解读基础设计、基础课件。

备课组成员依托基础课件，研讨课堂教学重难点、知识处理方法、高考考查方向等。

备课组成员提出合理的改进意见或建议。

在“大教研”过程中，中老年教师引领把关，年轻教师创新设计。

主备人依据“二研”情况，改进完善教学课件，完成第二次备课。

所有备课组成员统一使用的课件，必须具备以下要素：

1. 共性的预习反馈问题、组内集体商讨确定的预设问题（重难点问题）；

2. 共同确定学习目标；

3. 学生讨论的问题；

4. 教师拓展的内容；

5. 课堂巩固检测的问题；

6. 总体把握三个维度：教什么？怎么教？为什么这样教？

四、三研三备

主备人将改进完善后的教学设计及课件分享给备课组成员。

备课组成员结合学情班型微调教学课件，完成第三次针对性备课。

备课组成员授课后，反思教学过程，与同组成员交流分享，完成“三研”。

五、活动时间

（一）“大教研”时间

根据特色课堂建设需要，备课组活动时间调整为每周二、周四下午自习时间。

（二）“小教研”时间

主备人或主备团队根据实际情况，随时随地研讨交流。

表 2-1　西安市临潼中学特色课堂“主备制”评分表（试行）

年级		备课组		时间	
主备人		缺席教师		备课组长	
课题					
项目	分值	具体内容和要求			赋分
任务分配	5	主备人是否按照备课组安排完成先周备课			
一研一备	5	是否有主备人、教学设计、课件			
	5	课件是否结合实际制作，是否照搬导学案电子版			
	5	主备内容是否符合新课程标准，是否体现课程思政和学科素养			

续表

<table>
<tr><td rowspan="9">二研二备</td><td rowspan="5">主备内容</td><td>10</td><td>主备人说课环节完整，能对教学设计和课件进行详细解读</td><td></td></tr>
<tr><td>5</td><td>主备内容能考虑学情、教情，具有突破教学重难点的指导方法</td><td></td></tr>
<tr><td>10</td><td>教学设计符合特色课堂教学流程，环节完整；体现“先学后教、以学定教”的理念</td><td></td></tr>
<tr><td>10</td><td>教学设计是否包括有学习目标、预学检测、预设问题、探究活动、课堂检测、作业布置</td><td></td></tr>
<tr><td>5</td><td>作业设置是否符合学生的类别层次，是否注重与生产生活的联系和拓展。</td><td></td></tr>
<tr><td rowspan="3">研讨修订</td><td>10</td><td>备课组成员是否针对教学设计和课件提出改进意见和建议</td><td></td></tr>
<tr><td>5</td><td>老教师、名师是否能起到指导、引领作用</td><td></td></tr>
<tr><td>5</td><td>主备人是否依据研讨情况改进教学设计和课件，形成二次备课</td><td></td></tr>
<tr><td>成果</td><td>10</td><td>主备人是否将完善后的课件和教学设计分享给备课组成员，并上传到校本资源库</td><td></td></tr>
<tr><td colspan="2" rowspan="2">三研三备</td><td>5</td><td>备课组成员是否使用主备统一的课件和教学设计授课</td><td></td></tr>
<tr><td>5</td><td>备课组成员是否依据班型对课件和教学设计进行微调</td><td></td></tr>
<tr><td colspan="3">评分人签名</td><td>总分</td><td></td></tr>
</table>

临潼中学“三环五步”教学法课堂教学评价

为了落实《临潼中学特色课堂教学实施方案》，优化“三环五步”教学法，督促教师改变教育观念，改变课堂教学模式，凸显“学生主体，教师主导”的课堂教学理念，引导教师在课堂上关注学生学科素养的全面发展，提高教师的综合素养和实践能力，促进学校教育教学质量的整体提升，特制定本评价标准。

一、课堂评价的基本理念

“三环五步”教学法是一种以学生为中心的精准化教学模式，体现了“先学后教、以学定教”的教育理念，学生是课堂教学的主体，教师是课堂教学的主导，教师的“教”与学生的“学”是一个统一的有机体，因此在课堂教学评价上就要制定基于“学生主体、教师主导”的评价标准，要关注学生的全面发展，从学习目标的角度去评价课堂教学的针对性；从学生参与的角度去评价课堂组织实施；从学生演练的角度去评价课堂的效果；从学生合作的角度去评价课堂的育人和思政功能。

二、课堂评价细则

（一）课前预学（5 分）

教师能按照教学进度布置预习任务（2 分）；

学生按照进度能按时完成课前预习（3 分）。

（二）课中探究（70 分）

1. 教师主导

（1）课题：课件投影课题；板书课题。一项得 1 分，两项全无者不得分。

（2）目标：既有学习目标，又能体现学科素养和学科思政得 3 分。只有目标得 1 分。

（3）课堂组织：板书内容和质量；教学内容安排；教学过程组织；语言表达能力；课堂把控能力；生成性问题处理能力；突发事件处理能力；课堂气氛，学生参与度。任何一项与课堂教学方面相关的缺失，都可酌情扣 1~3 分。此条谨慎扣分。

（4）课堂针对性：基础分 4 分，视教学目标、反馈问题、预设问题三项在教学过程中的落实情况，每项可最高加 2 分，无预设问题扣 3 分。

2. 学生主体

（1）预习反馈：课前小组要向教师反馈预习问题（有小组标记）；无反馈问题扣 2 分，反馈问题无小组标记扣 1 分。

（2）生成问题：师生探究过程中学生方面生成的问题；针对课堂探究中生成的问题进行解决。基础分 2 分，有效解决生成问题 3 分。

（3）学习效果：落实学习目标完整，无遗漏。完成教学任务有效，保证质量。对照目标，视教学任务完成情况、质量得 3~5 分。

（4）学生参与

课堂讨论：至少有一次全班参与的任何类型的讨论。视活动形式及课堂气氛给 1~5 分，无探究活动不得分。

课堂展示：不少于两名学生上台展示；展示的学生面向台下同学，声音洪亮，表达清楚，进行板演讲解或示范；展示的学生应完整地解决问题。视展示质量可得 2~5 分。

探讨质疑：提问、板演、示范朗读等各种课堂参与行为；主动起立回答问题；针对展示提出问题，并回答、补充。根据学生对问题的质疑、回答、补充的参与度得 2~5 分。

（三）课堂思学（20 分）

1. 课堂小结

（1）课堂最后有小结环节，总结整节课内容；口述小结得 2 分，能利用板书或课件得 3 分。

（2）回归目标，回归知识体系。回归目标、问题，回归知识体系得 5 分。

2. 课堂演练

（1）针对教学内容进行的有效训练。

（2）对教学内容的深化、升华。

（3）与相关、相邻知识的联系与配合。

（4）对方法、规律的概括、总结等。能系统归纳演练题所涉及的知识点，有学法指导，视程度得 3~5 分。

（四）课后固学（5 分）

教师能按照教学进度布置固学任务（2 分）；

学生按照进度能按时完成固学案（3 分）。

表 2–2　西安市临潼中学特色课堂教学评分表

授课教师			学科		班级	时间	
课题							
项目			分值	具体要求及赋分标准		赋分说明	赋分
课前预习	教师		2 分	教师能按照教学进度布置预习任务（2 分）			
	学生		3 分	学生按照进度能按时完成课前预习（3 分）			
课中探究	教师主导	课题	2 分	课件投影课题；板书课题		只有一项者得 1 分，两项全无者不得分	
		目标	3 分	有学习目标，能体现学科素养和学科思政		只有目标得 1 分	
		课堂组织	25 分	板书内容和质量；教学内容安排；教学过程组织；语言表达能力；课堂把控能力；生成性问题处理能力；突发事件处理能力；课堂气氛，学生参与度		任何一项与课堂教学相关的方面有缺失，都可酌情扣 1~3 分，此条谨慎扣分	
		课堂针对性	10 分	按照学情实际设定教学目标、反馈问题、预设问题；教学过程体现“三讲三不讲”原则		基础分 4 分，视教学目标、反馈问题、预设问题三项在教学过程中的落实情况每项最高加 2 分；无预设问题扣 3 分	
	学生主体	预习反馈	5 分	课前小组要向教师反馈预习问题（有小组标记）		无反馈问题扣 2 分，反馈问题无小组标记扣 1 分	
		生成问题	5 分	师生探究过程中学生方面生成的问题；针对课堂探究中生成的问题进行解决		基础分 2 分，有效解决生成问题 3 分	
		学习效果	5 分	落实学习目标完整、无遗漏		完成教学任务有效，保证质量。对照目标，视教学任务完成情况、质量得 3~5 分	
		学生参与	5 分	课堂讨论：至少有一次全班参与的任何类型讨论		视活动形式及课堂气氛得 1~5 分，无探究活动不得分	
			5 分	课堂展示：不少于两名学生上台展示；展示的学生面向台下同学，声音洪亮，表达清楚，并板演讲解或示范；展示的学生应完整地解决问题		视展示质量可得 2~5 分	
			5 分	探讨质疑：提问、板演、示范朗读等各种课堂参与行为；主动起立回答问题；针对展示提出问题，并回答、补充		根据学生对问题的质疑、回答、补充的参与度得 2~5 分	
课堂思学	教师	课堂小结	3 分	课堂最后有小结环节，总结整节课内容，有逻辑性		口述小结得 2 分，能利用板书或课件得 3 分	
			5 分	回归目标，回归知识体系		回归目标、问题，回归知识体系得 5 分	
	学生	课堂演练	2 分	针对教学内容进行的有效训练			
			2 分	对教学内容的深化、升华			
			3 分	与相关、相邻知识的联系、配合			
	教师		5 分	方法、规律的概括、总结等		能系统归纳演练题涉及的知识 点，有学法指导，视程度得 3~5 分	
课后固学	教师		2 分	教师能按照教学进度布置固学任务			
	学生		3 分	学生按照进度能按时完成固学案			
评分人签名						总分	

第三编

管理探索

第一章　临潼中学级部制管理模式

经过不断实践、总结、提炼，我们对临潼中学的管理运行机制重新进行了定位，称之为“条+块”有机融合下的级部制管理模式（以下简称级部制管理）。结构图如下：

一、“条+块”有机融合下的级部制管理模式具体阐释

“条”就是以校长—副校长—处室主任—班主任—任课教师为管理链条的行政层级管理链，这种管理模式的显著特点是层级分明，授权明确；弊端是顶层意志在贯彻的时候容易能量衰减，责权重叠部分容易推诿扯皮。

“块”是以年级为相对独立作战单元的扁平化管理模式。这种模式的优点是最高决策传导快，作战单元反应快，执行力好；弊端是容易各自为政，形成小利益集团。

如何能更好地提高管理效率？我们尝试着将层级管理模式和扁平化管理模式有机融合，取长补短，加以优化，并形成了临潼中学现行的“条+块”有机融合下的级部制管理模式。

这种管理模式的运行机理是：利用民主集中制的原则，教职工代表大会、学生代表大会、家校共建委员会、学术委员会、校务会在行使立法权和决策权的基础上，校长行使最高决策权，直接指挥级部工作，级部主任对本年级工作全权负责。

级部这个“块”上的管理是“条+块”有机融合下的级部制管理模式的重心和核心，是学校一切管理意图落地和实操的关键环节，是质量取得成效的最后一公里。三个级部行使的是执行权和行政权。

原有“条”上的局属职能部门——教务处、政教处、后勤处、创建办、电教中心作为服务保障部，给各年级部提供政策、技术支持，履行服务、监督、督促落实等作用，行使的是监督权，一般情况下不再行使行政权。比如教育局安排的全校性工作，属于教学的教务处牵头制定方案，下发各级部执行，教务处的作用就是统筹、

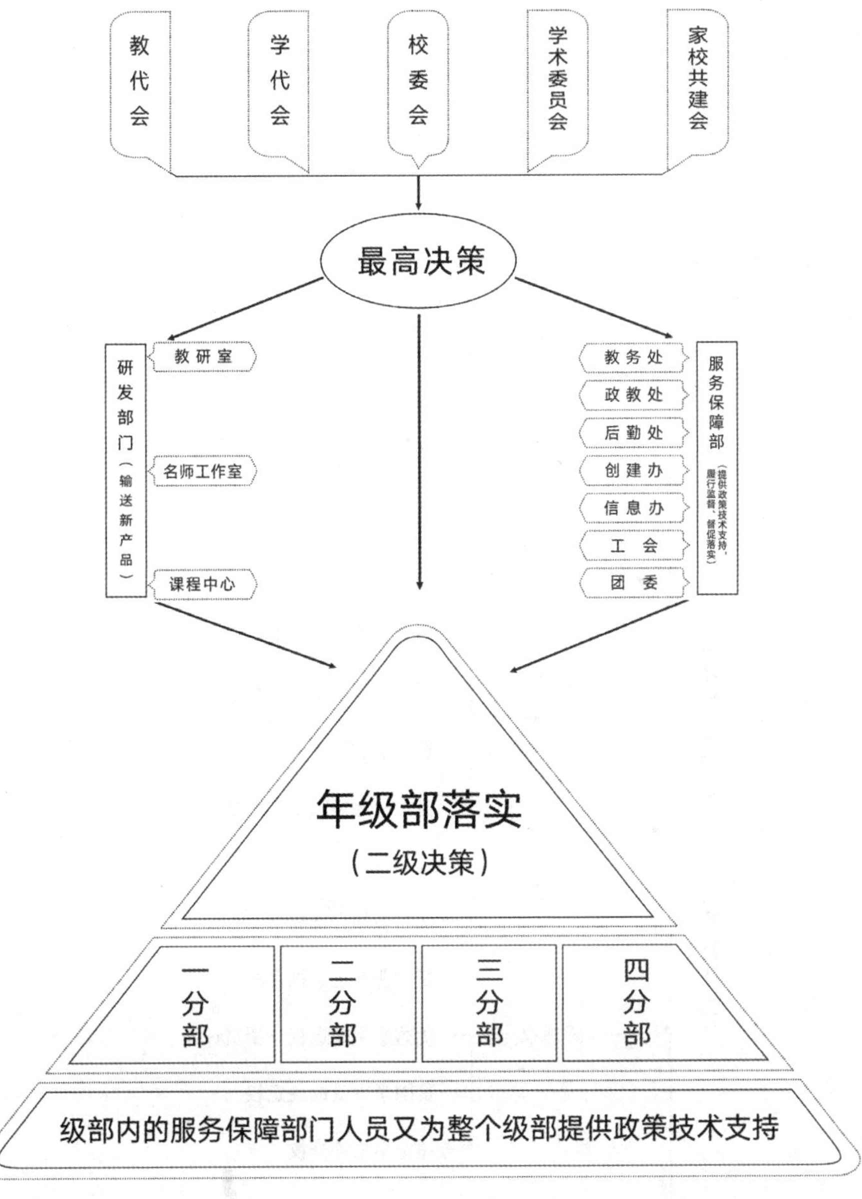

图 4-1　临潼中学治理结构图

协调、监督、督促各级部认真完成，并进行总结反馈，最后形成完整的工作链和工作资料。原有“条”上的其他局属职能部门——教研室、名师工作室、课程中心作为研发部门，给各级部提供课程产品、课堂改革成果、新教学模式、教师培训等，保证各级部高效运行、充满活力。

级部制管理模式要发挥最大的功效，其核心是分权与制衡。

二、“块”上分权（级部主任权力）

（一）关于人事权的说明

1. 自主聘任 4 名副主任

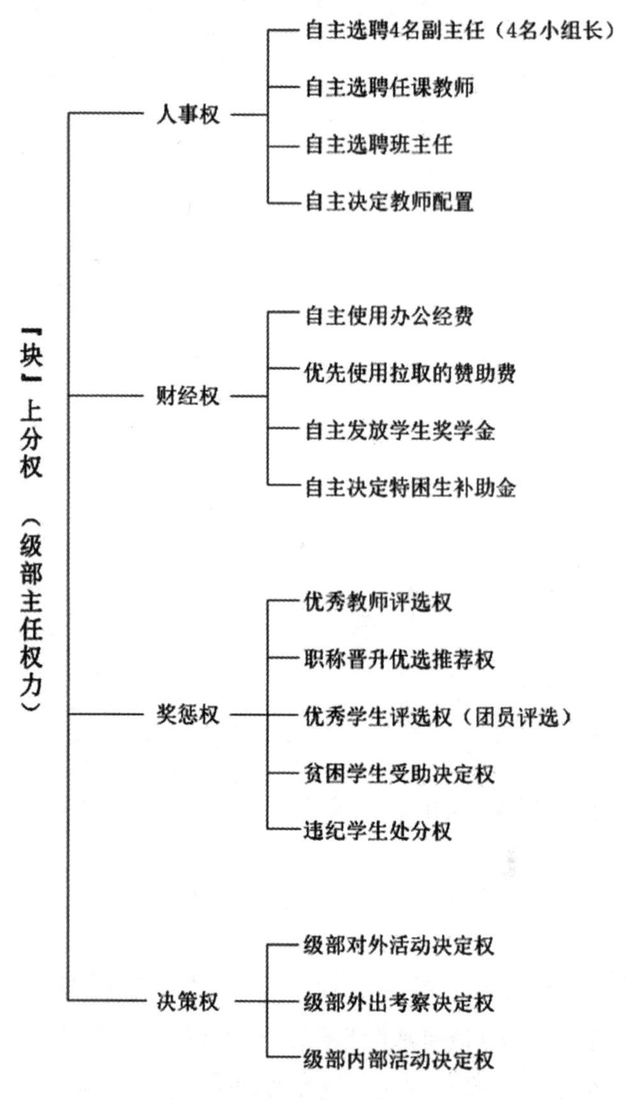

图 4-2　“块”上分权（级部主任权力）示意图

每个级部规模是18个班，学生1000人左右，教师60多名。这个团队需要1个领导班子，由1名主任、4名副主任组成5人领导小组。1名主任由校长聘任，4名副主任由主任聘任，副主任也可以主动在3个级部主任中选择应聘，也就是说主任和副主任可以双向竞聘。然后，再由学校发文任命。

2. 自主聘任教师和备课组长、班主任

教师岗位实现双向选择。即由主任选备课组长，备课组长选教师，也可以备课组长选主任，教师选备课组长，然后由级部主任选出班主任进行配置。这样做，备课组长将来在级部内便于开展工作，班主任也能挑选到精兵强将。

3. 自主决定教师配置

教师选配完毕后，级部主任填写《教师任课配置表》，按照自己的意愿，将60多名教师分配到18个班级。

（二）关于财经权的说明

1. 自主使用办公经费的权力

级部可以按照自己的工作需求，申请学校财务允许范围内的办公经费，级部主任签字即视为校长同意。

2. 自主发放奖学金

级部可根据需要，每个月考试结束或期中期末，可以邀请家长参加，给教师、学生发放奖金、戴红花、颁发证书，大张旗鼓地鼓励师生努力工作学习，力争上游。

3. 自主决定特困生补助

级部可以根据学生实情，公开透明地决定本部的特困生受助名单，学校不再讨论该级部的特困补助问题。

（三）关于奖惩权的说明

关于奖惩权的说明，以对违纪学生的处分为例来说明。处分等级分为警告、严重警告、记大过、留校察看、开除学籍几个等级，除了开除学籍须报学校决定外，其余等级的处分，全部由级部自主决定。其程序是：发现违纪——核查违纪事实，并做出违纪说明的文字材料——通知违纪学生父母，向其通报情况——小范围讨论做出处分决定——将处分决定和文字材料送政教处备案——政教处盖章确认——级部将处分决定带回所在班级或者小范围进行宣布——一个学期后，若本人表现良好，由本人提出撤销处分申请——讨论通过——报德育处备案——违纪学生处分就此撤销。

三、“条”上制衡（局管处室功能）

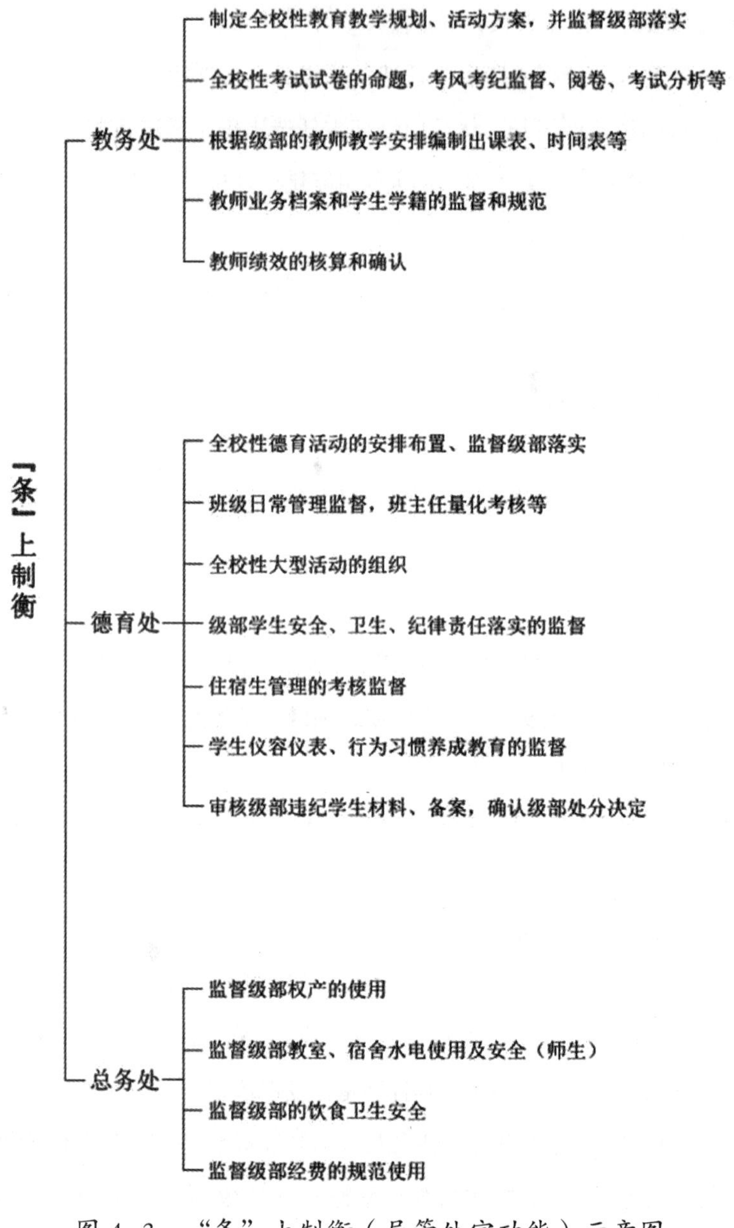

图 4-3 “条”上制衡（局管处室功能）示意图

这里需要说明的是，局管处室比如政教、教务等大处室在一个学校里往往存在覆盖有限、落实不力、效果不好、效率不高的问题，为了避免这些问题，直接将管理权限压缩至级部里，这样直接面对师生，面对问题，那么问题就能够有效地得到解决。但级部如果缺乏政教、教务这些大处室的政策、技术支持，以及有效的监督、督促、服务，级部很可能无法完成一些任务。基于此，在把管理重心下移到级部的时候，必须强化原有职能部室的统筹、协调功能，增强其应有的监督权，发挥其督战作用，才能很好地弥补“块”上管理的不足，最大限度地使管理不重叠、无死角，使责权利明确，各司其职，各负其责，互不扯皮。

四、“块”上具体管理

关于“块”上的具体管理，简单说明如下：

（一）校长向 3 个级部主任授权，并和 3 个级部主任签订管理合同，3 个级部主任以及 12 名副主任直接向校长负责。

（二）级部主任向 4 个副主任分权，管理责任下移到各副主任，质量指标尤其是高考指标分解到各副主任，每个副主任分包若干班级。副主任再把管理责任、质量指标分解到所分包的各个班级。

（三）每个班建立 6—9 个以学科为中心的小组，分别是 6 个高考科目的科代表，对本组该科目的成绩负责。也可以是 9 个科目的科代表分成 9 组，分别对本组该科目的成绩负责。说是学习小组，实际上也是全面管理小组，内容涵盖学习、生活、纪律、心理健康等方面。每个小组要有一套考核晋级操作性极强的办法（办法由包级部主任联合 4 名副主任制定）。

（四）3 个级部之间要形成竞争态势，12 个分部之间也要形成竞争态势，要形成一套考核评价奖励级部主任和分部主任的办法，做到多劳多得、优劳优酬。

（五）为了保证级部制高效运转，校长聘任其他校级领导为责任督导，分配到 3 个级部，对级部所有工作进行监督、督战以及考核评价，必要时进行统筹协调，但不干涉级部具体工作，确保级部的各项工作沿着正确的方向前进。所有责任督导直接对校长负责。

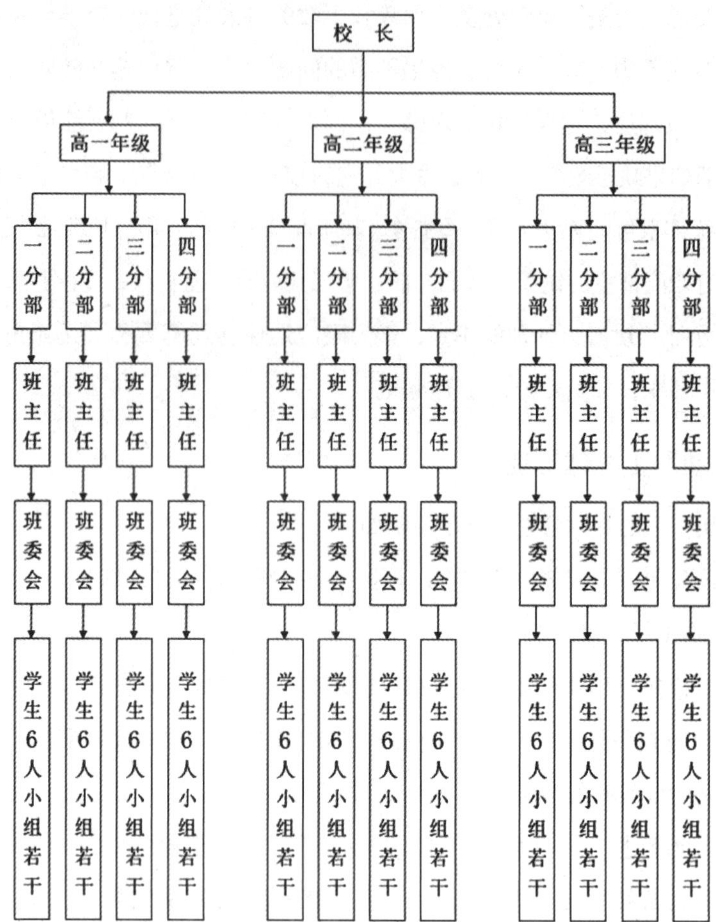

图 4-4　“块”上具体管理示意图

第二章　临潼中学级部制管理模式解读

一、什么是级部制管理

级部制管理概念是相对于学校传统层级管理提出来的一种扁平化管理概念，其遵循的原则是“让听得见炮声的人来指挥战斗”，其本质是防止管理能量逐级衰减，使管理效能最优化最大化，其采用的基本管理形式是主管校长直接管理一个级部（为了区分，将过去的年级组称为级部，高一年级组就是高一级部，以此类推），4 名中层领导分包级部所有班级，责任、权力、利益下沉到级部，绩效目标下达到级部，责权利明确到人，有利于级部内形成相互竞争的局面。级部制管理的核心是提高管理效能，形成级部内部和级部之间的良性竞争机制，有利于各项任务的高效完成，有利于教育教学质量的全面提升，防止传统层级管理责权利不明，管理效率低下，遇事推诿扯皮现象的发生。

二、级部制的管理优势

目前学校采用的是传统层级管理和年级组管理相杂糅的管理模式，这种模式的最大弊端是局管干部的层级管理权限和学校任命的年级组长管理权限存在许多重叠和冲突的地方，重叠的地方往往在执行过程中会出现相互推诿扯皮的情况，冲突的地方往往会存在管理的真空地带，造成似乎都应该管但实际无人管理的尴尬局面。级部制管理的优势在于，责权利包干，级部内部事情没有推诿扯皮的对象，级部只能自己去完成。级部制管理的另一个好处在于，级部之间可以形成良性竞争态势，一个级部完成得好不好，不是你说了算，还有其他两个级部形成的竞争机制迫使你要做到最好。

三、临潼中学级部制的架构

将3个年级作为3个级部，每个级部挑选1名校级领导(或者能力非常突出的中层)

作为级部主任，然后将学校所有中层按能力以及主管处室的职能进行双向选择后合理分配到3个年级（比如3个年级内部都会有主管党务、教务、政教等的中层干部），每个中层干部在年级内部分管3~5个班级，这3~5个班级作为1组，中层干部任小组长，全权管理自己的小组。这样的安排避免一些局管干部，尤其是局管中层副职责任心不强甚至无事可做的现象发生，也避免了学校年级组长这个“非官非民”身份所产生的管理困境和管理尴尬。

四、级部制管理本质的运行机制

级部制管理的本质是一种分包形式的竞争机制。教职工代表大会就是“竞赛委员会”，行使“立法权”，对学校各项大政方针进行审议；教务处、政教处、后勤处、创建办、信息办、教师发展中心、学生发展中心、学校安全中心等是“裁判员”，行使监督权；教研室、名师工作室、课程中心是“教练员”，提供技术指导；高一、高二、高三级部的12个分部，是“运动员”，行使的是执行权。在承包过程中，12个分部是承包方，校长是发包方。

五、级部制主任及小组长的产生

学校制订级部制管理方案，通过竞聘方式产生级部主任和小组长。学校聘任级部主任，级部主任聘任副主任（小组长），由学校统一发放聘书。学校和级部主任签订绩效目标管理责任书，级部主任和副主任（小组长）签订绩效目标管理责任书。

六、如何处理学校整体事务和级部事务之间的关系

学校是一个整体，但按传统层级管理人为地将学校划分成了政教、教务、后勤、安保（团委、工会）等职能部门，上级文件处理程序也是按照这样的主线进行分配的，这就存在一个问题，若牵扯到学校某个方面整体工作的时候，一个级部是无法完成的，需要这些职能部门有人牵头完成，牵头人肯定是主管这些职能部门的副校级。如此就牵扯层级管理和级部制管理之间的关系问题。在学校管理概念当中，我们把原有的行政层级管理称之为“主线条管理”，简称为“条”的管理，它行使的是监督权；将级部制管理称之为“模块管理”，简称为“块”的管理，它行使的是行政权和执行权。在级部制管理思想下，“条”的作用主要是牵头组织、统筹协调、服务跟进、监督落实、

总结反馈、及时上报等，“块”的作用主要是具体组织落实、进行激励、及时反馈等。比如期中期末考试，这个时候主管教务处的副校级就要牵头组织、全面部署、监督落实等，级部就要做好全面落实，具体做好组考的各项工作。

七、级部制管理是不是学校管理的整体框架

级部制管理是与分块而治相配套的管理机制，是学校整体管理模式的基本组成部分，但不是学校管理的全部。整个学校管理采用的模式是：“条 + 块”有机融合下的级部制管理模式，以及基于级部制管理模式下的“首问负责制”和“项目负责制”。

八、目前采取级部制管理所面临的困境

一是经费不能保障，且制约经费使用的因素太多；二是中层干部职数配备不够，急需教育局按照学校需求配足配齐所缺职数；三是目前校内聘任制还不够完善，急需结合全区范围内的“区管校聘”大改革进行改革；四是绩效工资分配体系和校内分配制度仍不够科学合理，需要进一步细化优化；五是级部制管理的责权利划分亟待进一步明确，激励机制还需尽快建立起来。

第三章　临潼中学级部制管理聘任工作方案

为了贯彻落实《临潼区临潼中学级部制管理方案》，推进学校治理模式改革，明确责权划分，盘活人力资源，推动管理下沉，提升管理效能，促进级部制管理顺利实施，按照《临潼中学学校治理模式》，特制订级部制管理岗位聘任工作方案。

一、指导思想

级部制管理是一种“条+块”有机融合下的级部制管理模式，由主管校长直接管理级部，4名中层领导分包级部所有班级，责权利下沉到级部，绩效目标下达到级部，形成级部之间和级部内部的良性竞争机制，旨在促进学校管理机制的高效运行，推进教育教学质量全面提升。

二、岗位聘任原则

按需设岗原则。根据级部制管理岗位需要和教学需求，结合学校现有领导和教职工数量，科学合理设置管理岗位、专业技术岗位、专职工勤岗位。按岗聘任，按岗定责，按责考核。

双向选择原则。聘任遵循学校和教职工“平等自愿、协商一致”的原则，学校分层聘任，领导、教职工应聘。

优化组合原则。坚持合理组合、优势互补，提高整体效益，岗位竞聘要有利于学校教育教学工作的开展，有利于学校的整体发展。

统筹兼顾原则。既任用年富力强的中年教师，又要重视培养使用青年教师，同时还要维护老年教师的权益。

三、岗位聘任组织机构

学校成立岗位聘任工作领导小组、岗位聘任工作执行小组、岗位聘任工作仲裁小组。

（一）岗位聘任工作领导小组

组　长：薛耀军、李迎兵

副组长：邓光辉、宋小彬、汪永刚、任俊伟、孙旭

职　责：

1. 统筹指导全校的岗位聘任工作，制定级部制岗位聘任的实施方案。

2. 负责岗位聘任结果的审核、公示，形成决议。

3. 研究并解决岗位聘任中出现的特殊问题。

（二）岗位聘任工作执行小组

组　长：宋小彬

副组长：各级部主任

成　员：各处室主任

职　责：

1. 按照《临潼中学级部制岗位聘任实施工作方案》，分层级做好级部管理岗位、级部专业技术岗位、处室专职工勤岗位的聘任工作。

2. 负责核定各类岗位编制，设置岗位，制定岗位职责、聘任条件等。

3. 负责向外公布所设岗位、职责、聘任条件、聘任办法，组织教职工自主申报。

4. 负责应聘人员的条件审核，及时上报聘任结果。

5. 负责聘任人员的考核和管理，协助仲裁小组做好落聘人员的转岗工作。

（三）岗位聘任工作仲裁小组

组　长：李迎兵

副组长：邓光辉、孙旭、任俊伟

成　员：李水利、工会委员 5 人

职　责：

1. 监督并督促岗位聘任工作实施小组工作的开展情况，确保公平公正。

2. 负责协调处理聘任过程中出现的问题，做好落聘转岗人员的思想工作。

四、聘任程序

学校聘任工作执行小组根据满工作量设岗原则核定编制，设置岗位，制定岗位职责和聘任条件。

向外公布所设岗位、职责、竞聘条件。由全体领导和教职工权衡个人工作能力，自愿申报 1 个工作岗位。

校长聘任 3 名副校长为级部主任，级部主任根据中层领导的申报情况，按照双向选择的原则，选聘 4 名中层领导为级部副主任，学校发文任命。

级部主任根据教师岗位设置和教师个人申报意向，选聘备课组长，由备课组长选聘教师，级部主任在所有教师中选聘班主任，并填写《教师任课配置表》交校委会审议。

教务处牵头，教务处和教研室根据各级部所选聘备课组长的情况，在所有备课组长中确定教研组长，并提交校委会审议。

学校处室主任聘任工勤人员，原则上在原有专职工勤的基础上，优先将专技岗位未聘人员转岗到专职工勤岗位，岗位还空缺时再选聘兼职人员，兼职人数不超过工勤人员的 50%。聘任后提交校委会审议。

公示上岗人员名单，公示时间为 3—5 个工作日。

五、聘任条件及岗位设置

（一）聘任基本条件

1. 拥护中国共产党的领导，忠诚热爱教育事业，认真执行党的教育方针，能履行《教师法》规定的义务，承担规定的法律责任。

2. 遵守国家法律和校纪校规，具有良好的职业道德，坚持教书育人、管理育人、服务育人。

3. 取得高级中学或以上教师资格证，具备相应岗位职务所要求的学历、工作能力、专业知识水平。顾全大局，团结同志，服从分配，认真履职，能完成岗位职责和任务。

4. 身体健康，能坚持正常工作，能承担并完成所下达的各项工作任务。

5. 年度考核合格及以上。

（二）岗位设置及具体条件

1. 级部主任

（1）岗位数：3 个

（2）具体条件：

①教育局任命的副校级领导干部。

②具有较强的行政意识、政治素养和纪律观念，顾全大局，有较强的执行力、决策力和奉献精神。

③具有先进的教育理念，较强的工作能力和管理经验，能够领导和管理年级的各项工作。

（3）职责：全面管理年级工作，协调处理年级事务，统筹年级的人事、财务、考核、决策，全面落实学校职能部门的事务性工作，推进年级教育教学创新，落实三个课堂建设，推进素质教育，提升年级教学质量，完成学校下达的质量指标，促进学校教育教学质量整体提升。

（4）聘任办法：由校长直接聘任管理，签订责任书。

2. 级部副主任

（1）岗位数：12 个

（2）具体条件：

①教育局任命的中层领导干部。

②具有较强的执行力、担当精神和奉献精神，做事公平公正，责任心强，群众基础好。

③具有较强的业务能力和管理水平，能创新性地开展年级管理工作。

（3）职责：协助年级主任处理年级事务，全面处理分包班级的具体事务，负责分包班级的教育教学质量，协调处理学校职能部门分配的事务性工作。

（4）聘任办法：由个人申报，年级主任选聘，提交校委会审议，发文任命。

3. 级部顾问

（1）岗位数：3 个

（2）具体条件：

①教育局任命的副校级领导干部。

②具有较强的行政意识、政治素养和纪律观念，顾全大局，勇于担当，乐于奉献，群众基础良好。

（3）职责：督促指导年级组工作，协调处理年级各类矛盾。

（4）聘任办法：由校长直接聘任管理，发文任命。

4. 科任教师和班主任

（1）岗位数：按照教学和班级管理需要，遵循满工作量设岗原则，按需设岗，双向选择。

（2）具体条件：

①身心健康，能承担满工作量（含备考 15 节）岗位要求，承担学校临时性任务。

②具有较强的纪律观念，按时上下班，不迟到，不早退。

③遵守师德师风要求，为人师表，有良好的职业道德和师德修养。

④有先进的教育教学理念，有扎实的专业素养；有班级管理的经验和水平。

（3）职责：

①按时完成本学科教学任务，全心全意抓教学质量。

②能积极参加学校的教科研活动（集体备课、听评课、讲座、研讨会）、集会（升旗、年级组例会、全干会）、外出学习、文娱活动、家长会等。

③能积极参与业务进修，不断提升自己的业务能力和理论水平。

④能团结同志，关心青年教师成长，传递正能量，引导青年教师快速成长。

⑤积极参与课题研究，撰写教学论文，参加各类公开课赛教活动。

⑥能积极投身课堂教学改革，积极践行特色课堂教学模式。

⑦能积极参与学生和班级管理，创新性地开展教育教学工作，关注学生身心健康和全面发展。

（4）聘任办法：由个人申报，年级主任选聘，提交校委会审议提过。

5. 教研组长、备课组长

（1）岗位数：

①教研组长（14 个）：语文、数学、英语、物理、化学、生物、政治、历史、地理、体育、通用技术、信息技术、美术、音乐各 1 人，共 14 人。

②备课组长（27 个）：九大学科，一个年级 9 人，共 27 人。

（2）具体条件：

①遵守师德师风要求，为人师表，有良好的职业道德和师德修养。

②有先进的教育教学理念，能引领学科建设和课堂教学改革。

③年富力强，有上进心，善于教学研究，有一定的教研成果，在本学科有一定的影响力。

（3）职责：

①负责本学科教学质量的提升，完成级部教学质量目标。

②负责本学科青年教师的培养，构建科学合理的教师队伍。

③负责本学科课题研究，撰写教学论文，解决校本化教育教学问题，促进学科发展。

④负责本学科公开课、赛教课的组织，积极推进课堂教学改革。

⑤其他方面参照《临潼中学教研组长、备课组长职责》。

（4）聘任办法：由教务处牵头，教务处和教研室选聘，提交校委会审议通过。

6. 工勤岗位

（1）岗位数：

教务处：专职7人，兼职9人；政教处：专职5人，兼职3人；教研室：专职2人，兼职2人；校办室：专职3人，兼职3人；总务处：专职2人，兼职2人；安保科：专职1人；团委：兼职1人，“名校+”：兼职1人；创建办：专职1人。

（2）具体条件：

①身心健康，能承担工勤岗位工作，承担处室临时性任务。

②具有较强的纪律观念，按时上下班，不迟到，不早退。

③师德高尚，有较强的服务意识，能积极服务全校师生。

（3）职责：

由各处室按照不同岗位制定岗位职责。

（4）聘任办法：由处室主任按照聘任程序聘任工勤人员，聘任后提交校委会审议通过。

六、聘期合同签订

校长聘任级部主任；级部主任聘任级部副主任、备课组长、学科教师、班主任，校长委托教务处和教研室聘任教研组长；校长委托各处室主任聘任专兼职工勤人员。一经聘任，即签订聘任合同，聘期一年。

应聘者与学校签订聘任合同后，在聘期内双方均应严格履行合同规定的责任、权利和义务，任何一方不得擅自变更合同。教职工违背聘任合同的有关规定者，学校可以解聘，反之，被聘人员也可以辞聘。

岗位聘任期满，聘任合同自行解除，再次聘任需重新履行程序。

转岗：因选聘过程中的落聘人员和任期内因个人客观原因（严重疾病）无法履责人员，由聘任工作仲裁小组进行协调，学校对其进行转岗安置，如不服从转岗安排的人员，由学校上报教育局人事科重新分配。

七、考核分配

（一）考核机制

1. 建立完善教师岗位履责与绩效评价制度，由各级部每学年对教师履行岗位职责情况进行考核，由校办室对工勤履职情况进行考核，考核结果作为续聘、解聘、晋级、奖惩的主要依据。

2. 完善、调整学校各项绩效考核与奖励机制，形成工作过程考核与学期绩效考核相结合、个人奋斗进取与级部团队和谐共进相结合的一套科学完善的教师评价体系，进一步提高考核管理的功效，发挥机制导向作用，调动教师的工作积极性，形成良好的学校组织文化。

（二）工资奖励分配

由学校研究制订《西安市临潼区临潼中学教职工绩效工资考核及发放实施方案（草案）》，并经教职工代表大会通过，报教育局批准后实施岗位绩效工资。绩效工资的分配重实绩、重贡献，向优秀人才和关键岗位倾斜，体现了干多干少不一样、干好干坏不一样。

八、说明

本方案经教职工代表大会讨论通过并报上级教育部门审查批准后实施。

本方案未尽事宜按《关于印发西安市临潼区公办中小学幼儿园教师“区管校聘”管理改革工作实施方案的通知》（临教发【2021】202 号文件）及上级部门有关政策规定执行。

本方案由临潼中学岗位聘任领导小组负责解释。

第四编 文化兴校

第一章　学校文化解读

我所理解的学校文化

我们经常听到有人在谈论学校文化，但什么是学校文化？有人认为学校文化就是一个抽象的存在，只是个口号，用来装点门面的，实质上空洞无物，没有多大作用；有人认为学校文化就是学校搞的各种各样的艺体活动；还有人认为学校文化就是在学校教学楼的外墙上、过道上或者教室里布置一些宣传标语，写上办学理念、三风一训等。那到底什么是学校文化呢？

一、什么是学校文化

要说学校文化，我们得先知道什么是文化。关于文化，冯骥才先生说："文化似乎不直接关系国计民生，却直接关联民族的性格、精神、意识、思想、言语和气质。抽出文化这根神经，一个民族将成为植物人。"龙应台女士说："人本是散落的珠子，随地乱滚，文化就是那根柔弱又强韧的细丝，将珠子串起来成为社会。"余秋雨说："文化，是一种包含精神价值和生活方式的生态共同体。它通过积累和引导，创建集体人格。"1871 年英国人类学家泰勒对文化的定义是：从广义的人种论的意义上说，文化或者文明是一个复杂的整体，它包括知识、信仰、艺术、道德、法律、风俗以及作为社会成员的人所具有的其他一切能力和习惯。《辞海》对文化的定义：从广义上说，指人类社会历史实践过程中所创造的物质财富和精神财富的总和；从狭义上来说，是指社会的意识形态以及与之相适应的制度和组织结构。

学校文化作为社会文化的一部分，既具有社会文化的共性，也有不同于社会文化的个性。学校是一个社会组织，学校文化必然也具有组织文化的特征。既然学校文化也是组织文化的一种，那么我们很有必要了解一下什么是组织文化。美国教授沙因在《组织文化与领导》一书中对组织文化进行过系统地阐述，他认为组织文化就是组织最基本的思维方式——组织在适应外部环境和内部融合过程中独创、发现和发展而来的思维方式，这种思维方式被证明是行之有效的，因而被作为正确的思维方式传输给新的成员，以使其在使用外部环境和内部融合过程中自觉地运用这种思维方式去观察问题、思考问题、感受事物。组织文化的核心则是一种共有的价值观，是组织成员共有的信仰，是指导组织和组织中人的行为哲学。价值观是组织兴旺发达的原动力。学校文化作为组织文化的一类，可以理解为它既是师生员工的价值准则、行为规范、信念和习惯的体现，也是学校制度制定的理论依据，处理问题的原则和行动的导向。也可理解为全体师生员工共同参与，为了一个目标，怀着同样的情感，上下同心，携手同行，无怨无悔，奋力前行，从而通过这个过程去营造师生的精神家园。

肯定地讲，学校都有“文化”，但是未必都有“学校文化”，甚至许多百年老校也没有形成自己的“学校文化”。学校文化重要不重要？有一个形象比喻：学校文化就好比是一条河道，具有很强的规范性，它可以引导着师生、教职员工的“行为之水”流向蔚蓝色的大海。

学校文化是一所学校的灵魂之所在，是一切软件甚至包括硬件建设的最高统帅，是学校的哲学。学校文化的灵魂是学校精神，学校文化以学校精神为核心，通过各种有效的途径归结成统一的价值链，使学校的使命、愿景和理念形成会影响学校发展的核心价值观，并落实到师生认同的思维方式、行为准则、道德规范等，最终升华为全体师生教职员工为之奋发的信仰。精神文化是学校的哲学和灵魂，是学校一切工作和行为的理念导向。

优秀的学校文化有着共同的品质：一是学校文化必须符合党和国家的方针政策，必须符合国家的法律法规；二是学校文化必须符合教育教学规律，必须符合学生身心发展规律；三是学校文化必须符合学校的历史和现状，必须符合学校师生的个性和特点，体现学校特色与不同；四是学校文化必须代表教育教学发展走向，必须代表师生成长和发展需要，体现高位引领作用。

二、学校文化的结构

学校文化作为文化的一个分支，它的形成和发展是与一个民族传统文化的形成和发展同步的。任何一种文化的体系都不可能一成不变，换言之，学校文化必然要随着时间的推移而不断发展、更新和进化。并且随着现代化的不断发展，不断深入，其内涵将不断更新，其结构也会发生变化。

学校文化具有物质与精神两个属性，以精神为主。从文化形态上看，学校文化由环境、制度、行为、精神四种文化形态所构成。其中，环境文化是学校文化的物质状态，其主体是形物，即学校硬环境，包括学校的教学楼、图书馆、实验室、运动场等校园环境；制度文化包括教学管理制度等各种规章制度、学生行为规范以及约定俗成的习俗；行为文化是指教育教学、管理、科研、人际关系等群体行为，以及文体活动、社团活动、闲暇文化等各种行为方式；精神文化主要包括学校历史传统和为师生认同要遵循的共同文化观念、价值观等群体意识。精神文化是学校文化的核心，是学校的哲学和灵魂，是学校一切工作和行为的理念导向。精神文化的核心是价值系统。校训、校风、学风、培养目标、办学宗旨、主体精神、主体价值观、主题理念等是其主要的集中表现形式。

从层次上来讲，环境文化是学校表层文化，行为文化是学校浅层文化，制度文化是学校中层文化，精神文化是学校深层文化。

从学校文化建设来分析。理念文化，是精神文化，包含教育观、教学观、教师观、课程观、学生观、干部观、管理观等；制度文化包括组织结构、规章制度、运行机制等；行为文化包括在课程建设与实施、课堂教学与研究、学校管理与改革等教育教学管理过程中表现出来的师生行为方式；形象文化，是物质文化、显性文化、环境文化，是学校文化的宣传和传播，是表达和传递学校文化的载体。

三、学校文化建设的作用

教育的文化价值何在？学校文化应该强调什么样的价值观念？教育不能强调短平快的眼前利益，学校教育应该有长久的影响力，学校文化应该强调独立人格、独立思想和个人价值在群体社会中的实现，而这些必然要通过对学校文化的建设来完成。学校文化建设，是积极推进素质教育的需要，是学校发展中最为重要的内容，是学校一项长期的、深层次的、高品位的建设工程。要建设一流学校就需要发展良好的学校文化，学校发展必然与学校文化建设紧密相连，文化建设是教育教学的载体，是有效实施课程改革的基本保证，也是实施素质教育的重要突破口。

学校文化建设的出发点是以育人为本，以培养具有中华民族灵魂和世界眼光的现代人为总目标。学校师生的生活方式、精神长相和集体人格应该是怎样的，这是学校文化建设要回答的首要问题。所以，学校文化建设不是可有可无的，而是需要校长的引领，需要全体师生的共同营造，并逐步形成全校的共识和全社会的认同。尤其要认识到，学校发展中的文化建设问题，是学校的可持续发展战略问题。在学校发展过程中，如果没有学校文化的提炼、总结、整合与积淀，就很难实现学校的可持续发展，就不可能使学校沿着科学、健康的方向发展。

学校文化建设关乎学校的品牌形象，能在学校发展中起到价值引领导向和凝聚人心智慧的作用。同时，学校文化的建设关系着学校教育生活和生态，能够在育人工作中发挥隐性育人课程阵地作用和传承历史、面向未来的教育功能。

四、如何创建和维持学校文化

学校文化内容丰富，涉及面广，不可能全面同步发展。学校文化建设具有长期性、过程性和阶段性。创建学校文化，我们必须从学校实际出发，做好规划，抓住重点，突破难点，兼顾其他。学校文化建设在不同的阶段有不同的侧重点，其实质是问题管理，立足解决不同阶段的管理问题来推动学校发展。比如说，在学校变革期、困难期、转折期、爬坡期，重点抓制度文化建设和精神文化建设。对于新搬迁学校，重点抓环境文化和学生文化。在构建现代学校制度的背景下，重点抓好课程文化和制度文化。

学校文化建设是需要一个过程的，是外显的推进和内在的生成相互依存、相互融合的过程。进行学校文化建设就是全校师生创建命运共同体的努力，就是要让师生员工能够形成对学校的认同感，形成对学校所倡导价值观的认同感，自我认定是学校这个组织中的一员，自我认定是学校价值观的倡导者和推动者。唯有此，才能风雨同舟，荣辱与共；唯有此，才能将学校建设成为师生员工的精神家园。学校文化建设，必须坚持继承发展和坚守创新相结合的路径，必须坚持自上而下和自下而上相结合的路径，必须坚持认同共识和共享践行相结合的路径。同时，学校文化建设应该注意以下几个原则：

一是方向性原则。学校文化要牢牢把握先进文化的发展方向，体现时代特征，在面对世界范围多元文化的大背景下，要大力弘扬中华优秀传统文化，开展健康有益的文化活动，不断丰富学校全体成员的精神世界。二是整体性原则。学校文化建设是一个系统工程，涉及学校的方方面面。因此，要从总体上对学校文化建设进行规划，做到组织文化、课程文化、教师文化、学生文化、环境文化等文化建设的多方结合，使各种文化协调一致，同时注意将学校文化与学校其他工作有机结合，保证学校文化建设协调发展，使其功能得到充分发挥。三是主体性原则。学校文化本质上是师生文化，学生和教师均是学校文化建设的主体。他们既是现代学校文化建设的设计者、组织者，又是现代学校文化建设的参与者和实践者。只有调动全体员工在学校文化建设上的积极性，学校文化建设才富有生命力。四是选择性原则。学校文化是一种开放性文化，面对传统文化与现代文化、东方文化与西方文化、主流文化与非主流文化、本土文化与外来文化这样复杂的社会文化，学校文化建设时必须进行必要的过滤和选择，吸取精华，将其内化为特定的学校文化内容，形成富有个性的文化系统，并且不断调整、充实和发展，以适应社会文化的时代要求和学校文化主体的内在要求。五是地域性原则。学校文化建设必须充分注意学校所处地域的文化传统、生活习俗、风土人情、自然景观和人文景观，在学校文化建设时结合地方文化之精华，使学校文化具有一定的地域特色。

五、校长、教师和学生在学校文化建设中的作用

学校文化是由学校师生教职员工创造的，它一旦创造出来，就是一种能动的教育力量，反过来又影响着这所学校的师生员工。文化是一种精神期待，学校文化是一种持续的教育力量。教师和学生既是学校文化的创造者，又是学校文化的传承者、弘扬者、更新者和发展者。没有师生共同参与建设学校文化，学校文化就没有了土壤，就成了“无源之水，无本之木”。

教师和学生在学校文化建设中的作用可以通过几个意识来体现：一是责任意识。作为学校文化群体中的一员，不管是教师、干部、工人和学生，任何人都有建设、维系学校文化的责任。二是传承意识。一所学校的文化需要一代代师生的传承，全体成员以自己的言行、价值观、信念、气质和精神代代延续这种文化。三是吸纳意识。

作为学校中的成员，还应该借鉴其他学校的学校文化，借鉴其他的优秀文化，同时注意与本校文化的有机融合。四是创新意识。学校文化的发展，也需要在继承中发展，在发展中创新，在创新中提升。唯有建立在学校内涵发展基础上的同时又注重创新的学校文化，才能保证学校文化的生命活力。

学校文化不是强制的结果，而是自发自为自然的结果。经常存在着一种见怪不怪的现象，就是我们宣称的往往和我们所做的不一样。这是因为我们像建设一个工程那样生硬地来建设学校文化，而没有认识到文化的自发性。实施民主管理是确保教师和学生真实参与学校文化建设的前提，民主管理制度下，学校不仅会有文化，并且才能成为一种力量，叫作文化力。

正如袁振国先生所言，一个学校领导怎样营造出自己的学校文化，这是一个具有教育家风范的学校领导必须思考的问题。学校文化建设是一个多层次、多结构、多因素的系统工程。校长要不断总结、完善、丰富学校的文化建设体系，形成系统的学校文化，并使之成为系统的“建设工程”。使先进的学校文化和现代学校制度体系成为学校长治久安、持续发展的根本保障。校长作为学校行政管理核心，应是学校文化建设的设计者和倡导者。只有设计、培育一流的学校文化，才能创办一流的学校。

一般说来，校长的知识、学识、胆识和办学理念，往往决定着学校文化品位的高低；校长的精神状态、人格魅力和工作作风，往往决定着学校文化根基的深浅。这是因为，学校文化建设不是一个自发的过程，它需要通过系统内的变革来加以推动，需要校长带领工作班子去经历一个不折不挠的实践过程，因此，校长又是学校文化建设的促进者和实践者。

学校文化建设需要培育，而培育的难点是让学校所倡导的价值观被师生教职员工所认同，使学校的价值观内化为师生员工的自觉行为。校长在各种角色的扮演中，不仅需要有自己的思想、创造力，还要善于在教育实践中把学校文化逐渐积淀下来，成为一种孕育着巨大潜能的教育资源。

第二章　临潼中学学校文化建设总体方案

临潼中学学校文化建设总体方案

学校文化是一所学校的内在灵魂和外在气质的总和，它反映出了师生的生活方式、精神长相和集体人格以及共同的价值追求。学校文化虽然需要一个长期积淀形成的过程，但绝不是自生自灭任其发展的，它同样需要挖掘、提炼、统整、推进、融合的建设过程。建设学校文化是学校教育教学工作的重要组成部分，是全面育人不可缺少的重要环节，是展现学校教育理念、办学特色的重要平台，也是德育体系中亟待加强的重要方面。良好的学校文化，有助于全方位陶冶学生情操，多维度建构学生健全人格，高层次培养学生核心素养。所以，为创建一流的县域精品特色学校，提高学校文化品位，构建健康和谐文化氛围，丰富学校文化生活，充实学校生活内涵，提升教师人文素质，推进素质教育深入发展，经学校领导集体研究特制订此方案。

一、指导思想

深入学习贯彻习近平新时代中国特色社会主义思想，全面贯彻落实党的十九大精神，坚持社会主义办学方向，坚持把立德树人作为根本任务，加快推进教育现代化，建设教育强国，办好人民满意的教育。以教育部、省教育厅有关大力加强中小学学校文化建设的要求为依据，以为党育人、为国育才为宗旨，构建具有凝聚、导向、激励作用的科学、文明、民主的学校文化体系，为学生发展、教师发展和学校发展创造良好的人文环境，使学校成为有温度、有高度、有内涵的师生生命共同体，把学校办成环境优美、特色鲜明、质量上乘、管理科学、运行民主的精品特色学校。

二、建设目标

（一）总体目标

根据学校的整体发展战略，遵循有计划、有步骤、由浅入深、由表及里的程序，建立起一整套科学、合理、完整的学校文化建设系统。从精神、行为、制度、物质四个方面着手，全面推进、系统运作，构建出切合实际、便于操作的以“厚德图强”精神为主线的学校文化建设体系，并纳入学校整体发展战略目标当中，成为学校整体规划的重要组成部分。

（二）分层目标

依据党的教育方针和时代要求，形成具有临潼中学特色的精神文化，包括教育理念、学校精神、办学宗旨、办学理念、培养目标等所体现的教育观、教学观、教师观、课程观、学生观、干部观和管理观等；通过全员参与，制定各种规范的、需要提倡和弘扬的、符合学校核心理念的师生行为的制度准则，同时开展各种经典教育教学活动，逐步形成、固化为学校的行为文化；通过创设良好的自然环境和设计环境形成学校特有的物质文化；围绕学校核心理念，通过修订、完善各种规章制度形成学校的制度文化。

（三）特色目标

在全面建设学校整体文化的同时，着力打造“特色课堂”“书香校园”“九鼎德育”“1+N 办学模式”等四大特色文化系列，使文化具有鲜明的临潼中学特色，内涵更丰富，形象更立体，识别度更高。

三、遵循原则

思想性原则：要坚持先进文化的前进方向，坚持用习近平新时代中国特色社会主义思想引领校园文化阵地。

人本性原则：要把教师和学生视为学校发展的最重要资源，要通过尊重和理解他们来凝聚人心、激发热情、开放潜能，极大地调动了全体师生参与文化建设的积极性、创造性。

整体性原则：学校文化建设是一个系统工程，具有全面性、系统性、层次性、长期性等特点，要统筹兼顾，全员参与，持之以恒。

发展性原则：学校文化不是僵死的、一成不变的，学校文化具有发展性、动态性等特点，学校文化建设要与时俱进，坚持弘扬时代主旋律，体现发展主题，培育时代精神。

参与性原则：学校文化建设的过程就是教育的过程，注意发挥教师、学生、家长的积极性，通过活动，逐步形成爱国、文明、包容、创新的校风，启智、育德、敬业、求真的教风，博学、勤思、和谐、合作的学风，团结友爱、互帮互学、阳光包容、进取向上的班风。

实践性原则：学校文化重在建设，重在实践，要开展符合学生特点、引导学生全面发展、形式喜闻乐见、学生参与性强、深受广大师生喜爱和欢迎的各种校园文化活动。

实效性原则：学校文化建设要切合学校当前实际，符合学校定位，一切从实际出发，不搞形式主义，制定切实可行的建设方案，借助必要的载体，建立并逐步完善规范的内部管控体系和有效的激励约束机制。以科学的态度，实事求是地进行文化建设，突出重点，稳步推进。

特色性原则：建设学校文化的关键在于突出学校鲜明的个性，追求与众不同的特色、优势和差异性。在建设过程中，要根据学校的实际情况，挖掘、提炼、统整出具有本校鲜明特色的文化内涵，走临潼中学特色的学校文化建设之路。要让全体师生欣赏和认可我校的文化发展模式。

卓越性原则：在学校文化建设过程中，发挥“厚德图强”的学校精神，树立“人人追求卓越，人人创造卓越”的意识，绝不满足现状，始终追求完美和第一，从而推动学校文化不断健康发展。

四、组织机构

（一）领导小组

组　长：薛耀军

副组长：邓光辉、张哲、宋小彬、任俊伟、刘素珺、张建军

成　员：各处室主任、各年级组长、各后备干部

职　责：负责学校文化建设的全盘工作。

（二）实施小组

1. 学校主流文化

（1）精神文化建设小组

组　长：薛耀军

组　员：局管干部、各年级组长、各后备干部、全体师生

职　责：负责学校核心理念的传承、挖掘、提炼、统整、融合、发展等。

（2）制度文化建设小组

组　长：张哲

副组长：宋小彬、任俊伟

组　员：汪永刚、宁斌、孙旭、邢鑫及相关人员

职　责：负责制定学校各种管理制度并形成汇编，尤其是教师工作管理手册、学生各种管理手册（安全管理手册、班主任工作手册）等制度汇编。

（3）物质文化建设小组

组　长：邓光辉

副组长：张哲、宋小彬、任俊伟

组　员：各处室主任、各年级组长、各后备干部

职　责：负责将学校的理念文化、制度文化、行为文化进行外在的物化表达。

（4）行为文化建设小组

组　长：宋小彬、任俊伟

组　员：各处室主任、各年级组长、各后备干部、全体师生

职　责：为学校文化打造重要载体，并通过制度、规定、活动等载体推进学校文化落地生根，养成师生主流文化意识，逐渐使学校文化内化为师生工作、生活、学习的习惯，成为他们行动的精神指引。

2. 学校特色文化

（1）"九鼎德育"文化建设小组

组　长：任俊伟

组　员：宁斌、雒昭、各年级组长

职　责：从文化的角度理解德育，重新构建德育模式；挖掘地方教育资源和校

本教育资源，从理念构建、程序架设、课程开设、活动开展、效果评定等方面，全方位系统化打造“贤达教育”“星级学生”“美德青年”文化特色。

（2）“特色课堂”“1+N 办学模式”等经营文化建设小组

组　长：张哲

副组长：宋小彬、任俊伟

组　员：汪永刚、宁斌、刘素珺、胡慧珍、雒昭、各年级组长、各教研组长及备课组长

职　责：从文化的视野重新审视课堂改革和建设，重新评估我校的办学模式，真正做到我们理念文化中提到的办学目标和学生培养目标。具体从理念转变、程序架设、课程开设、课堂改革、活动开展、效果评定等方面，全方位系统化打造“特色课堂”文化特色。

（3）“书香校园”文化建设小组

组　长：宋小彬

组　员：汪永刚、宁斌、孙旭、邢鑫、各年级组长

职　责：把临潼中学建设成为一个开放的绿色大书吧，使学校所有能设置书架、放置书籍的地方充满书香气息；通过常规开展读书月、读书会、文学沙龙、诗歌朗诵、作文竞赛、创立文学社、出版刊物等活动，真正达到让学校文化透过书香，净化师生灵魂，提高学生核心素养。

3. 纪检监察及督导评估小组

组　长：邓光辉

副组长：张建军、刘素珺

成　员：张建学、杜宏建、工会及教研室相关同志

职　责：对各小组在实施文化建设过程中存在的纪律作风、廉洁廉政等问题及时发现、及时整顿，确保文化建设高效完成；检查评估各项目的规划、策划、管理、实施、效果等，确保文化建设稳步、有序、科学、高效实施。

五、具体实施

（一）精神文化建设

建设原则：坚持继承发展与坚守创新相结合原则，挖掘学校历史，着眼学校未

来；坚持自上而下与自下而上相结合的原则，处理好民主与集中关系；坚持认同共识与共享践行相结合的原则，才能在达成共识的基础上身体力行，把学校文化内化为师生的行为准则和做事方式。

1. 在继承发展的原则下，重新统整、提炼学校的精神文化，包括学校精神、校训、校风、教风、学风、办学理念、办学宗旨、办学目标、培养目标等。

完成时间：2020 年 10 月—2021 年 7 月

主负责人：薛耀军及其他领导、师生

2. 提炼、总结形成学校、领导干部、教师群体的核心价值观。

完成时间：2020 年 10 月—2021 年 8 月

主负责人：薛耀军及其他领导、师生

3. 重新修订《临潼中学章程》《临潼中学行动纲要》《临潼中学五年发展规划》等文件，让学校核心理念文化贯穿其中，以文化发展促学校提升，以学校发展使文化进步。

完成时间：2020 年 10 月—2021 年 12 月

主负责人：薛耀军及其他领导、师生

4. 通过建设“美德青年”文化系列、贤达教育文化系列、书香校园文化系列、特色课堂文化系列、“1+N 办学模式”等经营文化系列等，实施五育并举，不断推进理念文化建设向纵深发展，使理念文化根植于师生内心并付诸实践，形成更为立体丰满的理念文化概念，打造全新而富有内涵特色的临潼中学形象。

完成时间：详见下面各分项建设时间完成情况。

主负责人：张哲、邓光辉、宋小彬、任俊伟

5. 通过确定学校的标准色、标准字、楼体的基本色调，学校大门的重新设计、各种装饰设计、校园环境设计（包括结合新文化理念给楼宇重新命名、给花园重新命名）、学校文化各种衍生品的设计以及校徽、校旗、校歌、校服、宣传手册的设计等，共同展现学校独特的理念文化，彰显学校独有的精神风貌、个性“校格”。

完成时间：详见主流文化分项完成时间。

主负责人：张哲、邓光辉、宋小彬、任俊伟

6. 围绕学校核心理念文化，开展形式多样的经典活动和社团活动，通过每周升旗仪式、每周班会、每天广播站开播、开设学境大讲堂、成立学校宣传中心、制作文化宣传展板等，宣传学校理念文化，使理念文化深入师生内心，内化为工作、学习、生活的习惯行为。

完成时间：详见主流文化分项完成时间。

主负责人：邓光辉、任俊伟及办公室、政教处、团委相关负责人

（二）制度文化建设

总体方针：健全各种机构，完善各类规章制度（岗位职责、管理办法、评价奖励办法），实现人和事的和谐统一。

1. 制定《临潼中学教师岗位竞聘工作实施方案》《临潼中学教师综合考核量化方案（2021 版）》《临潼中学工勤岗位人员绩效考核细则》《临潼中学教职工绩效工资考核及发放实施方案（修订版）》《临潼中学教师职称晋升量化考核方案》《临潼中学教职工请假制度（修订版）》《临潼中学校长岗位职责》等各类岗位职责。

完成时间：2021 年 9 月

主负责人：张哲、邓光辉

2. 制定《临潼中学优秀教师、先进教育工作者评选方案》《临潼中学模范班主任评选方案》《临潼中学关于考试学科优胜奖评方案》《临潼中学教科研成果奖励方案》等奖励性方案。

完成时间：2020 年 12 月

主负责人：宋小彬、任俊伟

3. 制定《临潼中学“五级品牌”教师考核晋级实施方案》《临潼中学“五级品牌”班主任考核晋级实施方案》等教师发展成长类方案。

完成时间：2021 年 11 月

主负责人：宋小彬、任俊伟

4. 制定《临潼中学教学常规管理办法》《临潼中学教师月量化方案》《临潼中学班级量化管理办法》等一系列教育教学日常管理制度。

完成时间：2021 年 12 月

主负责人：宋小彬、任俊伟

5. 制定《临潼中学学生常规管理制度手册（含饮食、住宿等相关制度）》《临

潼中学学生安全管理手册（含教学设施、饮水饮食、用电用气、车辆交通、体育活动以及其他各类活动安全）》集日常管理、考核、量化、评优、奖惩、安全等集于一体的学生管理体系。

完成时间：2021 年 11 月

主负责人：任俊伟、政教处负责人

6. 建立健全教代会制度，制定教代会相关工作方案及规章制度。

完成时间：2021 年 11 月

主负责人：张建军

7. 制定规范后勤管理相关制度，建立学校公共卫生制度。

完成时间：2021 年 11 月

主负责人：张哲、总务处负责人

（三）行为文化建设

建设关键：把学校精神文化转化为师生的实际行动，内化为行为自觉和习惯行为。

1. 通过文件系统建立三类教师行为文化：一类是绝对禁止，不能触犯的行为；二类是应该做到，必须做到的行为；三类是应该提倡的，或者大力弘扬的行为。

完成时间：2021 年 12 月

主负责人：宋小彬、教务处负责人

2. 制定《临潼中学图强教师十大优秀习惯》《临潼中学图强教师课堂教学十大优秀举动》等；评选“图强教师月度人物、年度人物”，开展“图强教师上示范课”“图强教师讲述我的教育故事”“向我身边的图强榜样教师学习”等活动。

完成时间：2021 年 12 月（部分内容时间不限）

主负责人：宋小彬、教务处负责人

3. 打造“儒雅知性、敬业爱生、乐教善研、好学精进、协作共赢、创造创新”的教师行为文化。

（1）开展教师礼仪教育，塑造儒雅知性形象。

制定《临潼中学儒雅知性教师行为标准》。对教师进行儒雅知性教师标准培训和相关职业礼仪培训，让其掌握在待人接物、仪容仪表、餐桌礼仪、会议礼仪等方面的社交礼仪。在今后的工作生活中，注意言谈举止和礼节礼仪，要用儒雅知性的标准，规范约束自己的言行，从而滋润和影响学生的心灵，充分展现新临潼中学新教师的精神风貌。

（2）推行导师制，拉近师生距离，使言传身教完美结合。

每个教师带3~5名学生作为徒弟，从生活、学习、德育、心理等方面指导学生、影响学生，使学生在完成学业的同时，各种素质和能力得到提升。

（3）打造“书香校园”，用终身学习的理念，开展各种各样的读书活动，鼓励教师多读书，使书香文化融入教师文化。

（4）开展各种各样的课堂教学活动，提高教师课堂教学水平；推行以主备制为主线的“三研三备”制，加强备课组建设，加强校本研究，使“乐教、善研”成为教师教学行为的底色。

（5）激励教师创造创新，以特色课堂建设为抓手，推动我校“图强课堂”向更高更强迈进，真正实现“改变教师的教和学生的学的质的飞跃”，达到提高教育教学质量，提升学生核心素养的目的。

（6）要坚定不移地推动我校课程文化建设，把课程文化作为教师文化建设的重中之重来实施和完成。有什么样的课程文化，就有什么样的育人文化和教师文化。要建立一套独属于我校的课程文化体系，这是我们教育教学的根本所在。

完成时间：2021年12月底（部分时间不限）

主负责人：宋小彬、教务处负责人

4.开展各类学生活动，形成我校学生独有的精神风貌和行为印象。

（1）开展礼仪教育，如礼仪使者评比，礼仪演讲赛、礼貌教室评比、良好习惯评比等，使文明礼仪成为每一个临潼中学学子的自觉行为和标志。要形成临潼中学的学生特别有礼貌、特别有教养的形象，通俗地讲就是要养成特别爱问候人的习惯，见到所有老师和所有来访者都要鞠躬问好或微笑问好，和人打交道不说脏话，善待身边的人和物，具有同理心。

（2）要让“临潼中学的学生特别乐于助人”这一行为符号成为临潼中学学生行为文化的名片。无论走到哪里，还是在哪个群体，一提到好人好事，人们就会想到临潼中学。这也是我们倡导的“美德青年”文化系列的核心内容。

（3）通过开展各种有关环境保护的活动或者教育，比如：志愿者上街捡拾垃圾活动，在校园认领树木活动，在植树节开展植树活动等等，使临潼中学的学生形成特别热爱大自然、特别爱护环境的良好习惯。标志性的行为习惯就是：见到垃圾随手就捡拾，在食堂吃饭自觉排队，吃完饭随手将餐盘放到指定位置，绝不践踏草坪、毁坏绿植。

（4）要形成临潼中学学生特别爱节俭、生活不攀比的良好形象，表现为在食堂吃多少买多少绝不剩菜剩饭，不乱花钱购买零食，喜欢穿校服，喜欢集体生活等等。

（5）要养成临潼中学学生特别爱读书的良好形象，只要有空闲随时随地都能读书学习。表现为在校园的各个角落都能看到学生读书的身影。这也是我们打造“书香校园”的目的，使学生养成良好的读书习惯，使终身学习成为一种必然和常态。

（6）通过开展思想性（爱国荣校的演讲比赛、朗诵比赛、红歌大赛等）、知识性（经典诵读比赛、科技大赛、各科竞赛、作文比赛等）、娱乐性（篮球赛、拔河赛、运动会、绘画比赛、元旦晚会等）、实践性（研学旅行、参观企业和大学、到敬老院做志愿者等）的各类活动，调动学生积极参与各类活动和社会公益事务的热情，逐渐使临潼中学的学生养成做人做事阳光开朗、积极向上、善于挑战、不怕困难的良好行为习惯。

完成时间：2021 年 12 月底（部分内容时间不限）

主负责人：任俊伟、政教处负责人

（四）物质文化建设

建设原则：物质文化要能够充分传达、展示、传播学校文化，要能够对理念文化、制度文化、行为文化进行充分必要地外在表达。

1. 校园环境建设

（1）学校整体形象建设。要对学校的建筑风格、主体色调进行必要的改造升级和重新调整，使其符合学校的核心精神和理念文化。首先，重建学校大门，使其风格和学校主楼风格接近，均呈现现代几何形状建筑风格。对回字形主教学楼进行必要而简单的风格改造，使其更具现代特色和个性特色。其次，要将全校的楼体外立面进行安全改造和统一着色，色调应该采用学校文化设计的主色调。

完成时间：校门重建完成日期：2021 年 12 月

楼体外立面改造完成日期：2022 年 9 月

主负责人：张哲、总务处负责人

（2）所有教学楼内部改造升级。要对教学楼内部墙面进行粉刷，线路进行重整，地面铺设成地胶，同时室内环境进行美化。

完成时间：高三教学楼：2021 年 9 月

高一高二教学楼：2022 年 9 月

主负责人：张哲、总务处负责人

（3）男女宿舍楼内部粉刷美化。要对年久失修的男女生宿舍进行管网改造、室内墙面粉刷以及必要的美化优化。

完成时间：2021 年 8 月

主负责人：张哲、总务处负责人

（4）教师备课室、社团活动室内部粉刷美化。

完成时间：2021 年 8 月

主负责人：张哲、总务处负责人

2. 校园物质环境的文化表达

建设要点：主题思想要符合学校文化的主旨，表现形式要新颖别致，突出文化建设的思想性、教育性、前瞻性和实效性。坚决防止文化建设流于形式，重于装饰，陷于杂乱，失于文化。

（1）教师备课室文化建设、教室文化建设、宿舍文化建设、党员活动室文化建设。

完成时间：教师备课室文化建设：2021 年 9 月

宿舍文化建设：2021 年 10 月

教室文化建设：2022 年 10 月底

主负责人：邓光辉及政教处、教务处、总务处负责人

（2）厕所、食堂餐厅、图书室、阅览室文化建设。

完成时间：2021 年底至 2022 年初

主负责人：任俊伟及政教处、教务处负责人

（3）校园红色文化路建设。将教研大楼至学生餐厅之间的这段路建设成为红色文化一条路。将“五四精神”“井冈山精神”“长征精神”等十多种红色精神以各种形式展现出来，培养师生的革命精神和爱国情怀，激发他们教书育人、奋发图强

的激情和斗志。

完成时间：2021 年底至 2022 年初

主负责人：任俊伟及政教处、教务处负责人

（4）主题花园建设、校内主题道路命名、楼宇名字重新修订。把过去称为四合院的花园建成体现学校精神的“图强园”，另外其他四个花园的命名（建议：书香园、学境园、厚德园、梦想园）分别征询师生意见，以我校核心理念文化为思考起点，各花园的名称要与学校文化理念相契合。

目前校内道路没有命名，造成描述性困难，不便于家长和校外人士参观学校或办理事务，也不利于学校整体文化建设。楼宇名字也要和学校核心理念文化相符，不能太随意。路的名字和楼宇的名字，都要征集师生意见，让师生参与到文化建设中来，增强主人翁意识，加深他们对学校文化的内涵理解。

完成时间：2021 年 12 月底至 2022 年初

主负责人：张哲及总务处、政教处负责人

（5）文化衍生品的制作。依据学校核心文化理念设计制作相关文化衍生品，比如校旗、信封、手提袋、纸杯、笔记本、书签、获奖证书、老教师退休证书、捐助证书、杂志封面、专用礼品等。

完成时间：2021 年 12 月底至 2022 年初

主负责人：邓光辉、邢鑫（具体负责）

（五）特色文化建设

总体思路：在继承和发展的大原则下，一是以改革创新的勇气，结合学校实际打造“特色课堂”；二是培养学生阅读习惯，形成能力，打造“书香校园”；三是挖掘、提炼、整理临潼中学已有的传统文化特色，打造“九鼎德育”文化系列；四是以改革创新的勇气，结合学校实际，打造“1+N”多元办学模式等经营文化系列。通过建设四大特色文化，落实五育并举教育方针，不断推进我校理念文化建设向纵深发展，使理念文化根植于全体师生内心并付诸实践，形成更为立体丰满的理念文化概念，打造全新而富有内涵特色的临潼中学形象。

特色文化系列基本模式：理论依据或者政策依据；实践路径或者方式；实践效果；特色亮点展示或者阐述；常态化运行的保障或者纳入课程体系的实操性。

1.“美德青年”文化系列

完成时间：2021 年 12 月底至 2022 年初

主负责人：任俊伟及政教处、团委负责人

2. 贤达教育文化系列

完成时间：2021 年 10 月

主负责人：任俊伟及政教处、团委负责人

3. 书香校园文化系列

完成时间：2021 年 12 月

主负责人：宋小彬及教务处、政教处、团委负责人

4. 特色课堂文化系列

完成时间：2021 年 12 月

主负责人：张哲及教务处、政教处负责人

5.“1+N”多元办学模式等经营文化系列

完成时间：2021 年 12 月

主负责人：张哲（牵头）、邓光辉、宋小彬、任俊伟、刘素珺

（六）编撰《临中文化》手册

要组织相关人员，对学校文化建设进行梳理，依据文化建设的五个主要方面，编撰《临中文化》手册。

完成时间：2021 年 12 月底至 2022 年初

主负责人：邓光辉（牵头）、刘素珺、胡慧珍、邢鑫

六、保障措施

学校文化建设是一项战略性、长期性的工作，是一项庞大而复杂的系统工程，不可能一蹴而就，要有坚持打持久战的思想。学校文化建设既要顶层理论设计，又要全面实践践行，也需要全校上下齐心协力、共同参与，更需要组成专班统筹协调人力、物力、财力，做好保障工作。

所有领导要思想高度重视。所有领导必须树立“质量立校、教研强校、文化兴校”思想，统一意志统一思想，要站在学校发展战略的高度进行学校文化建设。领导干

部要率先，不仅在理念上要领先，更重要的是能将领先的理念转化为学校的机制和规则，内化为全体师生的自觉行为。领导在学校文化建设过程中，要带头深入、有创新、有建树。要明确自身角色定位，承担起应负的责任，集中每一位师生的智慧，调动每一位师生投身文化建设的积极性和创造性，使全校全员参与到轰轰烈烈的文化建设中来。

成立文化建设管理网络。成立文化建设领导小组、具体实施小组、纪检监察和督导评估小组，确保文化建设闭环高效完成。

注重过程管理，实施跟踪考评。在学校文化建设过程中，要运用系统的方法，做出整体设计，分步推进，按阶段落实。要明确总体目标和阶段性目标，根据目标来进行具体操作和建设。学校文化建设关键是过程，过程的关键是依据目标做好计划、实施、监督（跟踪评估）、反馈、改进的闭环工作，确保文化建设实效。

资金保障。学校要拿出一定的资金用于学校文化建设，树立文化建设就是育人环境建设，也是质量建设的理念，克服文化建设是虚的、可有可无的错误思想，要理直气壮地加大投资抓好文化建设。

统筹协调“时空”，确保文化建设按时顺利完成。各部门、各建设小组一定要做好时间、空间的管理，统筹协调各项工作，在不影响教育教学情况下，给学校文化建设腾出时间空间，争取尽快完成所有项目，为创建特色学校和省级示范高中打下坚实基础。

2021 年 9 月 1 日

第三章　临潼中学文化建设案例

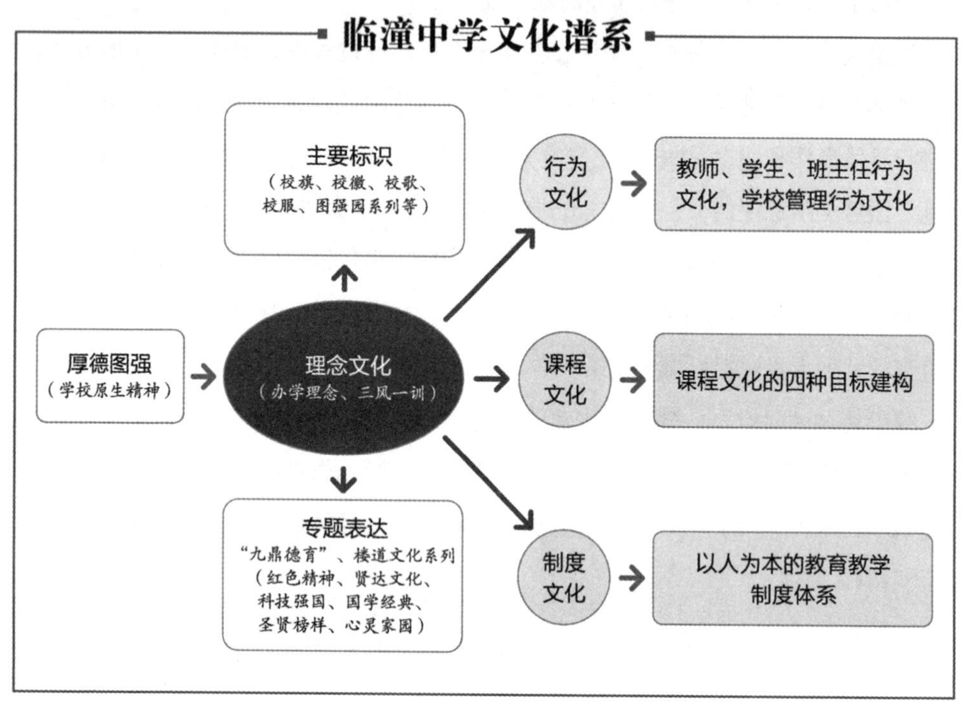

图 5-1　临潼中学学校文化谱系图

学校精神：厚德图强

“厚德图强”的学校精神包括以下四方面：

永不放弃、永不言败的奋斗拼搏精神；

精诚团结、爱校荣校的集体主义精神；

乐于助人、奉献社会的责任担当精神；

心怀教育、情系家国的爱国主义精神。

临潼作为十三朝古都西安的一个行政区，有世界八大奇迹之一的秦兵马俑和唐华清宫，其深厚的历史文化底蕴体现为浓郁的秦唐文化特色。临潼中学得益于秦唐文化得天独厚的精神滋养，应立足本土文化优势，勾连历史与现在，挖掘秦风唐韵的现代文化价值和精神意义，为教育铸造本土品格。秦孝公变法图强，进行经济、政治、军事等方面的改变创新，历经百年，至秦始皇终灭六国，一统天下。临潼中学理应传承这种秦人强秦的历史文化基因，不断改革创新，奋发图强。

临潼中学建校 60 多年来，由于受县域环境、区域教育现状、自身所处位置以及招生政策等各种因素的影响，教育质量和办学特色都受到很大程度的制约，难以冲出临潼，更不要说走出西安。但 60 年来，临潼中学人从未丢掉强校初心和名校梦想，永不言败，永不放弃，用老师们自己的话来说就是："把筋挣断也要把教学质量搞上去！"临潼中学人这种不服输、勇于超越、敢于创新的精神，正好契合了秦人逐代积累的强秦精神，基于此，我们抽丝剥茧，提炼出临潼中学的学校精神——厚德图强。

为了顺应国际瞬息万变的发展大趋势，增强我国的核心竞争力，提升我国人才培养的质量这个严肃议题摆在所有教育人的面前。作为基础教育，如何培养高质量的人才，那就要改变思路，突破教育改革的瓶颈，在素质教育成果的基础上发展学生的核心素养体系，通过巩固和完善素质教育成果，将教育改革推向一个更高质量的发展阶段。核心素养是个体适应社会需要、获得全面发展、提高生存能力的必备素养，是满足终身学习的基本条件，是提升国民素质的重要保障。对学生来说，核心素养是指学生应具备的适应终身发展和社会发展需要的必备品质和关键能力。如果真正要实现人才培养目标从过去的"双基""三维"转变到现在的"核心素养"，那绝不是说说名词、唱唱高调就能完成的，全体师生必须高举"厚德图强"的旗帜，与自己斗，与困难斗，披荆斩棘，开拓创新，不懈追求，久久为功，才能最终实现教育观念的彻底转变和教育模式的极大变革。所以，"厚德图强"的学校精神不仅是一种历史传承，更是时代对我们师生的强烈呼唤。今后我们都要不断改革创新，自信自强，不仅是为了我们个人发展，为了学校发展，更重要的是为了国家的繁荣昌盛和民族的兴旺发达。因此，我们责任重大，使命光荣。

学生是国家的未来。发展学生的核心素养就是要培养学生的必备品质和关键能力。必备品质和关键能力，可以从学校精神的“德”和“强”两个方面得以实现，这就要求我们做好德育工作以及课程设计和教学工作，使我们的教育教学适应社会发展与技术进步，关注全面发展与终身发展，重视生活品质与生存质量。“少年强，则国强。”“强”字是学生必备品质和关键能力形成的精神动力，理应成为学校精神的关键字，贯穿于学校核心文化尤其是“三风一训”当中，贯穿于所有教育教学实践当中。

“一心中国梦，万古下泉诗。”实现中华民族伟大复兴，是近代以来中华民族最伟大的梦想，是中国人民矢志奋斗的初心和使命。实现国家富强、民族振兴、人民幸福的美好愿景，基础教育任重道远。培养朝气蓬勃、德才兼备、奋发有为，能肩负民族未来的新一代青年，应该成为临潼中学人共同的事业追求。基于此，教师要有理想信念，有道德情操，有扎实学识，有仁爱之心，有教育兴国的崇高责任，有爱校爱生的深沉情愫，有校荣我荣的使命担当。学生更要拥有坚如磐石的理想信念，只争朝夕的拼搏劲头，坚韧不拔的意志品质，努力使自己成为有理想、有本领、有担当的有为青年。

教育理念：有教无类 因材施教

“有教无类”语出《论语》，在儒家经典中指人人都可以接受教育，即无论贫富、贵贱、贤愚、善恶，不分阶级、地域、职业、长幼，凡虚心向学，皆可进行教育。孔门弟子中，贵族、富商、平民无所不有，甚至“暴者”“大盗”“刑戮死辱”之人，只要虔诚求教，都未尝不诲。孔子的教育观突破了“学在官府”的桎梏，致力于所有人受教育的理想。

现代教育更是突破种种界限，在教育的对象、学科门类、制度体系等方面追求平等和民主。《中国教育现代化 2035》的任务之一是，构建更加开放畅通的人才成长通道，实现基本公共教育服务均等化。快速发展的现代社会对教育公平的诉求愈加迫切，一所学校理应树立追求教育机会均等的大教育观，做到教育路上，一个孩子也不能少。为每一粒种子创造生长的沃土，给每一朵花寻找开放的理由。相信所有的孩子都能成人、成才、成功。

因材施教思想与有教无类一脉相承。孔子说：“中人以上，可以语上也；中人以下，不可以语上也。”也就是说对于中等才智以上的人，可以和他谈论高深的道理；对于中等才智以下的人，不可以和他谈论高深的道理。《论语·先进篇》记载，子路问：“闻斯行诸？”子曰：“有父兄在，如之何其闻斯行之？”冉有问：“闻斯行诸？”子曰：“闻斯行之。”

孔子的解释是：“求也退，故进之；由也兼人，故退之。”这段话讲的是，子路与冉有向孔子请教同一个问题，孔子却给了不同的答案，公西华不解，孔子说：“冉有退缩，故鼓励其进取；子路勇于进取，故使之知有所退。”可见，先师孔子很注意对学生的观察了解，并依据每个学生的特点采取不同的教育方法。因材施教就是尊重个性，正视差异，扬长避短，有的放矢地进行有差别的教学，使每个学生获得最佳发展，成为最好的自己。

老祖宗的智慧，也通过西方的科学实验主义得到验证。根据美国著名心理学家和教育学家霍华德·加德纳的多元智能理论，智力不是一种能力而是一组能力，智力不是以整合的方式存在而是以相互独立的方式存在，每个人身上至少存在八项智能，即语言智能、数理逻辑智能、音乐智能、空间智能、身体运动智能、人际交往智能、自我认知智能、认识自然智能等。在正常条件下，只要有适当的外界刺激和个体本身的努力，每一个个体都能发展和加强自己的任何一种智力。所以，每个学生都有一种或数种优势智能，只要教育得法，每个学生都能成为某方面的人才，都有可能获得某方面的专长。

大道至简，大道归一。那就是作为教育人，我们必须坚信，每一个学生都想、都能成人、成才、成功。

办学宗旨：学生成才　教师发展　学校特色　社会认可　人民满意

办学宗旨是学校发展的终极目标和最高追求，是引领学校发展的精神火炬。办学宗旨也是党的教育方针在学校层面得到贯彻落实的具体体现。

学校教育是一个系统工程，牵扯到方方面面的人和事，其中最重要的是学生和教师。一所好学校，必然是一所幸福的学校，必然是师生的生命共同体，在这个共同体当中，学生因成才而幸福，教师因发展而幸福。

学校教育理应以学生为中心，基于学生，发展学生，成就学生。按照现代教育理念，学生成才的基本指标是指学生应该具备适应终身发展和社会发展需要的必备品质和关键能力。基于对成才基本指标的分析和解读，我们具化了人才培养的目标：把每一个临潼中学学子培养成为好学笃行、坚毅乐观、自尊自强、爱国爱人、开拓创新，且具有人文素养、家国情怀和国际视野的现代有为青年。

教师发展是学校发展的基石，学校发展要以教师发展为根本，营造教师发展的宽松环境，搭建教师事业发展的广阔平台，最大限度地唤醒教师的职业良知，激发教师的专业潜能，鼓励教师大胆创造创新，形成“善教乐学”的活力团队，并通过各种方式提升教师的社会认可度和职业幸福感。

人才培养目标明确，教师敬业爱岗，善教乐学，在此基础上，如果能够通过顶层设计和系统建构，形成临潼中学独特的办学模式和育人模式，使得特色发展和全面发展相得益彰，那么学校一定能够在整体强力推进的前提下形成临潼中学自己独有的教育特色品牌，真正做到高质量、有特色、能示范。

从宏观上讲，学校教育不仅是学校自身的事情，更是党和政府高度关注的民生工程。造福一方教育，办好家门口的学校，使社会认可，人民满意，这是我们教育人的应尽责任和使命担当。

办学理念：奠基学生 成就教师

秉承基础教育的根本使命，为学生未来发展奠基，为教师专业成长助力，在“厚德图强”的学校精神感召下，使学生成长、教师成就、学校发展成为息息相关、相得益彰的命运共同体。师生和学校长足发展的精神根基体现为厚德博学。厚德博学体现的是社会对人才的基本要求，自古及今，培养德才兼备的人才是教育的基本要求，也是教育的终极目标。

奠基学生，即要培养学生的健全人格、阳光心态、人文素养和家国情怀；培养学生有良知有梦想，有责任有担当，向善向美，温和而坚定，立志用创新和努力改变世界的高贵品质；培养学生未来发展所必备的精神丰盈、思想上进、好学笃行、坚毅乐观、自尊自强、爱国爱人、开拓创新且具有国际视野的优秀品质。面对百年未有之大变局，中华民族要想自立于世界民族之林，不受外侮，人民生活幸福，必须提高国家的综合国力和核心竞争力。教育培养力和科技创新力是综合国力和核心竞争力当中极为重要的因素。没有正确的教育观、人才观就没有科技创新力，就没有核心竞争力。说得直观一点，人才的质量决定着国家未来发展的质量和走向。现代教育关于人才质量的衡量标准就是看这个人是否具备适应社会发展和终身发展的必备品质和关键能力。而我们的办学理念“奠基学生，成就教师”以厚德、博学为基点，使学生自主发展，各成其才，正好为培养学生的核心素养提供了方法论，指明了具体路径。“德”是一个很宽泛的概念，包括能力以外的情感、态度、价值观、意志品质等。“博学 + 各成其才”保证了每一个学生关键能力的真正养成。

成就教师，即学校要以教师发展为根本，营造教师发展的宽松环境，搭建教师事业发展的广阔平台，建立有益于教师队伍良性循环发展的激励机制，引导教师在教育改革浪潮和社会思潮的冲击、挑战中，克服倦怠，拒绝躺平，不忘教育初心，恪守教育良知，追求教育梦想，牢记责任担当，最大限度地唤醒教师的职业良知，激发教师的专业潜能，鼓励教师大胆创造创新，形成善教乐学的活力团队，使我们所有老师们能够见贤思齐，勇于探索，富于思考，乐于研究，善于合作，适应这个时代的危机和挑战，顺应学校发展的大方向大趋势，为学生成长、个人事业和学校发展奋楫前行。

“厚德博学，各成其才”“有教无类，因材施教”是“奠基学生，发展教师”的方法论，在实际办学过程中是一脉相承的关系。“各成其才”的理论依据和办学者的现实佐证：根据美国著名心理学家和教育学家霍华德·加德纳的多元智能理论，每个学生都有一种或数种优势智能，只要教育得法，每个学生都能成为某个方面的人才，都有可能获得某方面的专长。

大教育家苏霍姆林斯基也说：“通向儿童心灵的道路，不是一条只需要教育者及时铲除杂草（儿童的缺点）的、平坦而洁净的小道，而是一片肥沃的田地，儿童的各种优秀品德像幼苗一样，将在这块土地上逐渐成长。因此，教育工作者应该成为一个精心的播种者和耕耘者，应该去扶正那些正在成长中的幼苗的脆弱的细根，去爱护每一片急需阳光的绿叶。如果我们能让儿童的各种优点像幼苗分蘖似的迅速分枝，那么，他们身上的缺点就会自然而然地被连根除掉。”

云南丑小鸭中学校长詹大年说：教育，就是多给生命一条路——一条可以无限“玩下去”的路，一条可以自由选择的路。

学校如何保证“奠基学生，发展教师”目标的落实？

鉴于我校的德育优秀传统，结合时代发展对人才品质的需求，我们以打造“美德青年”为主线，形成我校的德育主体网络，构建具有我校特色的德育新模式。高中教育是基础教育，所以作为教育者，我们必须处理好全面发展和个性发展的关系，做到每一个学生既要博学，也要个性发展，各成其才。从学校层面，我们要不断改变创新办学模式，保证“奠基学生”理念的有效落实。根据学校现状和生源实际，我们今后将采取“1+N”办学模式，真正使“奠基学生”办学理念落地生根。何为“1+N”办学模式？1代表文化课升本，N代表艺体升本。通过体育、音乐、美术、舞蹈、传媒、书法等途径的艺体升本，不但有力保障了“五育并举”教育方针的具体实施，而且针对我校学生实际，有可能突破名校，形成特色。而这所有一切的实施过程，也将是教师职业素养和专业能力全面提升的过程，必将极大地促进教师的成功。

我们相信每一个孩子都想要成人、成才、成功；我们坚信每一位教师都有职业梦想，都向往成就、成功、幸福。而我们学校就是要创设环境，为所有孩子的成长奠定基础，为所有教师的发展全面助力，使临潼中学在积极向上、师生相长、精诚团结、欣欣向荣的良好生态中实现“图强”梦想。

办学目标：环境优美 管理科学 质量卓越 特色鲜明

我们要把学校办成什么样的学校？是只抓成绩，只管升学率，不顾学生身心健康成长，不顾教师发展和身心的应试教育的生产车间呢，还是师生共同向往的精神家园？这是我们必须思考的现实问题。

以文化引领，打造最美校园。从物质形态和精神层面全方位建设临潼中学校园文化体系，营造临潼中学校园文化氛围，丰富临潼中学校园文化内涵，打造临潼中学校园文化名片。以秦风唐韵为底蕴，以厚德图强为学校精神，打造校园文化四大特色，助推“五育并举”教育方针的深入落实，把每一个临潼中学学子培养成为好学笃行、坚毅乐观、自尊自强、爱国爱人、开拓创新，且具有人文素养、家国情怀和国际视野的现代有为青年。

第一，进行课堂革命，改革传统教与学的关系，重新构建新型师生关系，打造全新的具有临潼中学特色的课堂教学模式，使课堂成为发展学生必备品质和关键能力的主阵地。这是我们着力打造的第一大特色，也是核心特色。第二，打造书香校园特色。改变传统意义上的书香校园概念，要把学校建成像家一样的阅览胜地，图书无处不在，图书与校园自然环境、师生人文环境融为一体，无违和感；再配套举办成体系的各种读书活动——读书节、读书月、读书社团、各种与读书相关的比赛等，最终达到用书香温润人格，用书香丰沛灵魂，用书香培植兴趣，用书香激发创新。第三，构建具有临潼中学特色的德育体系——“九鼎德育”，倾力打造“美德青年教育”范式。以《中小学德育工作指南》为纲，充分挖掘临潼中学学生德育资源，发扬我校王震等学生展现出来的新时代青年乐于助人、敢于担当、勇于奉献的高尚品质，打造我校德育主线，并扩展为网络，固化为范式，彰显为特色。第四，打造“贤达文化”教育特色。何为“贤达文化”？就是将临潼地域内品德高尚、成就非凡、关心公益，具有一定影响力且能带领群众共同致富的地方贤达人士或者历史人物，作为校本教材的人物案例，编辑成册，悬挂于墙，用身边的榜样来教育学生，爱家乡建设家乡，爱祖国献身祖国，爱人民奉献人民。真正使德育成为接地气的德育，成为看得见摸得着的有实际效果的德育。第五，做好生涯规划，打造“1+N”办学新模式，真正实现“奠基学生，成就教师”的办学理念。做好生涯规划，形成高一“认识自我、方向选择”，高二“学习体悟、职业规划”，高三“成长总结、未来展望”生涯教育体系。生涯规划教育要和我校学生培养总体目标以及“1+N”办学新模式有效衔接，相得益彰。以上五大特色，一定会成为临潼中学特色办学的五张“文化名片”，成为提振师生士气，提升学校品位，提高办学质量的五大“引擎”，助推临潼中学成为高质量、有特色、能示范的特色品牌名校。

真正的教育应该是教师和学生、教师与教师、学生与学生的互相照亮。敦品励志的育人理念，典雅深厚的文化底蕴，志存高远的理想追求，怀乡报国的家国情怀，宁静雅致的书香氛围，阳光包容的和谐关系，逐渐会使临潼中学成为有温度、有高度、有内涵的师生生命共同体。

我们坚信，在校园核心文化和精神的感召、浸润下，在学校一系列评价制度、奖惩制度、管理制度的保障下，科学管理，民主运行，坚决深入推进教育教学改革，全力构建具有临潼中学特色的课堂教学模式，倾心打造具有临潼中学风格的卓越教师团队，努力培养具有临潼中学气质的优秀学生。持续发扬“厚德图强”的学校精神，我们一定能将临潼中学打造为环境优美、管理科学、质量卓越、特色鲜明的精品特色学校。

育人目标：好学笃行 坚毅乐观 自尊自强 爱国爱人

人是教育的最高价值，教育首先为生命的健康发展服务。生命健康包含体格健壮、人格健全、心理健康、精神健硕，在此基础上，使每一个个体得到长足发展。按照党的教育方针，我们就是要培养“德智体美劳全面发展的社会主义建设者和接班人”。这是党对人才培养的最高指示，也是人才培养的总目标。结合学校实际和现代教育理念，以及竞争日益激烈的国际社会对人才的要求，我们提出了临潼中学的育人目标：把每一个临潼中学学子培养成为好学笃行、坚毅乐观、自尊自强、爱国爱人、开拓创新，且具有人文素养、家国情怀和国际视野的现代有为青年。

具体表现为：心态阳光积极上进，勤思笃行果敢勇毅；开拓创新勇于攀登，广泛涉猎博学多识；精神丰盈而无枷锁，个性鲜明意志坚定；自尊自爱人格独立，真诚大气温厚平和；善良谦逊坦荡从容，理想远大自强不息；心怀大爱自觉担当，世界胸襟中国灵魂。

分层培养，各成其才。儒家经典所讲的“正心、诚意、修身、齐家、治国、平天下”，精辟地阐释了人才发展的不同阶段和梯度。我国著名教育家陶行知说：“人像树木一样，要使他们尽量长上去，不能勉强都长得一样高，应当是：立脚点上求平等，于出头处谋自由。”教育的目标是为国家和社会培养不同领域的合格劳动者和人才。首要任务是开蒙启智，为社会培养合格公民和普通劳动者，这便是“立脚点上求平等”。其次是激励卓越，为学生个性发展培植土壤、搭建平台、创造环境、奠定基础，使学生获得更高更好发展，这便是为“于出头处谋自由”。现代社会发展促进了价值观的多元化，职业选择的多元化，职业无贵贱轻重，任何岗位都大有可为，都有无限上升的高度。学校要为学生树立正确的价值观、人生观和成就观。

人活着的最大价值，是他的社会价值。我们的教育不要一味追求高大上，不要一味要求学生考名校走出去、到大城市去甚至到国外去，那么谁来建设我们自己的家园，改善家乡父老的生活？一个不热爱自己家乡的人何谈热爱人民和国家？我们现在的很多教育就是逃离式教育，鼓励学生发愤图强逃离家乡，逃离祖国，这样的教育考上清华北大又有何用？基于此，我们提出培养目标的第一个层级：兴乡贤达。但这不是最低层级，因为成才的路千万条，只要靠近成功，达到优秀，就是最好的人才。区域精英，是指在某个区域或者行业领域里专业有所建树且具有一定影响力的人才，比如地方政治人物、企业家、专家、学者等。国家栋梁，是指在全面范围里有一定影响力的综合性人才，比如政治精英、文化大家、科技领军、大国工匠等。国际通才，则是指在世界一体化的当今，能配合国家发展战略，适应国际竞争环境，娴熟处理国际事务的复合型高端人才。我们的任务是为这样的人才在高中阶段打下坚实的基础。

校训：理想 责任

荣誉与理想。每个人都有理想，每个学校也有理想。每一个个体在努力创造幸福人生的同时，也在参与创造伟大集体、伟大时代、伟大历史。时光的坚守里，见证精神传承；岁月的流转中，奏响奋斗强音。临潼中学从来没有放弃过使老师强、学生强、学校强的名校理想——使临潼中学成为社会认可、人民满意的高质量、有特色、能示范的特色品牌名校。临潼中学人有过艰苦卓绝、辛勤拓荒的峥嵘岁月，有着“把筋挣断也要把教学质量搞上去”的铮铮誓言，奋斗的征程上，凝聚成同舟共济、破浪前行的强大合力。“我荣校荣，校荣我荣。”“临潼中学因我而骄傲，我为临潼中学而自豪。”生命的尊严和高贵，靠不懈的奋斗来捍卫；人生的价值和意义，体现在追求理想的征程中。为理想而奋斗，是全体临潼中学人的不竭力量源泉。

作为教师，教书育人是我们的天职。看到学生走邪道我们着急，我们想都不想地就去阻止他们的坏行为，给他们讲解做人做事的道理，并为他们的改变、改进、提升而感到由衷的高兴，这就是一个教师的责任担当。看到学生学习有疑问，绝不熟视无睹，而是迫切地想帮助他们解决问题，循循善诱，深入浅出，我们最终会因为问题的解决而感到无比的愉悦，这也是一个教师的责任担当。这些近乎自然的行为，是出于本心本能的良知与责任。

之所以强化责任，就是因为我们肩负得太多。没有责任感，我们难以完成伟大神圣的育人使命。大到国家、民族，小到每一个学生，如果缺失有良知有责任的教育，后果不堪设想。

现代教育应该担负起发展人、成就人的职能，使人不仅物质上独立自主，精神上更是自由独立。探寻生命的真相，是教育的信仰。尊重生命的需求，是教育的良知。站在生命本真的角度去探究、去发展、去建构、去思考，是教育应该恪守的良知。做有良知的教师，不汲汲于富贵名利，担负起培育未来的责任，学高身正，己立立人；培养有良知有担当的学生，阳光上进，德才兼修，己达而达人，造福于家庭，造福于社会。

同样，我们在做这一切的过程中，也希望我们的代代学生有理想、有责任、有良知，努力成为“五育并举”的新时代好青年，承担起建设伟大祖国的历史重任。

校风：爱国 文明 包容 创新

校风是学校在办学过程中长期积淀而形成的具有行为和道德意义的风气，表现为教风、学风、班风等，是在校内乃至社会上具有极大影响并被普遍认可的思想和行为风尚，是学校品位和格调的重要标志之一，甚至是一方文明和文化的引领。

爱国在不同历史时期有不同内涵，爱国与家国情怀紧密相连。教师要坚守为党育人、为国育才的历史使命，师生要将个人发展与国家的前途命运相融合，甘于奉献，在需要之时挺身而出，不计较个人得失。爱国不是一味地喊口令、讲空话，而是要脚踏实地，勤恳务实，不断追求专业和学业的进步和发展。奉献精神是一种对自己事业不求回报的全身心付出，满怀热爱和赤诚，在努力学习和工作中体验快乐。

营造文明、和谐、包容的学校风气是师生工作、生活、学习的心理氛围基础。各种思维方式的共存，是社会昌明、充满勃勃生机的表现。冰心说：“美的真谛应该是和谐。这种和谐体现在人身上，就造就了人的美；表现在物上，就造就了物的美；融汇在环境中，就造就了环境的美。”“君子和而不同”即提倡和谐主张，体现了一种“草异色而同芳”的自然和谐之美。和谐不仅是一种处世哲学，更是一种至高至纯的人生心境。和谐的心境需要正确对待困难挫折，正确对待成败得失，学会不断反思自我、调整自我、完善自我。校园风清气正，精诚团结，开放包容，开拓创新，友爱互助，合作共赢，是我们师生共同的价值追求。

创新，即革新，意出《礼记·大学》“苟日新，日日新，又日新”。当今，创新能力的高低已经成为衡量一个人、一所学校、一个国家的重要标志。师生要与时俱进，创造创新，要态度真诚，基础扎实，工作务实，为人朴实，作风踏实，追求事实，崇尚真理，不做表面文章。要深刻意识到创新是进步的灵魂，是学校强大起来的不竭动力，也是永葆学校发展生机的汩汩源泉。

“独行快，众行远。”一个学校要有高度，必须要有领军人物，必须要有独领风骚、具有绝对权威的学科带头人，这样才能使学校学科建设、课程发展达到应有的高度，才能有可能办出真正高水平的学校。但一个学校要整体发展，行稳致远，则必须所有师生精诚团结、共同协作、共克时艰，才能使学校这艘大船乘风破浪直挂云帆。所以，一所学校要想真正成为高质量、有特色的学校，教师和教师、教师和学生、学生和学生之间必须建立良好的合作共享关系。知识与科技为人类赋能，合作才是关键。现代教育更需要信息共享、资源共享、思想碰撞、情感共鸣，从而加强团结合作，汇聚智慧力量。

教风：启智 育德 敬业 求真

教风是指教师在教学、科研等工作中体现出来的职业精神和学识风范，包括教书育人的目的、态度、行为特点、方法及教师群体的良好风尚。教风是教师群体的精气神，是教师群体是否有战斗力的外化表现。教风既是整个教师群体工作风气长期积淀的结果，同时也需要有一个人为干涉、积极引导、逐步形成的过程。一个教风有问题的学校，大到影响校风，小到影响学风。所以，不可不高度重视教风的建设。

启智。教育的目标是为国家和社会培养不同领域的合格劳动者和人才，而基础教育的首要任务则是开蒙启智，为学生未来发展奠定良好基础，帮助学生自主发展，为学生个性发展培植土壤、搭建平台、创造环境、奠定基础，使学生获得更高更好的发展。学生来自不同的家庭，有着不同的教育基础，智力水平也不同，因而学生的发展是多层面的，不能用同一个模式去要求学生，多考虑学生自身的特点，因材施教。

“不愤不启，不悱不发。举一隅不以三隅反，则不复也。”孔子很注重启发式教学，强调学生主动学习、自主学习。学校顺应教育改革形势，坚持学生发展中心理念，实现课堂物态形式的改变，重视情景教学，坚持以生为本，以学生发展为主线，向课堂要质量，提高学生接受程度，让学生在合作、探究当中了解知识的生成过程、主动参与知识构建，真正成为学习的主人。全面开展自主式、探究式、合作式、互动式、项目化教学，彻底改变传统教学模式，彻底改变教与学、师与生的关系和方式，开启全新的课堂教学改革，使良好的学风在特色课堂的建设中慢慢形成。

冰心曾说过："世界上没有一朵鲜花不美丽，也没有一个学生不可爱。"每个学生都是一本需要仔细阅读的书，是一朵需要耐心浇灌的花，是一支需要点燃的火把。

育德体现的是社会对教育的基本要求。自古至今，培养德才兼备的人才是教育的终极目标。孔子说："德之不修，学之不讲，闻义不能徙，不善不能改，是吾忧也。"儒家经典的教育理念首先体现为对学生德的培养，包含国家大义、道德操行、思想学问、意志品格、人生理想等层面，现代教育更加侧重学生的品性修养、态度养成和情感发展。临潼中学有着优良的德育教育传统，在全社会"扶与不扶"的道德大讨论背景下，临潼中学王震等10名同学见义勇为，自发、合力救助危难中的老人，彰显互助美德，弘扬社会正气，引起全社会称赞，荣登"中国好人榜"，被称为"中国好青年"。真诚善良，乐于助人，勇于担当，临潼中学的学子很好地诠释了新一代青年的优秀品质。这是学校德育的优秀成果，树立了临潼中学德育良好的品牌，是值得挖掘和弘扬的德育资源。临潼中学办学理念之厚德博学，即要培养学生有梦想，有情怀，有担当，向善向美，温和而坚定，立志用创新和努力改变世界的高贵品质。

敬业求真是一个人对自己职业认同的外在表现，是一个人职业素养、人格素养的直接体现，教师对职业要有敬畏之心，对学生要有仁爱之心。每一位教师都应该爱孩子、爱所有孩子。没有爱就没有教育，只有爱也不是教育；最好的教育莫过于感染，最好的管理莫过于示范。

过去由于评价考核机制存在一些问题，造成教师之间恶性竞争加剧，师师关系紧张，导致教师个体日趋保守封闭，最终使得学生发展受阻，人才培养受限，害莫大焉！现代教育提倡的开放包容、合作共享的新理念，为新时代人才培养提供了新思路。单打独斗、自我封闭的现状，早已经不适应百年未有之大变局下国家对教育的新要求了。"科研兴教，科研强校"，教师要乐教善研，好学精进，协作共赢，不断提升自身业务能力，不断更新专业知识，努力提升教育教学水平。教师要树立正确的教育观，努力做研究型教师，站在为党育人、为国育才的教育高度，用发展的眼光，探寻教育智慧。教育家苏霍姆林斯基把"难教儿童"当作科研对象来研究，长期跟踪记录。他先后为3700余名学生做了观察记录；他能指名道姓地说出25年中178名“最难教育的”学生的曲折的成长过程，其中的107个“智力发展极端迟缓”的学生，被培养成了“完全合格的有教养的人”，其中13人还受到了高等教育。

增强研究意识，即每一位困难学生都是教育资源，每一个棘手问题都是教育课题，每一次突发事件都是教育契机，每一个孩子的未来都有一百种可能。教师要勤于阅读、善于观察、勇于探索、富于思考、乐于研究、善于合作。如此，良好的教风才能逐渐形成和发展，学校的教育教学质量才能稳步提高，学校的特色建设才能全面推进。

学风：博学 勤思 和谐 合作

学风是指学生的行为规范和思想道德水平的集体表现，是学生在学习生活过程中所表现出来的精神风貌和价值追求。学风是“三风”的根本，也是“三风”的最终落脚点。良好的校风、教风促使良好学风的形成，同时良好的学风有利于良好教风、校风的建立。因此，作为管理者，尤其是在以学生发展为中心的教育理念下，我们更应该重视学风的建设。

我校提炼总结的学风为：博学、勤思、和谐、合作。它是我们学生学习风尚的集中表现，也是我们对学生学习提出的标准和要求，是学生应该遵循的学习原则和价值追求。

上述这一切，源于一个很重要的思想，那就是创造创新思想。创造创新思想不是说说就会产生，它会体现在我们学校倡导的一切管理改革、教学改革、环境改变当中，在所有实践当中一点一滴逐步形成。

为了促使良好学风的形成，学校要尽力搭建学生学习发展平台，开办学境大讲堂，开展社团活动，开设精品课程，开发特色课程，开辟学生才艺和科技展示通道，构建科学的选课体系，鼓励创新，激励卓越，促进学生自主学习和个性发展。

学校理念文化识别系统主要标识

校徽

校徽整体由三个同心圆构成，寓意学校、家庭、社会同心协力，共育学生，共谋发展。中心图案为“鼎”的变体，寓意学校对秦唐鼎盛文脉之历史传承，彰显新时代革故鼎新之伟大创造。“鼎”上部为天平造型，体现公平公允、有教无类的教育理念；中心笔画似数字“1”，意为追求卓越、永争第一，彰显“厚德图强”的学校精神。底部打开的书本，寓意告诫师生多读书、读好书、好读书；同时也体现了临潼中学的书香校园特色。外圈环绕中英文校名，以示学校立足本土，开放包容的时代风貌。

校徽整体颜色为朱砂红，具有传统文化之诗意、庄严、雍容、厚重，并具现代文明之奔放、热烈、昂扬、向上，体现学校教育对文化文明之承启与光大。

图 5-2　临潼中学校徽

校歌

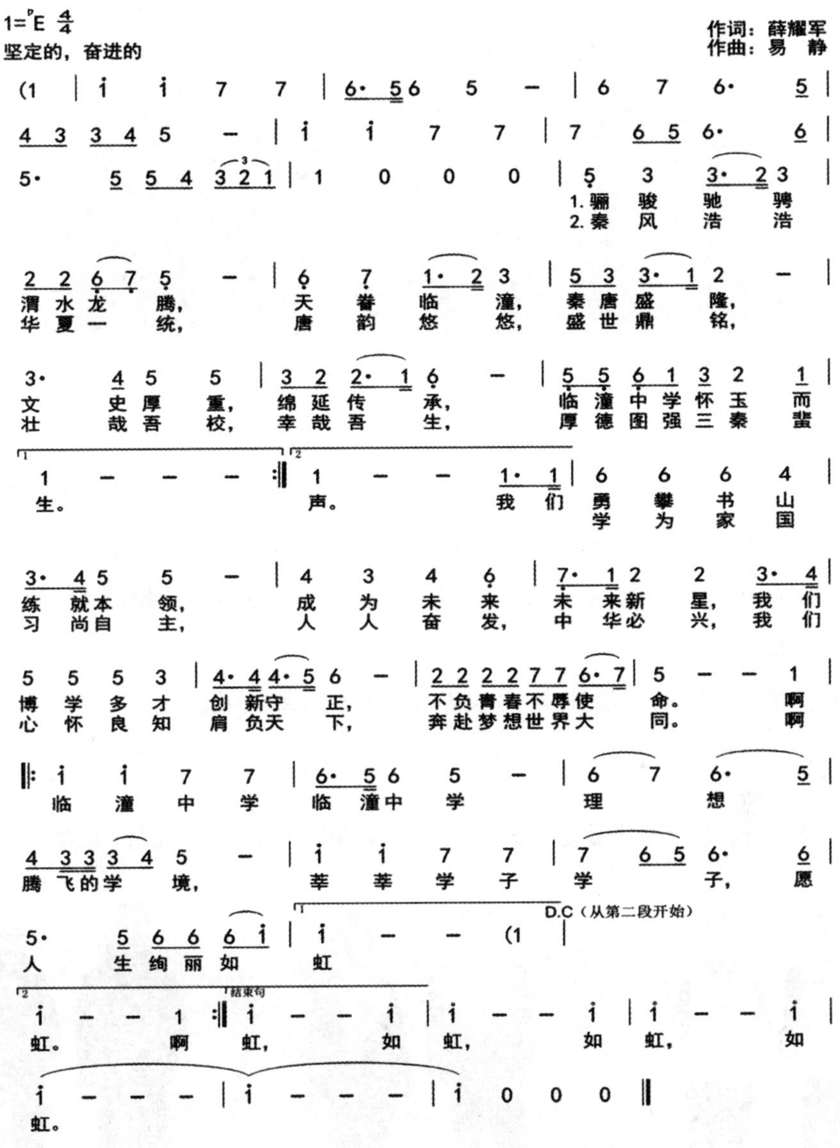

图 5-3　临潼中学校歌

校旗

校旗是一所学校的象征与标志，彰显学校的文化理念，体现学校的精神风貌，对学校有着重要的意义。临潼中学校旗寓意：

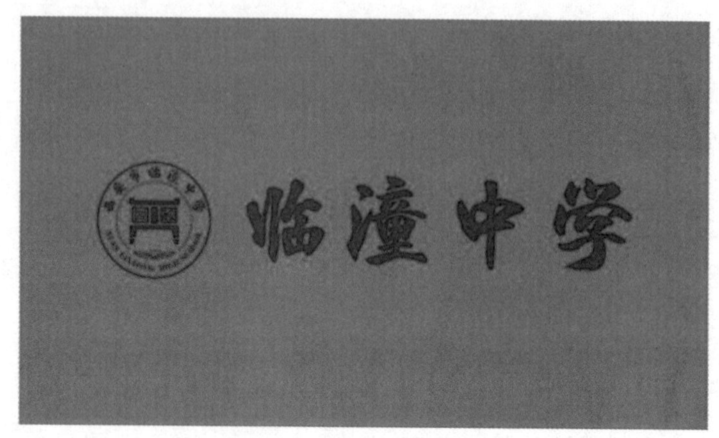

图 5-4　临潼中学校旗

1. 底色设计为蓝色，寓意学子心怀梦想，翱翔蓝天的宏伟志向。

2. 校名和校徽设计为红色，红色代表着革命的激情和勇气，和临潼中学的学校精神“厚德图强”一脉相承。

3. 临潼中学 logo 中“鼎”元素意象清晰且厚重，使临潼秦唐地域文化和学校图强文化交相辉映。

4. 整面旗帜象征着临潼中学“立足临潼，搏击未来”的发展方向。

校服

一个学校的校服是校园文化流动的名片，它通过纤维艺术（面料、版型、色彩）

夏装效果图

春秋装效果图

冬装效果图

图 5-5　临潼中学校服

表达身份归属、学校理念、精神共鸣！临潼中学是区内唯一用“临潼”二字命名的学校，校服三元色选取墨绿、藏青、奶白，彰显身心健康、精神丰盈、阳光向上的学生精神风貌。款式结构提取校徽元素中“鼎”公允公平、有教无类的教育理念，整体呈现“革故鼎新”之意，厚德图强之志！

夏装，上衣用纯洁的白辅以生机盎然的绿，下衣整体藏蓝色配以双条两边对称点缀，细节感十足，洋溢着青春活力。

春秋装，打破传统学生装结构造型，对接学生审美理念，加入时尚拼接工艺，给人以耳目一新的感官冲击。

冬装棉服，一衣三穿，版型经典时尚，区别于传统冲锋衣的户外功能性需求，使学生在动静环境里活力与稳中并举，不但保暖而且有很高的辨识度！

临潼中学赋

秦岭龙踞，骊山骏腾。秦风浩荡，宝地古风骁勇；唐韵恢宏，临潼文华鼎盛。文功武略倚翠叠立，临潼中学苍峰兀起。日月煜煜[①]，教化传薪，星火煌煌，甲子不息。树佳木于广庭，其业萋萋[②]，雕雏凤于凰台，其德离离！

郦邑简顾，史海波澜壮阔。栎阳立木[③]，自古人杰地灵。抟泥[④]思源，开天辟地。姜寨[⑤]渔猎，华夏肇兴[⑥]。择野沃居，渭河天上而来，择木而栖，经略连横张仪[⑦]。山高水长，扁鹊[⑧]就秦，以国为念，廉蔺[⑨]誓荆。人才荟萃，扶危济困，文韬武略，经纬山河。京畿[⑩]东望，临沛潼清[⑪]。始皇大略，天下一统。汉武挥鞭，西域咸通。五谷博望[⑫]，丝路去病[⑬]。开疆扩土气浩荡，造福万民百代功。温脂长流忆梨园[⑭]，古调唱尽仰慕情。锐意进取，英才辈出。坚强弗屈，精神炬承。为天地立心，常思风华正茂。改革以图强，士不可不弘毅。依偎千年古迹，静聆万古传说，春秋浸润，底蕴厚深！

谨恭史脉，敬业延德。寻根溯源，初名城关。五八年诞，校运多蹇，两次更名[⑮]，发展窘难，廿载复名城关，科教兴国新颜。再生波折，九九址迁[⑯]。高楼环立，人心振奋，久经磨砺志弥坚，筋骨挣断犹言欢[⑰]。夜鹰破曙欲怒飞，临中万里长有梦。力同心创业，肝胆相照发展。五载跻身市重点，四年其后成省标。高潮起琼楼，杏坛瑞云流。鼎逢盛世建奇功，呕心沥血谋复兴。家国情怀长以寄，前辈遗风，可砥可砺；爱国精神襟以怀，雅士铁骨，可歌可泣。盎然六义，朗朗庠序[18]，燕风楚辞，长传赓续。

国维昌隆，人才夯基，国际竞争，创新为本。文化传承，价值引领；立德树人，勇扛其鼎。紧跟教育现代化，人才培养要创新。多实践动手，常合作探究。课堂要革命，陕西亟行动。时不待兮勇以行，势力导兮顺东风。泰山一日天下小，凝心聚力楫浪高。教化兴邦，不让其功，逮[19]步青云，壮歌临中。

名校号角铿锵，人民口碑传颂。扬鞭奋蹄，白驹分秒不息；争创示范，鲲鹏九天而去。厚德图强，宏愿起自不甘；革故创新，质量立于科研。壮士断腕，课堂新韵蒸腾；破釜沉舟，奋然不辱使命。不矜功伐[20]，塑凤雕龙。

教学相长，星月辉映。乐教善研，协作共赢。春风化雨乐教，深思熟虑慎行。精彩纷呈，自主合作探究；各成其材，栋梁四海建功。乡里贤达而齐[21]，业界精英以师。多彩社团琴棋书画，丰富讲座蔬食药茶。良知责任共担，荣誉梦想连同[22]。门庭高耸新昂扬，绿树掩映白间红。焕然楼宇静心读，连廊名家中外逢。革命传统铸精魂，红色文化一路通。挥汗浇灌绿茵场，内外兼修画梁栋。看台高起声鼎沸，新颜瞩目誉日隆。

春紫秋黄，满园书香；晨功晚课，同窗相竞。三环[23]钩连，葳蕤成[24]果；五育并举，宝树[25]葱茏。六十年来顾以望，校友不计千与万；各行各业奉献，爱国大义尤重。叱咤风云两将军，纵横沙场三大校；临中学子敢翘楚，封狼居胥[26]志满胸。苟利家国，祖逖千尺楫浪[27]；牢记使命，宗悫万里长风[28]。

美哉吾校，枕峰濯渭，翰墨香飘！幸哉吾校，桃李芬芳，风正帆高！壮哉吾校，上下齐心，共铸荣耀！

（本赋由临潼中学教师黄昕执笔撰写）

注释：

①煜煜，和下句中的“煌煌”，均为明亮、炽盛之意。

②萋萋，和下句中的“离离”，均为茂盛之意。

③栎阳古地，曾为秦国都城，商鞅变法、立木取信之地；该地曾长期隶属临潼辖区。

④抟泥，指骊山女娲抟泥造人之传说。

⑤姜寨，即姜寨遗址，中国黄河中游新石器时代以仰韶文化为主的遗址，位于临潼区城区北部，距今6500余年。

⑥肇兴，初起、兴起之意。

⑦连横，即战国时张仪游说六国共同事秦的策略。

⑧扁鹊，春秋战国时神医，其墓位于临潼城区东20余华里处，今建有扁鹊纪念馆。

⑨廉颇、蔺相如的故事千古不衰。据传今临潼代王街办门家村人为相如后裔，蔺字去头挖心，后以门姓。其墓亦位于临潼城区东二十余华里处，戏河西畔，与河东之扁鹊墓隔河相望。

⑩京畿，古代京城管辖之地。畿，ji，平声。

⑪临潼城东有临河，西有潼河，故名。临潼历经周秦汉唐，历史极其悠久。

⑫博望，即博望侯，汉武帝时遣张骞出使西域，历经磨难，于辟丝绸之路有大功，受封博望侯。今临潼鹦鹉寺公园内有博望塔以彰其功。

⑬去病，即霍去病，西汉名将、军事家，十八岁即拜将军，大破匈奴，打通西域。

⑭梨园，原为唐代训练乐工的机构，唐明皇常幸华清宫，可想当年骊山之景，管弦之盛。

⑮两次更名，指临潼中学前身于20世纪六七十年代先后用名临潼师范、东方红中学。

⑯1999年9月，原临潼城关中学由文化路迁至现址体育路8号，更名为西安市临潼区临潼中学。时年是月大吉。

⑰临潼中学初迁，条件转好，人心振奋，有“把筋挣断也要把教学质量搞上去”的豪言壮语广为流传。

⑱商代称庠，周朝称序，后庠序泛指学校。

⑲逮：及，等到的意思。

⑳衿，夸耀；伐，功劳。

㉑齐，此处作为动词，向别人看齐；下句中的“师”也作动词，以别人为师。

㉒良知、责任、荣誉、梦想，乃临潼中学之校训。

㉓三环，指临潼中学创造、推行的“三环五步”教学法，“课前预学—自主学习—课后固学”三环紧紧相扣，“预—检—探—思—固”五步步步推进，突出了学生自主合作性学习。

㉔葳蕤（wei, 阴平，rui，阳平），枝叶繁茂、草木茂盛之意。成果，动词，开花结成果实。

㉕宝树，比喻优秀的才华出众的子弟，语见王勃《滕王阁序》句“非谢家之宝树”。

㉖西汉骠骑将军霍去病深入漠北，大败匈奴，在狼居胥山积土筑坛，以表其功，后世遂以“封狼居胥”比喻建立显赫功绩。于今看来，不足二十岁即建立旷世奇功，霍去病实属青年楷模。

㉗祖逖，东晋时期军事家、民族英雄，率族北伐，收复失土，“闻鸡起舞”，报国情深，自我激励，“中流击楫”，立志图强，奋发不息。

㉘宗悫（que, 去声），南北朝时宋人，少年立大志，武艺高强，叔父宗炳问其志，宗悫朗声曰：“愿乘长风破万里浪。”后该句渐渐演化为成语“乘风破浪”。

楼宇、花园命名及诠释

尚志楼

尚志，即高尚其志，崇尚志节，意为使志行高尚。语出《孟子·尽心章句上》：“王子垫问曰：‘士何事？’孟子曰：‘尚志。’”“士尚志”，是说士人的修养就在于使自己的志行高尚。宋·朱熹集注：“尚，高尚也。志者，心之所之也。士既未得行公卿大夫之道，又不当为农工商贾之业，则高尚其志而已。”《庄子·刻意》：“野语有之曰：‘众人重利，廉士重名，贤人尚志，圣人贵精。’”清·和邦额《夜谭随录·崔秀才》：“卿但勉为尚志之士，无自暴弃。”

尚，指高尚，亦指尊崇，注重。志，有志节、志气、志向、铭记等意。传统文化中，志士指有远大志向、坚定意志和高尚节操的人。楼名尚志，寄望全体师生当志存高远，坚定信念，发愤图强。

德馨楼

德馨，德行馨香，即美好的德行。语出《尚书·君陈》：“至治馨香，感于神明，黍稷非馨，明德惟馨。”明德惟馨意为唯有盛德才是真正的芬芳。汉·张衡《东京赋》：“鄙夫寡识，而今而后，乃知大汉之德馨，咸在于此。”清·张尔岐《蒿庵闲话》卷一：“斯民和乐之气，即为德馨。”唐·刘禹锡《陋室铭》：“斯是陋室，惟吾德馨。” 孔子说：“为政以德，譬如北辰，居其所而众星拱之。”以德治政是儒家一直所提倡的，也是儒家政德思想的核心内容。认为如果从政者崇尚道德，在施政时能够以道德作为依归，那么他就会像夜空中的北极星一样安居中央，百姓则像其他星星心悦诚服地环绕着他运行。

中国传统文化中，无论是个人、家庭还是国家，道德都是幸福的基础，是我们民族的文化认同。

德润楼

德润，犹德泽。出自《礼记·大学》：“富润屋，德润身。”意思是：富有的人，必然使其家中金碧辉煌；而有德行的人，却可以使自身的行为更加美好。道德是衡量一个人的重要砝码。

《淮南子·泰族训》：“尧治天下，政教平，德润治。”清·叶廷琯《吹网录·元氏封龙山颂》：“上陈德润，加于百姓。”儒家文化认为，有德行的人，可以使自身的行为更加美好，也可以用美好的德性来浸润他人。

汉乐府《长歌行》有“阳春布德泽，万物生光辉”，礼赞春天给大地普施阳光雨露，万物生机盎然，欣欣向荣。以“德润”命名，寓意教师修德敬业，传道解惑，以美好德行浸润感召学生，培善育美，启智守真，符合教师“学高为师，身正为范”的职业价值追求。

鹏举楼

鹏举，即大鹏举翅高飞。语出《庄子·逍遥游》“北冥有鱼，其名为鲲。鲲之大，不知其几千里也。化而为鸟，其名为鹏。鹏之背，不知其几千里也；怒而飞，其翼若垂天之云。”“鹏之徙于南冥也，水击三千里，抟扶摇而上者九万里。”后遂以“鹏举”指奋发有为。

三国·魏·曹植《玄畅赋》：“希鹏举以抟天，蹶青云而奋羽。”唐·元稹《答姨兄胡灵之见寄五十韵》:“迅拔看鹏举，高音侍鹤鸣。”南朝梁·何逊《初发新林诗》:“舟归如属运，风积如鹏举。”

唐·李白《上李邕》：“大鹏一日同风起，扶摇直上九万里。”唐·白居易《我身》：“通当为大鹏，举翅摩苍穹。”

宋·李清照《渔家傲》:“九万里风鹏正举。”宋·辛弃疾《鹧鸪天·送廓之秋试》:“鹏北海，凤朝阳，又携书剑路茫茫。”成语“鲲鹏展翅”比喻人要有像鲲鹏一样的志向，展开智慧的双翼飞向远方，在无边无际的空间里自由搏击。“鹏程万里”，则喻前程远大。

以“鹏举”命名，取意大鹏和风飞起，直上九天，比喻乘势而起，奋发向上。寓意高三学子依母校之托举，刻苦自励，蓄势待发，一朝鹏举，万里鸾翔。

学境楼

一曰读书之境。书中乾坤大，展卷日月新。这里是少年一心向学、筑梦明天的书香雅苑。鹏翔北冥起于地，凤舞九天振翅飞。

二曰精研之境。学而有道，教有良方。这里应有上下求索、矢志不移的执着努力，有“人生在勤，不索何获”的积极进取，有“宁静成学”“行成于思”的真理追寻。

三曰化育之境。琅琅书声悦耳，谆谆教诲情谊长。为师之境，严慈相济；桃李不言，下自成蹊。甘将心血化时雨，润出春花一片红。

四曰为学之境。子曰:“学然后知不足，教然后知困，知不足，然后能自反；知困，然后能自强。”为学之境，贵在学无止境，勤勉向上，孜孜以求。

五曰人生之境。不驰于空想，不浮于虚名，不耽于安乐，不骛于虚声。大象无形，大音希声。修学以立足，养德以润身。斯义弘深，斯境高远。

图强园

图强园中亭、廊、池等景观，具有传统中国式园林风格，在向师生表达古典美的同时，也向师生传递一种文明文化自信、家国自信。图强园中的文化布置，从中国古代的四大发明、古代科学家张衡、沈括雕像、孔子讲学群雕到现代中国的伟大科技成就，无一不在告诉师生要想立足于世界民族之林、立于不败之地，我们必须厚德图强，共同建设一个强大的中国。图强园中的一草一木、亭台楼阁都旨在集中体现临潼中学“厚德图强”的学校精神，即永不放弃、永不言败的奋斗拼搏精神，精诚团结、爱校荣校的集体主义精神，乐于助人、奉献社会的责任担当精神，心怀教育、情系家国的爱国主义精神。

“强”字是学生必备品质和关键能力形成的精神动力，是学校精神的关键字，贯穿于学校核心文化尤其是“三风一训”当中，贯穿于所有教育教学实践中。教师要有理想信念，有道德情操，有扎实学识，有仁爱之心，有教育兴国的崇高责任，有爱校爱生的深沉情愫，有校荣我荣的使命担当。学生更要拥有坚如磐石的理想信念，只争朝夕的拼搏劲头，坚韧不拔的意志品质，努力使自己成为有理想、有本领、有担当的有为青年。

全体师生高举“厚德图强”的旗帜，披荆斩棘，开拓创新，不懈追求，久久为功，最终要实现教育观念的彻底转变，实现教育模式的不断变革，实现学校的跨越式发展，使临潼中学成为高质量、有特色、能示范的特色品牌名校。

万卷园

唐·杜甫《奉赠韦左丞丈二十二韵》中有诗句：“读书破万卷，下笔如有神。”宋·苏轼《沁园春·孤馆青灯》：“有笔头千字，胸中万卷，致君尧舜，此事何难。”宋·陆游《题老学庵壁》：“此生生计愈萧然，架竹苫茆只数椽。万卷古今消永日，一窗昏晓送流年。”宋·辛弃疾《鹧鸪天·发底青青无限春》：“书万卷，笔如神。眼看同辈上青云。”明·董其昌《画旨》：“读万卷书，行万里路，胸中脱去尘浊，自然丘壑内营。”《声律启蒙》：“万卷书容闲客览，一樽酒待故人倾。”

宋·汪洙《勤学》“学向勤中得，萤窗万卷书。三冬今足用，谁笑腹空虚。”以“万卷”命名，寓意书香校园融自然人文环境为一体，勉励学子博览群书，用书香温润人格，用书香丰沛灵魂，用书香培植兴趣，用书香激发创新。

温故亭、知新亭

语出《论语·为政》：“温故而知新，可以为师矣。”意思是学习、领会过去的知识、价值观，从而有新的理解与体会，并能建立起新的价值观，凭借这一点就可以成为老师。说明人们的新知识、新学问、新价值观都是在过去所学知识和价值观的基础上发展而来的。宋人邢昺注疏：“温，寻也。言旧所学得者，温寻使不忘，是温故也；素所未知，学使知之，是知新也。”宋·朱熹《论语集注》说：“故者，旧所闻。新者，今所得。言学能时习旧闻，而每有新得，则所学在我，而其应不穷，故可以为人师。

若夫记问之学，则无得于心，而所知有限，故学记讥其‘不足以为人师’，正与此意互相发也。”“知新”指的是通过“温故”从中获得新的领悟，再努力吸收新知以求融会贯通。

古语亦有“温故知新，学思并重”。以此命名，意在倡导孔子的学习观，学习和思考并行，知识与技能并重。旨在诫勉师生反思温固，切磋琢磨，日积月累，循序渐进，求取新知，孜孜不倦。

秀慧居、轩昂居

取临潼中学英才济济，学子秀外慧中、器宇轩昂之意。

唐·韩愈《送李愿归盘谷序》：“曲眉丰颊，清声而便体，秀外而慧中。”“秀外慧中”后常用于女子容貌清秀，内心聪慧。

“器宇轩昂”指男子精神饱满，神采洋溢，朝气蓬勃，气度不凡，富有青春活力。

其命名寄望临潼中学学子“内秀于心，外毓于行”，腹有诗书气自华，聪慧灵秀，修德有为。

学校课程文化目标建构

课程从广义上看，是一种教育性经验，是对主体产生积极影响的各种因素的总和；狭义上看，课程专指学校场域中存在和生成的有助于学生积极健康发展的教育性因素以及学生获得的教育性经验。学校的一切教育教学活动都是课程实施的过程。基于此，在学校教育领域，针对师生而言，只要准确把握其价值和意义导向，时时处处、人人事事物物皆课程。

课程与文化具有内在的相关性和共通性。它们不仅具有相同的使命和内涵，而且都是作为一种价值性或意义性的存在体对社会与人发生作用。精神、价值是它们共同的主题、共同的出发点及存在依据。没有价值或意义导向的文化与课程是不存在的。课程是一种被教育学化的文化，是学校办学的外显文化。选择什么样的课程，就是计划培养什么样的人才。

课程文化是学校成员的课程观念和课程活动形态，包括课程的哲学思想和价值取向，也包括认识课程的思维方式、研究方式和学习方式，它产生于师生之间、生生之间围绕学习、成长而展开的交往。

学校文化要有统领的灵魂。关注课程与教学特色的形成，就是在建构学校文化的软实力。换句话说，课程是学校的核心要素，课程文化是学校文化的核心。课程文化丰富和扩展了学校文化建设的内涵，使学校文化建设进入了课程与教学层面，实质性促进了学生发展、教师发展和学校发展，构成了学校发展的新内涵、新要求和新目标。课程文化的核心内涵应体现为“以人为本”的课程理念，也体现了“文化即人化”根本意蕴。具体体现在三个方面：一是课程要为每一个学生的终身学习服务和可持续发展服务；二是所有课程要适应学生而并非学生去适应课程；三是课程的构建要注意学生的差异发展。

课程文化的建设着眼于学校的教育哲学、办学理念与培养目标，落实于课程设置、课程实施、课程管理和课程开发，体现了文化的最高形式对“价值与精神”的追求。

将课程文化作为学校文化建设的重要组成部分，使学校文化建设不再游离于学校日常教学活动之外，而使学校文化建设与全面提高教育教学质量的常态工作相结合，成为教师和学生的日常生活和行为方式，而不再局限于表面化、形式化、短期性、突击性的所谓“文化活动”，至此我们就能够深刻认识和体验到“文化是一种生存与发展战略”。

一、课程文化的核心理念

基于以上认识，我们确立了临潼中学课程文化的核心理念：以人为本，通过课程培养学生的独立精神、民主意识、兴趣爱好特长、生涯规划能力以及创新精神和创造能力，实现学生的差异化发展（促进学生的个性化发展），把学生培养成为德智体美劳全面发展的社会主义建设者和接班人。

依据此核心理念，我们的课程包括三部分：一是基于国家课程的全科教学课程。实施过程中，可以对国家课程进行以三年为一个整体的系统整合或者二次开发，也可以是基于学科特色的社团活动课程，充分满足基于本校学生的个性化发展需要。二是基于“图强文化”理念下的三年一体化课程。包括生涯规划课程、金牌主持人传媒课程、日语直通车课程、大师梦美术课程、中医药课程、贤达大讲堂、青年业余党校课程、野外拓展课程以及各类特色社团活动课程等。三是基于“全员导师制”下的研究性学习课程。

二、课程文化的目标建构

（一）体现以人为本的学校课程物质文化

1. 对课程物质文化的理解

以人为本就是坚持人的自然属性、社会属性、精神属性的辩证统一。这是我们从事学校课程文化研究应当首先树立的一种哲学观。建设以人为本的学校课程物质文化，就是要求我们在学校环境、学校绿化、学校建筑设施的建设等方面多考虑人文因素、处处以人为本。学校是育人的场所，以人为本，加强人文关怀，这不仅要体现在教育教学的各个环节中，同样也应该体现在学校育人环境与教学设施上。学校课程物质文化环境反映着整个文化的积淀水平和样式，是其他文化形态存在和发展的基础，和谐优美的校园环境和人文景观本身就是一部内容丰富多彩的教科书，具有独特的吸引力、感染力，能陶冶师生的情操。优美整洁的环境，不仅能对学生产生一种感召力，而且对学生形成良好的思想品质、生活习惯起到了促进作用。我们应该让校园里的亭台楼阁等都成为文化符号，承载一定的文化信息，文化含量越高，其潜在的育人功能越强，使学生耳濡目染，潜移默化，进而塑造灵魂和人格。正如斯坦福大学首任校长乔丹所说：“校园的长廊连同他们的华贵圆柱，也将对学生的培养教育起到积极的作用。每一块砌墙的石头必定会给学生以美和真的熏陶。”苏联教育家苏霍姆林斯基在论及学校文化设施时指出：“孩子在他周围——在学校走廊的墙壁上、在教室里、在活动室里经常看到的一切，对于精神面貌的形成具有重大的意义。这里的任何东西都不应当是随便安排的。”“校园应该像伊甸园一样引人入胜，我们要努力做到使学校的墙壁也说话。”这些精辟见解，让我们领悟到学校课程物质文化在整个文化体系中所处的重要位置。当然，这并不是要求把整个校园宫殿化、园林化，而是旨在促使校园趋向品格化、精神化、个性化，从而形成独特的气韵情调和氛围。

2. 对课程物质文化的实施

学校文化要有统领的灵魂，课程文化正好契合了这一点。学校文化的核心正是通过课程文化这个外显形式得以表达。也就是说课程文化精神真切反映了学校文化精神的核心。基于此，在建设课程物质文化的时候，时刻不忘体现我们学校文化的精神核心——厚德图强。“厚德图强”的核心是爱国图强，贯穿我们临潼中学教育的主线就是培植学生的家国情怀和奋斗精神。

本着一草一木、一墙一壁、一桌一椅、一人一事皆课程的理念，在建设和布置学校课程物质文化的时候，时时处处都充分表达了学校文化精神和课程文化精神。一进学校大门，映入眼帘的是一幅铜制长城图浮雕，浮雕的左上角书写着“爱我中华”四个大字，让学生每次进校门的时候，面对浮雕心里都升腾起心怀祖国、爱我中华的热烈情结。学校建筑物的外墙均以红白为主色调，白色寓意全体师生做人要清清白白，红色寓意向阳向善、奋斗向上、青春激情、家国使命。主教学楼中心门厅廊柱有对联“做人师润心启智，育英才培根铸魂”，根据习近平总书记讲话精神拟就，告诫师生，什么最重要，什么才是教育的根本。尚志楼和德馨楼，一楼楼道布置有“贤达文化墙”，展示临潼区域内在各行各业做出成就、得到社会赞誉、政府认可的各界精英。田家炳实验楼展示为临潼中学捐赠实验楼的田家炳老先生的事迹，以图文并茂的形式使学生时时都能看到身边的榜样，培养家国情怀和奋斗精神。教学楼二楼楼道布置有中华人民共和国成立以来我国在科学技术等领域所取得伟大成就的图文展板，三楼为国学经典文化展板，四楼、五楼是中外科学家图文展板。整个教学楼的文化布置，无不体现着课程文化的精髓。

图强园为学校的核心景观区，是一个具有中国传统园林建筑风格的典雅园林，其中的廊、亭、石山无不体现着中国风格和中国古典美。绿树掩映之中，古圣先贤孔子讲学雕塑群以祖冲之、沈括雕像，中国古代四大发明宣传展板和中国现代科技图文展板，向学生传递出文化自信、科技自信和民族自豪感。潜移默化地引导学生教育学生，要努力学习，成为栋梁之材，将来为国家建设贡献力量。这是图强园作为课程物质文化所要表达的核心主题。

运动区新建的高标准操场，为所有体育类课程提供了物质保障。操场东墙壁上布置着大型标语“为中华之崛起而读书！为国家未来建设需要而健体！”各类运动图标和励志词语以及国家体制健康达标要求等传达出了“强体、报国”等学校精神文化、课程文化内涵。生活区食堂、宿舍墙体上布置有大幅标语：“勿以恶小而为之，勿以善小而不为”“居渭水之滨，沐骊山灵秀，创文明宿舍，建平安家园。”“步入寝室轻声慢语谦让有礼，走出宿舍温文尔雅仪态端庄。”宿舍内打造家文化和励志文化，确切阐释了课程文化所要体现的“厚德图强”这个学校文化之魂。

回望全校，整个学校就是园林，不但为“中医药社团”“摄影社团”等社团课程提供了良好的物质环境，也为广大师生提供了一个休憩休闲的乐园。另外，学校楼宇名德润楼、德馨楼、尚志楼、鹏举楼、学境楼、秀慧居、轩昂居，彰显着学校课程文化的精髓——厚德图强，这些无不表达着临中教育人想通过课程，教育学生厚植家国情怀、立志奋斗报国的意愿。

（二）人文与科学相融的学校课程制度文化

1. 对课程制度文化的理解

人文与科学相融的课程制度文化的实质，是建立以发展人的主体性、促进人的全面和谐发展，提升人的生命价值为根本目的，以科学管理手段为途径的制度文化体系。学校课程制度文化作为学校课程文化的一个重要组成部分，是维系学校正常课程秩序必不可少的保障机制，是学校课程文化建设的保障系统。建立协调一致、相互制约、有机发展的学校课程制度文化，是一项系统的工程。人是复杂的，每个人都有自己不同的特点，也有不同的需求，而且人也是有主观能动性的。任何管理制度，在未得到人的认同前，其所实施的管理是被动的，管理的效果也是机械的、低效的。新一轮课程改革的核心理念之一就是树立“以人为本”的发展观，就是要关注人、尊重人、发展人。人，才是学校课程制度文化的核心，育人是学校课程制度文化建设的根本目标，所以在学校课程制度文化建设中，我们要以生命生成的观点重建学校课程制度文化，以人为本，尊重人的权利，满足人的需要，促进人的发展，让制度人文化，让人成为制度的主人而不是制度的奴隶。既要用合理的规章制度规范人，又不能简单机械地强迫管理，通过调动人的积极性使“外在文化”转化为“内在文化”，从而重塑人的尊严，体现生命的可贵。制度是死的，人是活的。因而制定学校课程制度时一定要注意“与人为善”，注意原则性与灵活性的和谐统一。任何“规定”要留有充分的余地，要有人情味，不要把条文定得太“死”、太刻薄寡情。体现以人为本的课程制度理念就是在制度的制定过程中，要以学生发展为本，以教师发展为本，以调动人的积极性为本，而不是让制度限制了人的发展。

2. 对课程制度文化的实施

临潼中学严格执行课程管理要求，按照国家课程计划，开齐开足国家课程。根据省市教育行政部门的要求执行地方课程，合理开发和选用校本课程。学校建立了校本课程的内部开发、实施、评价机制，对于教学活动、教学评价、课程资源开发与利用等方面进行自我监控、自我评价，确保学校办学质量的稳步提高，以保证校本课程与国家课程、地方课程在总体目标上的一致性和互补性。

根据教育部和课程计划的有关规定，从学校的实际出发，分别制定《临潼中学新课程实施方案》《临潼中学课程管理方案》《临潼中学校本课程管理方案》等课程管理方案。

（三）体现人本和谐的学校课程行为文化

1. 对课程行为文化的理解

建设以人为本的学校课程行为文化，就是在课程文化实施过程中，把人放在首位，处处从关心人的角度出发，使学校主体之间能够和谐相处。教学最初是由交往演化而来，并以交往形态而存在的，若没有实质性的交往、互动，就不存在真正的教学。原来意义上的教学便是师生交往、积极对话、共同发展的过程。新课程呼唤的教学不是单一传达权威者声音的“独白”，不是教师的技艺表演，学生更不是缺乏交流沟通的观众，而是以对话为主要形式的交往。对话作为一种关系，所谓“对话关系”，意味着说者与听者、提问者与应答者彼此角色的不断转换，一方不能依附于另一方，不得将自己的观念强加于另一方，两者之间蕴涵着伙伴合作关系，知识、经验、情感的共享关系，师生在本体论意义上的平等关系。教学过程作为一种认知方式，意味着不同视角、不同观点之间的碰撞与互补，在持续性对话中，双方都有可能突破原有认知的局限性，出现视界的敞亮，意义的不断建构与提升，让师生在现实的教学情境中不断创生、建构自己的课程。对话中的认知是灵活的、动态的、开放的、精彩纷呈的。教学过程作为一种生活态度，乃是指人际的相互尊重、信任，各自敞开心扉，坦诚相见，又善于站在对方的立场上，经历、体验、解读着对方的经历、体验、话语，在真诚的倾听与接纳中实现精神的相遇、行为的默契，使人独而不孤，相互诠释着生活的意义，相互确认着灵魂的力量，相互激发出生命的活力。使学生成为能与自然和谐相处的“生态人”，能与自己、他人、社会和谐相处的“文明人”，能理性地处理国际关系的“世界人”。

教师和学生的交往应是一种相互接纳、相互理解的民主平等、相互促进的和谐关系，只有在这种关系中，才有可能实现学生充分地参与、充分地合作和互动，学生才能充分地展示自己，意识到自我存在的重要性，最大限度地发挥自己的学习积极性和主动性，在教师的正确引导下，挖掘自己的潜能，充分施展已有的知识经验，从而使“教师主导，学生主体”不再成为一句空泛的口号。

2. 对课程行为文化的实施

课程行为实质上更多的是指课堂教学行为。任何课程理念都是要通过课堂教学落实的，所以有什么样的课堂教学物态和生态，就会有什么样的教育教学效果。所以尽管课程理念很重要，但再好的理念没有好的方式方法去落实，最终也会落空或者走歪。基于此，临潼中学大力开展课堂教学改革，全力推行特色课堂建设，逐步总结出了具有临潼中学特色的“三环五步”教学法以及在其指导下的各科具体教学模式。

“三环五步”教学法是基于学生的认知水平，以“先学后教，以学定教”的教学理念为依据，在学生充分预学的基础上，发挥学生学习小组的作用，开展自主式、探究式、合作式、互动式教学，增强学生的合作意识，培养学生的思辨能力，促进学生学习方式和教师教学方式的彻底改变,体现“学生主体、教师主导”教育思想。“三环”是指“课前预学、课中探究、课后固学”三个环节。五步是指“预—检—探—思—固”，是三个环节中的五个重要步骤，是对“三环”的具体阐释和落实，贯穿于“三环”的全过程之中。

“三环五步”教学法的核心要义是进行师生关系的重新建构和教与学的重新定义，充分体现“教师主导，学生主体”的教育理念，在新的课堂教学生态中，师生是平等对话、合作探究、共同体验的关系，是在“生命共同体和命运共同体”的大场中，实现教与学的最完美实现。

（四）健康向上的学校课程精神文化

1. 对课程精神文化的理解

在文化的所有层面中，最具有内在性、最能体现文化超越性和创造性本质特征的是精神文化。正如思想家帕斯卡尔所言：“思想形成人的伟大。”“人的这种精神理性赋予人特殊的意义，也正是人的理性精神使其与动物界分开。”人是理性的存在，同样学校这一集合体更是理性的存在，精神赋予人特定的意义，同样也赋予学校以特定的思维能动性。学校价值观决定了学校的基本特性，规定了学校的发展方向。最根本的学校价值观应该从单纯传授知识不断向塑造完美的个性方向转变，传统的学校价值是“教书育人”，课程改革下的价值观应该是“育人教书”。不能把学校单纯看成是具有工具性的加工厂，而是一个人全面发展的理想场所。

在建设学校课程文化时，诉求于学校课程精神文化，也是合理建设学校课程文化的必由之路。不同的精神造就不同的人，同样不同的学校课程精神文化，塑造不同的学校课程文化，追寻个性化的学校课程精神文化也是塑造具有个性化学校课程文化的最佳方式。所以，我们所要求的学校课程精神文化，应在切实符合我们学校现实水平的同时，也要体现学校的个性特征。学校课程精神文化是学校的主导意识，应该为大多数师生员工所认同。只有学校课程精神文化成为学校的主导意识时，学校课程精神文化才会充满强大的生命力。学校课程精神文化是观念的体现。以人为本的学校课程精神文化的建设，就是要在课程精神文化建设中体现以人为本的观念。具体体现在课程文化内容的选择、课程文化的实施、课程制度文化的制定、对教师与学生的评价等方面，处处将人放在首位，关注学校师生的生命价值，关注他们的生存方式与心理世界。

2. 对课程精神文化的实施

临潼中学的教育理念是：有教无类，因材施教。教育理念必然会落实到课程精神文化当中，课程精神文化必然同时也会反映着教育理念。教育理念和课程精神文化一脉相承，都是以人为本，尊重人的权利、人的尊严、人的个性、人的发展。

在开发课程尤其是校本课程的时候，不能为了开发而开发，要因学生而开发，为学生着想，为学生发展服务。不管是三年一贯制校本课程，还是分年级分阶段开发的校本课程，都是建立在学生兴趣爱好和未来发展的基础上，基于学生，为了学生。这种以生为本的理念，是我们课程精神文化的根。

落实课程精神文化，首先是给教师根植课程精神文化，要对教师进行课程理念和课程实施的培训，让他们改变传统的教育教学观念，掌握新课程理念下如何进行课程开发与实施。为此，我们采取“请进来，走出去”方式方法，多层次多方位多角度对教师实施培训提升。

学校行为文化识别系统主要方面

一、学生行为文化

学校始终坚持全面发展和个性特长发展相结合的学生发展观，一切教育教学活动以学生“成人、成才、成功”为本，培养学生适应未来发展的核心素养，尤其是创新精神和实践能力，为学生终身幸福、发展奠基。

（一）育人目标

好学笃行、坚毅乐观、自尊自强、爱国爱人，具体就是把每一个临潼中学学子培养成为身心健康、人格健全、精神丰盈、思想上进、意志坚定、心态阳光、个性鲜明，博学多识、开拓创新，且具有人文素养、家国情怀和国际视野的现代有为青年。具体分层目标：兴乡贤达、区域精英、国家栋梁、国际通才。

（二）具体行动

实施“九鼎”德育，打造美德青年。

（三）美德青年训

生活讲质朴 行为讲文明

相处讲风度 学习有动力

做人有担当 心中有梦想

（四）临潼中学理想学生形象

穿着整洁，讲究卫生，举止文雅，谈吐文明；

心怀良知，诚信守正，遵纪守法，讲究公德；

自强自律，自信自爱，明辨是非，三观端正；

自主学习，善于思考，合作探究，创造创新；

崇尚健康，坚持锻炼，心态阳光，个性鲜明；

直面错误，挑战自我，永不言败，愈挫愈强；

胸怀理想，心系家国，志存高远，勇于超越；

勤俭节约，热爱劳动，兴趣广泛，关注民生。

（五）行为文化塑造

1. 开展礼仪教育，如：礼仪使者评比、礼仪演讲赛、礼貌教室评比、良好习惯评比等，使文明礼仪成为每一个临潼中学学子的自觉行为和标志。要形成临潼中学的学生特别有礼貌特别有教养的形象，通俗地讲就是要养成特别爱问候人的习惯，见到所有老师和所有来访者都要鞠躬问好或微笑问好，和人打交道不说脏话，善待身边的人和物，具有同理心。

2. 要让“临潼中学的学生特别乐于助人”这一行为符号成为临潼中学学生行为文化的名片。无论走到哪里，在哪个群体，一提到好人好事，人们就会想到临潼中学。这也是我们倡导“美德青年”文化系列的核心内容。

3. 通过开展各种环境保护的活动或者教育，比如：志愿者上街捡拾垃圾活动、在校园认领树木活动、在植树节开展植树活动等，使临潼中学的学生形成特别热爱大自然、特别爱护环境的良好习惯。标志性的行为习惯就是：见到垃圾随手捡拾，在食堂吃饭自觉排队、饭后随手将餐盘放到指定位置，绝不践踏草坪和绿植。

4. 要形成临潼中学学生特别爱节俭、生活不攀比的良好形象，表现为在食堂用餐吃多少买多少绝不剩菜剩饭，不乱花钱购买零食，喜欢穿校服，喜欢集体生活等。

5. 要养成临潼中学学生特别爱读书的良好形象，只要有空闲随时随地都能读书学习。表现为在校园的各个角落都能看到学生读书的身影。这也是我们打造“书香校园”的目的，使学生养成良好的读书习惯，使终身学习成为一种必然和常态。

6. 通过开展具有思想性（爱国荣校的演讲比赛、朗诵比赛、红歌大赛等）、知识性（经典诵读比赛、科技大赛、各科竞赛、作文比赛等）、娱乐性（篮球赛、拔河赛、运动会、绘画比赛、元旦晚会等）、实践性（研学旅行、参观企业大学、到敬老院做志愿者等）的各类活动，以此调动学生积极参与活动和事务的热情，逐渐使临潼中学的学生养成做人做事阳光开朗、积极向上、善于挑战、不怕困难的良好行为习惯。

二、教师群体行为文化

（一）目标追求

做让学生成才、家长满意、社会认可、自身圆满的幸福教师。

（二）职业精神

终身读书研修精进的学习精神

严谨治学精益求精的敬业精神

挑战自我勇于改革的创新精神

大爱无疆命运与共的园丁精神

心系家国无私耕耘的奉献精神

（三）临潼中学教师共同价值观

第一条：追求卓越，崇尚一流，反对平庸，拒绝低俗。

第二条：师德高尚，能力高强，专业精进，研究精深。

第三条：以追求育人事业为乐，以享受学生成长为福。

第四条：在工作中研究，在研究中提高，追寻有高度的教育和有智慧的教学。

第五条：教育的本质在于激励、唤醒与鼓舞。

第六条：重视课程开发、课程育人，关注教学常规，遵守教学规律，将落实进行到底。

第七条：坚持多元评价学生，公平对待每一位学生。

第八条：学生在你心目中的地位有多高，你在学校的价值就有多大。

第九条：创造适合学生发展的教育，促进学生全面发展、持续发展、主动发展。

第十条：坚守教育初心，厚筑教育情怀，心无旁骛，敬业爱生，乐于奉献。

（四）临潼中学理想教师形象

儒雅博学　公道正派　通达乐群

善研精进　培善育美　启智守真

敬业爱生　心系家国　敢于大成

（五）临潼中学儒雅知性教师行为标准

1. 语言文雅

（1）坚持说普通话，课堂用语专业、鲜活、有文采；

（2）谦逊待人，礼貌言语，措辞妥切，称呼得当；

（3）交流语气恳切，语调平和，态度坦诚，自然亲切；

（4）校园生活语言文明，注意影响，调侃有度，风趣幽默；

（5）公众场所识大体顾大局，谨言慎行，不喧哗，不窃语。

2. 行为儒雅

（1）学识广博，行动有节，知书达礼；

（2）举止文明，态度温和，遵守社会公德；

（3）为人师表，师心自律，教学行为规范；

（4）不搬弄是非，不恶语伤人，有原则，讲团结；

（5）集会不随意走动，自觉遵守集会纪律。

3. 情趣高雅

（1）爱好广泛，兴趣高雅；

（2）不断进步，事业心强；

（3）志存高远，积极向上；

（4）热爱学习，健康上网；

（5）有责任感，家庭和谐。

4. 气质优雅

（1）不卑不亢，涵养怡人；

（2）心胸开阔，遇事冷静；

（3）穿着得体，时尚端庄；

（4）表里如一，言行一致；

（5）满身正气，热心助人。

（六）临潼中学教师绝对禁止的行为要求（临潼中学教师日常行为十戒）

1. 遵纪守法。严禁违背国家法律和方针政策的言论和行为，严禁酒驾醉驾，打架斗殴，非法集资，非法上访。

2. 遵守社会公德、公序良俗，坚守职业道德。严禁一切有损学校形象和发展、不合乎教师身份的不良行为。

3. 热爱学校，关心集体，具有良好的主人翁精神。严禁说不利于学校发展的话，严禁搬弄是非、搞团团伙伙。

4. 依法文明执教，关注学生身心健康。严禁体罚和变相体罚学生。

5. 弘扬人文精神，尊重学生人格。严禁以任何形式孤立、羞辱、谩骂、歧视任何学生。

6. 科学教育民主管理，关爱学生方法得体。严禁因少数人违纪而惩罚全体学生；严禁不公正对待成绩不佳、纪律不佳的学生；严禁管理方式简单粗暴。

7. 严格情绪管理，善于自我调节。严禁带着情绪上课堂，严禁因个人情绪、好恶对学生实施惩戒行为。

8. 廉洁自律，清白做人。严禁借工作之便向学生推销或强制学生购买保险及教辅资料；严禁接受学生家长宴请、馈赠或向学生家长吃、拿、卡、要。

9. 严守工作纪律，恪守教师职责。严禁上班迟到、早退、旷工；严禁擅自缺课、调课、擅离职守；严禁上班时间打牌、下棋、聊天、玩游戏、炒股或参与其他与本职工作无关的事情。

10. 维护教师声誉，保持良好形象。严禁工作时间和工作日午间喝酒，严禁参与任何形式的赌博，严禁出入与教师身份不符的场所，严禁任何形式的校外补课。

（七）临潼中学教师应该做到的行为要求（临潼中学教师职业操守）

1. 坚定政治方向。坚持以习近平新时代中国特色社会主义思想为指导，拥护中国共产党的领导，贯彻党的教育方针；不得在教育教学活动中及其他场合有损害党中央权威、违背党的路线方针政策的言行。

2. 自觉爱国守法。忠于祖国，忠于人民，恪守宪法原则，遵守法律法规，依法履行教师职责；不得损害国家利益、社会公共利益或违背社会公序良俗。

3. 传播优秀文化。带头践行社会主义核心价值观，弘扬真善美，传递正能量。不得通过课堂、论坛、讲座、信息网络及其他渠道发表、转发错误观点或编造散布虚假信息、不良信息。

4. 潜心教书育人。落实立德树人根本任务，遵循教育规律和学生成长规律，因材施教，教学相长；不得违反教学纪律，敷衍塞责或擅自从事影响教育教学本职工作的兼职兼薪行为。

5. 关心爱护学生。严慈相济，诲人不倦，真心关爱学生，严格要求学生，做学生良师益友；不得歧视、侮辱学生，严禁虐待、伤害学生。

6. 加强安全防范。增强安全意识，加强安全教育，保证学生安全，防范事故风险；不得在教育教学活动中遇突发事件或面临危险时，不顾学生安危，擅离职守，自行逃离。

7. 坚持言行雅正。为人师表，以身作则，举止文明，作风正派，自重自爱；不得与学生发生任何不正当关系，严禁任何形式的猥亵、性骚扰行为。

8. 秉持公平诚信。坚持原则，处事公道，光明磊落，为人正直；不得在招生、考试、推优、保送及绩效考核、岗位聘用、职称评聘、评优评奖等工作中徇私舞弊、弄虚作假。

9. 坚守廉洁自律。严于律己，清廉从教；不得索要、收受学生及家长财物或参加由学生及家长付费的宴请、旅游、娱乐休闲等活动，不得向学生推销图书、报刊、教辅材料、社会保险或利用家长资源谋取私利。

10. 规范从教行为。勤勉敬业，乐于奉献，自觉抵制不良风气；不得组织、参与有偿补课，或为校外培训机构和他人介绍生源、提供相关信息。

（八）临潼中学教师应该大力弘扬的行为要求（临潼中学教师美德十条）

1. 严守法律，人民至上。认真贯彻国家教育方针，自觉遵守《教师法》等法律法规，在教育教学中始终与国家方针政策和人民利益保持一致。

2. 爱岗敬业，尽职尽责。热爱党的教育事业，热爱一线教育教学，努力搞好服务保障。兢兢业业教书育人，认认真真备课上课，辅导与作业批改不敷衍。勇于创新，力争上游。

3. 关爱学生，尊重人格。平等公正对待学生，保护学生合法权益，促进学生全面健康发展。对品行有缺点、学习有困难的学生，不歧视、不厌弃、不辱骂、不体罚或变相体罚，教育学生耐心细致，循循善诱，一视同仁。

4. 严谨治学，精益求精。树立优良的教风，刻苦钻研业务，不断学习新知，探索改进创新，提高教育教学和科研水平。注重教学反思，不断积累、丰富工作经验，提高理论水平，争做名师，力成大家。

5. 规范用语，自成体系。校园内坚持讲普通话，写规范字；引导学生不讲粗话，语言得体；工作文件资料规范严谨，形成临潼中学风格。

6. 团结同事，互敬互爱。主动配合，精诚协作，营造文明、和谐的工作氛围。不搞团伙，尊敬贤能，使“老师”成为同事之间最美的称呼，精诚团结，厚德图强。

7. 增强安全意识，加强安全教育。保护学生安全，防范事故风险。遇突发事件或面临危险时，以学生安危为先，临危不惧，挺身而出，组织学生有序撤离。

8. 严于律己，清廉从教。不索要、收受学生及家长财物，或参加由学生及家长付费的宴请、旅游、娱乐休闲等活动，不向学生推销图书、报刊、教辅材料、社会保险，或利用家长资源谋取私利。不组织或参与有偿补课，不为培训机构提供信息。来时堂堂正正，去时两袖清风。

9. 乐于奉献，率先垂范。积极参加各种社会志愿服务工作，带头弘扬社会主义核心价值观，自觉抵制不良风气。

10. 注重形象，言传身教。温文尔雅，谦逊有礼；教态自然，表情亲切，庄重慈爱，富有朝气；衣着得体，美观大方，朴素典雅，端庄整洁。

（九）临潼中学“图强教师”十大优秀举动

1. 面带微笑进教室

善于化解不良情绪，以良好的精神状态面对学生。微笑是一种情绪的表达，是最美的肢体语言，教师发自内心的、真诚的微笑，是与学生之间心灵交流的最好桥梁。

2. 预备铃响门前立

预备铃响候课、提前进教室是教师基本的职业操守和工作要求。不仅是对学校工作规范的遵守，也是对学生人格的一种尊重。

3. 广挖素材善积累

要做教育教学活动的“有心人”。及时收集、保存教育教学素材、经典试题、工作资料，分类整理。养成撰写教育随笔和日记、摘抄、剪贴、做卡片等工作习惯，汇集教育教学智慧，积累教育教学经验，形成个人风格特色。

4. 下课守时不拖堂

下课拖堂是备课不充分、忽视学生心理的表现，所有的拖堂都是无效的。优秀的教师应做一个能够准确把握课堂容量和节奏，充分了解学生心理的智者。

5. 常做交流心自通

现代中学生渴望善于沟通的教师来教育自己，这是这个时代孩子们的共同心声。教师应有与学生保持沟通的习惯，开辟集体沟通、个别沟通的渠道，以书面形式或个别谈话等多种沟通方式，关心关注学生的心理、思想状态，如目标、意志、道德情感、青春期的交流和友谊等。沟通是心灵的桥梁，通过沟通彼此了解、相互理解，从而达到相融共处的目的。

6. 日行反思业必精

一个真正成熟的教师是充满理性的教师。要做到有理性，必须要对自己的教育教学行为进行深入反思。美国著名学者波斯纳列出了教师成长的公式：成长＝经验+反思。他进一步提出，没有反思的经验是狭隘的经验，最多只能形成肤浅的知识。如果教师仅仅满足于获得经验而不对经验进行深入思考，那么他的发展将大受限制。现实生活中可以发现，凡是有成就的教师都是反思型的教师。反思来自教学活动的点点滴滴，比如对教材中一个内容的处理，作业中一道试题的讲解，一次与学生的谈话，一个后进生的进步，一次班会的成败等，都可成为我们反思的对象。这些都会有助于教师个人的专业成长。

7. 批语如面勤叮咛

批阅作业不仅是学业辅导，也是与学生沟通的重要渠道。教师每周都要批阅一定数量的作业或练习，学生的名字、作业、性格、态度、进步、退步以及目前学习上生活中遇到的困难困惑……作为老师，都可以利用好这个机会——通过批语交流沟通。老师一句不经意的批语，也许会改变学生的一生！所以，教师要善于发现光，要用真诚而富有教育性、哲理性的语言，用积极期待、欣赏的心态，去真诚地规劝、鼓舞、激励学生。

8. 学生名字全记牢

教育者和被教育者是双方依存的关系，学生名字本身就是很好的教育资源。记住学生的姓名，并能随时亲切地叫出来，是教师的本职所在，也是对学生莫大的鼓励与肯定。了解学生名字的含义，更是一件有意义的事！会使老师在学生心里建立亲切感、信赖感，有利于教育教学活动的开展。

9. 喜欢阅读善表达

教师从事的是极为复杂的教育教学工作，是专业性极强的一个领域。教育不是单纯的操作性行为，它是用一颗心感召另一颗心，用一个灵魂去塑造一个灵魂，所以要想有教育思想、教育智慧，就要大量阅读，仔细咀嚼。通过阅读，深刻其思想，丰富其知识。孔子在两千多年前就指出“学而不厌”，教师阅读的过程，就是学习的过程。通过阅读教育理论著作，也可以阅读本学科以外的东西，使内心鲜活，将阅读与日常教育活动结合起来，减少职业倦怠，增加职业品位。从听课记录、教后反思、他人言谈、教育教学困惑、学生的作业试卷、不经意的小事等方面，寻找写作的素材和角度。通过写作，提升阅读品质，理清工作思绪，深化思想观点。

10. 争相上好公开课

上好课是老师的天职，也是老师的职业操守。教学不仅是知识、经验的传授，也是人类文化、人文精神的传承，因此上课来不得丝毫应付和半点虚假。教师不仅要上好常态课，还要积极参加公开课，争相上好公开课，向优秀教师学习，向同行学习，锻炼、提高自己的教学水平和学科素养，带动、培养年轻教师不断进步、追求卓越。

（十）临潼中学“图强教师”十大优秀习惯

1. “说”的习惯——说明白讲透彻，幽默风趣沐春风。

教师每天都在说在讲，说得明白有条理，讲得生动又形象，语言幽默又风趣，的确是一个教师必备的能力基础。在日常教学管理中，我们极力给自己创造表达的机会，练就教学语言、工作语言、交流语言的风趣幽默、抑扬顿挫、言简意赅、无懈可击！

2. “写”的习惯——反思借鉴勤练笔，理粹情切悟真谛。

写是一个人内在素养的外化过程，要使外化质量提高必须有一个不断内化的过程。因此，学习是必要的，把他人的观点、知识、方法内化为自己的观点、知识、方法，才能写出令人耳目一新的好随笔。可写的内容、题材很多，教研小论文、教学后记、教学案例述评、教学反思、心得体会、教育随笔、评课稿、听课反思、专业论文、散文、诗歌都可以。写文章要树立一个“理”字，立足一个“情”字，突出一个“想”字，强调一个“勤”字，追求一个“真”字！立足自己独特的思维，不拘一格，常想常写、常练常新，积土成山、积跬步以致千里，记录教育教学中值得记录、值得反思的历程与思索。

3. “反思”的习惯——创新贵在常反思，突破传统多自省。

亚里士多德说：思维是从疑问和惊奇开始的，常有疑点，常有问题，才常有思考，常有创新。

教师的人生是一个不断思考、质疑、反思的过程，要思考如何备课、如何讲好课、如何吸引学生的注意力、如何传道授业解惑，如何促进自身的专业成长……要敢于质疑原有的经验理论，我们要反思自己的教学行为、反思自己的得意之笔的成功之处、反思自己一天的工作得失。

4. 主动“上示范课”的习惯——公开课堂多磨炼，主动请缨敢示范。

名师除了文章好外，课上得一级棒！名师可以说是被“煮”出来的，经历了无数次的公开课、示范课之后，才有了名师的诞生，尤其是年轻教师要想做好这一职业、要想吃这碗饭、要想在这里实现自己的理想与价值，就要主动要求上公开课、示范课，用心上好这些课吧！

5. “读”的习惯——勤读专刊阔视野，以书会友转观念。

教师需要创新，需要与时俱进，最新的教学动态、丰富的教学资料、别人的好经验，都是我们的良师益友。掌握正确的阅读方法：读目录、列表、挑选、精读、泛读、分门别类列、做标注和笔记。阅读也可分出教材分析、教法设计、教学参考资料几类，也可按照高中低年级顺排列。要挤出时间设法占有资料、储存信息。积累是为了应用，这些宝贵的资料财富一定会帮你开阔视野、更新观念，开启心智、指导实践，拓宽思路、改进教学。

6. “研究”的习惯——现实问题早研究，科研丰富名师路。

如果说教学是教师生涯的第一生命、那么教研则是教师的第二生命，现今的名师、特级教师，大家看看他们的简历，哪个没有科研的经历？哪个不是著述颇丰？哪个不是书籍满柜？想成为名师吗？那么抓紧时间研究点问题吧！我们的身边有很多生成性的课题供你研究，我们不缺少研究课题，我们缺少的是探索精神！我们要做教育的有心人！

7. “听”的习惯——取长补短多听课，敢于亮剑提高多。

同样一节课，不同的老师有着不同的教学手段、不同的教育智慧；同一节课不同的老师处理的技巧也不同，让我们团结协作、互相取长补短吧。名师的另一个特点就是敢于讲课，更敢于被人听课，有人听课时会毫无保留地讲课，我们要听课、经常听课，要听不同老师的课！

8. 处处留心的习惯——事无巨细勤思考，处处留心皆文章。

有很多人苦于无话可说、无题可写。留心处处是课题，留心处处是文章！“学校无小事，事事皆学问”，身边的事、课堂上的事、听课备课中的事、批改作业的事、与学生交流的事都是可研究的课题！

9. 挤时间的习惯——时间不挤闲事废，看书思考方本真。

现代人总是很忙，忙似乎是他们的惯用借口，我们在办公室中有人忙于闲侃，有人忙于上网闲聊，还有的忙于事务性应酬……教师这一行业更需要有“挤”的精神！挤时间思考、挤时间看书、挤时间学习、挤时间写作！

10. 投稿的习惯——耕耘文字自欢乐，投向云端共评说。

投稿可以使你知名，投稿可以使你与人交流，投稿可以使你获得成功，更重要的是自我认同的快乐。当你的文字转化为铅字后，那种喜悦不可言表！文章再好，未必就能投中，因此我们要多写多投，广种博收！总有伯乐会发现你的！

（十一）教师行为文化塑造

1. 开展教师礼仪教育，塑造儒雅知性形象。

制定《临潼中学儒雅知性教师行为标准》，对教师进行儒雅知性标准培训和相关职业礼仪培训，让其充分掌握在待人接物、仪容仪表、餐桌礼仪、会议礼仪等方面的社交礼仪。在今后的工作生活中，注意言谈举止和礼节礼仪，要用儒雅知性的标准，规范约束自己的言行，从而滋润和影响学生的心灵，充分展现新临潼中学新教师的精神风貌。

2. 推行导师制，拉近师生距离，使言传身教完美结合。

每个教师带 3~5 名学生作为徒弟，从生活、学习、德育、心理等方面指导学生、影响学生，使学生在完成学业的同时，各种素质和能力得到提升。

3. 打造“书香校园”，用终身学习的理念，开展各种各样的读书活动，鼓励教师多读书，使书香文化融入教师文化。

4. 开展各种各样的课堂教学活动，提高教师课堂教学水平；推行以主备制为主线的“三研三备”制，加强备课组建设，加强校本研究，使乐教善研成为教师教学行为的底色。

5. 激励教师创造创新，以特色课堂建设为抓手，推动我校“图强课堂”向更高更强迈进，真正实现“改变教师的教和学生的学的质的飞跃”，以达到提高教育教学质量，提升学生核心素养的目的。

6. 要坚定不移地推动我校课程文化建设，把课程文化作为教师文化建设的重中之重来实施和完成。有什么样的课程文化，就有什么样的育人文化和教师文化。所以，要建立一套我校独有的课程文化体系，这才是我们教育教学的根本所在。

三、班主任群体行为文化

（一）工作理念

唤醒每一个生命，使之觉醒觉悟。

（二）工作使命

让每一个学生成为最优秀的自己！

（三）工作策略

以德养德，以爱育爱，以情动情，以行导行。

（四）工作角色

学业的指导者，德行的示范者，良知的唤醒者，心灵的救赎者，人生的导航者。

（五）工作口号

学生成才，我幸福！

四、管理行为文化

（一）管理团队行为文化

1. 学校管理追求的目标

让每一位教师富有成就感地幸福工作；让每一位学生拥有希望地快乐学习。

2. 学校管理的核心理念

管是为了不管，管理的最高境界是以文化人，精神引领，价值引导。

3. 学校管理的基本策略

党组织领导下的民主和集中相统一的重大决策管理机制；人性化管理和制度化管理相结合的日常工作管理机制；层级管理和扁平化管理相互优化、各有侧重的行政运行管理机制；定性评价和定量评价相结合，结果评价和过程评价相融合的师生评价奖惩机制。

4. 学校管理目标实施路径

以德育为首要，以法规为护航，以课程为中心，以科研为先导，以质量为引擎，以改革为动力，以服务为宗旨，以全人为导向，为创新人才奠基，办品牌特色强校。

5. 组织管理议事原则

党组织领航 ——教代会参议——民主后集中——校委会决议——公示栏公示。

（二）领导干部行为文化

1. 领导干部核心价值观

一个核心：一切为了教师的发展、尊严和幸福；一切为了学生的成才、成功和成人！

两个使命：为党育人、为国育才。

三个意识：服务师生意识、质量提升意识、改革创新意识。

四个做到：教育有情怀、管理有思路、工作有创新、做人有良知。

五个维护：维护教育形象、维护学校荣誉、维护教师尊严、维护学生健康、维护家长利益。

六个图强：德育图强、特色图强、管理图强、质量图强、课程图强、科研图强。

2. 领导干部工作作风

服务、精细、高效、清廉。

3. 临潼中学领导干部十诫

（1）你应该有质量意识和家国情怀，必须明白你所肩负的教育责任，作为管理者你首先是一个有良知的人！

（2）你虽是领导，但绝不是天生就具备管理才能，所以你得不断虚心学习、改进和提高。在你做出决定前，一定要明白为什么要这样做？目的是什么？结果会怎样？

（3）不被别人理解是平常之事，那就换个角度去理解别人。当你在发出抱怨前，想想在同样条件下优秀者是如何做的。一个优秀管理者必定是一个情绪管理高手，他有能力使大家乐意跟他一起攻坚克难，圆满完成工作任务。

（4）管理的精髓不是居高临下地指挥别人，甚至埋怨、训斥别人，而是要放下身段和别人一起分析问题、寻找办法、解决问题。

（5）管理的重心在于过程中的落实、落实、再落实，切忌满足于身到有余，切忌被动等待结果。在每次学校活动之前，组织者要能清晰表达出活动目标，做到目标先于评价，评价与行动同步。要有不达目标决不罢休的管理意志。

（6）管理者一定要在关键的时间、关键的节点，任用关键的人，抓住关键的问题，解决关键的矛盾。平时不易发现的问题往往是最严重的问题，我们要设法在别人都认为不可能有问题的地方发现问题，不断追问，寻求问题的实质，让其水落石出。

（7）承担工作要有担当，请示工作要有方案，谋划工作要有系统，落实工作要有反馈。工作时必须稳、准、狠，只为成功找理由，不给失败找借口，精益求精、至善至美才是王道！

（8）管理的核心原则是刚性的制度化管理，辅之以柔性的人性化管理，刚柔相济，方为管理之道。管理之道，实为人道，做人之道！

（9）格局决定高度，思路决定出路，细节决定成败。所以，改变你的思维认知很重要！要做有智慧、有梦想的管理者！

（10）临潼中学是令我荣耀的大家庭，我要感恩彼此的相遇，我要尊重每一个亲人，我要对所有师生负责，我要对整个学校负责。

4. 临潼中学领导干部每日十问

（1）今天，再次自问，我有质量意识、特色意识和名校意识吗？

（2）我是否领会了“做领导以前，成功只和你个人有关，做领导以后，成功只和别人的成功有关”这句话的真正含义？

（3）面对复杂问题时，我是心存畏惧、极力推诿呢，还是敢于挑战、勇于担当呢？

（4）我是站在全局全域高度思谋工作呢，还是从本位主义出发强调部门私利、推诿扯皮呢？

（5）作为领导，我储备好各种能力了吗，尤其是规划计划能力、组织协调能力、演讲写作能力？

（6）今天，我是否很好地落实了学校提出的“三大工作机制”——首问负责制、立即落实原则和精细化管理思想？

（7）我是有思想、有计划、系统性地工作呢，还是被动、盲目、碎片化地工作？

（8）今天，我完成领导交办的各项任务了吗？我是否有只安排不落实的毛病？我是否只重视形式，而不关注结果呢？

（9）每件工作完成后，我是否都进行了反思、总结、改进和提升？

（10）今天，我深入备课组、班级了解教情和学情了吗？我跟几位教师、几个学生进行了有效的交流，并解决了他们提出的问题了吗？

学校制度文化建设基本体系

一、制度文化建设的指导思想

一所学校的发展，制度建设与制度管理是不可逾越的阶段，制度建设与制度管理是一所学校良性发展的保证，制度文化是学校文化实践的核心环节。制度文化必须与学校的核心文化、理念文化保持高度一致。凡是学校文化理念所提倡的，必须在制度中有所体现；凡是与学校文化理念相悖的内容，必须在制度中予以否定和反对。制度对于学校的意义：一是对师生员工的行为予以限制，二是对师生员工的行为予以规范，三是对师生员工的行为予以引导。制度文化既有约束力，又有导向作用。优化制度管理，通过制度建设走向文化管理是我们的目标。

二、制度文化建设的总体方针

健全各种机构，完善各类规章制度，实现人和事的和谐统一、融合发展，发挥人、财、物、时、空的最大效率。

制定《临潼中学教师岗位竞聘工作实施方案》《临潼中学教师综合考核量化方案（2021 版）》《临潼中学工勤岗位人员绩效考核细则》《临潼中学教职工绩效工资考核及发放实施方案（修订版）》《临潼中学教师职称晋升量化考核方案》《临潼中学教职工请假制度（修订版）》《临潼中学校长岗位职责》等各类岗位职责。

制定《临潼中学优秀教师、先进教育工作者评选方案》《临潼中学模范班主任评选方案》《临潼中学关于考试学科优胜奖评方案》《临潼中学教科研成果奖励方案》等奖励性方案。

制定《临潼中学“五级品牌”教师考核晋级实施方案》《临潼中学“五级品牌”班主任考核晋级实施方案》《临潼中学新课程建设方案》等教师发展成长类方案。

制定《临潼中学教学常规管理办法》《临潼中学教师月量化方案》《临潼中学班级量化管理办法》等一系列教育教学日常管理制度。

制定《临潼中学学生常规管理制度手册（含饮食、住宿等相关制度）》《临潼中学学生安全管理手册（含教学设施、饮水饮食、用电用气、车辆交通、溺水、体育活动以及其他各类活动安全等）》等集日常管理、考核、量化、评优、奖惩、安全等于一体的学生管理体系。

建立健全教代会制度，制定教代会相关工作方案及规章制度。制定《临潼中学章程》《临潼中学民主治校与民主管理实施办法》等。

制定规范后勤管理相关制度，建立学校公共卫生制度。

三、制度文化建设成果

（一）《教学管理制度汇编》

教学质量的提升离不开有效的教学管理制度，建立一套科学合理、公平公正的教学管理制度，有利于建立稳定的教学秩序，有利于调动教师的教学积极性，有利于人才培养模式的实施，有利于提高学校办学的规范性，有利于提高办学水平和人才培养质量，因此，只有不断构建高中新课标理念指导下的教学管理体系，才能推进学校教育教学工作不断提升。

我校的教学管理制度体系，由教学管理制度和岗位职责、教学常规管理、部室使用制度、考试管理制度、教育教学评价制度、教师发展考核制度、教职工问责制度等七部分组成，从教学常规到考试管理，不断促进教学落实；从部室使用到岗位职责，不断规范教学行为；从教师发展到教学评价，不断突显公平原则；从评优方案到问责制度，不断提升责任意识。

1. 教学管理制度和职责

合理分工，盘活人力资源，让制度成为行为的约束，顾全大局，服务师生；让职责成为工作的航灯，各司其职，力求实效。让每一个人都有事干，让每件事都有人干，形成一个和谐团结、积极向上的教务服务团队。

2. 教学常规管理

抓常规、促教研、树规范、重落实。课堂是教学的主阵地，关注教学全过程，细化教学管理，加强作业落实，改变教学方式和教育理念，强化教学研究，规范教研活动，落实主备制度，有效提高特色课堂执行力，全面提升教育教学质量。

3. 部室使用制度

崇尚科学，勇于实践，开拓视野、五育并举，全面发展。功能部室致力于学生发展需要，旨在培养学生实践能力、创新能力和科学精神；发展学生的艺术素养和审美能力，引导学生掌握一定的运动技能，养成健康的生活方式；开阔学生视野，让学生在阅读中得到提升，形成正确的价值观念，实现我校“厚德博学、各成其才”的教育理念。

4. 考试管理制度

严肃考纪、注重分析、以考促学、提高效率。考试是教学评价的重要手段，科学的考试管理制度不仅仅在于对考试的组织，更要通过考试进行阶段性教学分析，调整教学策略，使教学更有针对性。学生通过考试，能积累易混易错知识点，对学习情况进行反思，从而激发学生的斗志。

5. 教育教学评价制度

公平公正、关注过程、规范教学、评优树先。用制度对教育教学进行客观公正地评价，调动教师的积极性是评价制度建设的目的。教学评价关注教学实施的各个环节，要求教师全面参与教学管理，既要加强知识落实，还要加强思想教育，形成全员育人的局面。

6. 教师发展考核制度

青蓝工程、名师锻造、梯度发展、形成铁军。对于一所学校，拥有一支具有核心竞争力的精英化教师队伍是学校教育教学质量提升的根本保证，更是学校可持续发展的最关键因素。分层次、有计划、多途径地加强教师业务素质培训，提高教师的业务水平和学历层次专业能力，从而全面提升教师队伍整体质量，打造临潼中学名师梯队。

7. 问责制度

责任与担当，荣誉与梦想，为临潼中学的未来一起打拼。学校就是我们的家，教师要有责任意识、忧患意识和质量意识，有担当、有梦想，要时刻将学校赋予的责任当成己任，并形成自觉的工作作风，从而提高工作效率，不出差错。

（二）《班主任管理手册》《学生管理手册》

德育制度体系是学校制度文化的重要组成部分，德育制度建设和管理实践是践行学校理念文化的重要环节。德育管理制度是学校意志和师生意志的统一，其文化内涵只有被全体师生真正地认同和接受，全体师生才能自觉遵守和维护。通过优化制度体系，完善制度建设，达到使德育制度管理逐步走向德育文化管理，充分践行我校“厚德博学，各成其才”的办学理念，最终实现立德树人的根本任务。

临潼中学德育管理制度主要包括两大方面：班主任管理和学生管理。

1. 班主任管理

（1）班主任管理制度包括：业务通识、个人素养和考核评价，3 方面共 23 项。

每位班主任都很独特，都有自身的优势，学校管理就是要把每个班主任的优势发挥出来。因此，学校管理制度对班主任既要有高期望，更要有高支持。要引导班主任制订个人发展规划，帮助班主任了解自己的实际情况，帮助他们找到内心的需求，了解自己的天赋，探寻适合自身的管理方式。更要为班主任在内心需求和天赋展示之间搭建一个平台，以实现自身不同程度的发展，并通过加强品牌班主任体系建设，提高班主任自身的德育管理水平，打造临潼中学名班主任梯队，全面提升学校德育管理工作效能。

（2）班级管理制度包括：学生管理、班级管理、学生考核及应急管理，4 方面共 43 项。

学校管理需要刚柔相济。既要遵循“无规矩不成方圆”的刚性管理，又要体现以人为本的人本化管理。制度是刚性的，所以它需要无条件地执行。但是，全体师生的情况复杂，需求多元。所以，这就要求我们在制度设计中必须充分考虑到全体师生的实际需求，以人为本是前提，规则和制度是保障，二者相辅相成，有机融合，学校才会平安稳定又充满生机。

通过面对学生个体来建立学生在校行为规范，面对班级整体完善班级管理制度和明晰工作内容，确保德育管理有章可循，有规可依，进而实现精细化管理的目标。在此基础之上，临潼中学着力打造美德青年体系，大力开展星级学生评选活动，加强班级小组建设，完善特色德育项目建设，从而实现德育图强，培养出人格健全、精神丰盈、思想上进、意志坚定、心态阳光、个性鲜明、博学多识、开拓创新，且具有人文素养、家国情怀和国际视野的现代有为青年。

（3）教职工问责制度。学校就是师生共同的家，全体教师要心怀良知，肩负责任，在为学校发展不断奋进的同时，必须明晰自身的职责和使命，必须清楚问责制度，并以之鞭策自己树立忧患意识和质量意识，从而高效工作、创新工作。

（4） 管理法规主要包括：准则类的法律法规、安保类的准则要求和体卫类的条例制度。掌握相关法律法规能使全体教育工作者在工作中有法可循、有章可依，从而提高工作的规范性和科学性，以应对越来越复杂的教育形势。

2. 学生管理手册

（1）常规管理包括：学生行为规范、学校纪律要求、学生考核评价方法、住宿管理制度和健康管理制度，5 方面共 33 条。

学生的行为与学生管理制度是互为因果的，学校需要思考建立注重价值引领和精神追求的学生管理制度，努力把学生管理从单纯的“管”转到更关注自身专业发展的“理”上来，关注学生的人生目标，关注学生的全面发展。真正形成共同价值取向，形成“合作、探究、共享、反思”的学生管理文化，塑造“学为家国、习尚自主、合作探究、创造创新”的良好学风。

（2）学生安全管理制度包括：学校各种安全制度和要求、各级安全法规，以及各种安全常识，3 方面共 33 条。

校园安全工作是学校工作的重要组成部分，关系师生的生命安危，关系学生的健康成长和人才培养质量，关系学校的稳定和发展。首先，学校要建立健全各项安全管理制度，强化意识，落实责任，建立长效机制；其次，要加强安全教育阵地建设，突出重点时段、重点位置、重点内容的教育，提高安全教育实效。另外，创新教育手段，加强技能教育，使学生掌握安全常识，提升学生自护自救能力是安全管理的最终落脚点。只有保证校园安全，才能提供良好的育人环境，才能实现学校的平稳发展与质量提升。

（三）《总务处工作制度职责》

总务处制度的建设是为保证学校总务处工作的有序进行，充分发挥总务工作在学校管理中的作用，更好地服务于教学，从而形成制度体系。其作用：使学校总务处工作人员及全校师生都明确知晓总务处的工作内容，哪些事该做、如何做和哪些事不该做；明确每个总务处人员的工作职责，发挥群众的监督作用，使全体教职工积极支持总务处工作。因此，搞好总务工作的制度建设，是加强总务处工作的重要保证。

学校总务处工作制度主要由财务室工作制度职责和后勤工作管理制度职责组成。

各项制度的制定，都是为了提高工作效率、工作质量，为教学服务，为师生生活服务。各项制度的制定必须具有政策性、教育性、科学性和民主性，要反复讨论研究，使制度更加完善，具有更好的可行性。

财务室工作制度包括：包含财务管理制度、经费管理制度、会计工作职责、票据的控制制度、收支业务管理制度、预算业务管理制度、资产管理制度等 11 项内容。本部分内容是为了规范学校财务行为，加强学校财务管理，提高资金使用率，全力为教育教学工作服务，不断推进学校各项工作良性发展，根据上级有关政策规定，结合我校实际制定的各项制度。

后勤工作管理制度包括：公物管理制度、公物损坏赔偿制度、公物损坏赔偿细则、用电制度、电工职责、饮水卫生安全管理制度等 27 项内容。其作用：更好地加强财物的保管维护和使用，充分发挥校产在教育教学工作中的作用，提高使用率；切实做好学校安全用电工作，防止安全事故的发生，使电力更好地为师生学习和生活服务；保障师生食品安全、饮水安全、师生身体健康及进一步提高师生生活环境质量；进一步规范我校办公用房管理，加强对学校办公用房的统一管理，合理配置资源，提高使用率。在今后的管理中将不断更新完善总务处各项规章制度，使之更好地服务于教学，服务于我校广大师生。

总务处制度文化必须在学校文化的总体目标上鲜明植入，学校的总体目标是“以文化引领，让学校成为有温度、有高度、有内涵的师生生命共同体，把学校办成环境优美、特色鲜明、质量上乘、管理科学、运行民主的精品特色学校”。因此，总务制度文化建设的目标是以“服务教学”为宗旨，做好广大师生的后勤保障工作，以“环境育人”为目标，做好校园环境的优化美化工作。同时，以制度建设为抓手，以制度文化为载体，提高总务处人员行为文化建设，培养总务处人员的自律意识和职业道德，从而提高总务人员的服务意识，为我校的整体文化建设夯实基础。

第五编 示范创建

第一章 宣传动员

第二章 创建方案

第三章 创建资料

第四章 专家反馈

第一章 宣传动员

快乐工作 幸福成长

从 2020 年 8 月 22 日到临潼中学算起，我来校已经百日有余。除了感动感恩于我们这群伟大而平凡的教师外，在这一百多个日日夜夜里，我无时无刻不在思谋我们学校未来发展的方向问题、目标问题、特色建设问题，等等。这些问题就像是无数个考官，不断地追问我，令我战战兢兢，如临深渊，如履薄冰。庆幸教育是一个“春风化雨，润物无声”的漫长的系统性育人工程，来不得半点急功近利，因此，我不烧“三把火”，我有足够的耐心融入这个群体中，守住岁月，静等花开。

人常说，一个好校长就是一所好学校。尽管我当校长已近 20 年，有实践、有思考、有成果，但我绝不会觍着脸说自己是一个好校长。然而，良知告诉我，不能辜负组织的信任，不能辜负师生的期望，更不能辜负家长乃至社会的重托。箭在弦上不得不发，办一所高质量、有特色、能示范的好学校令我重任在肩，似乎没有退路可言！

不过，我不是超人，也不是振臂一呼应者云集的英雄，我只是一个有着教育情怀的普通教育者。职责赋予我的使命就是带领所有临潼中学人，树立目标，订好计划，团结一致，心无旁骛，勇往直前，在当前面临的生源危机和质量困境中，杀出一条血路，找到我们临潼中学应有的一席之地，让我们的旗帜在临潼教育的高地上迎风飘扬。

知易行难，任何豪言壮语如果不落实到具体行动中，那只是一句空话！落实靠谁，靠师生，尤其是靠我们的教师。一所好学校，必然是名师荟萃的所在，正如清华大学原校长梅贻琦先生所讲的“所谓大学者，非谓有大楼之谓也，有大师之谓也”，临潼中学亦然。我们要从根本上实现跨越式发展，打造出一所名校来，必须拥有一支高素质的教师队伍。相处的三个月来，我看到我们整个教师群体是好的，其中不乏像班级管理先行者徐学武、任颖、张涛、纪芙蓉、赵静等，教学精英姜芬、庄水田、杨小彦、袁戊艳、邢东成、杨帆等，科研达人李小红、胡慧珍、杨瑛、杜斌等这样的一群佼佼者，他们都是临潼中学未来发展可以星火燎原的种子；但同时我们也清楚地看到，还有小部分人，认不清形势，跟不上步伐，拘泥于小圈子，把自己置身于学校发展之外，或懵懂度日，或独享清闲。学校要发展，没有局外人，每一个人必须躬身入局，才能形成合力，成就名校。

有人说，一头狮子带领一群绵羊，绵羊个个都是狮子；一头绵羊带领一群狮子，狮子个个都是绵羊。如果让我选择，我既不愿做领头羊，也不愿做领头狮，因为在以人为本的现代社会管理体系中，我们管理者拥有诸多选择。三流校长靠权威，实行家长式管理；二流校长靠制度，实行强制管理；一流校长靠文化，实行人性化管理。其实，任何形式的管理都没有对错之分，最好的管理模式就是人性化和制度化巧妙结合的管理：不挑战制度的底线，但也不僵死地执行制度；不用制度扼杀人的积极性、创造性，给人以最大的空间和自由，但也不能任意践踏制度。

学校管理的本质，是搭台，是成长，是赋能。我理想的校园生态是：学校是师生共同成长的精神乐园，是一个生机勃勃的命运共同体，更是一个不断追求的学习共同体，师生共融、共创、共生，每一个教师都拥有实现自身价值的幸福感，每一个学生都拥有享受成长过程的快乐感。为此，我愿意大胆尝试，不断改革；为此，我愿意相信每一个人都拥有教育良知，每一个人对教育、对学生都拥有无限的爱意。

校荣我荣，校衰我耻。战斗号角已经吹响，新的理念、新的模式、新的目标、新的路径日渐清晰，我们是等待观望，还是奋起直追；我们是自甘平庸，还是心怀理想，这些摆在我们面前的问题要求我们必须深入思考。为什么不静下心来问问自己，学校要成为高质量的名校，我能做些什么？我配做名校的教师吗？我将以何种身份，成就我的职业，完美我的人生？

作为一个校长，我经常这样扪心自问，也不断提醒我的老师们：你是一个终身学习者，以活泉之水浇灌学生心田；你是一个发掘美的人，把教育当成是一种艺术；你是教育达人，做人有高度，育人有情怀，教学有特色；你是一个导师，用你的灵魂唤醒学生的灵魂；你是心理大师，能走进每一个偏离航向学生的心灵深处；你更是一个平衡工作与家庭的高手，只要你想，就可以做到在生活与工作游刃有余。我知道，你不是救世主，也不是万能膏，你唯一值得骄傲的是，你今天在学生的心里种下了一颗希望的种子，明日迎接你的将是一片郁郁葱葱的森林！

在中华民族伟大复兴的征程上，我们应怀揣中国梦，全身心地投入本职工作中，齐心协力把临潼中学办成一所陕西一流乃至全国一流的品牌名校。这也是时代赋予我们的使命。任务艰巨，使命光荣，让我们在实现学校再次腾飞的征程中，快乐工作，幸福生长！

（本文是作者 2020 年 12 月 15 日致教师的一封公开信）

躬身入局 共同努力 提振信心 打造名校

本学期即将结束，回顾这半年来的点点滴滴，我在忙忙碌碌、殚精竭虑之余，不断回想起大家为了学校发展，为了心中的教育事业克坚攻难、无私奉献的身影，这些身影是最美、最令人感动的风景。每个人活得都不容易，都有这样那样的困难，家里的、自身的、学校的，凡此种种搞得大家晕头转向，但好在一年马上结束了，一切不如意也将随着新春的到来烟消云散。作为校长，没有能给大家带来多少好处，我心生内疚。但我要大声对那些辛勤工作、任劳任怨的同志们说一声：天道酬勤，天将加福运于你们！

同志们，大家都是凡人，都有物欲的追求，都有趋利避害、争名夺利的天性，但我们这一群读书人在选择这个职业的时候，我们内心是高贵的，都想得天下英才而教之，都有“桃李不言下自成蹊”的教育情结，都想通过教育改变学生的命运、丰沛自己的生活，实现个人的最大价值。我相信，我们这一群人不是良心泯灭的恶人，不管别人如何蝇营狗苟，如何奸诈狡猾，在这个世界上还有我们这一群人心存家国，肩负使命。在这里我要说，遇到你们，我何其幸哉，遇到你们，学校何其幸哉！

临潼中学要生存、要发展，需要我们一代代临中人坚持不懈、义无反顾地努力经营，不断探索。我知道，我们的学校确实不完美，问题不少，但大家如果只是嘴上说说希望她好，一旦遇到难题或者进行深度改革时，却喜欢隔岸观火、喜欢说风凉话、喜欢幸灾乐祸甚至落井下石，而不愿躬身入局、大干实干，那这个学校永无出头之日。临潼中学发展到今天，我们的老师功不可没，尤其是老教师为学校做了许多事情，他们也许没有得到应有的荣誉和职称，也许没有得到该得的关注和赞美，但他们的功绩记在一届一届毕业学生的心里，也记在临中发展的功劳簿上。“落红不是无情物，化作春泥更护花”，老教师以身示范，关注关爱青年教师的发展，他们不以自己的学术威权打压年轻人，而是给年轻人创造宽松友好的成长氛围，使他们自由发表见解，有话敢说、有质疑敢讲。这些老教师，是学校的精神瑰宝，是学校永续发展的奠基石，我感谢他们感恩他们，希望年轻人不断向他们学习请教。

同志们，空谈误国，实干兴邦。学校发展到这一步，已经到了瓶颈期，需要突破需要突围，需要杀出一条血路，需要办出我们的特色名校。而要办出理想中的好学校，其关键在于人。我们呼唤真干实干、有能力、有德行的人，挺身而出，做领头羊，带领大家做事。我尤其希望青年人做学校的中流砥柱，为学校的发展献计献策、尽心尽力。我们反对工作浮而不入，搞形式主义、做表面文章，不深入研究、扎扎实实推进。2021 年，我们将全面开启以特色课堂教学为抓手的特色学校建设工程，这是市局的规定动作，也是学校转变观念、提升质量的最佳机会，希望全体教师积极参与，勇于担当，不走形式，不畏艰险，实现我校直道加速、弯道超越的战略决策，为最终创建省级示范高中打下坚实基础。

人常讲，没有规矩不成方圆。一个学校要想正常良性发展，没有规矩、没有纪律是万万不可能的。没有规矩，一切拿嘴说了算，那学校管理就成了人治；没有纪律，人人想来就来想走就走，那学校管理岂不形同虚设？我们讲人性化管理，但绝不是搞无政府主义，绝不是挑战学校管理底线，绝不是你好我好大家好的稀泥抹光墙，更不是任凭利用各种关系搞特权。今后职称评定，要有不断细化的年度考核方案，要有晋升量化积分的办法；教学管理、教师评优，要有教师工作量化细则，要有过程性实施方案，要有学科优胜奖励方案；班级管理、学生管理，要有更加科学、更具操作性的管理方案和实施办法。我们要尽量减少人为操作干预的可能性，让制度方案说了算，而不是领导说了算。当然，这些制度方案一定要广泛征求教师的意见，不可闭门造车，不可主观武断，最终经过教代会深入讨论后方可执行。运用制度管理，看似领导权力小了，却能最大限度地保证公平、实现公正。

由于时间关系，我不想多说，但有一点要强调的是，我们要转变思路，在今后的教育教学过程中，要不断加大过程性奖励力度，把钱花在刀刃上，把有限的资金用于一线教育教学上。开学至今，我们想尽各种办法引进专家对老师、学生进行培训，开展各种活动，取得了非常好的效果，这应该说是最大的福利。老师们，不管前路存在多少不确定性，不管还要面对多少艰难险阻，我相信学校一定会越来越好的，我们老师也一定会越来越好的，一切都会好的。只要大家努力干，面包总是会有的，荣誉总是会有的，幸福总是会有的。

再次感谢大家！祝大家新春愉快，万事如意，身体健康，阖家欢乐。

（本文是 2021 年 1 月 27 日作者在全体教师大会上的讲话）

特色发展之我见

特色发展，也不是什么新话题，是每个校长都非常关心的事情。下面，针对特色发展我谈谈自己学习后的一些看法。要谈特色发展，首先必须明白什么是学校特色。学校特色的内涵是学校在全面贯彻党和国家教育方针的前提下，根据自身的传统和优势，以培养学生的核心素养为目标，运用先进的办学理念，在校园环境、文化建设、课程设计、教师发展、学生培养等方面所形成的独有办学风格和发展特征，它是学校在实施素质教育中所表现出来的独特的、优化的、稳定的并带有整体性的个性风貌。

从学校特色的内涵看，学校特色发展一定要置身自身学校的现实环境当中。离开学校自身的真实情境谈学校的特色发展，往往会走偏，偏离特色发展的本质，陷入贪大求洋、东施效颦、为特色而特色的尴尬境地。比如说，明明是农村薄弱学校，却要把组建高大上的特色管弦乐团、高质量的话剧演出社等作为自身特色发展的方向，这就是走偏了。

从学校特色的内涵看，学校特色发展一定要站在整体育人的高度，避免特色发展功利化、技术化、工具化。特色发展应着眼于一切围绕培养学生的核心素养为目标，而不是割裂目标，进行形式主义的人为特色制造，从而背离了教育的本质。比如有些学校，为了申报足球特色学校，不顾师生严重不喜欢的现实，强迫学生进行各种训练和比赛，这就是功利化了。

从学校特色的内涵看，学校特色发展一定要基于学校课程体系进行再造，要围绕育人目标，整体设计学校课程体系。比如说，要打造书香校园特色，那就不是简单地读书场地的再造，也不是搞一些读书类的活动，而是围绕“以书香温润人格，以书香润德启智”这个育人目标并把它放在课程体系当中进行系统构建，使书香校园建设在各学科课程、书香课程当中得以实现。

从学校特色的内涵看，学校特色发展一定要在学校文化的场域中进行打磨打造，避免特色发展和学校文化的不兼容，甚至产生强烈的违和感。比如说，在某个学校的文化当中，崇尚科学研究和科学实验，而且把科技报国作为学校的主流文化，在这个学校若非要把地方戏曲作为学校的发展特色，那就会难以兼容。如果把机器人、无人机等作为学校的发展特色，那就容易上手并且会有好成绩。

从学校特色的内涵看，要避免把亮点当特色的误区。亮点往往是短暂的、碎片化的、局部的，真正要成为学校的特色，必须具有稳定性、长期性、课程化的特征。比如，有个学校的学生特别爱美，这应该是个亮点，但如何使“美”成为这个学校的特色呢？中国教育科学研究院陈如平研究员说，那就必须从建构、逻辑上做设计：第一，提出培育美感。第二，规定美则，这是程序和办法问题。第三，寻找美点，从审美的视觉展示学校方方面面的工作。第四，建构审美课程、课堂。

当今是一个教育改革百花齐放、群星璀璨的时代，在乱花渐欲迷人眼的境况下，教育管理者一定要冷静思考。目前办特色学校，设计特色教育，甚至开发特色课程的时候，很容易表现出一些功利化的倾向，为了特色而特色，是一种工具主义、技术主义至上的观点，容易走偏，忽略特色背后的价值和意义。每一个地区，每一所学校，都有自己的实际情况，在教育思潮、教育理论、教育模式、教育特色上切不可盲目跟风，好的方面可以借鉴，但不可以盲目复制。鞋子合适不合适，只有脚知道，适合自己的才是最好的。

（本文是作者在定位学校特色发展、统一校长思想时的一次讲话）

用心工作 坦诚生活

转眼一个学期又结束了。期间，大家苦过、累过、埋怨过甚至咒骂过，但不管怎么样，我们都跟学校一起经历了、感受了、成长了，也许还有不少遗憾，但肯定同时还有很多收获。

继2021年我们顺利通过市级特色实验学校验收，获得临潼区高考综合评比第一名，到2022年我们全面推进创建省级示范高中，直至今年高考再创辉煌。如火如荼的特色课堂建设也一直贯穿在日常教育教学工作当中，可以说，我来了以后大家都非常辛苦！我知道埋怨必不可少，但我听到更多的声音是，大家虽然辛苦，但都觉得值，觉得有了方向感。这就是临潼中学人厚德图强的精神所在，是临潼中学人的主流价值观，更是临潼中学实现跨越式发展的精神动力。

我们2022年高考能够在试题难度增加的情况下，应届二本上线率首次突破90%，一本较去年增加了75人，达到228人，这充分说明了别人能干成的事情，临潼中学人也能干成。正如王永峰老师说的“临潼中学人虽然吃的是杂粮，但也能干出细活来”。这就打破了因为生源比较差而不能大幅度提高高考上线率的魔咒，再一次证明了把高考成绩差归因到生源质量差是比较脆弱且难以站住脚的理由。2022年高考能取得这么好的成绩，最重要的一点就是高三团队的凝聚力、落实力超强。兄弟同心，其利断金。一个四分五裂的团队是绝不可能打出一场漂亮的歼灭战的。在这里我再次感谢高三团队所有老师付出的艰辛和努力。

接下来，我们还有一场硬仗要打，而且是不打不行，非打不可；早打比晚打好，早打早受益——创建省级示范。今年咬紧牙关创建过去了，就不用明年再创，就不用无休止地被这个目标所折磨。这也是市上的硬任务。否则，今年不行明年再创，明年不行后年再创。如果是这样，大家岂不是更累更难受。更何况，机会稍纵即逝，今年创建不成功，明年未必还有机会，因为哪一所高中不想成为省示范，别人要是争先创建成功了，我们哪里还有机会，毕竟名额有限啊。有人会说，创建不成功就不成功，对学校能有啥影响呀！此言差矣，这件事关乎临潼中学的未来发展战略，那就是生源问题。市上规定省级示范可以第一批次录生，而且还可以在城六区范围内录生。不是我总是在意生源问题，但现实问题是我们苦恼生源差这个问题久矣，因为生源问题我们再努力也总是“千年老二”。对于学校和老师而言，谁不愿意得天下英才而教之，谁不愿意培养出自己的得意门生，谁不愿意创造一个又一个奇迹？更何况现在形势已经发生了变化，华清中学的人事任命权已经收归教育局不再是区委组织部管了，也就是说华清中学从行政级别上和我们临潼中学已经是一样的了。随着时间的推移，门第之差、身份之别慢慢也就不存在了。所以，只要我们创建成功，未来生源录取也就会一样了。因此，创建省级示范对我们学校来说，重要性可想而知。从我个人角度讲，我年龄也大了，干上几年也就退休了，要说混也能说得过去，但我为什么像打了鸡血一样要把临潼中学做好，说大了就是想为临潼教育做点贡献，说小了就是要实现自己的个人价值，想打造出一所名校来。有人会说，活着本来就没啥意义。是啊，从哲学角度上讲，活着的确找不到所谓的终极意义，但我认为活着的意义就是寻找意义本身，就是要去做一些有意义的事情，人只有一直在做有意义的事情的过程中，活着的意义才蕴藏其中。鲁迅先生曾经说过，有一种悲剧就是几乎无所事事的悲剧，我希望大家不要成为这样的悲剧人物，一辈子啥也没有干成。我希望大家，尤其是年轻人在创建省级示范过程当中锻炼自己、提升自己、成就自己，千万不能错失良机，失去弯道超越的机会。

对于创建省级示范我是有信心的。因为我们有厚德图强的临潼中学精神，我们有一个特别能战斗的管理团队，有一群爱岗敬业、爱生如子的优秀教师集群——不但有省市级“手、骨、头”，也有校级的“五级品牌”教师，还有一群身退而心不退、欲把夕阳比朝阳的老教师，他们是临潼中学的财富和至宝。正如张哲校长所言，赵慧敏老师还剩三天就要退休了，但仍坚守岗位；张建学老师从没有因为即将退休而耽误一天的工作，从没有给学校提出过任何需要照顾的要求；王永峰老师积极参与特色课堂建设，积极组织晋级活动，30多年来一直深爱着临潼中学；临潼中学的文学大咖黄昕老师，用自己的如椽之笔，书写自己情怀的同时，更在书写临潼中学的辉煌篇章；薛稳奇老师在监管整个高三质量的过程当中，尽职尽责，每次我检查的时候都能见到他的身影；放假前碰到王根生老师，他主动说，假期学校有工作可以安排给他，孩子也高考完了，听后我有些泪崩；杨瑞妮老师，带两个班的数学课，又兼任班主任和高三年级组长的工作，高考复课任务重，工作强度大，但从来没有叫苦叫累，一心只想着如何做好高三复课备考，想着如何提高学生的成绩，是后备力量的榜样；杜斌老师，在教研组工作中能亲力亲为，带领数学教研组加强教学研究，主动探索初高衔接的教学实施策略，并编写初高衔接教材，积极撰写教研论文，起到了引领示范的作用，推进了数学学科建设，是教研组长的榜样；李俊龙老师与妻儿两地分居，不能尽丈夫和父亲之责，把自己的时间和精力都奉献给了学校，教书育人，狠抓管理，任劳任怨，是青年教师的榜样；陈小红老师，治学严谨，积极创新，面对特色课堂建设，她没有因为年龄大而退缩，而是努力转变观念，改变教法，不断探索实践课堂教学改革，在特色课堂建设中取得了突出的成绩，是9名树标优胜者中最年长的一位，是我们全体教师学习的榜样。

在学校发展过程当中，还有一群人值得我们尊重，他们是学校稳定发展的压舱石，是质量全面提升的总舵手，是家校沟通协调的金话筒，是学生未来成功成才成人的“大先生”，他们就是我们可亲可敬可爱的班主任老师。徐学武老师，是最年长的班主任，他用自己对学生的关爱、对教育的执着，默默耕耘在班主任战线，班级管理有声有色，为学校的发展贡献了自己的力量；张妮老师发自内心地关爱学生，用心用情去管理班级，与学生建立了深厚的感情，让班主任这份“苦差事”变得很甜蜜；田小亮老师用微笑去迎接每一个孩子，用爱心去打动每一个孩子，充分享受做一名“大家长”的幸福；王红红老师倾注师情，陪伴学生，严中有理，眼中有爱，用真情去感动、用大爱去唤醒每一名学子；周莹老师创新星级学生评价方式，注重文化育人，擅长激励引导，树立典型，科学评价，班级管理务实高效；纪芙蓉老师在班级实施精细管理，进行目标激励，严抓过程管理，创新工作方式，力促结果提升，是班主任当中的实践者；张涛老师注重常规，狠抓习惯养成，严慈相济，用真情去感召，用制度去约束，是学生心中的知心大哥；王晓娟老师因材施教，力求实效，做好三师，成就学生，也成就自己；赵静老师，善于研究，勤于学习，把班主任工作当成事业，更当成一种享受，她用心育人，以爱化育，带领学生奔跑在追寻“幸福”的路上，是班主任当中的探索者。

当然，令人感动的人和事还有很多，我在这里就不再一一列举。正是因为我们有着这样一群平凡而伟大、优秀而内敛的教师，临潼中学才会有值得期待的明天，才会有未来发展的无限可能。

有时候我在想，我们创建省级示范，难道仅仅就是为了高质量的生源、好听的声誉以及所谓的荣耀和尊严吗？不是的，绝不仅仅如此狭隘。我是希望通过创建省级示范，大家和学校一起成长，共同见证我们全体师生相濡以沫的生活。工作本来就是生活的一部分，工作不好生活能好到哪里去？我们的办学目标是以文化引领，把临潼中学办成有温度、有高度、有内涵的师生生命共同体和环境优美、特色鲜明、质量上乘、管理科学、运行民主的精品特色学校。什么是生命共同体，就是我们要融入学校的工作当中，融入学校这个有机体当中。我们真诚地工作，真诚地生活，不要割裂工作和生活，不要工作中一套，生活中一套，最后发展到自己连自己都不信任、不认识了。我们有些人总是想“跳出三界外不在五行中”，总是想工作敷衍着，然后尽享自己的私人生活，最后生活也没有过好。在一个群体当中，人家工作出色，获得了各种各样的荣耀，得到了大家的普遍好评，而你业绩平平，口碑很差，你说你的生活能惬意吗？ 我们只有获得了职业的荣耀感，我们的生活才有底气，才有幸福的基石。

有时候幸福不单是一种感觉，更来自认知。为什么我们这个行业“桃李不言下自成蹊”就是一种幸福，而不是蝇营狗苟？干了教师这行，你再努力也发不了财，但你在这个圈子里术有专攻、业有所长，就会迎来另一种人生，一种被人需要、受人尊重的人生。我们教师对学生付出了真心，将来学生有了成就会来回报你，这是一种精神的慰藉和心理的愉悦。

所以说，我们的眼光要放长远一些，不要仅仅盯在眼前的小利益上。尤其是年轻人，你从事了这个行业就要在这个行业深耕，不要一会儿心思在挣钱，一会儿心思在玩乐，最后必将一事无成。有句话说得好，不是有了希望才去努力而是努力了才有希望。你平躺着，没人会把机会拱手相赠，机会总是留给有准备的人。没人用你的时候，学习沉淀；有人用你的时候，厚积薄发。不要怕起点低，也不要怕没有贵人相帮，你只要不断努力，起点就会越来越高，贵人会越来越多。古人讲，莫欺少年穷，那是因为少年有希望、有未来。年轻人你只要努力，一切都会给你让路。我当年开始当领导的时候，有人说看一个白面书生能当好领导？我就不服气，一方面把学历从中师提升到大专、本科、研究生，一方面不断学习进修管理知识，最终我在没有什么背景的情况下，走到了今天。虽然我并未取得什么大成功，但对于一个起点很低的教师来说，能走到今天，如果不努力，如果总是盯着蝇头小利，可能会有今天吗？英雄不论出处，你我皆是黑马。所以，平庸如我者，努力尚且还有希望，作为起点就是本科、研究生的你们，哪能自甘平庸？！

刘邦看到秦始皇巡游的宏大阵仗后说："嗟乎，大丈夫当如是也！"是啊，你我生于盛世，岂能混迹人群？我们当中好多人，工作缺乏热情，总是怕出头，怕别人看自己的笑话，因而工作瞻前顾后、畏首畏尾，自甘平庸。不要怕别人笑话，更不要怕别人说三道四，你做你的，你优秀了一切阴谋诡计自然不堪一击。木秀于林风必摧之，风为啥摧你，因为你有价值啊，你是个人物啊。我经常被人说三道四，也经常被人抹黑侮辱，也经常被人威胁恐吓，然而我但行好事不问前程，一路走来虽然看尽了人性的丑恶，但也领略了无限风光。不要怕，只有背后有太阳的人，面前才会有阴影。董宇辉老师最近特别火，他在卖带鱼时说："带鱼只能生活在40到100米的深海处，因为那里水压很强，只有足够多的压力，它才能正常生活，所以有些人注定就是负重前行。压力也让他们痛苦，痛苦让他们坚定，痛苦的人才深刻，深刻的人才坚定。"所以，无论是谁，只要我们心中有梦想，脚下有行动，心无旁骛，工其一事，则万事可破，万事可成！因为当你努力到一定程度，幸运自会与你不期而遇。我心目中的理想教师形象是：儒雅博学、公道正派、通达乐群、善研精进、培善育美、启智守真、敬业爱生、心系家国、敢于大成。我希望我们的教师，要有一种敢于成就自己梦想的勇气和信心，不躺平，不堕落，做最优秀的自己，实现自己的人生价值。

最后，希望大家能在注意安全的前提下，过一个舒心愉快的暑假，当然，一定不要忘了读书学习。

再次感谢大家一学期来的辛勤付出，感恩大家对我个人工作的鼎力支持！谢谢！

（本文是作者2022年放暑假前在全体教职工会议上的讲话）

改进作风 振奋精神 凝心聚力 开创新学年新局面

新学期如期而至，我们又回到熟悉的临潼中学。大家应该看到，根据创建省示范的要求，经过一个暑假的改造提升，我们的校园发生了翻天覆地的变化，整个学校面貌焕然一新。所有楼宇墙体外立面进行了刷新扮靓，统一了颜色，统一了格调；所有教室和楼道铺设了地胶，教室内部进行了粉刷，装设了墙裙，一改往日黑旧破损、墙皮脱落的破败景象，大大改善了我们的教学环境；四合院（也就是我们将要命名的图强园）作为学校的核心景观和文化表达的主场，我们也在进行全面改造提升，届时廊亭辉映、曲径通幽，水车喷泉、灵动生趣，古诗对联、文化浸润；校门厅也进行了改造提升，一进门给人一种豁然开朗、大气宏伟的直观感觉。同时，根据市局要求，对宿舍卫生间也进行了改造提升。以上这些改造已经基本完成。操场的改造提升以及操场看台的修建，还需要一段时间。我相信，再经过一段时间，一个全新的临潼中学必将呈现在大家面前。

我们所做的这一切，都是为了临潼中学的发展，不断提升我们的办学品位，为今年全面创建省级示范打下坚实的基础。放假期间市教育局刘红副局长、区教育局张树军局长一行到临潼中学考察调研我校的创建工作，尤其是市局刘红局长对我校创建所做的大量工作给予高度的肯定，她说："看到你们学校领导一班人的创建热情和精气神以及你们做出的不懈努力和取得的阶段性成果，我对你们创建省级示范有了很大的信心。"她当即表态，要对临潼中学的创建工作予以资金倾斜。同时，张树军局长也表示要从财力、物力、人力等方面全力支持临潼中学创建省级示范。同志们，有了市、区两级领导的亲切关怀和大力支持，我们的创建工作一定能够成功，也必将能够实现。

我来临潼中学已经两年零两天了。从来临潼中学的那一天起，我就有一个名校梦想，想把临潼中学打造成一个高质量、有特色、能示范的品牌强校。为此我夙兴夜寐、殚精竭虑，从未懈怠。我生怕自己的局限性限制了临潼中学发展的高度，我生怕自己的才疏学浅有负组织和人民的重托。所幸两年来，在大家的共同努力下，我们高考质量稳步提升，2021 年获得区高考综合评比第一，2022 年高考又取得巨大突破，应届二本上线率几十年来首次突破 90% 的大关，一本人数达到 228 名，不出意外我们今年高考评比也不会屈居第二。所幸两年来，我们轰轰烈烈地开展了特色课堂建设，成功完成了西安市特色实验学校的创建验收，获得了西安市素质教育特色学校的光荣称号。我们的所有付出和取得的成绩，得到了社会各界的好评和认可，为我们自身赢得了尊严，也为我们逐步争取到了好的生源。今年我们的示范班分数线比去年高了 18 分，普通班比去年也高了 18 分。

至此，我要说的第一点是感谢！感谢我们的领导团队精诚团结、任劳任怨、勇于担当、敢于作为；感谢我们的年级组长、教研组长、备课组长身负重任、亲力亲为、身先士卒、率先垂范；感谢我们的后勤、政教、安保为我们的正常教育教学提供了一个安全、稳定、和谐、舒适的教育教学环境；感谢我们所有教师为学校的发展所付出的艰辛努力和无私奉献，以及对我个人工作的支持理解和密切配合。我何其荣幸能和大家这群有志之士共谋发展、共创未来！

我要说的第二点是我们面临的挑战。对于临潼中学的发展，我们每一个人都不能置身事外，我们都要躬身入局，思谋临潼中学未来发展之路。作为一个教育人，我们不能总是埋怨自己的学生不优秀，但作为一所学校，要实现良性发展，生源问题绝对不能回避。既然不能回避，那么我们就要勇于解决问题，解决的方法有哪些呢？我想唯一的捷径就是创建省级示范，没有公平，我们自己创造公平，如果都成了省级示范，那么就可以同时同条件招生。也许刚开始我们不行，假以时日，我们一定能够重塑临中辉煌。

我们必须承认目前我们距离省级示范标准还有一段差距，比如操场、各类部室、社团活动、师资等，但物质不行精神来补，只要我们思想不滑坡，办法总比困难多。大家也可以看到，经过暑假的大规模改造，我们又距离省示范近了一步。只要大家同心同德、齐心协力、共克时艰，我们一定能够创建成功。

同志们，我们没有退路，只有通过创建，才能积极争取学校软硬件条件的改进以及校园环境面貌的提升。错过这个机会，我们再要想发展，一定会更加困难。因此，从现在开始，我们每一个人都要为创建思谋，为创建出力，为创建改变自己提高素质。

第三点我要说的是要求。一个学校要高质量发展，必须要有好的制度和好的教师队伍，这两者都需要铁的纪律作为保障。再好的制度，如果没有铁的纪律来监督执行，制度就是一纸空文；再好的教师队伍，如果没有铁的纪律进行约束，必将成为一盘散沙。所以，要打造临中的教育铁军，要把临中打造成名校，我们必须强调纪律的重要性。这也是暑期政治学习的主旨，也是教育局开学教育工作会强调的重点。

在给别人提纪律要求的时候，我首先反省一下自己。作为校长，两年来我基本没有请过假，没有特殊情况，我每天基本早上六点半前到校，晚上十点或者十一点左右回家。每个假期，我基本天天坚守在学校，完成假期学校改造提升，今年暑假我更是一天都没有休息，时刻关注工程进展和校园安全。唯一遗憾的是，学校近年来各种事务性事情太多，我不能抽身去多听课多参加教研活动，这是我的失误和不足。以后完成创建任务后，我会经常深入课堂，深入教研组，参与各种活动。

在建章立制方面，我亲力亲为，亲自动手制定了五六万字的学校五年发展规划、学校文化建设方案、学校文化手册等。在保证公平方面，改革了绩效工资方案、修改了职称评定办法、优化了优秀教职工评选方案等。在解决教师提出的问题方面，杨娟组长提出教师课间休息问题后，改造了教学楼二、三、四楼休息室，配备了沙发、茶几等，方便教师休息。政教处提出了班主任平时休息问题后，后勤处改造装修了十几间房子并配备了整套的床上用品，方便班主任休息。我刚来的时候，有老师说备课室太旧太烂了，我们立刻着手改造并进行了文化布置，为教师提供了舒适的办公环境。在福利待遇方面，尽管资金捉襟见肘，但我们还是想尽一切办法，为教师献上一份微薄心意。为了兑现多劳多得、优劳优酬的分配原则，我们在高三奖励、学科优胜、特色课堂、“五级品牌”教师、评优晋级等方面都投入了大量财力。凡是事关教师切身利益和学校发展的事情，我都非常重视，目的就是做到一个校长该做的，服务师生，奉献学校。

这是我谈对自己的工作要求，对大家的要求我也有必要谈一谈：

一是对领导干部的要求。要珍惜组织给你的机会，不辜负同志们的信任，全力以赴干好本职工作。要加强学习，不断提高管理能力；要调动处室力量，形成合力；要敢于担当，不推诿扯皮；要迎难而上，不拈轻怕重；要加强团结，互帮互助；要勇于创新，不因循守旧；要少说空话、多干实事；要深入一线，多听课、多参加活动、多和教师谈心、多解决教师实际困难。

二是对所有人的要求。要加强师德师风建设。本来暑期我要针对师德师风进行专题教育，但由于客观原因没有进行。本来我以为我们的教师，临潼中学这个大校的教师应该是高素质的，不需要我过多地进行最基本的师德师风教育，但 8 月 26 日的全区开学工作大会改变了我的看法，也让我蒙受了羞辱。张树军局长在强调开学工作纪律的时候，提到了一些师德师风怪相，当时，我还在暗中嘀咕不知哪个学校的教师素质这么差，竟然让局长大会上进行批评。当我回到学校的时候，局里一个领导给我打电话说："薛校长，你知道局长今天说的现象是哪个学校的？"这一问，我就有一种不祥的预感，脊背发凉，肯定与我们学校有关，果不其然，领导安慰我道，张局长给你留了面子，你下去要好好抓一抓你们的师德师风建设。听了此话，我非常生气，这难道就是我们的教师？简直颠覆了我的认知，简直摧毁了我的自信心。这样的教师能跟省示范匹配？我们张校长、孙主任等一群领导，没日没夜，暑假一天都没有休息，优化美化校园，我们全体师生努力工作刻苦学习，高考质量节节攀升，社会影响力与日俱增，我们的这些努力难道就这样被个别教师轻描淡写地摧毁了？我百思不通，这是怎么了？虽然是个别人的问题，但归根结底，是我们疏于对教师群体的有效管理。

以前我对大家说过，高中教师，应该给予一定的自由度，不能统得过死，否则你能关住他的身关不住他的心。我还说过，要制度化和人性化相结合，不能僵化管理，也不能放任自流，否则都不会有好的效果。后来我想，人性化管理的前提是你必须自觉遵守纪律制度，否则人性化就是自由化。县城几所高中都实行坐班制，我当时想，只要教师有事请个假不耽搁学生就好，给予一定的自由也好。但几个现象让我深思：一是还没有放学，你总是能看到我们的教师一溜一串或者三五成群地自由进出校门，给群众造成的印象是这学校咋乱乱的；二是有学生家长反映，学生课间问老师题，经常找不见老师的身影，一打听回家了；三是有人给我说，咋有时看到你们有些教师上课期间还在街道上呢？如果自由的代价是学校的声誉损毁，是学生的利益受损，是遵守纪律的教师心理不平衡，是家长社会的指责之声，那么自由的代价未免就太大了。基于以上原因，我告诉教务处，要领导带头查一查上班期间的到岗坐班情况，先不要做要求，也不把结果纳入量化，但一定要进行记录，万一在评优晋级两相差距不大的情况下，表现好的教师可以优先，不能让好人吃亏。有人建议，不行了可以打卡关门，上课期间禁止出入，我说这是防君子不防小人的下下策。但如果我们有些老师不自觉，不断挑战纪律红线，不排除什么政策都可以用。

张局长在会上还说过一个现象，有个学校领导找他说嫌工作太重，想调整个岗位。张局长说你嫌工作重，可以不当领导了，为啥非要当领导？张局长随后又说，有些老师不服从工作安排，挑三拣四，挑肥拣瘦，你嫌弃的话，你可以不当老师了，干别的也行啊。他同时批评校长，他要求校长要加强管理、敢于管理，坚决抵制歪风邪气、不正之风。张局长说的这些现象，我们在座的各位身上有没有，可以进行一下自我反思！

在开学工作会议上，许书记举了个例子：有个教师因为学生把他的水杯弄倒了，在教室里破口大骂。他强调，我们的教师要注意自己的言行举止，不要任意妄为。有些老师在学生面前肆意妄言，牢骚满腹，诋毁社会、诋毁学校、诋毁同行，造成了非常恶劣的影响。作为一个教师，我认为你最起码的底线思维应该是：爱学校，爱学生，守纪律。你不注意师德师风，作践自己，不守纪律，不爱校，不爱生，你哪里来的尊严？我们有些教师，要求学校做这做那，那你做到了一个教师该做的了吗？还有一些教师，不是爱校荣校，不是给学校提合理化的建议，不是通过正常渠道反映问题，而是不断放大学校的不足，妄议学校的战略方针，在外诋毁自己的学校，这种人何谈师德师风！

老师们，今年我们即将迎来改变临中命运的天赐良机——创建省级示范。创建省级示范不仅是环境和设施设备的提升，更重要的是师生素质的全面提高。对于我们学校来说，锻造一支师德高尚、业务精良的教师集群显得尤为重要。对教师来说，想把学生培养成什么样的人，自己首先就应该成为什么样的人。培养社会主义建设者和接班人，迫切需要我们的教师既精通专业知识、做好“经师”，又涵养德行、成为“人师”，努力做精于“传道授业解惑”的“经师”和“人师”的统一者。教育是一门“仁而爱人”的事业，有爱才有责任。广大教师要严爱相济、润己泽人，以人格魅力呵护学生心灵，以学术造诣开启学生智慧，把自己的温暖和情感倾注到每一个学生身上，让每一个学生都健康成长，让每一个孩子都有人生出彩的机会。老师应该有言为士则、行为世范的自觉性，不断提高自身道德修养，以模范行为影响和带动学生，做学生为学、为事、为人的大先生，成为被社会尊重的楷模，成为世人效法的榜样。

老师们，让我们一道为临中更加美好的明天而努力奋斗吧！

（本文是作者在2022年秋季开学工作会上的讲话）

上下齐心协力 师生携手共进 全力打造省级示范

在这丹桂飘香的金色之秋，我们欢聚一堂，隆重召开2022年秋季开学典礼，可谓正当其时。每年这个时候，我们都要对上学年的工作进行总结表彰，对下学年的工作进行安排部署，因此，开学典礼至关重要，意义非凡。

刚才，我们对这一年来表现优秀的教师和学生进行了表彰奖励，作为校长，我由衷地表示祝贺，祝贺他们用自己的辛勤汗水换来了师生的尊重和学校的认可，他们就是我们在座师生的榜样和楷模。由于名额限制，其他没有受到表扬的师生，其实也同样优秀，同样为学校的发展进步贡献了自己的最大力量，所以同样值得我们表扬。

我为什么要这样说呢？因为没有我们全体师生的共同努力，我们不可能在2021年顺利通过西安市特色实验学校验收，不可能在2021年获得临潼区高考综合评比第一名的好成绩；也不可能在2022年的高考中应届二本升学率达到90%，一本人数达到228人，要知道我们上届高三只有55名学生的入学成绩高于华中普通班录取分数线。如今，临潼中学迎来了前所未有的发展势头，我们通过艰辛努力取得的成绩真实可靠且一年更胜一年，真是可喜可贺！

但遗憾的是，有一个瓶颈制约了临潼中学迈入一流名校的步伐。什么瓶颈？那就是省示范这个平台。创建省示范对我们学校有什么好处？也就是说我们为什么要创建省级示范？我先说一下背景：过去全省对高中学校的认定评价只是两个台阶——普通高中、重点高中。现在省上对高中的认定评价分三个台阶——普通高中、标准化高中、省级示范高中，我校目前是标准化高中。截至2021年8月，陕西省普通高中示范学校共计102所。目前全省创建省级示范到了尾声，因为不可能把所有高中都评为示范高中，不然示范就失去了意义。大家可以看出，省级示范就是高中里面级别最高的，也就是我们过去通俗讲的省重点高中。这就是我们为什么要创建省级示范的出发点——要做就做最好的学校！其次，我们要将临潼中学打造成省示范，便可以获得更多的优质资源和政策倾斜，再者我们创建成功后，就会在第一批次录生，生源质量将会不断得到优化。

但创建省级示范，绝非易事。为此，我们全校上下做了大量工作。截至目前，我们建成了宏伟大气能够代表临潼中学形象的学校大门，并对校门内广场进行了优化升级，如今一进临潼中学大门便有一种名校的气息扑面而来；我们对全校共计 1.3 万余平方米的楼宇外立面在加固的基础上进行了刷新扮靓，排除了过去瓷片经常脱落随时伤人的险情，也改变了过去楼房颜色杂乱没有主体色彩的弊病；对 1.6 万余平方米的教室内墙进行了粉刷，铺设了近 5000 平方米的地胶，改变了十几年来教室灰暗、墙皮脱落、地面凹凸不平的现状，极大改善了同学们的学习生活环境；为了使同学们有一个良好的体育锻炼环境，市局刘红副局长和区局张树军局长在考察我们创建省示范工作后，对我校所做的工作表示肯定和满意，市上决定下拨资金为我校重新修建高标准的运动场和观礼台，以后还将为我们建设风雨操场、扩大餐厅等；为了使同学们有一个良好的休息休闲场所，我们花大力气对宿舍进行了全面升级改造，对中心花园进行了优化美化，建成了得到省教育厅刘建林厅长高度肯定的具有浓郁文化特色的“图强园”。今后，我们还会对全校路面进行优化升级，对所有花园进行改造提升，并进一步完善所有细节。届时，一个文化主题明显，环境诗意优雅，设施设备完善先进，生活学习惬意舒适的大美临中必将呈现在我们的面前。

当然要创建省级示范，绝不是仅仅完善硬件建设，更重要的是进行软件建设。为此，我们加强教师队伍建设，打造“校内五级品牌教师”，努力锻造一支临潼中学的教育铁军；我们加强课程建设，响应“课堂革命，陕西行动”的号召，践行西安市“三个课堂”的实践要求，在第一课堂求特色求质量，在第二课堂求革新求亮点，在第三课堂求丰富求实效；我们进行打造特色课堂、打造书香校园、打造九鼎德育、打造“1+N”办学模式等特色建设，努力把临潼中学建设成为高质量有特色能示范的省级品牌强校。

老师们，同学们！创建省级示范，是今年我们学校的大事，是我们下半年工作的主题。我们必须上下齐心协力，师生携手共进，方能完成创建工作。创建不是校长个人的事情，也不是领导群体的事情，创建是我们每个师生的事情。作为临潼中学的师生，我们每个人心里都要这样想：创建工作，我的责任！每个人教师都要积极投身到创建工作中来，在高质量完成本职教育教学工作的前提下积极承担各种创建任务，高质量完成创建工作。我们每个学生都要遵规守纪，热爱劳动，积极参与到特色课堂建设、各类社团活动、社会实践等活动中来，以实际行动为创建工作助力。我个人也曾作为专家，被省教育厅抽调去外区县进行省级示范复验工作，因此我比较了解专家必看的内容，那就是观察了解师生的精神风貌。这精神风貌不是装出来的，它是长期教育、自我教育、自我约束的结果。这就要求我们的全体师生，注意自己的言谈举止、仪容仪表，因为你的每一个细节、每一句话、每一句问候、每一个微笑、每一个动作都代表临潼中学的形象，你美就是临潼中学美，你优秀就是临潼中学优秀，你示范就是临潼中学示范。所以，从现在开始，就让我们注意自己的穿着，注意自己的言行，把自己最美的一面呈现给别人，呈现给专家，彰显我们大美临中的无限魅力。

同学们，放假的两个月时间，我和张哲副校长、后勤孙旭主任等其他领导几乎一天也没有离开过学校，尤其是我天天待在学校，时时都在关注学校的建设和发展。不是我不累，不是不想外出休闲，因为我有理想，所以我热情高涨，累并快乐着。我的理想是什么？我的理想就是要办一所名校，一所真正的在西安市叫得响的省级示范高中，让家门口普通老百姓的孩子也能享受优质教育资源，不必舟车劳顿地跑到外地花大价钱去读书，为此我殚精竭虑、夙兴夜寐。说到底，我们所做的一切都是为了在座的各位同学能有一个好的学习生活环境，能有一个好的未来。下面，我给大家提几点要求：

一、要有校荣我荣、校衰我耻的荣辱观

同学们，既来之则安之。你选择了临潼中学，临潼中学也选择了你，这本来就是一次美好的相遇，也是你人生当中可遇不可求的缘分。你来到学校，你就和学校、老师成为生命共同体，便将共同走过人生最重要的三年历程。在这个过程中，你将遇到恩师、知己，将遇到生活的风花雪月和学习的一地鸡毛，将健全你的三观，将成就你的梦想，所以，此后三年，你就是临潼中学，临潼中学也就是你。荣耀是你，耻辱是你！你早已和临潼中学血脉一体，荣辱与共。我们作为临中一分子，就要像爱护自己的眼睛一样爱护我们的学校，守护我们的共同家园。

但我们有些同学，做得并不好，需要自省自查。比如有些同学，不讲究卫生，随地乱扔垃圾、随地吐痰，随意破坏公物，不热爱劳动，和省级示范高中的要求格格不入；有些同学不珍惜同学间友谊，乐于制造矛盾和是非，甚至欺凌同学；有些同学穿着我们的校服在外面公开抽烟，形象丑陋；有些男女生在街道上举止不雅，

行为暧昧；有些同学，有问题不通过正常渠道反映解决，自己不想住宿，便戳是弄非，诬告学校，抹黑学校，说学校强行要求自己住宿。一个不爱学校的人，你期望他会爱国吗？笑话！

二、要有穷则独善其身、达则兼济天下的价值观

一个人在仅仅为自己而活的时候，往往在遇到困难、挫折、不幸甚至危险的时候，很有可能就会意志消沉、自我放纵甚至自我毁灭；因为他目之所及皆为自己，心里没有别人、没有家国。过去我们的革命先烈为什么宁死不屈，宁死也不出卖组织？就是因为他们心里装着人民、装着国家。作为新一代年轻人，我们每个人都要为自己寻找活下去、努力奋斗的源动力。敬爱的周恩来总理少年时就立志要为中华之崛起而读书，这就是他赴法留学、从事革命活动的源动力。钱学森、邓稼先等老一辈科学家，就是为了中国不被西方强权国家核讹诈、核威慑才潜心钻研，这就是他们不懈奋斗的源动力。我们学习生活的源动力是什么？将来能有一个好工作，挣高工资，找个好对象，过个好日子，不错，这也是一种动力，但这种动力是普通人的动力，若要成鸿鹄之志，必不能安燕雀之巢。中华民族是个历经沧桑的民族，但中华民族生生不息，愈挫愈勇至今，就是因为每当我们面临危机的时候，就会有英雄人物出来拯救我们的民族。我希望同学们除了眼前琐碎生活的苟且，还要有为国贡献的英雄情结，有治国平天下的诗和远方。我们在一楼专门设置了贤达文化墙，他们是我们身边的在制造、种植、教育、行政等方方面面比较出色，并且得到党和政府认可的大国工匠、有良知的企业家、为民公正执法的法官、扎根山区教书育人的教师等。他们之所以取得如此大的成绩，有一个共同点就是：他们从来都不是仅仅为自己而活。他们心里有社会良知和家国责任，这就是他们工作生活的源动力。

三、要有知道什么是错什么是对的是非观

要有独立精神，凡事都想找依靠的心理是不健康不道德的。我们有些同学，生活不能自理，抗干扰能力差，别人能住宿他就不行，美其名曰不适应，你连宿舍住宿都适应不了，你未来还能适应什么？我从初一开始就住宿，住宿使我学会了和同学们和睦相处、友善相帮，学会了管理自己的财物和情绪，学会了照料好自己的日

常生活，更锻炼了我人际交往能力、语言表达能力和自我管理能力。

独立精神还反映在，遇到任何不利的事情我们都要多从主观出发找原因，而不是一味地强调客观理由。有些人，学习不好就喜欢找学校找老师的原因，从来没有想到自身存在的意志力薄弱、缺乏专注力、学习方法不当等问题。来到临中，如遇不顺心就想着去别的学校学习，这是极其错误的想法。今年高考，我们有一个原来在示范班的学生去了其他学校的示范班，结果连二本都没有考上，而他原来所在的我们临中的班级所有同学都考上了理想的学校。

独立精神还反映在，我们要有超强的自信心。我们往往认为能考上名校的甚至能上北大清华的，都是顶尖的好学生，都是来自一流的好学校，其实不完全是这样。河北石家庄精英中学，原本是一个招不到好学生好老师的即将倒闭的民办学校，但在李金池校长的带领下，发生了翻天覆地的变化。2018 年一个名叫郭家萌的学生，中考 579，全市排名 4118 名，三年后这个女孩以优异的成绩考入了北京大学；2019 年一个名叫刘泽乾的同学，中考 561 分，中考全市排名 9312 名，三年后这个男孩也考入了北京大学；2020 年，张轩汇、郭一定两位同学，分别以中考全市排名 10229、11801 的成绩经过三年苦读同时考入北京大学。我为什么说这些呢？我是想告诉大家，奋斗从来都不迟；二是不光是学校成就了学生，学生同样也会成就学校。现在的石家庄精英中学，早已远近闻名。所以，遇到问题，埋怨学校、埋怨老师是不明智的，在西安名校上学，你遇见的也未必都是名师。正如我一个朋友的孩子说的那样，他们的化学老师不行，他们班的学生自学能力一下子爆棚，反而班里的化学成绩比其他好老师教的班还高，这说明了什么，靠谁都不如靠自己。这里我告诫新高一学生，高中不比初中，没有人天天跟着你、督促你，要想成功，你必须管理好自己，必须加强自学能力的培养和锻炼。

关于是非观我要说的第二点是，多参加义务劳动和社团活动，都是有益身心健康和未来发展的。所谓磨刀不误砍柴工，你现在所受的苦，未来都会照亮你的路！哈佛一个研究机构，对上学期间热爱劳动的学生和两耳不闻窗外事一心只读圣贤书的学生毕业后就业情况做了一个统计，惊奇地发现，热爱劳动的学生就业率要比其他人高出 25%。你看看现在我们有些同学，劳动没有劳动的样，一副公子小姐的样子，五谷不分，四体不勤。学生就要有学生的样子，朝气蓬勃、积极向上、热爱劳动、热心活动，争做星级学生，成为美德青年。同学们，我们一定要积极参加社团活动、社会实践活动、义务劳动等。这些都能锻炼我们的沟通能力、语言表达能力、组织协调能力、创新创造能力等，益处很多！

老师们，同学们，我还有好多话要说，但由于时间关系，我只能点到为止。我们学校在日新月异飞速发展的今天，可能会面对许多问题，作为校长我绝不会退缩，一定会披荆斩棘、勇往直前，直至成功。当然，学校的跨越式发展离不开广大师生的大力相助。我十分感恩每一位师生的鼎力支持，感念每一位师生的辛勤付出。老师们，同学们，我们一个人的力量是渺小的，但我们团结起来的力量是巨大的。这些力量可以汇聚成空前绝后的能量流和信心潮，这些潮流，必将把我们临潼中学推向光明的未来，推向人人向往的品牌特色名校。我相信，临潼中学的明天一定会更加美好！

最后，再次感谢老师们的无私奉献，希望你们在以后的工作生活中劳逸结合、保重身体！还要再次感恩在座的各位同学，你们都是天使，是你们让我们这些教育人有了永葆青春激情和生命热望的理由，谢谢你们！谢谢大家！

（本文是作者在2022年秋季开学典礼上的讲话）

凝心聚力 抛弃偏见 攻坚克难 创造创新 共同创建省级示范

创建省级示范工作已经到了攻坚阶段，剩下最后一公里。这个时候，需要的不是袖手旁观、隔岸观火甚至是落井下石，需要的是大家躬身入局，凝心聚力，攻坚克难，创造创新，全面提升，共同创建省级示范。这个时候，不管你有多大的怨言，不管你有多么劳累，只要是事关创建的任务，我希望你恳求你欣然接受，保质保量完成，也许这就是对一个师者无私奉献、爱岗敬业精神的最好诠释。创建不是校长一个人的事，也不仅仅是领导班子的事，创建事关临潼中学的兴衰荣辱和长远发展，所以创建和我们每个人未来的工作和生活息息相关，请大家务必高度重视。

具体讲，首先，成功创建省级示范会提升我校的声誉和品位，让工作在这个学校的我们脸上有光有尊严；其次，成功创建省示范能改善我们的生源，谁不愿得天下英才而教育之，谁不愿意面对只要点化就能学懂的聪明学生，谁不愿看到自己的学生未来学有所成、建功立业？再者，说点势利的话，在创建过程当中，我们可以获得实实在在的益处，比如政府和各级教育部门，尤其是教育局对我们的职称倾斜、人员倾斜、建设资金倾斜、政策倾斜等。另外，在创建过程当中，只要我们积极参与其中，每个人的素养也会不同程度地得到提升。当然，创建成功后，我们还会得到很多发展的机会和无形的收益。总之，创建于公于私都势在必行，势在必得！

其实，创建的关键点不仅仅在于硬件的提升，更重要的是在于我们观念的转变、理念的提升、素养的提高、业务的求精。我们很多人逐渐发现一个事实，就是随着我们硬件环境的不断改善和提升，我们的管理水平越发显得跟不上，我们的教育教学素养和学生精神风貌也与省示范高中不相匹配。这就恰恰说明，创建很有必要，不创建我们不知道自己的短板，不创建我们不知道跟别人的差距有多大。

比如，我们的校本课程建设和校本教材，缺乏整体规划和系统性开发；比如，我们的社团活动缺乏热情兴趣，缺乏高质量经典社团作为引领；比如，我们的研究性学习基本就没有开展；比如，我们的学生发展缺乏顶层设计和整体部署；比如，我们不少老师的专业能力和工作状态还有待改进；等等。针对这些问题，我希望大家能够迅速觉悟觉醒：创建不是在麻烦我们，不是揭我们的丑，亮我们的短，而是在给我们提供一次提高自己的机会，错过这个机会也许就错过了一生的发展机遇。因此，我倡议大家：

1. 积极投身到创建中来。创建过程也是领导重新认识你、重用你、提拔你的绝好机会，只要你努力了大家都会看得到，领导也会看得到，不要只顾眼前的芝麻小利，不要嫌麻烦，不要一承担任务就轻易产生抵触情绪。学校这个时候需要你，到了一定时候，你同样也会需要学校。

2. 拿出你的看家本领，发挥你最大的聪明才智，尽你最大的努力参与创建工作，在校本教材开发、社团活动、阳光活动、研究性学习、教育论坛这些活动中展示自己，在创建中提升自己。

3. 要明白创建不是在影响我们的工作，而是在督促我们改进提升，虽然累了点，但值得，累并快乐着。尤其是特色课堂的建设我们绝不能松懈，每个人都要积极投身到新的课堂改革当中，不断学习新理念，不断探索新办法，不断追求高效率，使课堂改革不沦为花拳绣腿，而是真正意义上成为我们提升教学质量的法宝和利器。我相信我们课堂改革的方向是正确的，路径是清晰的，只要我们真正落实，一定会不断提高我们的教育教学本领，一定会使我校在二流生源的基础上取得一流的成绩。大家每堂课都要好好磨炼自己的课堂教学能力，一定要把自己最好的一面展现给专家、领导和我们自己。

4. 创建验收当天，每个人要衣着得体，精神饱满，面带微笑，落落大方，彬彬有礼，言语得体，表述清晰，见人问好，不谄不媚，不卑不亢，保持良好的姿态。千万不要缩头缩脑、畏畏缩缩、表情呆滞、言语木讷、胆小慎微、言语含糊、紧张兮兮。我相信，我们所有人都是有自信的，因为我们的学校现在是最漂亮的学校，市上对我们的初验评估是满意的，正如刘红局长说的“发生了翻天覆地的变化”，所以，你现在完全可以挺胸抬头，自信满满地做一个省示范高中的教师！

创建是个大事，于公是临潼中学再迈新高的转折点，于私这是我作为校长的最大梦想——办一所品牌名校的梦想。谁干破坏创建工作的事，谁在创建工作中懈怠不作为，谁就是这个学校发展的罪人，是不可原谅的。我听说在社团活动当中，有人因为职称的问题闹情绪，活动也没有开展好，那我借此机会也说一说职称问题。

我意不在批评谁，也不针对谁，我只想把话说开来，希望大家能够理解，千万不要对号入座，自寻烦恼。

每年到职称晋升的时候，是最为敏感，也是大家最为关心的时候。不同的人对待职称的态度不一样，不管怎么说，每个人都要有正确的认知和良好的心态，否则，往往在事与愿违的情况下难免失落、失意、失态、失德。有时候细细想一想，同等条件下，职称本来就不存在谁该升谁不该升的问题。因为标准不一样，结果就很可能不一样。至少在我这里，我希望是公平的、合理的，不是靠领导个人意志决定的。在职称评定方面我不拿同志东西、不考虑私人情感。要说我有个人感情，那就是好好干的同志，为学校发展做出巨大贡献的同志，我有权提请职称评定委员会和校委会予以加分甚至破格提升。我所说的巨大不一定是轰轰烈烈的巨大，也可能是终年如一日地默默坚守，任劳任怨，无私奉献。

喜也职称，忧也职称，职称成了我们职业生涯绕不过去的弯，免不了的痛，所以因职称牵扯出了不少问题：

1. 我们不少同志评了高级教师，就觉得万事大吉，课也不想带了，事也不想做了，人生好像就到巅峰了，可以躺平了。这就大错特错了，你想没想，还有正高级教师呢，还有特级教师的荣誉称号呢。只要你努力工作，认真研究，教出特色，写出专著，你都可以有资格评正高的。最害怕的是你没有这个理想信念！我们学校有不少好老师，但没有出色的名师，就是因为我们没有敢于挑战自我、超越自我的勇气和毅力，我们没有向上攀爬成就非凡自我的目标。安于现状，得过且过，我们的人生怎么能精彩绝伦？

2. 我们的同志，职称评定的时候因为各种各样的原因没有通过，至少可以说明两个问题：一是我们教师之间缺乏相互请教、相互帮扶的习惯和氛围，做事单打独斗，明明可以通过请教同行就可能顺利过关的事情，却不闻不问，任由机会白白流失；二是我们平时不了解党和国家有关教育的大政方针、不学习新的教育教学理念、不积极参与学校进行的各种培训和课堂改革，低头拉车不看路，抬头看天不着边，总之我行我素、自恋自信、自我为王，最后成了井底之蛙、自大夜郎。

3. 心理学上有一个著名的瓦伦达效应，讲的是：美国著名高空钢丝表演者瓦伦达在一次重大表演中不幸失足身亡，事后其妻子说，我知道瓦伦达这一次肯定要出事，因为他在上场前不停地说这次太重要了，不能失败；而以前每次成功的表演，他总想着走钢丝这件事本身，而不去管这件事可能带来的一切。这个例子照样可以解释人不能有投机心理，否则受伤的永远是你自己。也适用于我们有些同志对待职称的心态。我总觉得，作为教师你好好工作，不要过分在意职称这件事，在一个公平公正的管理环境里，只要努力总会轮到你的，但你为了升职称抱有很重的投机心理，为了升职称你才愿意担任班主任，你才愿意干学校分配给你的工作，一旦你的愿望没有实现，自然你就会心理非常失落，当然也会对学校充满怨言。久而久之，对你的情绪和健康都会产生不良影响。

4. 我们有些同志往往会产生一种想法：工作会影响生活，甚至把生活的不如意归结为工作的辛苦和忙碌。我不能说你这个想法没有道理，只能说你的确是一个自甘平庸的人，是一个被生活绑架了的懦弱者。我为什么这么说？思维都有正反两面性，那你不妨逆向思维一下，那些生活好的普通人，哪一个不是工作干得出色的，不管是经商的、做工的、靠手艺吃饭的……你想想是不是这样？我们老师也是一样，你要是名师，你的生活绝对会迈上一个新的层次，不信你可以迈迈看看！我们往往用低级思维、消极思维思考我们的工作本身，如此我们怎么能够提升，如何可能快乐？

5. 我们有时候觉得升职称的为什么不是自己而是别人，那你为什么不看看别人的课堂教学以及效果，为什么不看看学生们对你的反响？有时候我到教室去巡查，教室里睡倒一大片，于是我仔细听了听你的课堂，我心想难怪学生睡着了，要是我也得睡着，你简直在催眠嘛！你的教学激情在哪儿？吸引力在哪儿？艺术性在哪儿？课堂管理在哪儿？现在的学习形式发生了巨大变化，你不学习也不改变，以不变应万变，你如何才能进步？你如何跟别人竞争职称？就是你不愿意升职称，你这样长期“无为而治”的教学状态，如何使你快乐？感动自己才能感动别人，课堂上连自己都感到厌恶的时候，学生如何喜欢，效果如何能好，你如何能幸福？

当然，我不是想责备谁，也不是针对谁，我说这些现象目的是唤醒大家，引起大家的高度重视。毕竟随着我们创建省级示范的步伐不断加快，我们现在面临的发展机遇会越来越多，我希望大家能够抓住机遇，乘势而上，努力去实现自己的理想，而不是自甘平庸甚至自甘堕落。

就像历史的车轮谁也无法阻挡一样，临潼中学不断进步甚至是飞速发展的势头，是谁也不能阻挡而且也难以阻挡的。就像市局刘红局长说的那样，临潼需要两所省级示范高中，临潼中学一定能够创建成功也必将创建成功，因为只有这样，临潼教育才能在良性竞争的情况下不断向前迈进、不断向前发展。就让我们心怀理想，超越偏见，矢志不渝，攻坚克难，人人为创建着想，个个为创建出力，为把我校建设成为高质量、有特色、能示范的品牌特色强校而不断奋斗吧。

再次感谢大家的辛勤付出！再次感谢大家对学校的理解和支持！

（本文是作者在2022年11月24日全干会上的讲话）

同舟共济 勇担责任 振兴临中 我做先锋

好长时间没有和大家面对面地说话了，一方面是因为大家忙，另一方面是因为学校事情太多。我这个人善于观察和思考，总想把自己看到的、感悟到的能够跟大家及时分享，但是由于各种各样的原因，总是不能如愿以偿。今天，临时把大家召集起来开会，是因为从一开学我们就面临很多问题，有好多问题如果不统一思想、统一意志、统一行动就会产生偏差甚至犯下严重错误，最终影响学校战略发展的大事。

对于学校来说，这个我们赖以共同生活工作的集体，即将迎来她的华丽转身和跨越式发展，这个千载难逢的重要机会就是省级示范创建工作。根据市局文件，省示范验收时间定在2月底3月初，以目前看来应该在3月中旬。创建省级示范是我们学校发展中的大事要事，要顺利创建成功，我们全体师生必须全力以赴、攻坚克难、创造创新。作为班主任的我们，在这场决定学校命运的攸关时刻，是躬身入局、积极参与还是冷眼旁观、漠然视之，是敢于担当、勇于挑战还是拈轻怕重、偷奸耍滑，都将产生截然不同的效果。我想，同志们都是有觉悟的人，否则也不会当班主任。我相信大家有能力、有信心、有决心完成创建省级示范的各项任务，为学校的未来发展贡献自己的应有力量。

为了更好地迎接省示范创建工作，使我们在迎检以前得到有效的锻炼和提升，我特意在一开学就小规模组织了一次三校课堂观摩课活动，接下来我又接受了《三秦都市报》给予我们学校的一次全面展示的机会——在我校举办2022“陕西教育先锋人物”全媒体新闻推介展示活动颁奖仪式，届时将会有来自全省150多个学校的校长或领导前来参会。这是一次我校露脸的机会，一方面会大大提升我校的知名度，另一方面将为我们创建省级示范累积资料和资源，当然任何事情都是双刃剑，丢人和赢人是一个钱币的两个面，搞不好也会自曝其丑。但无论如何，这个活动意义非凡，既是对我校组织管理协调能力的一次检测，也是我们自加压力自我提升的一次机会，我们要务必搞好，决不能出现差池。

在接下来的一系列活动当中，班主任作为骨干力量，作用至关重要。为此我讲几点意见：

一是我们要寻找存在的真正价值，用意义对灵魂做一个很好的安顿。最近我在抖音上看了一个卖房子的广告，一栋4层别墅，装修极尽奢华，售价4个亿。看罢我环顾自己的房子，突然觉得极其寒酸，但转眼一想，别墅那么大怎么管理呀，得不少保姆和保安吧，还得操心安全和费用，累不累，想到这我心里平衡多了——咱就没有那么大的本事，当然也就享受不了那么多的奢华，关键是我简单我快乐。王冠人人都想戴，但欲戴其冠必承其重，问题是你能不能承受王的压力。作为教师的我们想发大财、住豪华别墅或者手握权柄呼风唤雨是不大可能了，但我们也有我们的别样人生，那就是我们将目光向内寻找，物质不能奢华的时候，我们可以丰盈精神，我们把教育当成一种高尚的修行，我们在迷恋着孩子们成长的过程当中，不断成就学生成就自己，使我们变得专业、变得强大，足以抵抗来自外在的各种物欲的疯狂诱惑，这就是意义所在。人的终极快乐就是心安。你用你的力量，用教育的力量，改变了一个人乃至成百上千个人的命运，你不幸福才怪，你不心安才怪！唯有静下心来做自己喜欢的事情，从中找到生存的价值和快感，才是有意义的事情，才会给灵魂一个安顿的地方。

二是要时刻提醒自己：临中发展，我的责任；临中振兴，我做先锋。别人的学校再好，与我们无关；我们的学校再差，那是你我朝夕相处的金窝。一个学校发展慢不害怕，怕就怕人心不齐，怕就怕干的干看的看，看的还给干的提意见，怕就怕吃里爬外、吃谁的饭砸谁的锅。作为班主任，我们不能置身事外，心里要有事，眼里要有活，就像居家过日子一样关注学校发展、关心关爱学生，要有时时放心不下的责任意识，认真对待自己的工作和学生。一个学校能不能平稳发展，能不能高质量发展，关键核心就在于班主任能否发挥应有的聪明才智和能否全心全意尽到自己的一份责任。一个班级，班主任强有力了，所在的班组教师也会得心应手、高效工作，所在的班级学生也会快乐成长、学有所获。所以，只要班主任这个先锋旗手做好了，整个学校就会学风浓、教风正、校风好。

三是做班主任我们要有大智慧，要知道对学生深沉的爱比绞尽脑汁地讨巧办法更管用。最近我读了曹德旺的《心若菩提》，其中有一个故事特别感人，讲的是曹德旺刚开始发财以后，小学老师林秉珠找到他，想让他把学校里的课桌凳全部换掉，说是太旧了，用不成了，希望曹德旺给换成新的。曹德旺听后立马就答应了。为什么曹德旺立马答应了呢？原因就是林秉珠当年是曹德旺所有老师里面唯一一个鼓励过曹德旺的老师。因为曹德旺调皮捣蛋，所有的老师都骂他，唯有林老师告诉曹妈妈德旺是一个聪明孩子，将来一定会有出息，只是调皮了一些。调皮捣蛋的曹德旺，在学校里也就唯一肯听林老师的话。林老师的爱里既有智慧，也有公平。看到这个例子，我总是反思我们有些老师说的话，现在的学生都是白眼狼，对他再好也不顶用。果真如此吗？我只是想问，你真的用心对待过他们吗？你真的对他们真心付出过吗？我们把在社会上对待成年人那一套东西搬来对付学生——虚情假意、阳奉阴违、口是心非，这样学生难道感受不出来吗？不要站在学生的对立面，认为他们是必须听话的木偶、动物，而是要站在承认学生个性发展的立场上差异化、人性化地对待学生。要能包容他们的缺点和不足，更要能包容他们的怪异个性和奇思妙想。要用长远发展的眼光看待学生，公平公正地对待学生，否则，你很可能失去一个像曹德旺这样的学生。现实中就有这样的例子，我们有些人看不起体育生，结果我们有些老师却在给曾经的体育生打工；我们看不起曾经的捣蛋学生，我们却不得不厚着脸皮接受他们的帮助和馈赠。如今处在信息化时代，现在的学生心智、心理、心态、心境未必比教师差，但我可以肯定地说，没有一个学生愿意拒绝老师对他们真心实意的爱。所以，用爱化解各种问题和矛盾，是班主任的大智慧，胜过任何所谓的巧办法。

四是我的几点具体建议。第一，以身作则。早上学生都到校了，你还在家里，你心安吗？学生打扫卫生，你从来就没有去过清洁区督促检查，你放心吗？你去过宿舍对学生的冷暖、安全关心过吗？第二，落实常规。一日三查要做到，早中晚，早读课堂自习，纪律卫生健康，这些都要关注。第三，自主管理。自主管理，不等于放任管理，不等于缺席管理。自主管理是培养学生的自我管理能力、组织安排能力、统筹协调能力、具体实践能力、创造创新能力等。作为学校和班主任都要放开手脚，学生能做的事就不要包办代替，要给学生充分锻炼展示的机会。第四，分忧解难。班主任作为桥梁和纽带，要善于做好家长和学生工作，至少不添乱。做家长学生工作，要讲究方法，不简单粗暴，不违法违纪。同时也要做好上情下达，确保学校意图不走样，工作不打折扣。

同志们，我知道大家各自都有工作也有家庭孩子，要应对的事情非常繁杂，困难重重，但我坚信，我们既然选择了责任，担当了重任，我们就一定会处理好生活和工作的关系，就一定能够站在“迷恋学生成长”的高度认识工作的重要性。我不想违心地夸赞大家，但我从心里真的是在感恩感谢大家，尽管我们的待遇没有落实，但这并不影响大家尽到一个教师应尽的责任，为此，我经常感到自豪的同时也感到自责。我在这里表个态，如果以后班主任费不再用专项经费发放了，可以用公用经费解决，我无论如何都会一分不少地给大家发放所有欠发的班主任费，这一点我以人格和党性担保。说到这里，我想告诉我们的管理者，要大胆管理，精细化管理，要严格执行量化评比制度，决不能因经费问题而放低管理要求。要敢于对不负责任的人和事做出处理。但也要人性化、科学化管理，不要随意增加班主任工作负担，要充分发挥班主任工作的主动性和积极性。

最后，再次拜托大家，管好自己的班，做好自己的事，差错坚决不要出在自己的岗位上，让我们一起为创建、为发展倾尽我们的洪荒之力吧！

（本文是作者 2023 年春季开学初在全体班主任创建省示范动员会上的讲话）

全力创示范 大家都实干

自从创建省级示范以来，不少同志感觉很累，也有意见，这很正常。学校要发展进步，要实现好学校的梦想，躺平肯定不行，走走停停也不行，那就得撸起袖子加油干，才能做得比别人好。哪有随随便便的成功，成功需要巨大的付出，付出哪有不辛苦的！有些人会讲，既然辛苦，那何必创建呢。这就是分工不同和境界不同。作为校长，我不能因为个别人辛苦有意见，我就不干正事（办人民满意的家门口的好学校，让普通孩子也能享受优质教育），就不思谋学校未来发展的大事？就该讨好大家，让大家想来就来想走就走，任何事情都稀泥抹光墙，然后大家都相安无事？！这不是我的风格，也不是我的目的。相信在座的各位也都是有良知的人，绝不会吃谁的饭砸谁的锅，盼着咱们学校不好，如果有人是这样，我觉得不配为人师。

有时候我想，群众不理解单位的做法很正常，不是群众的觉悟和人品有问题，而是站位不同。《商君书》上有句话叫作“民不可与虑始，而可与乐成”，作为领导不必过分担忧同志们的不理解，因为在创建过程中确实很累而且也没有多少福利待遇，但将来在创建成功共享创建成果的时候，大家肯定会是高兴的，对于这一点领导必须充分认识到。弗洛伊德说，人类文明的进程就是人们对本能进行压制的过程。人与动物最大的区别在于人类能够更好地克制自己的本能，为长远利益着想。所以，我期望大家目光再远一点，眼界再阔一些，那我们目前所遇到的困难就不算是困难，而是我们正走在幸福的路上。以上讲的这些是引子，是对我最常听到的意见和建议作出的分析和回应。

其实，我有必要再把为什么创建省级示范这个话题探讨一下。

谈创建，必须谈形势。目前，我们面临很多危机，但危机也是机，对于我们学校来说，别人不愿努力的时候，我们只要向前走那么一小步，都会显得与众不同。近三年来临潼中学日益良好的社会声誉印证了这一点。人民群众是多么善良啊，只要你努力了他们大部分人是能看到的，是赞扬的。所以，现在创建正当其时。

从临潼教育的总体形势来看，我们自己若不觉醒、不努力、不创建，已经无路可走。哪个人能没有“得天下英才而教之”情怀和理想？同样是教了一辈子书，到老了的时候别人骄傲地说我的学生现在已经干到什么什么程度了，而我们的老师却为啥羞于开口？这就是平台的问题，这个平台问题不解决，我们永远“低人一等”。那如何解决这个平台问题，唯一的办法就是发展自己、壮大自己，成为省级示范。说到这里，渭北中学和华清中学是越不过去的坎，我为啥平时不谈论华中呢，因为华中也是我工作过的地方，也有感情。但正如市局刘红局长说的那样，临潼六七十万人，需要两所省示范。我们和华中不是敌对的双方，而是一个教育战壕里的亲兄弟。我们不是要打败华中，而是要做最好的临潼中学。等到有一天，弟兄俩在同一个地平线欣赏冉冉升起的太阳时，更多的是相互学习、相互促进、共同发展。所以，我们创建省示范，不仅仅是为了临潼中学一校的发展，作为鲶鱼效应更是为了整个临潼教育的不断提升。

对于教师自身，创建是一个提升自己的绝佳机会。但凡一个群体，里面的每个人都会自觉不自觉地想展示自己的存在，这就是马斯洛五大层次需求理论当中的尊重需求。尊重需求有靠努力教书成为课堂精英的，有靠管理教师和学生成为管理达人的，有靠才艺展演获得别人认可的，有靠爱校如家、爱生如子而获得赞美的，也有人通过在社会上出彩给自己长脸的，当然也有人靠干一些出格的事博人眼球的。不管是哪种情况，都说明在一个圈子里，每一个人都希望获得大家的认可和尊重。我们这个群体本来是优秀的，每个个体都曾经是有梦的人，但由于沉寂太久，不思进取，很多人错失了自我发展的最佳时机。现在，创建省级示范给我们每个人提供了成长的平台和空间。首先，每个人都要反思一下，我们自身和省级示范是否匹配？哪些地方还需要不断提升和改进？其次，省示范不但要求我们正规办学，满足常态化教育教学需要，更重要的是要求我们办出特色、办出高质量，这样才能起到示范的目的。特色和高质量不是咱们一升省示范就会有，而是需要我们每个人发挥自己的才能和智慧，积极参与到学校的各项教育教学工作中来。我个人在创建过程中，深深感觉到人才的重要性，有些人你交代一个任务，二话不说很快就会高质量完成，有些人交代一个任务，哼哼唧唧、推三阻四、拈轻怕重，最后给你干成一个烂尾工程。我现在给年轻人说，目前学校在快速发展过程当中，干事的机会很多，升职的机会也很多，问题是有些人目光短浅，只关注眼前的利益，等到若干年后别人都发展得很好的时候，自己却一事无成，必然会追悔莫及。有人说，我本来就不行，再努力也白费。错了，只要你不断地坚持，再坚持，就像我这样愚钝和浅薄的人都慢慢对教育有了自己的独到见解，都成了所谓的专家。聪明如你们的人，只要努力和坚持，迟早都会成为一个名师，做一个不一样的自己，强大而自信。所以，谁最终会在这个圈子里得到尊重和发展？肯定是那些敢于担当、勇于干事、坚持不懈的人。世上没有傻瓜，只有精明的傻瓜——算来算去算自己、害来害去害自己的人。

有人说，校长你咋那么大的精力，跟打了鸡血一样。我说，我是不想后悔。我不想五年十年后回看自己的时候，觉得是碌碌无为地白过了。我当年的理想就是：做教师就要做受人尊敬的名师，当校长就要当一流的校长。虽然这个目标还没有完全实现，但我尽心尽力了。人最大的可贵就是，面对金钱至上、物欲横流的社会，你还能保持你的本真和初心，你还愿意干自己崇尚的教育事业，这就足够了。别人怀疑你、打击你、否定你，你不在乎，你依然特行独立地做自己，哪怕在别人眼里你是异类，你依然坦然地做自己，这是需要十足的勇气和毅力。“不要人夸好颜色，只留清气满乾坤。”这些年，不管谁说啥，我都没有放弃办一所名校的梦想，而创建省级示范带给了我前所未有的良好机遇。通过创建省级示范，我还有一个想法，就是把临潼中学打造成全体教职工的乐园、家园，在这个家里，大家平等做事，公平相处，友爱相帮，每个人的愿望都能慢慢实现，痛苦了都能够在这里得到抚平，虽然外面的风雨很大，但我们的家园里四季如春，虽然这个乌托邦未必能够实现，但我想尽我最大能力庇护好大家。这种能力来自不断强大的学校，而创建省级示范给我提供了使自己强大的机会。

按理来说，马上都要验收了，不应该还说这些为什么要创建的话，我是应该就27号、28号验收的事情作以强调。但我坚持认为，思想通一通百通，思想不通万事难行。对于创建示范，有些人到现在还不在状态，认为这事与他无关。但创建对我们来说的确很重要。一言以蔽之，创建不仅关乎学校未来的高质量发展，也关乎身处其中的我们每一个人的脸面和尊严，所以我又再次啰唆了以上那些话。

说心里话，有些人反感甚至反对创建省级示范，我认为不仅仅是我们个别人的认知和站位问题，当然里面也有学校一直未能健康快速发展的问题。过去学校积攒的问题太多，教师队伍建设又严重滞后，造成和省示范差距越拉越大，现在突然要补齐补足所欠的“旧账”，当然大家要受累。与此同时，为了督促大家完成所欠旧账，我自然就成了不让大家安宁的“罪人”，但我再次强调，这些不能全怪大家。

我想大家对创建工作一方面是由于缺乏了解而产生了畏惧畏难心理；另一方面可能因为长期的自卑情绪造成我们认知的偏差，认为我们和省级示范差距太大，从而缺乏创建的自信，觉得不可能创建成功，一切努力都是白费！但我想要告诉大家的是：

第一，我们一定要有创建必然成功的坚定信念。为什么这样说呢？一是，领导非常支持，这是取得创建成功的坚强保障，市局给予我们巨大的支持，像校园环境、设施设备的改造提升都是争取市上的资金，并且领导给我们刷新扮靓，我们连施工都不用操心。二是，近三年我们校园环境和设施设备发生了翻天覆地的变化，教育教学质量更是连年攀升，2021、2022 年连续两年都获得了高考优胜奖，本科上线率由原来的 69% 上升到 2022 年的 90.4%。三是，我们的办学特色——校园文化、特色课堂、九鼎德育、书香校园、“1+N”办学模式等在慢慢形成。四是，我们师生的精神风貌和整体素质在不断提升，我们还有一支精诚团结的干部队伍，大家的创建热情和信心给创建注入了巨大力量。五是，通过上次《三秦都市报》在我校举办的颁奖典礼，通过其他学校校长们参观时的眼神——肯定的、赞赏的、羡慕的眼神，我得到了自信。六是，别人有的我们基本都有，别人没有的我们也有，别人没有做精的我们做得更精，我们还有什么理由没有自信心。所以，我们每个人要充满底气地迎接检查验收。

第二，在做好大量工作的基础上，我们就要坦然面对验收。何为坦然？首先，在验收的当天，我们每个人都要在心里说，我们已经做到最好了，我们没有遗憾了。其次，我们面对专家不要紧张，我们要用崇敬和感激的眼神看着专家，我们要抱着感恩的心理面对专家，因为专家是来帮助我们学校和师生发展的，不是来挑刺和找事的，他们是我们进步发展的恩人，面对恩人我们拿出自己最好的东西招待就是了。

第三，坦然面对还要做到不做作、不刻意、不紧张，遇到专家提到的任何问题不要慌乱，要有条不紊地进行解决，如果碰到解决不了的问题也不要强词夺理地辩解。

最后，坦然面对并不是随便面对，家里办大事，我们要把最好的精神风貌拿出来——充满热情，面带笑容，落落大方，谈吐不俗，到时候我们把校服穿上、工牌戴上，精精神神地迎接检查。千万不要邋邋遢遢、畏畏缩缩，遇到人不打招呼，溜着走，死板着脸，好像人人都欠你的似的。其实，这就是示范。示范还有一种就是课堂教学的示范，每个人都要重视课堂，千万不可随随便便掉以轻心。

同志们，创建省级示范，责任重大，使命光荣，我们每一个人都要以最好的状态迎接验收，千万不要让差错出在自己的岗位上，为圆满完成创建任务贡献自己最大的力量。

（本文是作者2023年3月26日省示范验收前夕在全干会上的讲话）

不忘初心 砥砺前行 追求卓越 勇创一流

经过两年多省示范高中的创建，我们学校的方方面面发生了天翻地覆的变化，可喜可贺！评估专家组也给了我们不错的评价，但客观地讲，专家组是手下留情了，为啥手下留情？专家组被我们师生的创建热情，尤其是领导团队的创建战斗力所感动！所以，包容、理解了我们的短板不足，放大了我们的长处和亮点。在此，我对这些真正的有良知的教育人——评估专家们表示衷心的感谢！

作为校长，我知道我们学校的短板和长处。近三年，是临潼中学发展最艰难的时候，设施设备严重老化、校园环境破败不堪、师资短缺，缺乏领军人物、各种制度极不完善，等等。这些不要说创建省示范，就是进行正常发展也非常艰难。但面对困境，我们没有退缩，而是迎难而上、知难而进、攻坚克难。首先是制定三年、五年、十年发展规划，然后按照规划，逐步改善校园环境、设施设备，进行文化建设、特色建设，加强教师培养、课堂改革，经过近三年的努力，学校的教育教学质量也稳居临潼区第一。这是我们的长处，也是我尽力构筑的学校发展大框架，但我知道专家就是专家，尽管只有一两天时间，人家还是能看到我们的短板，也就是评估报告中提到的五个问题。

实际上，我们确实跟省示范的要求还是有一段距离，但这一段距离并不是不可逾越的鸿沟，而是经过努力能克服的。刚才我说，我们的框架搭好了，但里面的东西还不够扎实和丰富。比如，我们制定了一大堆教学、政教、后勤的制度，但我们到底执行得怎么样呢？其实，专家已经给出了答案，那就是管理的精细化程度不高，课堂教学管理水平还有待提高。啥意思？就是专家在教学区巡课的时候，我们几个班的个别学生还在睡觉，我们的教师竟然无动于衷，不予管理。这是专家看到了学校的不容易，否则一票就否决了！我不理解，学生上课睡觉，作为教师难道一点办法都没有？我想首要的是把课上得精彩，能够吸引学生的注意力，否则，你自顾自地一讲到底，难免睡倒一片！二是要敢于管理，也要讲求管理的艺术性，不直接对抗；三是综合施策，在调查研究的基础上，联合班主任、任课教师进行班组“会诊”，找出原因，到底是学不懂呢，还是身体不舒服，还是思想有问题，还是晚上不好好睡觉呢，找出真正的原因然后施策。学不懂那就降低要求，慢慢来，思想有问题那就谈心，耐心谈，终会有效果的。

专家提到我们的教科研活动形式单一，教科研水平层次不高，高质量课题和论文较少。教师队伍专业水平有待进一步提升，缺乏名师引领。其实，相比三年前，我们教师已经有了长足的进步，教科研水平也得到了大幅度的提升，但作为县域高中，交流少、信息量少、机会少、平台小，限制了我们的进一步提升。如果放在三年前再看我们的教师，可能更会让专家失望。但我们欣喜地看到，我们很多教师在课堂教学改革和教育科研领域跃跃欲试，摩拳擦掌，积极参与，已经有了很大程度的提升。今后，我们要加强与省市教育科学研究院的联系，争取高质量的科研课题，要加强与名校教研室的交流学习，提升我们的教科研水平。再就是我要提醒我们的年轻人，要积极投身教育科研，加强教学研究，这样经过三年五年十年的发展，你就完全有可能会成长为专家型、学者型的教师，无论在职称晋升、专业提升、未来发展中你都会抢先一步，最终成为学科领军人物。

临潼中学目前处在历史发展的最好时期，过去虽然在生源时好时坏的情况下创造了不少奇迹，但那都是建立在未来不确定的基础上，随时都有可能坍塌。但现在随着省级示范高中的成功创建，各个方面的有利因素都会向我们聚集而来，政策、生源以及社会的高度关注、领导的高度关心等，都会成为学校未来稳定发展的有利条件。随着学校的高质量发展，我们每个人的机会也会越来越多，临潼中学从来没有像今天这样需要各级各类的名师——学科带头人、骨干教师、教学能手、特级教师、正高级教师、省级市级名师工作室主持人、班主任工作室主持人等。随着学校的高质量发展，我们越来越需要优秀的人才，尤其是年轻的优秀人才加入我们的管理团队，这就为年轻同志提供了诸多未来可能发展的通道，时不我待，你还在等什么？！

现在，我们学校气势很好，社会声誉也很好，发展势头也正旺，但就像刚盖好的房子还只是毛坯房，三年来临潼中学轰轰烈烈的发展为未来实现华丽转身也只是搭好了框架，扎实的工作还在后头。正如专家组组长所说，名校是严格管理出来的，不是娇惯和纵容出来的。如果说一个省级示范高中的教师都不能按时上班，迟到早退，那还是省示范吗？如果连教案、作业都不能正常地完成，或者完成不好，能是省示范吗？肯定不是，连基本的教师都不够格。上周局长在全区党员、校长大会上，对一些不良现象进行了严厉批评，说有些教师做生意开公司因信贷问题遭到投诉，有些教师因赌博贷款失信遭到投诉，有些教师因给人担保贷款失信遭到追责，有些教师因酒驾坐牢丢了工作，个别教师性骚扰学生师德沦丧，同事之间不正当关系败坏学校风气，还说有些音乐教师唱不了歌弹不了琴，这些都是对师德师风师能的严重败坏！局长说这些话啥意思？我想主要是意在告诫学校要加强师德师风建设和工作作风建设，教师要严格约束自己，教好书育好人，不能不务正业走邪门歪道。现今，我们迎来了新的党委书记李迎兵同志，在他的带领下，我相信在师德师风建设和工作作风建设上，我们一定能够取得长足进步。

记得有个哲人讲过：你不能期望全世界都铺上地毯，但只要你穿上鞋子，你就可以走过荆棘砂砾。同样，我们不能期望眼前所有的事情都如愿，但只要我们眼睛朝前，关注内心，关注我们的事业，练就一身过硬的本领，拥有强大的专业能力和较高的个人素养，我们就一定能游刃有余地克服工作中的各种困难，就一定能够教育好所谓的无可救药的学生，就一定能够获得救赎他们后的快乐。问题是我们很多人本末倒置，不从根本上解决问题，而是一味追求旁门左道，最后导致自己深陷烦恼的囹圄而不可自拔。我这里说的本就是工作，就是教育，就是能够救赎我们自己的东西。我过去也曾做过各种各样的梦，也曾做过发财的梦，但后来我发现，只要我不离开教育，我所有的想法都是胡思乱想，注定没有结果。后来，随着时间的推移，我在工作中找到了价值。一开始是我在学生中间小有威信，比同课头的人教得好，再到小镇上的人尤其是家长夸我教得好，再到我做教研组长、教务主任、校长，一路走来，我认准方向，永不言败，永不放弃，终是干出了一点点小成绩。就像省示范创建一样，在两年前那样的环境和氛围当中，在大家都反感、缺乏信心的情况下，在资金极度缺乏的基础上，我只有把筋挣断，只有隐忍以行，只有打断牙齿往肚子里咽，但我从来没有生过放弃的念头，我知道只有坚持、再坚持，量变才能质变，一切资源才可能向内集聚，好事情才能向你靠近。回过头来想，但凡只要你一放弃，天不帮你，所有的人都不会帮你，因为你必自助而后天才助你。现在我们很多教师，认认真真地应付差事，没有自己的教育理想，甚至在物欲不可得、得不到的痛苦中惶惶不可终日，生活没有过好，事业一塌糊涂，年与时驰，境随日去，最后一事无成。相反很多年以后，那些心态简单、目标清晰的人，最终成了教育的行家里手，成为学科的扛把子，成为特级教师，成为著书立说的教授级正高级教师，成为人民群众心目中口口相传的厉害人物。

我说刚才上面这些话就像堂吉诃德一样充满了英雄主义、理想主义色彩，你可能会嗤之以鼻，但我坚信不疑。我要告诉你，几千年来人性万变不离其宗，人们对正义、高尚、美好的向往从未停止过，意志坚定的人也从来没有放弃过自己的信念，只有那些懦弱的人才会随风摇摆，所以我们千万不要在假象中迷失自己，放纵自己、最后变成令人讨厌的人。

作家王蒙先生说过，修身是他一生的享受。最近，我对这句话感同身受，理解非常深刻。一个人一旦有了邪念，做了亏心事，总是不会快乐，心有余悸。但只要不断地修行，人就会在快乐当中度过一生。对于我们教师而言，最好的修身就是教书育人，就像王阳明先生说的，在事上磨炼，把修身养性和教书育人有机结合起来，和学生一道成长，既获得了职业成就感，也获得了人生的幸福感，这样就会实现个人的最大价值。

老师们，我也是有各种缺点的人，我在这里分享我的观点是想带着大家一起修心养性，绝没有站在道德制高点对大家指指点点的意思，我说这些也是在告诫我自己，不忘初心，砥砺前行，严格要求自己，努力改造自己，不负组织的重托，不负人民的期望，带领大家一道把临潼中学打造成高质量、有特色、能示范的品牌强校名校，造福临潼教育，造福临潼人民。

（本文是作者2023年4月7日在省示范验收后第一次全体教职工大会上的讲话）

创建后时代我们该有的思考

同志们！九月份开学以来，在全体师生的共同努力下，学校各项工作得以顺利开展，在此，我代表学校两委向兢兢业业、辛勤工作的各位同仁致以崇高的敬意和最真挚的感谢！

临潼中学自成功创建省级示范以来，经受了多次省市级的检查考评，也取得了一系列的骄人成绩，赢得了较高的社会声誉，但在这些光环的背后我们也同时背负着各种压力以及社会和家长的更高期待。那么，在后创建时代，我们应该怎么办呢？是躺在功劳簿上洋洋自得、不思进取、安稳度日呢，还是认清不足、励精图治、再迈新高呢？我想，但凡有良知的人，答案是不言而喻的。

临潼中学一路走来，我们有我们的优点、长处、特色，但也有我们的缺点、短板、不足。省级示范验收就像一面镜子，把我们学校的不足从里到外、从表面到本质、从具体到抽象完完全全地暴露了出来，比对省级示范验收的120多项指标，通过自检和专家验收，我们好多方面的不足被放在了聚光灯下，尤其是在课程建设、课堂改革、特色发展、教师提升、质量提高、学生管理等方面，我们还有很多工作要进一步完善。想要领略最好的风景，必须得登高望远才有机会欣赏到。临潼中学一样，要想成为名副其实的省示范甚至强校名校，必须得有“登东山而小鲁，登泰山而小天下”的气概，才能杀出重围，才能傲视群雄，才能赢得尊严，才能成为一道亮丽的风景线。

有人说，学校办得差不多就行了，干吗搞得大家一天到晚辛辛苦苦！那我问你，你衣可蔽体、食可果腹地活着就行了，为啥还要使劲地想吃得好、穿得好呢？人活一口气，树活一张皮。人要活出人格尊严、人生价值，学校同样也要活出学校的尊严和价值。其实换句话说，作为单位人，只有学校有了尊严和价值，我们教师才能拥有尊严和价值。我们每个人来人间一趟不容易，既然来了你再不使劲折腾、努力，把你的最大能量、最大水平发挥出来，岂不可惜，岂不白来一遭？！即便是折腾了、努力了，仍不见得就能成功，而你庸庸碌碌、饱食终日、无所事事，那便是绝不会成功的。我为啥爱举杨凌中学高凤香老师的例子，就是因为高老师不但是励志的典型，而且是可以复制的典型。高老师高中师毕业，学历低起点低，但就是凭着永不服输的精神，几十年如一日地不懈努力，最终取得了身为教师的最高地位和最高荣誉。专业领域她是正高教师，社会领域她是杨凌区文联副主席、作协主席，可以说，她是成功的。反观我们身边的很多人，貌似看透了一切，思想佛系，言行消极，得过且过，我反问这些人，你真的感到踏实、幸福吗？人常说，辛勤一日可得一晚安眠，勤劳一生可得一生幸福。那么我问你，在你突然惊醒的夜晚，在你百无聊赖的午后，在你年迈后回首往事的时候，你就没有一丝丝的遗憾和后悔吗？我们有些人，冲刺到高级教师就觉得自己成功了、“生无可恋了”、要躺平了，课也不愿意好好带了，班主任更不想当了，职业仿佛登顶成功，从此便可以享受人生了。那你为啥不想想，正高职位是留给谁的，教育家型教师由谁来当？幸福不是成功后的终点，而是追逐成功的起点。你不要自作清醒、圆滑世故地说，成功有什么意思？我想，你应该在尝到了成功的喜悦后，再谈成功到底有没有意思。你一生都是个失败者，你有什么资格谈论成功！教了一辈子书，学生不认可，同行不认可，做人做事没有可圈可点的地方，你有什么资格谈论成功，谁在意你，谁听你的？学校也一样，临潼中学不行的时候，谁关注你的身份，谁在意你的感受？然而自从咱们学校成功创建以后，大家是不是明显地感觉到，社会声誉提升了以后的我们跟以前不太一样了。这是起码的荣耀和尊严，以后等我们学校更强大了更有名望了，我想，学校会为大家赢得更大的尊严和幸福，这个愿望指日可待，这一天一定会到来的。大家要对学校发展有信心，对自己有信心。

尽管我有雄心壮志把学校办好，但办好一所学校何其难哉！清华大学原校长梅贻琦曾说，所谓大学者，非谓有大楼之谓也，有大师之谓也。师资对大学的重要性如此，对我们高中来说更甚之。我们学校要高质量、特色化、个性化发展，没有优秀的教师集群，便无从谈起。一个优秀的教师集群其优秀表现在两个方面，一是精神的，一是业务的。首先这个教师群体要有教育的理想主义和浪漫主义情怀，要有昂扬向上、奋发有为的精神风貌，要有永不放弃、永不言败、敢打敢拼、追求卓越的图强精神。目前我们似乎就是缺少这些，我们不少人活得太通透了，把教书纯粹看成是一种职业，甚至当成是一种生活的负担，如果是这样的话，教书就是一种折磨。就像生活中不缺乏美而是缺乏发现美的眼睛一样，职业生活其实也并不缺乏幸福，而是缺乏感受幸福的心而已。当你用心用情改变了一个孩子一生的时候，你是何其伟大，何等幸福！我们经常看到赵静老师在网上晒学生给她写的信，给她的小礼物。起初我觉得有点矫情，但时间一长我慢慢发现，她是何等幸福，她是在用一颗温暖善良的爱心感受来自学生给她的幸福，虽然全是小确幸，但心里是甜滋滋的。当有些人偷奸耍滑、拈轻怕重的时候，我们当中总有一部分人让人感动：卢亚雷老师去年带高三时白肺了都没有耽搁课程，今年有病也不愿随意停课，只请了三天假；刘雪莹生病了，因为没有老师替换，她表示自己尽量不耽搁课，不耽搁学生。我不是鼓励大家带病工作，但在学校教师缺员严重的现状下，这些可亲可敬的老师能体谅学校的难处，真的是值得人尊敬。相比有些教师，说消极话，做低级事，一腔怨言，满腹牢骚，满满的负能量，自己不努力，别人努力的时候还挖苦、讽刺、打击，有的甚至带偏了年轻人，影响极为不好。作为年轻人，你要有独立思想，你要站稳脚跟，不可随波逐流，更不要同流合污、自毁前程。当前，我们学校教师集群最大的忧患在于各个学科没有突出的领军人物，导致学科发展受阻，不能达到一个应有的高度，限制了我们学校的高质量特色化发展。缺乏领军人物的原因，不是我们学校的老师不行，而是我们老师缺乏自我发展的内驱力。这种内驱力的缺乏原因是多方面的，有学校层面的，长期以来我们在教师发展方面没有一套系统的培养办法，缺乏应有的展示平台和实践路径；有学校文化方面的，我们的行为文化里缺少你追我赶、比学赶超、追求卓越的良好氛围；有个人层面的，我们的个别教师甘于平庸、乐于普通，怕枪打出头鸟，雨淋出头椽，没有“生当作人杰，死亦为鬼雄”的信念和气魄。过去的事情不再说了，现在学校发展已经进入了一个崭新的阶段，我们呼唤教育教学的英雄人物出现，我们呼唤各学科的领军人物出现，我们呼唤教育教学改革的弄潮儿出现，我们的大发展急需各种各样的人才，我愿大家重振奋，不拘一格成人才。如此，则学校有希望，大家有未来，工作有意义，生活有幸福。

我们经常说“文化兴校，特色强校”，但有一个很重要的前提是“质量立校”，没有质量这个根本，学校何来的兴旺发达和鼎盛强大呢？质量的根本在教师，质量的生成在课堂，没有教师的发展和课堂的改革，谈质量就是一句空话。课堂教学永远是教师的第一责任，也是教师尊严的根本来源。课堂是神圣的，任何蔑视课堂的行为，都是不务正业的行为，都是有辱尊严的行为。尊重课堂就是尊重自己，作为教师什么都可以被谅解，但随意上课、消极上课、敷衍上课甚至在课堂上发泄不满、引诱教唆学生都是不道德的，不可饶恕的。我们当前所进行的一系列课堂改革活动，永远都是学校教育教学的主旋律，不是一阵风就过去，而是将作为我们提升教学质量、促进教师发展的根本校策会一直抓下去。作为教师，我们一定要将课堂改革作为自我发展、自我提升的主要抓手，深入研究课堂，积极参与学校组织的各种课堂教学活动，不断提高个人内涵素养。我们经常羡慕名校老师的待遇，但我们不知道的是他们压力有多大，有些教师为备好课件，四五点醒来工作，生怕家长不满意、学生不满意、学校不满意。现在，我们学校已经是省示范了，但你是不是省示范的老师，还值得思考。今后，教务处一定要将课堂教学改革作为管理核心，作为教师评优晋级的重要依据，作为"五级品牌教师"的考核依据，深入持续地抓下去，教师不提升不罢手，质量不提高不罢手，学生不发展不罢手。对于课堂教学的日常管理，也要严抓重管，对于课堂教学不负责任的教师，要严肃处理，绝不姑息。

尽管说一个好校长就是一所好学校，但没有教师积极参与学校建设发展，再好的校长那也只能是好校长而绝非会成为好学校。所以，最孤独最悲哀的事情莫过于你在深情地呼唤，而沉默的却是大多数。我个人确实爱教育、爱学校，想把毕生的心血都献给教育，然后办成一所好学校。我知道，未必人人都像我这样迂腐和执着，但我还是希望大家能和我同频共振，共同创造出临潼教育的神话——把临潼中学打造成高质量、有特色、能示范的省市级名校强校。基于此，我想说三点：一是要最大限度地把个人发展和学校发展有机融合，做到个人发展为学校发展奠基，学校发展为个人发展助力，相互成就，相互发展。比如，局里今天在学校的考察，就充分说明了学校发展可以为个人发展助力，如果不是大家齐心协力共创示范，怎么会成就这么多同志成为领导？比如，连续两年中高级职称给我们的指标都是全区最多的，为什么？就是局里对我们学校工作高度肯定的结果。罗曼·罗兰说："世界上只有一种真正的英雄主义，那就是在认清生活的真相后，依然热爱生活。"我希望大家在认清工作的真相后，依然热爱工作。人有时候高尚不高尚、幸福不幸福，往往不全在于物质的丰富和精神的充盈，而往往在于个人认知水平的高低。就像教师这个职业，你认为它高大上，那它就是救赎人精神灵魂的事业；你认为它低俗，那它就是养家糊口的"孩子王"。但我还是希望，我们能自尊，自己看得起自己，把我们的职业看得高尚些，然后再活得高尚些。这是我说的第二点。第三点就是，要对制度报以最后的敬畏，这是底线思维，也是读书人、教书人最后的尊严。我们之所以没有严格地进行签到打卡，是不想留下强制管理的印象，是在创造一种人皆君子的氛围，但不和谐的音符总是存在，挑战纪律红线的人总是出现，这对于这个优秀群体来说就是一种伤害，我真心希望大家能够严于律己。最后我要说，爱能产生力量，只要我们爱学校、爱同事、爱学生，我们就会以巨大的热情来从事我们的工作，高质量高效率地完成我们的工作。为了创设这种爱的氛围，我从一点一滴做起，想方设法对大家好，比如优化美化环境，让大家工作生活舒心；比如开办教工食堂，让大家有归属感和幸福感；比如置办教师校服，让大家温暖自信自豪起来；比如发放各种教学奖，使大家的价值得到尊重，等等。我相信，大家的问题终会得到解决，职称今年解决不了，明年就会解决。这一次升不了职，只要努力，下一次总会升的。只要学校不断发展，大家个人的问题就不是问题。问题就在于，你是否为这个学校的发展，尽心尽力了；你是否为了教育教学工作，尽心尽力了？！

由于时间关系，我就说这么多。最后我想叮嘱大家的是，最近气候寒冷干燥，各种传染病、流行病增多，希望大家做好保暖和防护，尽量减少疾病发生，以健康的体魄迎接工作和生活。

（本文是作者在 2023 年 11 月 23 日全体教职工大会上的讲话）

第二章　创建方案

临潼中学创建陕西省普通高中示范学校实施方案

为了全面贯彻党的教育方针，落实习近平新时代中国特色社会主义思想，特别是习近平总书记关于教育的重要论述，坚持以人民为中心的发展思想，进一步深化教育改革，推动教育创新，全面实施素质教育，不断推动教育公平且高质量发展，更好地发挥我校的示范和辐射作用，从2020年开始，我校根据《陕西省教育厅关于申报陕西省普通高中示范学校的通知》和《陕西省普通高中示范学校评估标准及实施细则（试行）》，在硬件设施和软件建设上投入了巨大的人力和物力。学校先后投资一千余万元对校园环境、基础设施设备进行了大规模的改造和升级建设。三年来，学校实施科学、高效、民主的管理，注重校园文化建设、特色建设、教师队伍建设，强化教科研工作，使得教育教学质量显著提升，为创建省级示范高中打下了坚实基础。今后，学校将不断转变观念提升理念，加大投资力度，全面落实精细化管理，继续改善办学条件、提升办学水平，为确保创建目标早日实现，特制定以下实施方案。

一、指导思想

认真贯彻中央关于基础教育的重大决策，进一步加强党对学校的全面领导，坚持稳中求进的总基调，以推动学校教育公平而又高质量、特色化发展为核心，积极落实基础教育“十四五”重要部署，不断深化教育综合改革，加快构建高质量的学校管理体系，落实五项管理，实现五育并举，培养德智体美劳全面发展的社会主义建设者和接班人。

二、工作目标

秉承传统优势，着力内涵发展，提升办学水平，突出办学特色，培养身心健康、人格健全、精神丰盈、思想上进、意志坚定、心态阳光、个性鲜明、博学多识、开拓创新，且具有人文素养、家国情怀和国际视野的现代有为青年。以文化引领，把临潼中学办成有温度、有高度、有内涵的师生生命共同体和环境优美、特色鲜明、质量上乘、管理科学、运行民主的精品特色强校。并经过努力，在1~2年内完成陕西省普通高中示范学校的创建工作。

三、组织机构

学校成立创建陕西省普通高中示范学校工作领导小组，领导小组由若干负责专项工作组的人员组成，负责创建的具体工作。

（一）学校领导小组

组　长：薛耀军、邓光辉

副组长：张哲、宋小彬、任俊伟、张建军、刘素珺

职　责：在临潼区创建省级示范高中工作协调领导小组的领导下，全面组织我校的创建、申报和迎检工作。

领导小组下设办公室，具体负责创建过程中的统筹工作，组成人员如下：

主　任：邓光辉

成　员：邢鑫鑫、汪永刚、宁斌、孙旭、王金玲

张会平、李水利、胡慧珍等所有行政扩大会成员（根据需要可随时抽调相关人员）

职　责：

①负责创建方案的起草工作；

②负责起草校长演讲稿、申报材料、迎检专题材料；

③负责与上级有关部门及兄弟学校的联络工作；

④完成领导小组交办的其他工作。

（二）专项工作组

1. 教学工作组

组　长：张哲、宋小彬

成　员：刘素珺、汪永刚、年级组长、教研组长、备课组长、处室干事

职　责：负责对学校教育教学的规范管理和质量监控，编辑学校教育教学丛书；

负责对特色课堂建设、科研、信息化教育、校本课程建设、相关部室及文化建设等工作的督查、落实，对创建相关准备工作进行指导督促；负责对教师精神风貌、仪容仪表的营建和规范；负责完成有关教学评估的档案材料和资料。

2. 德育工作组

组　长：任俊伟

成　员：宁斌、张会平、雒昭、年级组长、班主任、处室干事

职　责：负责学校德育工作与大德育体系建设；负责对学生精神风貌、仪容仪表的塑造和规范；负责社团活动、阳光活动的组建与开展；与有关部门和社区合作，加强学校家长委员会工作，联系落实一批德育实习基地；负责完成和提供德育、班主任工作的相关档案材料和资料。

3. 校园建设组

组　长：张哲

成　员：孙旭、田战旗、李宏涛、处室干事

职　责：按评估标准要求配合有关部门做好校园规划、学校基建、教学信息化硬件建设、有关实验设备设施的充实和校园环境的优化美化等工作；与上级领导部门密切配合，做好工程进度和质量的监控工作；做好创建的后勤服务保障工作；提供有关硬件建设与经费的档案资料。

4. 宣传工作组

组　长：邓光辉

副组长：邢鑫鑫（执行组长）

成　员：胡慧珍、高红丽、李小锋、黄昕、处室干事

职　责：负责完成创建方案；撰写校长演讲稿、申报材料、迎检专题材料等；负责制作反映我校教育教学成果的宣传片、光盘和画册，建设创建示范高中微信公众号、抖音官号；负责学校宣传等工作。

5. 档案资料组

组　长：邓光辉

副组长：王金玲（执行组长）

成　员：李小锋、各处室主任、各处室资料员

职　责：按照《陕西省普通高中示范学校评估标准及实施细则（试行）》分解资料目录，收集完善近三年的档案资料，完成评估档案资料的整理和归档工作，并按照验收要求将所有资料分门别类正规装订成册。

四、实施步骤

第一阶段：方案制定（2020 年 9 月—10 月）

1. 成立创建省级示范高中领导小组。

2. 制定《临潼中学创建陕西省普通高中示范学校实施方案》。

3. 讨论通过创建方案。

第二阶段：宣传动员（2020 年 11 月）

1. 召开校长办公会、行政扩大会、全体教职工大会、教职工代表大会、教研组长和备课组长会、班主任会、班会、家长会等八个层面的会议，组织领导、师生和家长学习创建省级示范高中的相关文件，利用微信公众号、抖音官号、大屏幕、网络、板报、橱窗、广播等宣传形式在全体师生和家长中广泛宣传创建工作，使创建工作人人皆知、深入人心。

2. 积极向上级有关部门汇报创建工作，争取上级部门的支持和指导。

第三阶段：创建实施（2020 年 12 月—2022 年 9 月）

依照省级示范高中管理“硬件从实、软件从严”的基本原则，对照创建省级示范高中的基本条件，我校在软、硬件建设方面仍存在不小差距，为此在创建过程中我们将重点在以下几个方面展开工作。

第一，创新发展工作思路。

1. 创新党建工作方式，坚持党对教育的领导。把党建纳入整个教育教学的大体系中，通过“青年团校”“青年党校”“学科党建”等课程党建，使党建和教育教学有机结合，充分发挥党建引领作用，推动教育教学沿正确方向前进，不断推动教育教学高质量发展。党建的重心要放在坚持党对教育工作的全面领导，全面贯彻党的教育方针，坚持立德树人根本任务，坚持社会主义办学方向，坚持人民至上，坚持教育公平，坚持教师为本，坚持依法治教，坚持改革和创新为动力，坚持学校、社会、家庭协同育人等主要方面。

2. 创新特色办学思路，推动教育高质量发展。学校以秦风唐韵为底色，以厚德图强为精神，以文化建设为引领，倾力打造特色课堂、书香校园、九鼎德育、“1+N”办学模式等学校四大发展特色，并以创建省示范为引擎，优化提升学校发展建设的各项工作。

3. 进行管理架构建设，扎实推进精细化管理。继续改革完善行政运作体系，强力落实“三大管理机制”和“项目负责制”，尝试实行“分部制管理模式”；继续完善学校民主管理体系，发挥教代会参与管理、进行监督的重要职能，做好教职工聘任制、绩效工资考核制、校务公开制、干部公开竞聘制等，充分保障教师的合法权益，不断调动教职工的积极性；继续完善德育体系建设，做好班主任管理、学生管理、活动和实践管理等；继续完善教学常规和高效课堂管理体系、新高考新课程管理体系、示范班管理体系、教育教学评价体系、后勤保障体系等一系列管理制度，把管理抓实抓细，构建科学民主、运行高效的管理体系，积极探索“四化”管理运行机制，即“制度建设规范化、管理行为民主化、决策过程科学化、资源管理信息化”。

第二，提高德育工作实效。

1. 形成德育工作的总体思路。逐步形成“全人员育人”“全过程育人”“全领域育人”的多元化课程育人体系。“全人员育人”就是全校教职员工都要担负育人职责，人人包抓学生，个个都是育人导师。“全过程育人”就是要将育人工作贯穿于学生整个高中阶段的全过程。“全领域育人”就是充分发挥教育、教学、管理、环境、人财物等的育人功能，建构立体育人网络。

2. 构建面向学生未来的大德育体系。秉持“良知、责任、荣誉、梦想”的校训，构建“四鼎”德育课程体系，搭建多样化活动载体，发挥家校社全方位德育网络作用，建构具有临潼中学特色的“四鼎”德育体系。“四鼎”德育体系的实施，就是要通过课程、活动、实践等方式，使我校校训“良知、责任、荣誉、梦想”四个方面所体现的道德价值和道德意义落地生根、综合实施。“四鼎”德育体系的建构和目标的制定是站在青少年发展的立场与角度与他们对话、共建。创设具有丰富内涵和外延的、使每一位学生有强烈参与感的沉浸式德育课程，全方位多角度助力学生成才、成功和成人。

3. 不断拓宽实施德育的各种有效途径。在德育实施过程中，要发挥课程育人、活动育人、实践育人、管理育人、协作育人等五大育人途径的功能。尤其是要反对无视学生情感需求和兴趣爱好、单向确立德育目标和内容的形式主义德育、说教型德育和强制型德育的做法。充分运用各种课程、活动和社会实践等方法，创设渗透式、沉浸式德育课程，达到以德化人、润物无声的效果。

4. 依据学生认知规律做好常规工作。

（1）加强班主任和班级管理。依据《临潼中学学生全员量化方案》《临潼中学星级学生评比办法》抓好班级日常规管理，重视班级制度及文化建设，适时开展班级文化建设评比活动，增强班集体凝聚力，提高班级管理水平；加强对班主任工作的科学化、制度化管理，扎实推进《临潼中学班主任工作量化考核办法》，对班主任工作进行全方位的考核和指导。

（2）狠抓学生行为养成教育。组织学生深入学习《中学生守则》《临潼中学学生奖惩暂行规定》，通过校会、班会等多种学习形式及每月常规检查评比，加强学生文明行为习惯养成教育、良好学习习惯教育，促进学生良好公民素质的养成。

（3）提高学校体卫艺工作质量。深刻领会“1+N”办学模式的精髓，创新学校体卫艺教育教学工作机制，优化、整合学校体育、艺术与健康教育资源，把兴趣爱好与学生职业生涯规划有机结合，拓宽学生升学通道。广泛开展阳光体育运动，体育课实行选修模块教学，开展丰富多彩的艺术教育和国防教育活动，组织学生参加各级各类中学生运动会。重视学生心理健康教育，有针对性地开设健康教育、青春期教育讲座，切实发挥心理咨询室作用，引导学生健康快乐地学习和生活；加强新冠疫情防控工作，加强对其他传染性疾病的宣传教育和防控工作，保障师生身体健康。

（4）培养学生科技创新能力。针对学生科技活动较少、获奖层次较低、硬件投入与师资培养不足的现状，学校成立创新教育领导小组，由一名副校长主抓科技教育和科技活动，明确教师在科技教育和科技活动中的职责，促进学校创新教育整体水平不断提高。建立创客教室、STEM 课程实验室等，积极开展参与式、沉浸式新兴科技兴趣活动，提高学生的科学素养和实践能力。组织学生积极参加科技小制作、小发明活动，争取在科技创新大赛中获奖。

第三，加强教学常规管理。

1. 制定科学合理的教育教学管理制度和评价制度。制定一系列行之有效的管理制度和评价制度，使质量可预期可管控。要依据制度加强预学、上课、固学、作业、辅导、考试等各个教学环节的过程性管理，定期进行作业和教案检查、学生评教、听评课活动等，在检查落实反馈上狠下功夫，力求对教学全过程进行有效、系统地监控与督导，把教学过程中的失误减少到最低限度。

2. 积极探索更为高效的课堂教学模式。在“三环五步”教学法的基础上，各科要依据各自科目的特点，探索本科目不同类型课堂的高效课堂教学模式，形成临潼中学特色课堂教学模式，并推而广之，示范引领。

3. 推行教师量化考核工作。以质量考核为中心，扎实推行教学过程月管理体系，通过各项有效指标衡量所有任课教师的工作行为和教学业绩。

4. 抓好高考备考工作。按照“面向全体，抓好重点，整体提升”的基本思路，以全面提升二本上线率为工作基调，以不断提高一本上线率为驱动力，全力以赴做好高考备战工作，使学生人人可上二本，使过半学生能够上一本。

5. 重视学科竞赛。抓好数、理、化、生、信息技术学科竞赛工作，鼓励并帮助学生参与各类征文大赛，统筹安排学科竞赛苗子的选拔和辅导工作，力争竞赛成绩有新的突破，力争一等奖的突破，力争向省级、国家级、国际级更高级别迈进。

6. 重视研究性学习。在高一高二年级学生中广泛开展研究性学习，实行导师制，培养学生课题研究意识，指导学生进行课题研究，引导学生养成自主、合作、探究等新型学习方式，使学生成为课程资源应用的主体和学习的真正主人。

7. 强化部室管理。按照省级示范高中标准要求，细化各项管理制度，做好各个部室的科学管理工作，有效提高部室的利用率，增强部室使用的实效性；充分发挥多媒体教室的综合功能，发挥多媒体教室在学科德育和信息发布方面的作用，对教师使用情况实行有效管理，引导教师提高课堂容量、拓宽学生视野、促进教育教学质量不断提高。

8. 开展校本课程的开发与研究工作。教务处、教研室相互协作，制定学校校本教材开发计划，建设具有学校特色的校本课程体系，使我校在校本课程和校本教材的开发方面有所建树，做出特色。

9. 加强专家队伍建设。成立临潼中学学术专业委员会，发挥委员会在评优晋级、职称评定、课程改革、教师培养、高考研究等方面的重要作用，从而形成一支师德高尚、业务一流的专家队伍。

第四，全面规划教科研工作。

1. 提升教科研工作质量。对学校教研工作进行全面规划，建立以课堂模式研究、高考研究、校本教研、课题研究、教师发展为主要内容的学校教研工作管理体系，充分发挥兼职教研员的工作主动性，力争在特色课堂建设、校本教材开发、高考研究方面取得优异成绩。建立以自我反思、同伴互助、专家引领为主要思路的教师成长机制，强化教师自我反思，组织骨干教师外出学习考察，切实提高学校教研工作质量。

2. 定好课题研究的基调。降低研究重心，以教研组、备课组为核心，以课题研究为支点，积极开展教学科研与课堂教学改革。落实“问题即课题，教学即教研，成长即成果”的教研理念，编辑出版《学境》《临潼中学特色课堂建设简报》，从而体现了我校教师在新课程新高考改革、课堂模式改革、课题研究、高考研究等方面的成果。

3. 革新教研组备课组工作机制。探讨新形势下教研工作新机制，充分发挥教研组、备课组的职能作用，使教研组、备课组成为学校教学研究与改革、教师成长与发展的主阵地。以备课组为单位进行新课程、新理论、新高考的学习，转变教学观念，提升教育理念，积极探索课堂教学模式改革，力争形成具有临潼中学特色的教学模式。继续推行“三研三备”校本教研模式和“主备制”集体备课模式。

4. 发挥名师工作室、“名校 +”“名师 + 研修共同体”的作用。要以名师工作室为引领，实施“1+2”导师培养工程、青蓝工程等，发挥师徒结对的传帮带优势，并以“五级品牌”教师梯队建设为依托，不断打造临潼中学的名师集群，建立一支师德高尚、业务精湛的优秀教师团队。发挥我校作为“名校 +”名校的作用，选派优秀教师向“+ 校”传播先进理念和特色课堂教学模式，使我校教师在走出去的过程中得到检验、锤炼和提升，从而也进一步促进了我校的教育教学工作，如此形成良性循环，不断提高教师的素养和能力，最终发挥我校的示范引领作用。

5. 以信息技术为支撑开展网络共享教研。开发手机终端应用系统，充分发挥教学资源平台的作用，建立网上教研机制，实现不受时间、地域限制的网络教研。建立校本研究资源库，内容包括教材分析、教学设计、教学反思、教学方法研讨、优秀教学案例展示、教学课件交流、各年级各科目自制试卷等。

第五，提升办学条件。

1. 补齐功能部室。在对原有陈旧部室改造升级的基础上，按照省级示范高中标准再增加 1 个物理实验室、1 个化学实验室、4 个生物实验室；补齐不足的理化生探究室、准备室，力争新建 1—2 个通用技术教室，完善体音美 3 室的设施及资料。按中学一类标准配齐各类所需设备设施，建立仪器实物流水账和仪器管理明细账，对学校所有功能教室实行规范管理。

2. 改造存在安全隐患的学校大门及校舍。对瓷片严重脱落存在巨大安全隐患的所有教学楼墙体外立面进行加固改造和优化美化，对破败不堪的原有园林设施进行改造提升，打造园林式校园，确保师生学习生活安全，确保师生共同的生活环境赏心悦目、优美宜人。

3. 新建操场看台，整修体育设施。对已经使用了 13 年、超期服役的塑胶操场进行改造升级，对操场周围墙面进行安全加固，并创设体育文化氛围，保障学生体育课和体育活动的正常开展，增强学生进行体育活动的热情和兴趣。

4. 对教师办公室进行改造提升，刷新扮靓墙面，地面铺设木地板，更换原有陈旧破败的办公桌椅，并创设文化氛围，使教师办公条件得到了极大的改善和提升。计划建立教师单独的教工食堂，全面改进伙食，提供更优质的服务，解决教师因为工作忙而吃饭难的问题，不断提高教职工的幸福指数。

5. 建设书香校园，加强图书室的建设和管理。在全校范围内，在合适的位置，布置开放式书架，方便学生随时随地阅读，把整个临潼中学建成一个大书吧，一个花园式图书馆。学校在经费预算中增加图书专项购置资金，每年采购不低于 50000 元的图书；对学校图书室进行重新规划和建设，实现全过程计算机管理，以方便师生借阅，充分发挥图书馆的服务功能。

6. 校园文化氛围的营造。在整体设计的基础上，系统化、规范化地对校园文化在各个层面、各个区域进行物化表达，制作能展现学校核心精神文化的文化墙、文化园、文化器物、文化衍生物、文创产品等。使整个学校文化围绕着学校精神和“三风一训”进行表达，体现了临潼中学品牌特有的文化气质和文化形象。

7. 争取市上资金支持，力争在两年内完成智慧校园的建设。

第六，做好对口帮扶工作。

省教育厅要求创建省级示范高中的学校要对口帮扶 1~2 所薄弱学校，要发挥优质学校的示范、辐射、带动作用，我们要加大这方面的工作力度，力争在短期内见到成效。

1. 确定2所对口帮扶学校。

2. 签订对口支援工作协议。

3. 确定派往帮扶学校挂职的领导和任教教师人选。

4. 开展对口帮扶活动，如学校派教师到被帮扶学校开展教研活动、学生开展“一帮一”献爱心活动等。

第四阶段：自查自评（2022年9月—10月）

1. 自查自评。各专项组对照《陕西省普通高中示范学校评估标准及实施细则（试行）》中的6个一级指标、24个二级指标、120个评估要素，认真展开自查工作，对查找出的问题及时向创建领导小组汇报，一般性的问题马上寻找解决办法，对于比较重大的问题项目领导要集中精力限期予以整改解决。

2. 形成《临潼中学创建陕西省普通高中示范学校评估验收分项自评报告》。

3. 形成《临潼中学创建陕西省普通高中示范学校评估验收自评报告》。

4. 将“临潼中学创建陕西省普通高中示范学校”自评申报表汇编成册。

5. 职工大会审议通过自评报告。

第五阶段：评估申报（2022年11月）

1. 邀请上级行政部门对学校创建工作进行审核、评估。

2. 对上级行政部门提出的问题进行完善整改。

3. 向市教育局提交普通高中示范学校验收申请。

第六阶段：迎接验收（2022年12月）

1. 组建学校迎验领导小组。

2. 形成迎验汇报材料。

3. 迎接省教育厅对学校创建工作进行调研指导。

4. 对省教育厅在调研指导中提出的整改意见进行认真落实。

5. 迎接省教育厅的正式评估验收。

五、工作要求

1. 高度重视，精心组织。学校各级领导、各部门要高度重视本次创建省级示范高中的工作，要把创建工作作为学校近期工作的头等大事来抓，要充分认识到创建省级示范高中是关系到学校未来发展的大事，是历史赋予我校的光荣使命和难得机遇。在具体工作中，各级领导、各部门要团结一致、凝心聚力，精心组织安排好创建各个阶段的工作，积极主动、创造创新地开展工作，让创建工作能够有序、顺利、高效开展。

2. 严格标准，扎实推进。省教育厅下发的《陕西省教育厅关于申报陕西省普通高中示范学校的通知》对创建省级示范高中提出了明确要求，要求申报学校按照“高质量、有特色、帮扶薄弱校、发挥示范性”的要求办学，同时提出了 4 项申报的基本条件。《陕西省普通高中示范学校评估与管理办法及评估标准》中详细规定了要从6个一级指标、24个二级指标、120个评估要素对申报学校进行评估。在创建过程中，各工作小组要严格执行有关标准，逐条逐项对照检查，在严、实、细、全上下功夫，要扎实、稳步、高标准、高要求、高质量地推进创建工作。相关文本材料和表格的形成要做到全面、客观、细致、准确、一致。

3. 全员参与，积极迎验。创建省级示范高中是全校师生共同的事情，全体教职工、广大学生要积极参加创建过程中的各项具体工作。全体教职工要在搞好自己本职工作的同时，积极主动地配合好创建工作，圆满完成创建领导小组交给自己的各项任务。广大学生要对标省级示范要求，勤奋学习、乐于探究、遵规守纪、团结互助、热爱学校，展现临潼中学学生的时代风采。

4. 加强领导，统筹兼顾。省级示范高中的创建是一项复杂而艰巨的系统工程，各级领导要精心谋划，身先士卒，统筹兼顾，有效推进。全体教职工要把常规的教育、教学、管理工作和创建工作进行有机结合，要做到两手抓、两不误、两促进。

全校师生要以创建工作为契机，团结拼搏，创造创新，争先创优，推动学校各项工作上台阶、促飞跃，争取以优异的成绩顺利通过省级示范高中的评估验收。

2021 年 10 月

临潼中学创建陕西省普通高中示范学校十大重点工程

一、创建工作宣传动员工程（办公室）

1. 组建学校创建省级示范高中办公室，负责协调各方面工作，向各处室传达领导指示，汇总各方面资料和信息，并定期按照各处室计划对照检查工作进度情况，以便及时上报相关领导。

2. 分层次、分部门召开校长办公会，明确当前工作任务，了解创建工作进展情况，分析存在的问题，提出具体解决方法，及时完善各项工作；分层次召开校长办公会、行政扩大会、全体教职工大会、教职工代表大会、教研组长和备课组长会、班主任会、班会、家长会等八个层面的动员大会，力求方向明确、任务清晰、重点突出，务必达到宣传动员、提高认识、形成共识、凝聚人心的效果。尤其要向广大师生宣布明确的创建目标、细则及实施步骤，并提出明确的任务要求。

3. 建立创建省级示范高中档案室，科学归类，详细记录创建过程，完善创建资料和信息，为创建提供有力依据和支撑。

二、学校管理模式探索工程（校委会）

校领导通过召开各种会议，参与不同层次的校长论坛，对学校管理体系进行重新思考、探索，构建科学高效具有超前意识和创新特色的现代化管理体系。提升学校管理的层次和水平，达到省级示范化高中的管理要求。对学校现行的管理制度进行梳理，转变观念提升理念，对于处室设置、职能划分提出新的管理思路和目标。并将对通过充分论证的学校管理新思路、新构想汇编成册。

三、特色课堂建设工程（教务处）

教务处对学校特色课堂建设进行详细研讨、设计、谋划，制定特色课堂实施方案，要求突出创新特色，符合教育教学规律，符合时代发展要求，并对教学过程、效果提出科学的评价标准，最终形成我校的特色课堂教学模式，并结集成册，用于学习交流、示范引领，从而扩大影响。

四、校园文化建设工程（校委会）

在《临潼中学校园文化建设总体方案》的基础上，对校园文化的物化表达进行全面设计，要求体现地方及学校特色，布局、设计思路科学、清晰、简约，以突出临潼中学独特的文化品位。并按照《临潼中学校园文化建设总体方案》要求，有计划、分步骤进行。在资金相对紧张的情况下，以模块化的思路实施，分项目逐步完成。

五、园林式典雅型校园建设工程（总务处）

1. 依托骊山秀美风光和秦风唐韵，建设园林式学校，对于校园的布局应高瞻远瞩、立足长远，要因地制宜，规划应通过充分科学地论证，尽量做到详细、周密、合理、巧妙、新颖、简约。

2. 对学校大门进行重新设计建设。新大门要求突显庄重大气、美观实用，能够体现深厚的文化底蕴和强烈的时代气息。

3. 对年久失修且不符合即将到来的新课程新高考所需的三个年级教室进行维修、改造和提升。粉刷墙面、铺设地面、定制学生的储物柜、进行文化软装，不但要优化美化，而且要提高教室的收纳功能和育人作用。同时，对教师备课室进行改造升级，优化美化文化，使教师办公心情舒畅、方便快捷，提高工作效率。

4. 对学生宿舍楼宇内外墙面及院子进行改造提升，刷新扮靓、文化布展、制度上墙；对宿舍内原有的监控进行改造升级，使其在保证学生人身及财务安全方面发挥重要作用。另外，新建一套广播系统，成立广播室，提供播放通知、叫醒服务、读书服务、音乐休闲等功能，丰富住宿生的课余生活。

5. 对学生餐厅进行改造升级，改造水路、电路，改造通风系统，改造餐厅功能区使其合理便捷，对餐厅进行文化软装，优化美化，最终使餐厅布局合理、功能齐全、安全卫生、文明优雅。

6. 对学校后操场进行全面规划建设，一是要建设体育看台，方便学校举办各类大型室外活动；二是要全面改造升级后操场，满足学生日益增长的锻炼需求；三是要创设操场的文化氛围，使操场变成德育的战场，成为重要的课程资源。

7. 学校搬迁至现址已近 25 年，校内建筑、设施设备、校园环境、文化建设等都逐渐暴露出了问题，有些已经存在严重的安全隐患，有些已经不符合学校发展和时代发展的要求，必须进行相关改造提升。所有工作必须提前规划，分期分批分项目模块化实施，最终使学校建筑布局合理科学，建筑风格、色彩协调雅致，绿化美化有主题，文化建设有特色，达到人与环境、人与自然相协调相统一。

六、校园卫生管理工程（政教处）

1. 校园卫生是指有关师生健康的方方面面，包括环境卫生、食品卫生、心理卫生、行为卫生等。要提高对卫生工作重要性的认识，创新思路，细化管理，制订细则，落实责任，建设责任明确、运行顺畅、工作高效、反应迅速、处置有力的校园卫生管理体系。

2. 创建省市级文明校园，引导学生养成良好的学习生活习惯，加强心理健康教育，加强文明礼仪教育，加强道德教育。建立具有临潼中学特色的大德育体系，强化德育的系统性、实效性、时代性和育人性，制定德育管理目标，落实德育考核机制，使立德树人这个根本任务落到实处，培养德智体美劳全面发展的社会主义建设者和接班人。

七、校本教科研工程（教研室）

1. 教研室要定位精准，职能明确，发挥教学示范、科研引领、课题研究、校本教材开发、教师新理念新课程培训等功能，使教科研工作既要有前瞻性、示范性又要接地气、校本化，真正起到课堂教学先行者、示范者和教育教学研究引领者的作用。

2. 加强教师培训工作，使所有教师掌握新课程新高考新理念，为推动教学工作改革打下坚实的理念、理论、政策基础。

3. 加强课堂教学研究，总结提炼具有临潼中学特色的教学法和各科具体课堂教学模式。并从实践升华至系统理论，然后汇编成册，积极推广，示范引领，扩大影响。

4. 加强校本化课题研究，大处着眼细处着手，不好高骛远，立足校情、师情、学情，基于课堂教学和学生发展，确定研究方向，制定研究课题，促进教学提升，促使教育教学高质量发展。开发具有临潼中学特色的校本教材，发展学生兴趣爱好，拓宽学生视野，丰富学生课外生活。

5. 编辑校刊，为师生搭建学术交流、才艺展示、信息共享的平台，满足师生日益增长的学习需求。

6. 改革创新教研室工作机制，拓宽教研工作思路，创新性开展好教研组、备课组活动，使活动更富实效性更加精彩，同时吸纳更多年轻教师参与到教研管理工作中来，打造一支教科研的临潼中学铁军。

7. 加强对外交流的深度、广度和宽度，以“请进来，走出去”的方式，不断提高我校的教科研水平。尤其是要敢于和乐于对外展示，把我校的典型经验和优秀教师推出去，接受检验，经受历练，快速成长，同时示范引领，扩大影响。

八、校园安保工程（保卫科）

1. 重新定位安保科工作，改革安保科运行机制。安保科要保证学校不发生学生群体性安全事故，严防学生当中恶性事件的发生，严防各种教师非法上访、非法集资、受到网络电信诈骗等情况的发生，确保校园安全有序。安保科要在师生当中建立安全预警网络体系，及时收集安全信息，及时化解风险矛盾。

2. 制定科学详细的安全管理制度，明确管理的重点，落实安全管理的责任。协助政教处编撰《临潼中学学生安全管理手册》，明确分工，落实责任，强化担当。

3. 加强视频监控系统等技防设备的管理和维护，充分发挥技防在安全管理中的作用。定期查看宿舍、食堂、部室的消防设施运行状况，加强消防设施设备的管理和维护，及时更换过期损坏的消防器材，确保在校师生和学校财物的绝对安全。

4. 对学生加强安全教育，尤其是交通安全教育、用电气安全教育、防溺水安全教育等，进行必要的火灾安全演练、地震安全演练、天然气泄漏安全演练等，使教育和演练相结合，根植安全防范意识，学会自救自护的基本安全技能，确保学生生命安全。

5. 加强对第三方保安公司所委派保安人员的管理，使保安人员遵守校纪校规、懂得学生管理的底线红线，在管理的同时加强自身管理，不做有损学校形象和学生身心健康的事情，争当安全第一屏障的同时，争做学校文明形象的第一道岗。

九、学校社团组织工程（团委）

1. 成立社团联合会，隶属学生发展中心，团委书记兼任主席，下设秘书处，由学生会主席兼任。联合会统筹协调各社团活动，负责社团活动的顺利开展。

2. 充分认识社团活动的重要性，发挥社团活动在培养学生兴趣爱好、学生生涯规划建设和丰富学生课外生活方面的重要作用。把社团活动建设和我校的“1+N”办学模式有机结合，以拓宽学生升学渠道，提高一本上线率。

3. 社团活动也是课程的观念，思想上要认真对待，社团活动要有计划方案、基本教材、时间场地保证、专业师资保证、效果保证，并进行必要的考核，确保社团活动优质高效地开展。

4. 校团委应该配合政教处组织社团联合会，积极开展各种形式的征文、读书、大型文艺晚会、体育赛事、科技制作、摄影绘画大赛等争先创优活动，努力营造朝气蓬勃、积极向上、健康和谐的校园文化氛围。

5. 校团委要对学生社团联合会进行有力的指导和监管，提高学生团体的凝聚力和号召力，加强学生的自我管理能力、组织协调能力、执行能力，培养学生的服务精神、领导能力和领袖意识，为将来成为社会主义建设者和接班人打牢基础。

十、现代教育技术管理工程（信息部）

利用大数据、云网络对我校教育教学进行智能化管理，通过实践培养提升教师综合信息素养，打造一支高水平信息化的教学和管理团队，搭建智慧校园平台，构建一个集教学、科研、管理、服务为一体的智能化学校，实现部室之间信息数据、资料、文件的共享，利用大数据进行各项教育教学指标的汇总、分析，进行精准化教学管理，从而提高管理服务效率。

第三章　创建资料

文化丰富内涵 特色引领发展——临潼中学创建陕西省普通高中示范学校工作汇报

尊敬的各位领导、各位专家：

大家好！

首先我代表临潼区临潼中学全体师生，对各位领导、专家莅临我校进行陕西省普通高中示范学校评估验收表示热烈欢迎！向多年来一直关心支持学校工作和发展的各位领导、专家表示衷心的感谢！我校自2020年全面创建省级示范以来，得到了临潼区委区政府和省区市三级教育行政部门的大力支持和悉心指导：2020年9月，区教育局对我校创建工作进行了全面部署；2022年8月，西安市教育局刘红副局长对我校创建工作进行了调研指导；2022年9月，陕西省教育厅刘建林厅长、西安市教育局李红雨局长到我校检查指导创建工作；2022年10月，临潼区教育局对我校创建工作进行了区级初评，并给予了高度评价；2022年11月17日，西安市教育局对我校创建工作进行了市级评估，并提出了指导性意见。围绕专家提出的建设性建议，我校制定了整改方案，积极落实推进，并取得了显著成效。下面，我就学校的创建工作从八个方面作以汇报：

我校是一所省级标准化高中。目前有54个教学班，在校学生2547人。校园占地面积47399平方米，校舍建筑面积41937平方米，体育运动场地、图书楼、理化生实验室、学科功能教室一应俱全，餐厅、宿舍等生活设施完备完善。我校现有教师245人，专任教师206人，其中高级教师75人，一级教师79人，具有研究生学历的64人，省市级教学名师52人，区级名师工作室1个，区级“名师+”研修共同体3个。

近年来，我校认真贯彻落实党的十九大、二十大精神，在各级政府和教育行政部门的亲切关怀和有力指导下，全面贯彻党的教育方针，以立德树人为根本任务，以“课堂革命，陕西行动”的号召为指引，以“三大工作原则”为着力点，以校园文化建设为统领，以特色课堂、书香校园、九鼎德育、“1+N”办学模式四大特色发展项目为抓手，建章立制，革故鼎新，全面推进素质教育，全面提升教育教学质量。经过临潼中学人的不懈努力，学校相继被授予“省级家长学校示范校”“省级平安校园”“省级科研兴校明星学校”“省级依法治校示范校”“省级校园文化建设创新单位”“西安市文明学校”“西安市首批绿色学校”“西安市园林式单位”“西安市智慧校园”等40多个荣誉称号。

一、厚植图强精神，创新管理机制

（一）文化建设先行，凝聚人心图强

依据党的教育方针和时代发展要求，学校在挖掘秦唐地域文化精神所蕴含的文化价值和精神意义的基础上，结合临潼中学60余年“改革创新，奋发图强”的发展奋斗史，展开校园文化大讨论，开展家长问卷调查，鼓励教师各抒己见，先后两次广泛征集教师意见，邀请专家进行指导。经过持续一年多的师生大讨论，最终提炼出以“厚德图强”精神为核心的校园文化体系。2021年，学校制定了《学校文化建设总体方案》，明确了文化建设的策略、目标和实施路径。经过一年多的实践和总结，2022年9月，学校编撰了《临潼中学文化》一书。目前，围绕“奠基学生，成就教师”的办学理念和“环境优美、管理科学、质量卓越、特色鲜明”的办学目标，全体临潼中学人在“厚德图强”精神的激励下，在“理想、责任”校训的鞭策下，团结一致，开拓创新，朝着“创省级示范高中，办区域品牌名校”的愿景奋勇前行。

（二）党建引领创新，管理提升效能

为贯彻落实习近平总书记在全国教育大会上强调的“加强党对教育工作的全面领导是办好教育的根本保证”这一指示精神，学校全面贯彻落实党组织领导的校长负责制，加强党建工作，坚持“为党育人、为国育才”，促进管理创新，加快校内机制改革，立足当前，着眼未来，形成了我校“以人性化管理为前提，以制度化管理为保障，以系统化管理为纽带，以民主化管理为基础”的管理思想；确立了“让

每一位教师富有成就感地幸福工作，让每一位学生拥有希望感地快乐学习”的总体管理目标；制定了“党组织领航—教代会参议—民主后集中—校委会决议—公示栏公示”的管理决策机制；建立了以“级部制管理”为核心的“条＋块”管理运行模式；制定了以定性评价和定量评价相结合、以过程性评价和总结性评价相融合的师生评价奖惩机制；形成了“一个核心、两个使命、三个意识、四个做到、五个维护、六个图强”的领导干部核心价值观，努力打造一支“服务上乘、管理精细、工作高效、作风清廉”的管理团队。学校坚持以文化人，精神引领，价值引导，激发每位教师的工作热情，调动每位学生的学习主动性，为师生建立一个“环境优美、管理科学、质量卓越、特色鲜明”的工作和学习环境，确保学校能够持续健康稳定发展。

1. 实行人性化管理

学校的管理者，首先是服务者。学校始终把改善师生的工作条件和学习生活环境放在重要位置来抓。在资金极其匮乏的情况下，学校想尽办法改善办学条件，美化优化校园环境，增加教学设施设备，提高教师福利待遇，关心教师生活，开通贫困生扶助渠道，减免贫困生各种费用，不断增加师生对学校的认同感、归属感和幸福感，让师生以更大的热情投入工作和学习当中。

2. 加强制度化管理

没有规矩，不成方圆。从学校层面到师生个人层面，从教育教学常规到学生生活规范，从教师考评考核到学生在校管理评价，学校先后完成了《临潼中学教学管理制度汇编》《临潼中学学生管理手册》《临潼中学班主任管理制度》等一系列制度汇编。这些制度汇编覆盖了学校管理的方方面面，各项规章制度的建立和完善，使学校管理有章可循，有规可依，真正步入了依法依规治校的崭新阶段。

3. 实施系统化管理

我们进行管理架构建设，改革和完善行政运作体系：强力落实“三大工作原则”（首问负责制、立即落实原则、精细化管理思想）和“项目负责制”；实行“级部制管理模式”，不断完善“条＋块”行政运行机制；使责权利有机结合，使“条”的服务、监督、统筹功能和“块”的具体执行功能完美契合，相互督促，相互补充，相互提高，充分发挥管理者的积极性、自主性和管理潜能。

4. 推行民主化管理

学校定期召开教职工代表大会，行使教职工代表大会民主参与和民主监督的权力，维护教职员工的合法权利。学校坚持实行校务公开制，向广大教师公开学校年度工作计划、年度工作总结、学校财务年度预算和决算、大型工程建设、重大改革意图等，做到了公开化、透明化，同时倾听一线教师的心声，及时采纳他们的合理建议，保障广大教师的合法权益。学校鼓励师生参与学校管理，定期邀请师生参加校长办公会，听取他们对学校工作的意见和建议。学校设立学生会，年级组成立学生自主管理委员会，让学生实实在在地参与到班级量化考核、大型活动组织开展、社团活动管理等具体实践中来，变被动教育管理为自我主动体验教育管理，体现了教育管理中的“人本观和生本观”。

二、加强教师培养，打造名师集群

学校依据中共中央、国务院《关于全面深化新时代教师队伍建设改革的意见》，全面落实“区管校聘”，建立了教师聘任、管理、培养、评价激励及退出等完备的制度体系，形成了六阶梯级教师培养机制，搭建了“四课三学两活动一自主”教师赛教研修平台，全面推进教师专业化成长。

（一）搭建成长平台，提高业务能力

为了促使教师转变观念、提升理念、改进教育教学方法，学校形成了“四课三学两活动一自主”的教师赛教、研修机制。“四课”即春季学期的理科教师展示课和青年教师汇报课，秋季学期的文科教师展示课和名师示范观摩课；“三学”即出国交流、国内培训、校本培训；“两活动”即同行评议和学生评教；“一自主”即自主研修。

学校采取“走出去、请进来”的策略，先后到石家庄精英中学、山西忻州一中、汉中龙岗中学等数十所学校参观学习，并邀请南京财经大学甘诺教授、广西民族大学华春勇教授、西安文理学院赵精兵教授、浙江大学附属中学缪仁票主任、西安市三中李艳玲主任、山东菏泽一中副校长朱效同等近30名专家来到学校，就新课改新高考、特色课堂建设、生涯规划教育等方面对全体教师进行了有效指导和精准培训。

我校积极组织教师参加各级各类赛教活动，并取得了优异的成绩。近三年来，刘璐获得“国家实验教学能手”称号，张琳琳等获得市级实验说课一等奖；参加思政课大赛的教师共34人，李建革等教师获得市级奖项；在“一师一优课、一课一名师”

活动中，李宏涛等教师获得“省级应用名师”称号；36 名教师参加新课程优质课评选活动，魏囡囡等教师获得市级二等奖；在首届课堂创新大赛中，我校有 24 名教师参赛，3 名教师获得区级一等奖，4 名教师获得区级二等奖。

（二）健全培养机制，构建成长体系

学校依据《临潼中学教师专业化成长培养方案》《临潼中学“青蓝工程”实施细则》《临潼中学名师“1+2”培养工程实施方案》，对每位新入职教师进行为期三年的专业化培训，形成了一年合格、两年称职、三年出师的总体培养目标。由青蓝工程——五级品牌教师——名师“1+2”工程——市级手骨头——三型教师——省级手骨头组成的六阶梯级教师培养机制，全面推进教师专业化成长，为学校名师体系积极储备人才。

（三）打造五级品牌，形成名师集群

学校通过“五级品牌教师”“五级品牌班主任”评选活动，不断打造校内名师成长梯队，树立一批业务精湛、德才兼备的名师典型，引领课堂教学改革，优化班级管理。我校于 2021 年 12 月开展“临潼中学首届五级品牌教师”“五级品牌班主任”评选活动，有 59 名教师、26 名班主任获得了荣誉称号。《三秦都市报》专题报道了此次评选活动。学校以“五级品牌教师”评选考核为依托，以名师“1+2”培养工程为途径，建立了名师培养遴选机制，鼓励教师积极申报省市级名师。近两年来，我校有 4 名教师成为西安市“三型教师”（卓越型教师 1 人，骨干型教师 3 人），省市级手骨头名师队伍不断壮大。

（四）发挥名师引领，提升科研水平

学校发挥“刘素珺名师工作室”“杨瑛‘名师 +’研修共同体”“刘新振‘名师+’研修共同体”“王红红‘名师 +’研修共同体”等四个区级名师工作室和“名师 +”的辐射引领作用，结合我校名师“1+2”培养工程，采用导师制，推行学科教学与职业素养密切结合的指导培养模式，全程跟进青年教师专业成长历程，全面提高培养对象的教育创新思维能力、学科知识拓展能力和教学研究能力。

（五）完善考核制度，形成竞争机制

学校在构建教师梯级发展的同时，形成了教师考核评价制度体系，先后制定了《临潼中学教师工作过程性量化细则》《临潼中学教师年度考核方案》《临潼中学绩效工资（增量）发放方案》《临潼中学职称晋升办法》等制度。制度体系对教师的教育教学工作进行了全面量化考核，调动了教师工作的积极性和主动性，保障了教师队伍的整体素质不断迈向新高。

三、抓实教学教研，引领课堂革命

（一）统整教育资源，重构课程体系

我校依据《新时代推进普通高中育人方式改革的指导意见》和《普通高中课程方案》，挖掘校内外教育资源，统筹国家课程、地方课程，形成了以“厚德图强”精神为核心的学校图强课程体系，该体系共 3 大类，11 种，68 门课程，构建了由基础性课程、综合性课程和研究性课程为主体的校本化课程结构。基础性课程是基于国家课程的全科教学课程及促进学生健康发展所需要的生涯规划课程、德育类必修课程、综合实践类体艺课程；综合性课程是基于“图强文化”理念下的三年一体化课程，包括国家课程中的社会实践活动、劳动课程以及特色社团活动课程；研究性课程是基于全员导师制下的研究性学习课程、学科拓展课程、竞赛提高课程。学校建立了多方参与的“课程审议制度”和“课程评价制度”，制定了《西安市临潼区临潼中学课程规划方案》等数十个课程开发管理制度。制度体系对课程的开发和构建起到了指导作用。

为了充分发挥重点学科的资源优势，带动其他学科高质量发展，学校明确提出了“依托名师引领、创设精品课程”的学科发展思路。2021 年，我校语文、地理学科创建了市级重点学科，其中“高中阅读与写作”“高中古诗文阅读鉴赏”“走进骊山”等创建了市级精品示范课程，三个精品示范课程的实践与探索，提升了教师的课程开发力和执行力，进一步推进了学校的学科建设。

（二）打造特色课堂，推进课堂革命

为响应省教育厅提出的“课堂革命，陕西行动”号召，突破县域高中发展困局，准确把握教育趋势和方向，学校以落实立德树人的根本任务为出发点，以促进学生德智体美劳全面发展为落脚点，以“学生主体，教师主导”为基准点，以“先学后教，以学定教”为发力点，对习以为常的传统课堂进行大刀阔斧地改革，改变常规课堂教学思维僵化、效率低下的现状。我校将这一课堂改革称之为特色课堂建设。

我校将特色课堂创建工作定为“一把手”工程，专门成立了特色课堂建设领导小组，确立了“全面推进、重点突破、典型引领、逐步完善、形成范式”的总体思路，制定了特色课堂建设的相关方案10余个。为了全面推动特色课堂的建设，我校先后邀请了12位专家来校对领导干部、教研组长、备课组长、全体教师、学生和家长进行了分层培训；两次组织备课组长、教研组长、管理干部到山西忻州一中交流学习，刷新了干部和教师的教育理念，为课堂改革实施奠定了思想和理论基础。2021年3月，我校特色课堂创建工作由理论探索阶段进入了实践操作阶段，先后进行了自评互学、过关、达标、创优、树标5个阶段的晋级活动。经过不断总结经验、优化授课流程以及两年多的“学习借鉴——消化内化——实践改进——总结提炼——定型打磨——实践应用——研究改进”回环操作，我们最终形成了具有临潼中学特色的“三环五步”教学法及各科具体课堂教学模式。“三环五步”教学法是基于学生的认知水平，以“先学后教，以学定教”的教学理念为依据，在学生充分预学的基础上，发挥学生学习小组的作用，开展自主式、探究式、合作式、互动式教学，增强学生的合作意识，培养学生的思辨能力，促进学生学习方式和教师教学方式的逐步改变，体现了“学生主体，教师主导”的教育思想。“三环”是指“课前预学、课中探究、课后固学”三个环节。五步是指“预—检—探—思—固”，是三个环节中的五个重要步骤，是对“三环”的具体阐释和落实，贯穿于“三环”的全过程。

（三）狠抓常规管理，健全评价体系

我校把狠抓教学常规作为教学管理的重点，定期召开教研组和备课组活动，以主备制集体备课活动为抓手，开展教学研讨和个人研修。教务处定期进行作业检查、教案检查、学生评教、师生问卷，积极落实“双减”政策，提升课后服务质量，减轻学生课业负担。为了加强教学评价，学校采取过程性评价和总结性评价相结合的方式，引领教师扎实做好教育教学工作，创新性开展教科研活动，全面提高学校教育教学质量。

在教育教学管理评价方面，学校先后制定了《临潼中学教师常规教学工作规范》《临潼中学教研组、备课组活动规范》《临潼中学特色课堂建设“主备制”实施方案》《临潼中学教学过程性评价实施方案》《临潼中学先进备课组评选办法》《临潼中学星级学生考核评价方案》《临潼中学学分认定实施方案》（2022年修订版）等十几种相关制度，为提高教育教学质量提供了有力的制度保障。

（四）加强教育科研，促进教师成长

学校形成了教研室、教研组、备课组三级教研网络，以主备制集体备课活动为抓手，采取老中青相结合的方式，实行“三研三备”，提高课堂教学决策力。教研工作以个人研修和集体研修为载体，不断提升教师学科综合素养，优化学科建设；以课题研究为途径，培养教师科研意识，解决教育教学中的困惑。教师成长以“培青培优”和“名师 1+2”工程为平台，发挥名师的示范引领作用，促进青年教师专业化成长。近年来，学校逐步形成了乐教善研的教学教研风格，学科建设成绩显著，教科研成果丰硕。我校共有省级课题 21 项，其中 7 项结题，4 项在研，10 项在申报；市级课题 17 项，6 项已结题，6 项在结题，5 项在申报；区级课题共 20 项，已全部结题；校本课题 115 项，其中 84 项已结题，31 项在研，任课教师全员参与，全学科覆盖。2019 年，有 13 位教师的教科研成果获得市级一二三等奖；2020 年，有 17 位教师的教科研成果获得市级一二三等奖；2021 年有 57 位教师的教科研成果获得市级一二三等奖；2022 年，有 39 位教师的教科研成果获得市级一二三等奖。在省级以上刊物上发表的各类教科研文章共 15 篇。

为了加强教科研成果的展示和交流，给广大教师搭建学习交流、成长进步的平台，学校依据《临潼中学校刊创办方案》，创办了校刊《学境》，每学期定期出刊，每期录用稿件 50 余篇。为了及时传递特色课堂教研资讯，我校先后推出 40 余期《特色课堂建设简报》。通过分享不同专题的文章，引领全体教师在教学实践中深度思考，在交流探讨中共同提高。经过两年多特色课堂的研究和实践，形成了具有临潼中学特色的课堂改革成果，编撰了有效教学探究系列著作《“预检探思固”三环五步教学法研究》和《基于“三环五步”教学法下的学科教学模式构建和探究》。这两部著作不但成为阶段性成果，也为我校下一步特色课堂建设的百花齐放、百家争鸣提供了可借鉴的典型案例。

四、面对“三新”挑战，把握发展机遇

面对“三新”挑战，厚德图强的临潼中学人没有畏惧，而是将这次新课程新教材新高考改革作为学校弯道超车、实现跨越式发展的良机。学校提前布局、科学谋划，

先后制定了《临潼中学新高考改革实施方案》《临潼中学选课指导意见》《临潼中学学生选课指南》《临潼中学选课走班实施方案》《临潼中学新课程学分认定方案》等十余项新高考改革制度，为新高考的校本化实施提供了制度保障。

为应对“三新”挑战，我校分批对领导和教师进行了高考综合改革培训和新课程全员培训。学校先后三次对新高考实施的硬件条件和软件实力进行了自评整改，对选课走班的实施进行了推演，在体育科目和社团活动中试行选课走班，并取得了良好的效果。学校又争取资金建设了班级巡课系统和电子班牌，为选课走班的班级管理提供便利。临潼中学正以前所未有的勇气和策略，迎接新高考带来的发展机遇，实现学校多样化、特色化、内涵式发展。

五、特色助力发展，提升综合素养

（一）核心理念导航，特色文化引领

建校 60 余年来，一代代临潼中学人隐忍以行、永不言败、“把筋挣断也要把教学质量搞上去”的朴素精神成了今天“厚德图强”学校精神的源泉，并在不断践行中形成了“理想、责任”之校训，确立了“奠基学生，成就教师”的办学理念，构建了以理念文化、行为文化、课程文化、制度文化为主体的文化谱系。

学校以“厚德图强”精神为主轴，提出了“文化兴校、特色强校”的发展战略，倾力打造学校四大特色文化体系：特色课堂——以人为本，学生主体；九鼎德育——以德为先，三年九范；书香校园——培根铸魂，启智润心；“1+N”办学模式——厚德博学，各成其才。四大特色文化体系，逐步开拓了环境育人、文化育人、课程育人、活动育人、实践育人的新局面。

（二）实施九鼎德育，打造美德青年

立足“理想、责任”的校训，我校提出了面向学生未来发展的大德育课程体系，即“九鼎”德育体系，借助分年级德育课程，搭建多样化活动载体，挖掘教育资源，发挥家、校、社全方位的德育网络作用，建构具有临潼中学特色的“九鼎”德育体系。“九鼎”德育主要通过“三年九范”行动，分年级实施，使学生逐步形成各种品质，展示君子风范。三规范：家国情怀、生命觉醒、明理自治；三风范：传承担当、友爱奉献、和谐生态；三示范：理想目标、自强独立、创造创新。在具体实施方面，

学校以“星级学生”评选为抓手，着力打造“美德青年”评价体系，培养学生德育品质，让学生成人、成才和成功；以开展理想信念、感恩教育、生命意义、贤达文化等系列活动为载体，塑造学生正确的价值观念；以研学旅行、参观企业、走进大学、学境大讲堂、“石榴花”志愿者等实践活动为平台，培养学生的责任和担当意识。近年来，随着“九鼎德育”活动的开展，我校德育工作取得了良好效果。继2014年我校王震等10名学生见义勇为受到中央有关部门表彰之后，2022年10月21日又涌现出了董子豪等4名学生在放学路上救助车祸母子被省区市各类媒体广泛报道的先进事迹，学生用行动充分诠释了“理想、责任”的校训，也充分证明了我校的德育成效。

（三）主题文化搭台，书香校园育人

以文化人是我校的特色育人理念。学校通过红色精神、贤达文化、国学经典、心灵家园、图书角等主题文化建设，努力打造书香校园文化。学校通过开展读书月、参与征文比赛、评选阅读之星、诗词大会、书画名家进校园等活动，逐步形成阅读育人、以文化人的教育氛围。校园内书声琅琅，“人人讲学习、时时讲学习、处处讲学习”，让读书学习真正成为全校师生的自觉行动和情感共识。推进图书进校园、书画名家进校园、文学名家进校园等活动，拓宽了学生视野，提高兴趣，增长见识，培养能力。以书香温润人格，以书香化育德行，阅读已成为我校师生的基本素养和终身习惯。

学校依据现有资源条件，逐步完善图书馆智能化管理系统的建设，建立定期全员开放制度；设置室外开放书吧，形成室外学生自主借阅管理模式。“书香校园”建设从教师阅读、学生阅读、家长阅读三方面全方位展开，三位一体，相互支持，相互激励。我校全力创设“积极向上、清新高雅、健康文明”的校园读书文化，构建整体阅读育人系统，打造具有临潼中学特色的“书香校园”。

（四）创新“1+N”模式，拓宽育人途径

我们整合学校和社会教育资源，积极创建第二、第三课堂，拓宽学生视野，培养学生兴趣，加强学生综合实践活动，培养学生的创新精神和实践能力。学校开设学境大讲堂，建立学生发展中心，开展了生涯规划测评和教育；与高校、科研机构、企业等合作对学生进行社会实践教育，培养了学生的职业规划意识，激发了学生的学习兴趣和学习动力。

为了把兴趣爱好和学生的未来发展以及职业规划有机结合，临潼中学以促进学生全面发展为基准，以满足学生个性化需求为重点，着力打造了扁鹊中医社、石榴花茶艺社、蒙太奇传媒社、青华美术社、新赛道日语社等特色精品社团，构建了20多个各具特色的专技类社团和18个学科拓展类社团，涵盖了德智体美劳各个领域。丰富多彩的第二课堂，培养了学生兴趣，拓宽了学生视野，提升了学生综合素养，也为他们未来升学提供了更多渠道。为此，我校全力打造“1+N”办学模式。“1+N”办学模式是通过特色课堂建设提升文化课升本率这个“1”，以及通过艺术、体育、传媒等提升专业特长升本率这个“N”，拓宽渠道，发挥潜质，共同发力，逐步圆学子名校梦想。

六、坚持五育并举，创新评价体系

党的二十大报告强调要加快建设教育强国、科技强国、人才强国，加快建设高质量教育体系，并指出要：“深化教育领域综合改革，完善教育评价体系。”我校积极响应号召，将逐步建立健全普通高中学生综合素质评价制度，健全“立德树人”落实机制，扭转不科学的教育评价导向。综合素质评价以高中学生思想品德、学业水平、身心健康、艺术素养、劳动与社会实践等五个方面为主要评价内容，严格评价程序，强化责任监督。此外，我们将注重以图片及文字的形式记录学生的客观成长过程，整理遴选具有代表性的重要活动记录和典型事实材料，生成真实生动的学生成长记录资料。

学校坚持“德智体美劳”五育并举，尤其强化劳动育人，开设了劳动课程，整合家庭、学校、社会等各方面资源，分级分批带领学生在不同的劳动场域进行实践，以不同的劳动形式引导学生崇尚劳动、尊重劳动、热爱劳动。

七、增加经费投入，改善办学条件

我校按照“总体规划，模块实施”的策略，借助“西安市基础教育三年质量提升计划”的东风，近几年来市局投入的专项资金累计2469万元，用于校舍改造、操场升级、智慧校园建设、书香校园建设、实验室改造、社团活动室建设、主题文化建设等建设项目。

如今，我校布局精致，环境优美，设施齐备。学校图书馆藏书16.6万册，阅览室8个；

装备现代化教室 54 个、学科专用教室 8 个、多媒体网络教室 9 个；理化生实验室及功能部室 20 个，学生发展中心、校史室、心理咨询室、校园电视台、学科器材室等教学辅助部室齐全，以完全满足现代化教育教学的正常需要。

八、开展对口帮扶，彰显示范引领

学校积极发挥辐射引领作用，帮扶马额中学、陕鼓中学、临潼区职教中心等学校，积极开展送教支教、赛教评教等各类活动。与此同时，我们进一步扩大示范引领作用，对汉中市汉台中学、杨陵区杨陵高级中学、阎良区关山中学进行特色课堂培训，有力地带动了 3 所学校进行课堂改革，并取得了良好效果。今后，我们将不断开阔办学视野，拓宽办学渠道，加强与国外教育机构和知名学校的交流与合作，不断提升我校的办学品质，进一步实现学校的高质量特色化发展。

近年来，我校在教育教学质量和办学品质上不断提升，获得了群众的广泛赞誉。学科竞赛和学生综合实践活动硕果累累，高考质量连年攀升：2021 年、2022 年我校连续两年在临潼区教育教学综合评估中以全区文理科第一名的成绩获得高考优胜奖；本科上线率由 2019 年的 69% 上升到 2022 年的 90.4%，真正兑现了“低进高出、高进优出”的承诺。我校在学校教学改革领域的教学方式改革项目中取得了显著成效，2021 年顺利通过了西安市特色实验学校的评估验收；同年被媒体评为素质教育特色学校；2022 年在《三秦都市报》组织的“陕西教育先锋人物”评选活动中，我校获得了“最佳教育质量示范名校”荣誉称号。

各位领导、各位专家，创建省级示范高中，是我们全体师生的共同愿景，是学校高质量发展的重要机遇。我们将以创建省级示范高中为契机，以新高考综合改革为抓手，不断促进学校内涵式发展，使临潼中学真正成为临潼人民家门口的好学校，成为高质量、有特色、能示范的品牌强校。

再次真诚感谢各位领导、各位专家的评估和指正，谢谢！

西安市临潼区临潼中学

2023 年 3 月 27 日

薛耀军校长办学理念与管理思想阐述

坚持以先进的办学理念引领学校健康高质量的发展，是学校落实长远发展战略的具体实践。办学理念是学校成员创造并共享的核心价值，以及在核心价值统帅下对本校一系列教育教学思想和管理服务观念的校本化、概括性表述，是一整套指引办学方向和方法的概念和观念体系。办学理念作为一种理性认识，是一所学校开展工作的行动指南，是师生员工教学行为的正确向导和基本准则，它决定着学校的群体教育行为，指导着学校的办学方向，定位着学校的品牌形象。学校先进的办学理念，对校外是一面旗帜，对校内是一个纲领，对历史是一个总结和发展，对未来是一个目标和期待。

我们临潼中学始建于 1958 年，在 60 余年的“改革创新、奋发图强”的发展奋斗史中，积淀了丰厚的文化底蕴，孕育了“厚德图强”的学校精神。学校在总结历史、把握现在、谋划未来的基础上，经过理性思考和反复论证，提炼出了临潼中学的办学理念——奠基学生，成就教师。

一、办学理念和管理思想的内涵

奠基学生，成就教师，就是秉承基础教育的根本使命，为学生未来发展奠基，为教师专业成长助力，在“厚德图强”的学校精神感召下，使学生成长、教师成就、学校发展成为息息相关、相得益彰的命运共同体。奠基学生、成就教师，就要让每一位学生拥有希望感地快乐学习，让每一位教师富有成就感地幸福工作。

奠基学生，即要培养学生的健全人格、阳光心态、人文素养和家国情怀；培养学生有良知有梦想、有责任有担当、向善向美、温和而坚定、立志用创新和努力改变世界的高贵品质；培养学生未来发展所必备的精神丰盈、思想上进、好学笃行、坚毅乐观、自尊自强、爱国爱人、开拓创新且具有国际视野的优秀品质。教育的根本功能是促进人的成长与发展，学校作为教育的实施主体，其教育活动直接关系着学生各方面素质的发展，决定着全民族整体素质的提高。学校的教育教学工作要面向全体学生，让每个学生在德、智、体、美、劳诸方面素质获得和谐发展，让每个人的个性得到充分自主的发展；要重视和关注学生的成长过程，重视学生基本素质的养成，为学生成为好学笃行、坚毅乐观、自尊自强、爱国爱人、开拓创新，且具有人文素养、家国情怀和国际视野的现代有为青年打下坚实的基础。

成就教师，即学校要以教师发展为根本，营造教师发展的宽松环境，搭建教师事业发展的广阔平台，建立有益于教师队伍良性循环发展的激励机制，引导教师在教育改革浪潮和社会思潮的冲击、挑战中，克服倦怠，拒绝躺平，不忘教育初心，恪守教育良知，追求教育梦想，牢记责任担当，最大限度地唤醒教师的职业良知，激发教师的专业潜能，鼓励教师大胆创造创新，形成善教乐学的活力团队，使老师们能够见贤思齐，勇于探索，富于思考，乐于研究，善于合作，顺应学校发展的大方向大趋势，为学生成长、个人事业和学校发展奋楫前行。

二、办学理念和管理思想的践行

（一）实施九鼎德育，打造美德青年

鉴于我校的德育优秀传统，结合时代发展对人才品质的需求，我们以“星级学生”评选为基础，打造“美德青年”为主线，以“九鼎德育课程”体系为引领，形成我校的德育主体网络，构建具有我校特色的德育新模式。厚植家国情怀，培养图强品质，强化责任担当，把学生培养成为好学笃行、坚毅乐观、自尊自强、爱国爱人的现代新人，既是九鼎德育的目标，也是美德青年的内涵。近年来，我校不断涌现出的被国内各大媒体争相报道的 2014 年王震等十多名学生救助倒地老人事件、2022 年董子豪等四名同学救助车祸母子事件等，无不体现了我校德育工作的良好效果。

（二）坚持五育并举，促进全面发展

学校本着“文化兴校、特色强校”发展宗旨，着力打造特色课堂、书香校园、九鼎德育、“1+N”办学模式等四大特色，进行课堂革命，重新构建新型师生关系，使课堂成为发展学生必备品质和关键能力的主阵地；打造书香校园，开展读书活动，用书香温润人格，用书香丰沛灵魂，用书香培植兴趣，用书香激发创新；构建九鼎德育体系，挖掘学生德育资源，培养乐于助人、敢于担当、勇于奉献的高尚品质；构建“1+N”办学模式，培养学生兴趣，激励个性发展。学校将文化建设和课程建设相结合，构建具有临潼中学特色的图强课程体系，形成环境育人、课程育人、活动育人、实践育人的新局面，助推“五育并举”教育方针的深入落实，促进学生德、智、

体、美、劳全面发展。

（三）借助生涯规划，打造“1+N”模式

高中教育是基础教育，所以作为教育者，我们必须处理好全面发展和个性发展的关系，做到每一个学生既要博学，也要个性发展，各成其才。从学校层面成立学生发展中心，做好生涯规划，开展职业体验，形成高一“认识自我、方向选择”，高二“学习体悟、职业规划”，高三“成长总结、未来展望”，这一系列生涯教育体系。生涯规划教育要和我校学生培养总体目标以及“1+N”办学新模式有效衔接，要不断创新办学模式，真正使“奠基学生”的办学理念落地生根。何为“1+N”办学模式？“1”代表文化课升本，“N”代表艺体升本。通过体育、音乐、美术、舞蹈、传媒、书法等途径的艺体升本，不但有力保障了“五育并举”教育方针的具体实施，而且针对我校学生实际，有可能实现突破名校，形成特色。这一实施过程同样也是教师职业素养和专业能力全面提升的过程，必将极大地促进教师的成功和发展。

（四）依托精品社团，培植学生兴趣

学校重视发展引导，培养学生兴趣爱好，依托社团活动，积极开设二三课堂。以社团为依托，打造了蒙太奇传媒社、新赛道日语社、石榴花茶艺社、青华美术社、扁鹊中医社等五个精品社团，为学生的发展创设第二课堂。以假期社会实践、社区服务、研究性学习为重点，加强学生实践创新能力的培养，创设第三课堂。使学生在学到知识的同时还发展了自己的特长，促进了学生素质的全面提高，为将来成为社会需要的各类人才打下坚实基础。同时，第二三课堂的开设，为每个教师素质的提升提供了发展空间和条件。

（五）搭建成长平台，形成名师集群

名校靠名师支撑，示范靠引领前行。学校要快速持续发展，必然要打造一支德才兼备、守正创新的名师集群。我校在紧抓教师队伍整体建设的同时，特别关注名师的培养，实施名师锻造工程——通过评选“五级品牌教师”“五级品牌班主任”活动，不断打造校内名师成长梯队，引领课堂教学改革，优化班级管理。学校计划在3—5年内培养一支学习型、研究型、创新型的师资队伍，树立一批业务精湛、德才兼备的名师典型，为全面提升教育教学质量打下坚实的人才基础。

（六）健全评教机制，提高幸福指数

学校要发展，教师首先要得到发展，教师发展的前提是要有幸福感、成就感和获得感。学校在为教师提供发展平台的基础上，建立了教师奖惩考核机制，先后制定了《临潼中学考试优胜奖励方案》《临潼中学优秀教师评选方案》《临潼中学先进教育工作者评选方案》《临潼中学先进备课组评选办法》《临潼中学教科研成果奖励方案》《临潼中学年度教师考核方案》《临潼中学五级品牌教师考核方案》《临潼中学五级品牌教师科研经费使用办法》《临潼中学职称晋升办法》《临潼中学绩效工资分配方案》等一系列制度，调动了教师工作的积极性，激发了教师加强教学研究的热情，全面培养了教师的图强精神和创新意识。

三、以文化人的思想管理

要想办好一所学校，除了确立正确的、先进的办学理念之外，还应有以人为本的管理理念和科学的管理方法。所谓管理理念，是对学校所遵循的管理原则、所追求的管理思想的概括性表达，是在处理人、财、物、信息等管理基本要素时所遵循的意识准绳，是一切治校行为的出发点。为了学校能健康持续发展，我们立足当前，着眼未来，根据学校实际情况，形成了“以人性化管理为前提，以制度化管理为保障，以系统化管理为纽带，以民主化管理为基础”的管理思想。管理的思路是树立服务意识，建立规章制度，通过感情带动和制度约束，将全体师生凝聚在一起来共同管理学校。管理的目标是要激发、调动每个教师工作的积极性与主动性，为师生建立一个“环境优美 管理科学 质量卓越 特色鲜明”的工作和学习环境，确保学校能够持续健康稳定地发展。实践证明，这种管理思想在学校实际管理中起到了积极的作用。在具体的管理实践上我们着重做了以下工作：

（一）实行人性化管理。

学校的管理者，首先是服务者。要为完成学校承担的任务服务，要为学生和家长服务，要为教师的教育教学工作服务，最终是为了社会服务。把服务于师生员工的工作、学习、生活作为管理的出发点，全面了解教师教学的需要和学生内心的愿望，了解师生教学和生活上的困难，营造一个让广大师生能舒心工作与专心学习的良好管理氛围。近年来，学校把改善师生的工作条件和学习生活环境放在重要的位置来抓。

在资金极其匮乏的情况下，筹措资金，改善办学条件，美化校园环境，增加教学设备，提高教师待遇，减免贫困生费用，让师生以更大的热情倾心投入工作和学习中，让他们自然而然地对学校产生归属感、荣耀感、幸福感。

（二）加强制度化管理

古人言："没有规矩，不成方圆。"制度就是规矩，制度就是学校教育教学的准绳。建立在教育法律法规基础上的学校各项规章制度的及时制定和不断完善，是确保师生按照学校规定有序开展工作和学习的必要条件。学校根据发展的需要，从利于学生个性发展和利于教育教学出发，不断充实、修正管理制度，力求做到人性化、科学化、可操作化。先后制定和完善了《临潼中学教学管理制度汇编》《临潼中学学生管理手册》《临潼中学班主任管理制度》《临潼中学总务处管理制度汇编》《临潼中学教科研管理制度汇编》等一系列规章制度，从学校层面到师生个人层面，从教育教学常规到学生生活规范，从教师考评考核到学生在校管理，所有规章制度都已汇编成册，这些制度覆盖了学校管理的方方面面。各项规章制度的建立和完善，使学校的管理有章可循，有法可依，使学校管理更加实效和规范，保证了学校各项工作平稳有序地进行，使学校管理步入了全新阶段。

（三）进行系统化管理

学校是一个有机的整体，作为一个颇具规模的中学，我校逐步建立起以"级部制管理"为核心的"条 + 块"管理模式和在"三大工作机制"（首问负责制、立即落实原则、精细化管理思想）引领下的"项目负责制"。级部制管理实行层级管理（条的管理）和扁平化管理（块的管理）相结合的内部管理运行机制，宏观以"条"为主，微观以"块"为主，"条""块"各有侧重，各司其职，相得益彰。级部制管理具体的实施是由一名副校长主管，其他领导共同参与的管理组织机构，实行领导包班制度、学生自主管理制度，充分发挥管理者的积极性和主动性，规范管理行为，提高管理效率。

通过系统化管理，领导班子紧密合作，形成了"服务、高效、精细、廉洁"的工作作风；校领导与教职工之间关系融洽，积极向上；师生关系平等和谐，尊师重教蔚然成风；学生之间团结友爱、互帮互助、共同进步。学校来自各方面的表扬、称赞渐渐多了起来，同时学校由此步入了飞速前进的快车道。

（四）推行民主化管理

在现代学校里，师生不仅是管理的对象，同时也是管理的参与者。我校定时召开教职工代表大会，行使教职工代表大会民主参与和民主管理的权力，维护教职员工的合法权利。坚持实行校务公开制，将本校年度工作计划、年度工作总结、学校财务年度预算和决算、大型工程建设等向广大教师公开，做到公开化、透明化，保障了广大教师的合法权益。广泛听取师生们的意见和建议，集思广益，避免了武断性和片面性，保证了决策的科学性和正确性。进行教育教学改革时，倾听一线老师的心声，群策群力，确保教育改革的顺利进行。为了让学生参与学校管理，学校设立了学生会，年级组成立了学生自主管理委员会，并且还定期邀请学生参加每周日晚举行的校长办公会，变被动教育管理为主动教育管理，体现了以学生为主体，以学生发展为本的理念，学生在配合学校管理的同时，还增加了学生个人发展的机遇和空间。

科学的管理思想，保证了学校健康有序地发展，先进的管理思想，则不断促使学校实现内涵发展，实现跨越式发展。近年来，我校的教育教学质量不断提高，2021 年我校高考以文理全区第一名的成绩获得了二科优胜奖，2022 年我校高考再创佳绩，文理科、体艺类均以第一名的成绩获得了三科优胜奖。

革新奋进破困局 与时俱进谋新篇
——薛耀军校长的重要决策及自我评价

自2020年8月到临潼中学任职以来，面对学校的发展困境，我一直在努力地思考着：如何能让这所县域高中重获生机？答案是唯有彻底改革。两年来，我带领新一届领导班子，革故鼎新，踔厉奋发，学校的面貌焕然一新，教师的工作积极性和精神面貌得到了极大的改善，高考成绩两年来连续攀升，得到了社会的普遍认可。

一、建制度，树规范，强化学校管理

临潼中学创建于1958年，是一所具有60多年办学历史的省级标准化高中，但由于学校制度不健全，教师人心涣散，缺少学科领军人物，名师集群尚未形成；学校缺乏课程意识，致使育人方式单一，学校发展没有特色。

治乱必用重典。当其他管理办法无法奏效的时，制度管理就是最好的办法。在充分调研的基础上，我决定首先由建章立制开始，通过建立相应的制度去规范行为、指明方向，加强学校的日常管理。我亲自制定了《临潼中学三年发展规划》《临潼中学五年发展规划》《临潼中学十年发展规划》《临潼中学校园文化建设总体方案》《临潼中学领导干部每日十问》《临潼中学管理者十诫》《临潼中学绩效工资分配办法》《临潼中学教师行为准则》等顶层设计方案，主导教务处、政教处、总务处、教研室、校办室修改完善各类规章制度，并将制度汇编成册——《临潼中学教学管理手册》《临潼中学班主任管理手册》《临潼中学学生管理手册》《临潼中学后勤管理手册》等，为学校的常规管理提供了制度保障和执行依据。

为了提高管理效率，我对学校的管理运行机制进行了全面改革，建立起以“级部制管理”为核心的“条+块”管理模式和在“三大工作机制”（首问负责制、立即落实原则、精细化管理思想）引领下的“项目负责制”。级部制管理实行层级管理（“条”的管理）和扁平化管理（“块”的管理）相结合的内部管理运行机制，宏观以“条”为主，微观以“块”为主，“条”“块”各有侧重，各司其职，相得益彰。级部制管理的具体实施是由一名副校长主管，其他领导共同参与的管理组织

机构，实行领导包班制度、学生自主管理制度，充分发挥管理者的积极性和主动性，规范管理行为，提高管理效率。

作为对制度化管理的有益补充，我充分发挥教代会的作用，坚持校务公开制，在重大事项决策、学校财务年度预算和决算、大型工程建设等方面坚持集体决策，并向广大教师公开公示，做到公开化、透明化，保障了广大教师参与学校管理的合法权益。

二、找突破，塑形象，优化育人环境

为了改善社会对学校旧、乱、差的整体印象，引导全校师生树立正确的教育价值观，我在继承学校原有的历史文化传统和现有的价值取向的基础上，制定了《临潼中学文化建设总体方案》，经过师生为期一年的大讨论，三易其稿，最终形成了以“厚德图强”学校精神为根的学校理念文化体系——办学理念、办学目标、培养目标、三风一训，并由此提出了学校发展的四大特色：特色课堂、书香校园、九鼎德育、“1+N”办学模式，为学校未来发展指明了方向和目标。

在学校资金紧张的情况下，我多方筹措资金，新建了学校大门，对教学楼外立面、教室环境、操场篮球场、教师办公楼、学生宿舍、实验室、图书楼进行了整体改造提升，改善师生的学习环境和工作条件；争取专项资金购置实验仪器，提升实验室的辅助教学水平；并以核心理念文化为主轴，对学校整体进行文化布置，形成了环境育人的新局面。

学校成立了信息中心，加强了对学校的宣传力度，定期推送学校的教育教学动态，推介优秀师生，让更多的临潼人民了解学校、监督学校、促进学校发展。

三、请进来，走出去，打造名师集群

为了促使教师转变观念，提升理念，改进教育教学方法，学校采取“走出去、请进来”的策略，先后到石家庄精英中学、山西忻州一中、庆安中学、杨凌中学、西安市六中等学校参观学习，并聘请南京财经大学甘诺教授、浙江大学附属中学缪仁票主任、西安市三中李艳玲主任、山东菏泽一中副校长朱效同、河北省课改名师邢台三中副校长张利青、山西忻州一中年级主任解鸿志以及名校研究院的张志胜、张维发、李彦杰、游永存等专家来到学校，就课程改革、新课改新高考、特色课堂建设、生涯规划教育等方面对全体教师进行有效指导和精准培训，大大提高了我校教师的教育教学水平。

名校靠名师支撑，示范靠引领前行。学校要发展，必然要打造一支德才兼备、守正创新的名师集群。我校在紧抓教师队伍整体建设的同时，特别关注名师的培养，实施名师锻造工程，通过评选“五级品牌教师”“五级品牌班主任”活动，不断打造校内名师成长梯队，引领课堂教学改革，优化班级管理。学校计划在3~5年内培养一支学习型、研究型、创新型的师资队伍，树立一批业务精湛、德才兼备的名师典型，为全面提升教育教学质量打下坚实的人才基础。为此，我校于2021年12月在教师中开展了“临潼中学首届五级品牌教师”“五级品牌班主任”评选活动。五级品牌教师的评选活动在校内外师生间引起了强烈反响，《三秦都市报》专题报道了我校五级品牌教师评选活动。

学校积极发挥“名师+”研修共同体的引领作用，不断提升我校教师的教育教学素养和教科研水平。学校目前有历史、地理、政治三名区级“名师+研修共同体”主持人，参加市区级“名师+研修共同体”的教师39人，累计参加研修活动56人次。

四、抓特改，改观念，提升教学质量

为精准定位学校发展，我校特邀课改专家组对我校进行调研诊断。2020年12月，我校正式启动课堂教学改革，专门成立了特色课堂建设小组，立足校情、学情，先后制定了相关特色课堂建设的方案10余个，有力保障了特色课堂建设的深入推进。2021年3月，我校特色课堂创建工作由理论阶段进入了实践操作阶段，全校师生以巨大的热情全身心投入特色课堂的建设中来。

为了稳步推进特色课堂建设，学校开展了自评互学、过关、达标、创优、树标五个阶段的达标创优活动，通过晋级活动，教师不断总结经验，完善授课流程，基本形成了“三环五步”教学法及学科教学模式，极大提高了课堂教学效率。2021年12月，我校顺利通过了西安市特色实验学校的验收。汉中市汉台中学、杨凌高级中学、阎良区关山中学等学校派教师到我校参观学习课改经验，同时我校将课改成果通过示范课的形式向区内马额中学、陕鼓中学、新丰职教中心等三个学校推广，帮助薄弱学校提升教育教学质量。

五、抓德育，重引导，打造美德青年

学校以培养学生正确的三观为主线，实施九鼎德育，打造美德青年。学校通过理想信念教育、感恩教育、诚信教育、学境大讲堂、生涯规划、生命意义等德育课程，中华优秀传统教育、星级学生评选、特色活动、研学旅行、参观大学等德育实践，厚植学生家国情怀，让学生心怀良知，找准人生方向，明白人生意义，以此树立学生的主体责任意识，把学生培养成为有家国情怀和责任担当的具有临潼中学特点的美德青年。

通过生涯规划、各类竞赛等德育课程，励志教育、拓展训练、科技体育艺术节、科技创新大赛、毕业典礼等德育活动，家长讲堂、职业访谈等德育实践，以此教育学生勇于创造创新，勇敢逐梦圆梦，把实现个人理想和强国梦有机结合起来，同时将临潼中学“厚德图强”的精神永远传承下去。

六、新课程，新高考，科学合理应对

为了有效应对新高考带来的冲击，学校制定了《临潼中学应对新高考改革实施方案》《临潼中学选课指导意见》《临潼中学学生选课指南》《临潼中学选课走班实施方案》《临潼中学选课走班导师制度》《临潼中学选课走班教师教学评价制度》《临潼中学选课走班学生管理制度》《体育模块教学选课方案》《临潼中学新课程新教材实施方案》《临潼中学新课程学分认定方案》等一系列新高考改革制度，为新高考的校本化实施提供了制度保障。

为了全面应对即将到来的新课程、新高考改革，我校分批次对教师进行了新课程新高考的全员培训，领导也分批次参加了高考综合改革培训。通过培训，全体教师对新课程、新高考有了全面深入的了解，从而更新了教师的教育理念。在两次模拟选课的基础上，我们于 2021 年 11 月、2022 年 6 月分别进行了第三次和第四次模拟选课，给新高考选科走班的师资配置提供了依据。暑假学校又争取了电子班牌项目，为选课走班的班级管理提供了方便。

两年的拼搏，不菲的收获。在全体教职工的辛勤努力下我校的教育教学质量不断提高，2021 年我校高考以文理全区第一名的成绩获得了优胜奖，2022 年我校高考再创佳绩，在继续保持文理科优胜奖的同时，体艺类以第一名的成绩也获得了优胜奖。

两年来，我牢记作为一名校长的使命，深知临潼人民的重托，深知肩上的责任重大，所以，精神上积极向上追求高雅，工作上兢兢业业精益求精，生活上严于律己宽以待人。因为我知道，我的任务还没有完成，省示范的创建还在路上，唯有坚持党的教育方针，进一步提升自己的思想境界、管理水平和业务能力，加快教育教学改革的步伐，开拓创新，不断进取，努力成为专家型校长，才能真正将学校带入高质量、有特色、能示范的品牌特色强校行列。

薛耀军校长创建西安市特色实验学校工作案例

2020 年 8 月，我到临潼中学任职，上任遇到的第一项工作便是创建西安市特色实验学校。这项工作被市、区教育局列入 2021 年《西安市基础教育提升三年行动计划（2019—2021 年）》任务台账，是一项必须完成的任务。

我认真研读国务院办公厅印发的《关于新时代推进普通高中育人方式改革的指导意见》《西安市基础教育提升三年行动计划（2019—2021 年）》《西安市普通高中优质特色发展五年行动计划（2017—2021 年）》和《西安市普通高中特色学校创建工作方案》等相关文件，结合我校实际，与领导班子达成一致，依照“五大领域十八个方面”的创建要点，决定申报“学校教学改革”领域中的“教学方式改革”项目。

之所以选择这个“牵一发而动全身”的“牛鼻子”项目，目的是想通过课堂教学方式的改革，促进教师的专业化成长，以此推动学校的课程改革，进而推动学校各项工作的进一步发展。华东师范大学教授钟启泉曾说过：“教育改革的核心在于课程改革，课程改革的核心在于课堂改革，课堂改革的核心在于教师的专业发展。”

据我了解，临潼中学以前也做过一些教学改革。2014 年，学校倡导“五环”教学法，2017 年，学校尝试“分层教学”。由于种种原因，都没有取得实质性进展。教师在课堂教学中仍然是“穿新鞋走老路”，拿着新课标，用着老教法。教师的授课依旧是“满堂灌”“填鸭式”教学，不考虑学生的感受，学生依然是在被动学习。课堂教学改革，有名无实、有形无神。

我深刻认识到，新课程标准对学科核心素养培养的要求、新教材对教师教学设计的要求、新高考对必备品格和关键能力的考查，这些都要求教师在课堂教学中以学生为主体、教师为主导，改变过去“灌输式”“填鸭式”的教学方式。这一切的变化和要求都要通过课堂去实现，选择对课堂教学方式改革是现实的需要。因此，我下定决心从课堂教学方式改革入手，完成创建任务。我们将这次“自上而下”而又“自下而上”的大力改革活动称之为“特色课堂建设”。

一、案例描述

（一）早谋划，早动手，定方案，稳推进

2020 年 10 月，我将创建工作列入议事日程，并定为“一把手”工程。任何一项

改革的最难点都是在于对人观念的改变。要想把课堂改革搞好，前期的思想准备工作一定要做足。我认为首先要通过培训、学习改变教师的认知，提高认识，统一思想。其次，再定方案逐步推进。

1. 组织全员培训，切实转变理念

为精准把脉我校课堂教学中存在的问题，2020 年 12 月初，我们邀请课改专家来我校进行调研诊断，查找教育教学工作中存在的问题和不足。并将存在的问题向全体教师公开，使教师知不足、明短板、找差距、寻出路，还多次在教职工大会上讲改革的目的和意义，讲改革对学生、教师、学校发展的重要性，以此激发教师的改革热望。

为了促进教师教学理念的提升，我先后邀请了 12 位专家进行课改培训，共计 5 场报告、3 节示范课、10 节诊断课。先后两次组织备课组长、教研组长、管理干部共 24 人到山西忻州一中进行为期 2 天系统、全面、深入的交流学习。通过培训交流，改变了干部和教师的教育理念，为课改的实施奠定了思想和理论基础。

2021 年 3 月以来，我校利用班会、专题讲座等形式对学生及学习小组长进行了多次培训。2021 年 6 月，利用家长会时机，向家长宣讲了课改的目的、意义，学校实施的策略、方法步骤以及家长要配合的工作，获得了家长的大力支持和配合。

经过学习培训、思考和一系列的实践、总结、提炼、升华过程，我校确立了“三环五步”教学法。“三环五步”教学法是基于学生的认知水平，以“先学后教，以学定教”的教学理念为依据，在学生充分预学的基础上，发挥学生学习小组的作用，开展自主式、探究式、合作式、互动式教学，增强了学生的合作意识，培养了学生的思辨能力，从而促进学生学习方式和教师教学方式的彻底改变，体现了“学生主体、教师主导”的教育思想。“三环”是指“课前预学、课中探究、课后固学”三个环节。五步是指“预—检—探—思—固”，是三个环节中的五个重要步骤，是对“三环”的具体阐释和落实，贯穿于“三环”的全过程。

2. 亲自抓思路明，定制度保稳行

将创建工作定为“一把手”工程，成立了特色课堂建设领导小组，明确了“全面推进，重点突破，典型引领，逐步完善，形成范式”的总体思路。要求高一、高二的九大学科所有教师全员参与。

特色课堂建设领导小组制定了《临潼中学特色课堂建设实施方案》，依据《方案》，各小组制定了《临潼中学特色课堂实施方案》《临潼中学备课组“主备制”实施细则》《临潼中学特色课堂检查评价制度》《临潼中学班级小组建设方案》《临潼中学特色课堂建设宣传工作实施方案》等一系列制度，通过对各类方案的制定，使特色课堂建设的顺利开展有了保证。

（二）搞晋级，抓主备，建小组，深推进

1. 晋级巩固教学新模式，逐层树立课改新标杆

为了使教师熟练掌握和运用“三环五步”教学法，学校制定了《临潼中学特色课堂晋级活动实施方案》，晋级分为五个层级：自评互学、过关、达标、评优、树标，每个层级有不同的评课标准。自 2021 年 3 月开始至 2022 年 4 月结束，历时一年。目前九大学科全体教师参与活动，评委听课 700 余节，教师过关率 100%，达标率达到 90%。晋级活动保证了特色课堂建设的有序推进。

2. 集体备课主备为引领，智慧共享合力做教研

课改实施，教研为本。学校制定了《临潼中学备课组“主备制”实施方案》《临潼中学主备制操作流程指导》，推行“三研三备”模式。把教研活动分为“大教研”和“小教研”两部分，每学期初各备课组长制定备课计划，确定主备人、主备内容。课余时间教师先备课完成“小教研”（一研一备），每周二、周四下午开展“大教研”活动，同备课组教师对主备教师的教学设计、课件充分讨论再修订，达到教案和课件的统一（二研二备）。大教研之后，教师根据各班学情对统一的教案和课件进行微调（三研三备）。主备制的集体备课活动发挥了集体智慧，共研共修，同组教师之间各美其美、美人之美、美美与共，起到了教研引领课堂教学改革的作用。

3. 合作探究有小组，自主学习现新风

合作学习被誉为当代最大的教育改革之一。课改的核心是转变学生的学习方式，小组合作学习是课改的有力抓手。课改伊始，我校根据“组内异质、组间同质”的原则，每班组建 6~8 个小组，每组 6~8 名学生。开展课前预学、课中探究、课后固学等活动。课堂上教师充分发挥学习小组的作用，设置合理、有层次的探究问题，学生在教师的引导下积极讨论、探究并展示结果。小组合作学习的实行，使学生真正成为课堂的主角，成为学习的主体，从而提高了学生学习的积极性和主动性。

二、多管齐下，配套跟进，全员关注课堂改革

（一）加强领导和指导，干部全员督导课堂

要求领导班子全体成员学习教育论著，不断更新教育理念，深入一线听课调研。形成了领导包班、领导包备课组、领导推门听课制度，校级领导每学期平均随机听课评课 25 节，中层领导 30 节。坚持参加教学教研活动，指导备课组活动，及时解决教学中的实际问题。2021 年 11 月中旬，我校共建成 54 套“智慧听评课系统”，开辟了 3 个听评课室，组织管理干部和备课组长、教研组长进行网上听评课。与其他形式的听评课结合，以此督导课堂教学。

（二）加强校本课题研究，提升教师教科研能力

围绕特色课堂建设广泛开展课题研究，高一、高二的九大学科教师全员参与，20 余项“特色课堂”专题研究课题立项，学科覆盖率达到 90%。所有课题都能围绕“特色课堂”进行实践探究，并按计划顺利结题。将校本课题研究与特色课堂实践紧密结合，促进了教师课堂实践和理论研究能力的提升。

（三）多方筹措课改资金，保障课改顺利进行

课改以来，学校多方筹措资金，用于教师培训、学习、参赛。为了使听评课常态化，安装了“智慧听评课系统”54 套，购置了 9 台希沃白板，用于备课组备课研讨。

（四）宣传课改新气象，扩大辐射示范作用

课改以来，学校通过微信公众平台向社会宣传课改的进程和成果。截至目前，共推出《课改每周简报》12 期。同时，学校鼓励教师撰写课改教学感悟和反思，收集整理，分期推介《特色课堂简报》共 37 期。通过宣传，我校课堂改革的影响力逐步扩大。2021 年，汉中市汉台中学、杨凌中学、阎良区关山中学等多所学校派教师到我校参观学习，我们还通过“名校 +”渠道，将我们的经验和做法分享给区内的马额中学、陕鼓中学、新丰职教中心等。

我校就课堂教学模式进行了多次深入讨论，不断在实践中改进，从而优化课堂流程，探索适合我校学生实际的课堂教学模式，逐步形成了具有本校特色的“三环五步教学法”，我主编了《有效教学探索——预检探思固三环五步教学法研究》一书。

一年来，我校以特色课堂建设为龙头，校园文化建设、教育教学质量都取得了

长足进步。坚持以生为本，让学生在合作、探究中主动参与知识建构，使得学生逐步养成了良好的学风。教师的教学理念得到改变，课堂教学能力得到提升，一批教学新秀脱颖而出，真正体现了我所追求的目标：让每一位教师富有成就感地幸福工作，让每一位学生拥有希望感地快乐学习。“三环五步教学法”逐渐得到学生、家长、社会的认可，课堂教学改革促进了教师发展、学生成长，学校各项工作也取得了长足发展。2021 年 12 月，我校顺利通过了西安市特色实验学校验收。

三、案例反思

（一）加强理论学习，提高领航能力

在整个特色课堂建设过程中，我深感自己在理论素养方面的不足，因此而造成驾驭能力和执行能力有时不到位。今后，我要不断学习教育理论，掌握教育政策走向，尤其是对党和国家以及省市对基础教育的要求和决策方面的文件精神要研深吃透，不断提升个人的教育教学水平和管理能力。

（二）提升课程系统思维，落实好三个课堂

对于县域高中来说，课程大多都是薄弱环节，然而要把学校办成特色品牌名校，丰富多元的课程体系建设恰恰是学校绕不开的弯，也是学校发展的重中之重。作为校长，我必须要有系统的课程思维，在把握党的教育方针和育人目标的前提下，精研三级课程，抓好校本课程，落实好三个课堂，构建具有临潼中学特色的课程体系和课堂教学模式。

（三）发挥党组织作用，推进课程思政生根

在整个特色课堂建设的推进过程当中，总结经验教训，有两点值得反思：一是没有充分发挥党组织的先锋模范作用，在整个达标创优过程中，党员教师的带头示范作用没有得到有效发挥；二是在思政课课堂改革中，士气不振，方法不多，模式不新，效果不明显。鉴于此，在今后的课堂改革推进当中，要把党小组建在学科中，让党员教师冲锋在前、改革在前，同时把思政课作为重点学科进行建设，充分发挥思政课的育人导向作用。

第四章　专家反馈

临潼中学创建陕西省普通高中示范学校省级评估反馈会会议记录

时间：2023 年 3 月 28 日 14：30

地点：西安市临潼区临潼中学德馨楼一层会议室

主持：专家组组长、陕西省教育科学研究院院长邵国希

内容摘要：评估组副组长、陕西省教育科学研究院中教室副主任薛翰铭代表评估组反馈评估意见

各位领导，受专家组的委托，我代表专家组对西安市临潼区临潼中学创建陕西省普通高中示范学校评估情况作以反馈。按照省教育厅安排，省级示范高中评估组一行 11 人，于 2023 年 3 月 26 日至 3 月 28 日对西安市临潼区临潼中学创建陕西省普通高中示范学校工作，进行了初评验收。评估组采取听、看、查、访等方式，深入了解了西安市临潼区临潼中学创建陕西省普通高中示范学校的工作情况，本次评估共查看功能部室 37 个，调阅档案资料 140 盒，查阅领导、教师教案和听课记录本 85 本，听课 28 节，与 15 名教师、20 名学生、15 名家长进行了座谈，观摩教育论坛 2 场次，学生研究性学习活动 1 场次，数学组主备制教研活动 1 场次。现将有关情况反馈如下：

一、学校基本情况

临潼中学成立于 1958 年，原名城关中学，1999 年更名为西安市临潼区临潼中学，是一所公办完全中学。学校占地面积 47399 平方米，总建筑面积 41937 平方米，教学、办公、生活区域相对分离。学校现有教学班 54 个，在校学生 2547 人，专任教师 206

人，研究生学历 64 人，高级教师 75 人，区级名师工作室 1 个，区级“名师 +”研修共同体 3 个，先后获得省区市 40 多项奖励。

二、评估验收情况

（一）学校管理与文化建设

学校以习近平新时代中国特色社会主义思想为指导，重视学习宣传党的二十大精神和习近平总书记关于教育的重要论述，全面贯彻党的教育方针，落实立德树人根本任务，实施素质教育，紧紧围绕“奠基学生，成就教师”的办学理念，秉持“环境优美、管理科学、质量卓越、特色鲜明”的办学目标，以“理想、责任”为校训，形成了“爱国、文明、包容、创新”和“启智、育德、敬业、求真”的校风教风及“博学、勤思、和谐、合作”的学风。能贯彻落实党组织领导的校长负责制，加强基层党组织建设，开办青年党校。学校领导班子结构合理，团结奋进，勤于学习，勇于创新，学校管理理念先进，制度健全，建立了以“级部制”管理为核心的条块管理运行模式。学校制定了三年、五年、十年发展规划，提出了办区域品牌名校的发展愿景，以特色课堂、九鼎德育、书香校园、“1+N”办学模式四大特色发展项目为抓手，推动学校可持续高质量发展。

学校关心教师生活，注重激发师生主动性和创造力，为教师的成长发展助力赋能。学校出台了校园文化建设总体方案，明确了学校文化建设的策略、目标和实施路径；整理编辑《临潼中学文化》一书，较为系统梳理了学校的精神文化内核；书香校园氛围营造较为浓厚，红色精神、贤达文化、国学经典等主题特色鲜明，为学校、为学生提供了丰富的精神食粮。

（二）课程教学与教育科研

学校能落实国家课程方案，执行国家课程计划，坚决开足开齐课程。先后制定了《西安市临潼区临潼中学课程规划方案》《研究性学习课程实施与管理制度》《校本课程开发与指导教材编写方案》等制度，结合新课程、新教材、新高考的要求，不断加强课程体系研究和校本课程开发。

近年来，共开发出 6 大类别 40 余门校本课程，全力推行“三环五步”教学法实验改革。教师积极参与中小学思政课教师大练兵活动，重视第二课堂及学生社团课程化的建设。按照高考综合改革相关要求，制定了《临潼中学高考综合改革实施方案》《选课指导意见》《选课走班班级管理办法》《选课走班教师教学评价制度》等一系列制度。学校成立了课程管理委员会，探索国家、地方、校本相结合，学科类与综合类相结合，必修与选修相结合的图强课程体系。学校开展主备制集体备课活动、特色课堂晋级活动、校园教学开放日活动，各类家校活动形成了教育合力。教科研组织机构健全，职责明晰，运行规范。近三年来，省级规划课题立项 4 项，尚未结题。市级规划课题 7 项，已结题。

（三）教师队伍建设与发展支持

学校拥有一支甘于奉献、勤奋敬业的领导班子，一支团结协作、积极进取的教师队伍，为学校的长远发展奠定了坚实基础。校长薛耀军兼党支部书记，研究生学历，符合校长任职资格；学校现有校级领导 5 人，中层领导 9 人，学历达标率 100%。

学校能够认真落实中共中央、国务院关于全面深化新时代教师队伍建设改革的意见，确立了正确的教师观，建立了良好的教师发展管理模式，全面落实区管校聘，完善教师聘任、管理、培养、评价激励等制度，先后制定了《临潼中学教师专业化成长培养方案》《教师专业发展评价标准》《临潼中学青蓝工程实施细则》《临潼中学五级品牌教师评选方案》《临潼中学图强教师行为准则》，定期召开教师代表大会，制定关于落实教职工福利的实施方案、教师工作过程性量化细则、教师年度考核方案、绩效增量发放方案、临潼中学职称晋升方案、临潼中学延退教师规定等制度。开展了五级品牌教师、五级品牌班主任评选活动，激发了教师的工作热情和积极性，开展了具有本校特色的主备制教研活动，促进了青年教师快速成长。

（四）基础设施与装备建设

学校选址合理，符合国家土地利用规划，基本建设项目符合国家及省颁建设规范相关要求。学校占地面积 47399 平方米，建筑面积 41937 平方米，校园绿化面积 7546 平方米，建有教学、实验楼 3 栋，学生公寓楼 2 栋，可容纳 740 人就餐的食堂大楼 1 栋，配套有行政楼报告厅、教师办公室、田径场、球类场地等设施。运动场地 8998 平方米，设有 200 米环形跑道、100 米直道，有标准篮球场 6 个、排球场 4 个、足球场 1 个。物理实验室 4 个，化学实验室 3 个，生物实验室 4 个，每个实验室均配有 32 个实验台，物理探究实验室 2 个、生化探究实验室各 1 个；实验室管理制度健全，均配有专职实验室管理员。通用教室2个，历史专用教室、地理专用教室各1个，另配有音乐合唱室、舞蹈室、画室、学生生涯规划室、心理咨询室、卫生保健室等部室。

学校设立了信息中心，设有千兆局域网和监控网，实现了无线网络全覆盖，校本教研资源库容量6T以上。学校合计有54个普通教室、14个实验室、7个专用教室，都配备了触控一体机或电子白板；计算机网络教室4个，有电脑325台；学校教师用机245台。图书馆、阅览室使用面积900平方米，藏书16.6万册，年图书递增量1.5%，图书分类科学，全部实行计算机管理。教师阅览室与学生阅览室座位共计552个，满足设座比例要求。电子阅览室馆藏书籍储存量5万册，有120个阅览座位。心理咨询室配备有2名专职心理教师。坚持以政府投入为主，财务管理制度健全，定期接受财政局和审计部门的审计。

（五）学生发展与服务支持

学校着力打造“九鼎德育”育人模式，形成了以育人为基础、以爱国主义教育为主线、以法制教育为重点、以社团活动为载体的综合育人体系，形成了家校协同的育人格局，为学生的自主发展、健康成长搭建良好平台。出台了班级学生量化方案，制作了学生成长记录袋，制定了星级学生考核办法、管理评价制度和以学分制管理为核心的学生综合素质评价方法，成立了学生发展中心，建立了支持学生发展、记录学生发展过程和对学生发展进行评价的运行机制和规章制度。以班主任为主轴，组织学生制定班级公约，注重文化引领，增强班级凝聚力，形成文明诚信、互助友爱、健康向上的良好班风。建立了学生发展指导制度，在学生生涯规划指导方面有机制、有内容、有队伍、有活动，效果显著。学校重视心理健康教育，定期开展心理健康教育讲座、心理健康节系列教育宣传活动，重视艺术教育，成立有合唱、舞蹈、播音主持等社团。社团活动有指导教师、有活动记录、有活动场地、有评价反馈。2020年参加西安市中小学艺术展演获优秀奖，2021年参加西安市班级合唱比赛获三等奖。学校重视劳动教育，有劳动教育的课程和时间安排，将周边社区作为自己的劳动实验基地，每学年设置有劳动周，重视学生社会实践活动，结合自身特点和区域优势，适时开展参观、交流、调研、服务等活动。

（六）办学绩效与社会影响

学校注重学生全面发展和综合素质的提升，培养学生的正义感、责任感、公德心，使他们能关心集体、遵纪守法。学校先后荣获“省市依法治校示范校”“西安市文明学校”的称号。学生文化课基础知识的掌握和运用知识的能力，均达到课程标准要求。学校重视学生学科竞赛，制定有竞赛实施方案和奖励办法，有 10 多人在国家级和省级竞赛中获奖，有 200 多人在西安市青少年科普知识竞赛中获奖。

学校教育教学质量稳定，在本区域赢得了一定社会声誉。学校重视学生的身体健康，95% 以上的学生体质健康达标，学生近视率逐年下降，阳光体育运动很有特色，被西安市授予“健康教育示范学校”称号。先后在西安市举办的田径、篮球、足球比赛中获得优秀成绩。

其中学校足球队在“冰峰杯”西安市青少年校园足球联赛中获得男子第四名。积极实施对口帮扶，与马额中学、陕鼓中学、新丰职教中心建立帮扶关系，帮扶工作有协议、有计划、有活动、有成效。学校积极探索与高校及科研单位合作育人新模式，组织学生去银桥乳业有限公司、西安工程大学参观学习，增强了学生社会实践能力。邀请秦始皇帝陵博物馆的专家走进学校，宣传文物知识，培养学生热爱家乡、建设家乡的情怀。学校参与临潼区精神文明建设活动，与周边社区合作，开展义务打扫卫生活动、给退役军人捐物捐资等社会服务活动。学校的“石榴花”志愿者在本区域具有一定的社会影响力，受到广泛好评。

三、工作亮点

领导班子年龄结构合理，团结协作，奉献敬业，真抓实干，有较强的政策理论水平，工作作风过硬。校长办学理论素养较高，重视省示范创建资料收集整理工作。

重视校园文化建设，初步构建了环境文化、制度文化、课程文化、班级文化。建立了 8 个图书角及有声电子图书室、睡前名著朗诵小喇叭等，初步形成了较为浓厚的书香文化，书香校园文化特色鲜明。

重视管理制度建设，制定了《临潼中学教师专业化成长培养方案》《临潼中学五级品牌教师评选方案》《临潼中学图强教师行为准则》《临潼中学关于落实教职工福利的实施方案》等一系列规章制度，促进教师专业发展，激发教师工作热情。

广泛开展学生社团活动，社团活动数量多，组建有中医馆、学生生涯规划等 43 个社团，引导学生在活动中体验，在体验中感悟，在感悟中成长，实现了学生整体素质的全面提升。

四、存在问题及建议

一是管理的精细化程度不够，教学楼没有安全标识，课堂教学管理水平还有待加强。建议学校进一步健全精细化管理机制，责任到位，责任到人，让各种制度内化于心、外化于行，不断提高教育教学质量；进一步做好校园安全工作，特别是学生食宿、食堂安全。

二是学校教科研活动形式单一，教科研水平层次不高，高质量课题和论文较少。建议进一步强化教科研工作，形成激励机制，鼓励教师以校为本，开展高质量的课题研究和论文写作。

三是教师队伍专业水平有待进一步提升，缺乏名师引领，成长平台不足，渠道不畅。建议加强教师培训，认真研究宣传“三级三类”骨干教师体系相关文件和政策，鼓励教师积极参与评教活动。

四是对外交流的途径单一，层次不高，效果不理想。建议学校进一步开阔视野，拓宽路径，创新交流方式，打通与名校联系通道，提高学习交流效果。

五是学校整体布局不够合理，部室数量不够，操场面积不达标，建议区委区政府加大资金、土地政策的支持力度，为学校今后高质量发展创造条件。目前部室还缺少，校园电视台还在拟建过程当中，操场是200米环线，不符合要求。

根据《陕西省普通高中示范学校评估标准及实施细则》，评估组通过听取学校汇报、考察学校建设、查阅档案资料、召开教师学生及家长座谈会等形式，对西安市临潼区临潼中学创建陕西省普通高中示范学校工作进行了全面检查评估。评估组将如实上报评估情况至省教育厅，接受审核政策审核。

陕西省普通高中示范学校评估专家组

2023年3月28日

第六编

理念践行

第一章　促膝交谈谋教育

立德树人 奋进担当

在第 36 个教师节来临之际，请允许我对并肩战斗的同事们致以最崇高的敬意和最亲切的问候：祝大家教师节快乐！

2020 年是不平凡的一年，注定这个教师节也是一个非常特殊的节日！这一年，我们广大教师立足教育教学岗位，在助力打赢疫情阻击战、教育脱贫攻坚战中展现了自己应有的精神风貌，我们坚守教育报国初心，共担筑梦育人使命，为全面建成小康社会、建设教育强国做出了应有的贡献。作为教育人，我非常荣耀也非常自豪！

一、坚守正确育人目标——立德树人最重要

作为校长，我们必须坚守正确的育人目标，必须深刻领会习近平总书记在全国教育大会上发表的重要讲话，将培养什么人、怎样培养人、为谁培养人这一根本问题贯穿于办学治学的始终，坚决贯彻党的教育方针，坚持教育为社会主义现代化建设服务，为人民服务，把立德树人作为教育的根本任务，全面实施素质教育，培养德智体美全面发展的社会主义建设者和接班人，努力办好人民满意的教育。作为校长，我们要高瞻远瞩，不可急功近利；我们要宁静致远，不可心浮气躁；我们要潜心研究教育教学，不可庸碌无为误人子弟；我们更要心怀家国、情系教育，用一生的默默坚守和无私奉献为党育才、为国育才！

二、坚定信念勇往直前——奋进担当是关键

面对愈来愈复杂严峻的国际形势，面对国家在新时期的发展战略，作为教育人我们必须清楚地看到未来发展对于人才的新需求。未来的人才必定是拥有全球观、全局观和未来观的人，随着国家“一带一路”发展战略的深入实施以及科学技术人

工智能的快速崛起，作为校长，我们必须重新审视习以为常的教育，在所谓的以分数论英雄的应试教育和以能力看发展的素质教育这两者之间做出选择；我们是目光短浅纯粹关注分数，还是为了国家未来发展培养必需的人才，这是我们校长智慧的分水岭，也最能体现我们的正气和担当。作为校长，我们必须坚定信念勇往直前，不畏浮云遮望眼，不被欲望蒙住心，抓住人才核心素养的需求，努力做一个有责任有担当的教育人。

三、坚守良知筑梦未来——教育脱贫是希望

教育的本质就是为了人的发展。一个不断发展的人，就是一个有智慧的人；一个有智慧的人，他的未来不是梦。我们过去常说“知识改变命运”，现在是“智慧改变命运”，不管是增长知识还是智慧，都需要我们教育人坚守良知，以人为本，尊重学生、发展学生、改变学生，使他们不仅能考取高分数，更要培养他们各个方面的能力，为他们未来发展奠定坚实的基础。这其实也是教育脱贫的应有之义。物质脱贫缺乏可持续性，教育脱贫才是骨子里的脱贫，所以我们教育人责任重大、使命光荣！

最后，再次衷心感谢区委区政府对教育的大力支持、对教师的无限关爱，也再次祝愿我们广大的教育人节日快乐、身体健康、生活幸福！

（本文是作者在第 36 个教师节当天的节日致辞）

凝心聚力 提质增效 追赶超越 再创辉煌

大家早上好！请允许我代表临潼中学校委会并以我个人名义，向关心支持学校发展的各级领导、社会各界尤其是家长们表示衷心的感谢！感谢你们心怀家国、情系教育，用良知和爱心为学校撑起了一片干净的天空。同时，更要感谢我们这群默默奉献、辛勤耕耘的老师们！是你们爱生如子，舍小家为大家，牺牲了休息、牺牲了团聚甚至牺牲了自己孩子的教育，而最终成就了学生、成就了学校、成就了教育。再次感谢你们，感恩你们！

刚才，学校对优秀教职员工进行了表彰，我知道这个举动只能表达学校敬意的千万分之一；由于名额所限以及方案的局限性，非常遗憾我们不可能把所有的优秀教师都选出来，在这里我代表学校表示深深的歉意。对于选出来的同志，要戒骄戒躁，继续努力；对于没有选出来的同志，我希望你们在“羡慕嫉妒（但不要恨）”的同时，以人为鉴，见贤思齐，进一步做好自己的本职工作。荣誉是一种肯定，但只能代表过去，未来可期，更需要各位同仁精诚团结、各放异彩，为把我校早日打造成一所高质量、重内涵、有特色、能示范的品牌名校而不懈奋斗。下面，我从几个方面谈谈我的想法：

一、我们目前的处境是什么

过去我们总是“千年老二”，但现在不一样了：狼来了！狼真的来了！随着陕西师大渭北中学的开学运营，我们已经初步感受到了竞争的压力。就拿生源来说，我们今年甚至没有招到一个600分以上的学生，本来属于我们“蛋糕”的这部分600分学生跑到哪儿去了？跑到渭北中学去了！这就是目前两强加一弱的必然态势。我们这几年招生情况不容乐观，由过去的示范班远高于华中普通班，到现在的示范班录取分线低于华中普通班，充分说明了办学质量对于生源的巨大影响。在过去自主招生时代，曾有一段时间我们与华中互为伯仲，不相上下，甚至大有超越的势头。学校是一样的学校，教师是一样的教师，为什么现在会是如此状况？我们不得不进行反思！我想临中人爱校爱家爱脸面，绝不愿意让人说“你们临中都快不如某中了”诸如此类的丧气话。但现实是，群众的眼睛是雪亮的，学生选择学校是理智的，学校质量不行，管理混乱，没有人买你账的；更何况在这样一个人人功利、家长焦虑的时代，是不会有人愿意把自己的孩子当试验品交到我们手中的。所以，质量立校是硬道理。这就是我们目前面临的首要问题，如何在区域教育大格局变化的形势下，转劣势为优势，转危机为机会，提升质量，稳住阵脚，再图谋更长远的发展。

二、我们还有机会发展起来吗

答案当然是肯定的。渭北中学刚刚起步，华中也面临压力，在这种情况下，我们还有 1~3 年的发展机遇期。只要我们能够抓住这个机遇期，我们就是输也不会输得很惨。目前，虽然生源是我们的相对劣势，但我们还有自己的独特优势：那就是我们拥有足智多谋、精诚团结、干净担当的管理团队；我们更是拥有一支师德高尚、业务精干、素质优良、爱岗敬业、团结友爱的教师队伍。学校发展的核心因素是人，只要充分发挥、挖掘人的主观能动性，广泛调动广大教师的积极性、主动性和主人翁意识，我们将无往而不胜，学校的发展必将是芝麻开花节节高。

三、我们将以何种姿态面对学校的发展

是进？是退？进，不畏艰险、披荆斩棘，或许还能杀出一条血路来，求得一席之地，来他个“三足鼎立”；退，不思进取、因循守旧，最后只能苟延残喘，在夹缝中生存，以至于最终萎缩衰败。那么，我们是进，还是退？

我们是把学校当名利场，还是成就事业的舞台？这是我们学校生存发展的终极之问！当名利场，就是把学校当成一个大蛋糕，人人打着小九九，只想着攫取自己的利益，有利则上，无利则逃，最终把学校拖入万劫不复之地；作为事业舞台，则是人人爱岗敬业、主动作为、潜心研究、狠抓质量，不叫苦，不发牢骚，爱学校就像爱惜自己的荣誉一样，如果人人如此，学校焉能不好？！

我的教师观：第一，作为教师必须旗帜鲜明、立场坚定地为党育才、为国育才，必须深刻领会习近平总书记在全国教育大会上发表的重要讲话精神，将培养什么人、怎样培养人、为谁培养人这一根本问题贯彻教育教学始终。第二，必须明白我们的教育方针：教育必须为社会主义现代化建设服务，必须与生产劳动相结合，培养德智体美等全面发展的社会主义建设者和接班人。第三，大力推崇追求真理，一丝不苟的研究之风，甘于寂寞、学术至上的学人品格，光明磊落、善良诚实的为人之德，

有教无类、诲人不倦、无私奉献的为师之德。第四，学校和老师的关系定位：学校的成就、质量、荣誉、效益都是全校教职员工共同努力的结果；学校发展和教师发展是同步进行的；要尊重、理解、信任、帮助每一个教师；要把上级组织的任务要求与教师的态度、感情、利益结合起来；要把专注于发现老师问题、挑老师毛病的心态，调整为更多地关注教师的优点、长处的心态。我始终认为：校长的最大价值不在于自己做了什么大事，而在于发现和培养了多少人才。

四、作为校长，我的办学思想是什么

我的办学理念：学校发展，学生成才，教师成功，领导成就，教育精彩。学校发展，就是教育思想与时俱进，教育实践继承创新，学校个性日渐鲜明，教育质量逐年攀升，学校声誉日渐提升。学生成才，就是学生身心健康，人格完善，会合作，会学习，会实践，会创新。教师成功，就是教师开心体面地生活，愉快地工作，专业发展出色，学术日臻成熟，以学生成才成就非凡荣誉，以为国育才获得至高精神享受。领导成就，就是在“宽严相济，注重实效，追求卓越，激励创新”的学校发展环境下，学校发展，学生成才，教师成功，而后领导自身得以提高。教育精彩，就是教育就是教育，以人为本，不功利不焦躁，抓住教育规律，唤醒教育良知，让教育回归理性，让教育个性张扬，精彩纷呈。

我的办学思路：建章立制，依法治校；与时俱进，改革活校；提质增效，科研兴校；优化环境，特色立校；以人为本，文化强校。

我的治校方略：以德育为首，以课程为中心，以科研为先导，以质量求生存，以改革求发展，以法规作护航，办有温度学校，育创造性人才。

我的管理理念、管理思路和管理策略。管理理念：管是为了不管，管理的最高境界就是以文化人，精神引领。管理思路：一是实行人性化管理和制度化管理相结合的全局管理策略；二是实行层级管理（条的管理）和扁平化管理（块的管理）相结合的内部管理运行机制，宏观以条为主，微观以块为主，条块各有侧重，各司其职，相得益彰。管理策略：内抓管理，外树形象，培植强项，彰显特色，发挥优势，争创名校，用智慧和爱心打造一所朝气蓬勃的品牌特色示范学校。

学校当前的发展目标：举“以人为本”之旗，走“宽严相济”管理之路，将学校建成师资队伍精良、质量不断提升、管理动态优化、特色日渐鲜明、设施日臻完善、环境优雅大气的学生喜欢、家长满意、社会认可的现代化特色品牌学校。

以上是我说给师生们的，下面，我想单独给同学们提几点要求：

第一，衣食无忧地活着不是目的，己立立人、己达达人，直至奉献社会，造福家国才是活着的最大价值。很多人在衣食无忧的情况下，很容易缺乏奋斗的动力，甚至意志消沉、自我放纵。但一个有觉悟的人、有良知的人、有责任感的人，往往会觉得活在这个世上，如果仅仅只为自己活着，那便是毫无意义毫无价值。他们自己成功也帮助别人成功，他们为社会为国家心甘情愿地尽最大努力做事，无怨无悔，殚精竭虑，他们认为这才最能体现自身的价值。要避免做一个精致的利己主义者，他们容易自我封闭或者形成一个小圈子，只管自己的风花雪月、爱恨情仇，读书就是为了考高分找个好工作，而没有社会责任感，更没有家国情怀。

第二，在任何时候、任何地方，都要学会独立自主、内心强大。不要期望学校老师一包到底，不要总是寄希望于别人的帮助，这个世界上没有救世主，只有自己救自己！学习也一样！有些人总是挑学校、挑老师、挑班级，甚至挑同桌，任何一点不利的条件都忍受不了，把学习不好总是归结于客观原因。这样的人，当你步入社会大门的时候，你必然会处处碰壁。从临潼去西安名校的学生不少，真正成功的并不多，为什么？就是因为很多同学不能够自我控制，学不会独立自主，加之其他诱惑因素的影响，自然就会分心分神，结果便可想而知了。我同事的孩子在西安某名校学习，孩子说，他们学校也不是所有的老师都优秀，碰到不好的老师换又换不掉，只有加强自学了。有些同学在学校不好好学，反而喜欢在外面补课，父母动辄花成千上万块钱，但效果仍是不好。原因在哪里？就是不从自身找问题，总是寄托别人改变自己。我认识一位校长的儿子，从小学到高中都在临潼上，自主学习能力非常强，基本就没有补过课，照样考上了西安电子科技大学，研究生上的是北京航空航天大学，现在在西安大疆无人机公司工作，刚毕业年薪就几十万。所以，喜欢把失败归结为客观原因而不自我反省努力的人，基本上注定就是失败的人。

第三，不是每个人都会成功，但一定要做最好的自己。我很欣赏十四运的一句宣传口号：“努力到无能为力，拼搏到感动自己！”不努力到无能为力，你怎么能知道自己的潜能有多大！我们每个人都是独一无二的具有非凡价值的精品，我们各有所长，我们都拥有连自己都不知道的巨大潜能，所以我们皆可成功，现在我们所要做的不是否定自己、践踏自己，而是充满自信地寻找一条属于自己的路，各美其美，各成其才。

第四，要成为一个具有“全球观”“全局观”“未来观”的人。随着国家“一带一路”倡议的深入实施，走向国际化已经成为必然，既然如此，同学们必然要有全球观。全球的思维，就是要对其他民族、其他文化、其他宗教有足够的了解、尊重和认识。要有全局观，就是要有团队精神、合作精神，我们要去参加各种比赛，就要有全局观，要懂得如何配合，懂得如何面对失败。更要有未来观，我们必须站在未来去思考自己，要有创造性和建设性。我们总是佩服过去的英雄，其实，我们每一个人都可能是未来的英雄，让我们努力奋斗，佩服未来的自己吧！

最后我呼吁：同学们，不要做一个叫不醒的装睡人，快快觉醒吧，奋斗吧！古人贵朝闻夕死，只要从现在开始觉醒觉悟，一切皆有可能！同学们，努力不论迟早，付出必有回报！新学期已经开始，让我们树立必然成功的坚强信念，从每一本书、每一堂课、每一次作业、每一道题开始，认认真真扎扎实实地读书学习，我想你们定会经过努力，考入理想大学实现自己的美好愿望，成就自己非同凡响的辉煌人生！孩子们，不奋斗不青春，战斗的号角已经吹起，我们岂能等待观望、意志消沉，拿起课本、拿起纸笔、拿起斗志，让我们投入火热的学习生活中来吧！

老师们，同学们，我还有好多话要说，由于时间关系，只能点到为止。我刚来这个学校不久，可能会面对许多问题，但我绝不会退缩，一定会披荆斩棘、勇往直前，直至成功。当然，学校的发展进步离不开广大师生和社会各界尤其是家长的支持。我十分感恩每一位家长的鼎力支持，感谢每一位老师的辛勤付出，感动于师生的表态发言，句句肺腑，心系临中。老师们，同学们，一个人的力量虽然渺小，但我们团结起来的力量是巨大的。我们可以将其汇聚成空前绝后的能量流和信心潮，这些潮流，必将把我们临潼中学推向光明的未来，推向人人向往的品牌特色名校。

最后再次感谢家长们对学校工作的支持，感谢老师们的无私奉献，感恩孩子们让我们这些教育人永葆青春激情和生命热望！谢谢大家！

（本文是作者在 2020 年 9 月 13 日秋季开学典礼上的讲话）

调整心态 友爱相帮 心怀良知 不负教育

开学两个多月以来，在校委会的正确领导下，在师生们的共同努力下，学校各方面工作呈现出积极向上的发展趋势，涌现出了一大批可圈可点的感人事迹。还有一些局部工作也是亮点纷呈，这些可喜的进步让临潼中学的面貌正在悄悄地发生着改变。不积跬步，无以至千里，这些持续的变化必将为临潼中学的再次腾飞打下坚实的基础，奠定良好的开端。在这里，我感恩每一位在座老师对工作的辛勤付出，对学校发展的鼎力支持。下面，我简单地谈三点。

一、调整心态，悦纳自我，悦纳工作，悦纳生活

在座的各位都是有思想的人，对生活对人生或多或少都进行过思考；但由于受各自成长的家庭环境、个人教育、社会熏染等方面的影响，每个人思考的结果往往千差万别，但本质都是为了更体面、有尊严、有价值地活着。现实问题是我们未必人人都能达到这个结果，当能力和我们对于生活、工作的期待不成正比的时候，痛苦是必然的。人生不如意常有八九，我们都是普通人，别人有的烦恼痛苦我们都会有，但为什么有的人像罗曼·罗兰说的那样“看透了生活的本质后，依然热爱生活”，而有些人却跟一切较真，看这个不顺眼，看那个来气，活得苦大仇深。

生活对每一个人来说都不容易，尤其我们当中的很多人，上有老下有小，老无法好好孝敬，小无法好好培养，但为了生活还得忙碌学校的工作，实属不易。当然我也不容易，有人会说，你是校长总比我们强吧，我说“只看贼吃饭没看贼挨打”，所谓校长的光环下也是万般无奈。尤其是对于一个想干事、想把事情干好的人来说，痛苦是不言而喻的。校长什么都没有，有的是无限的责任和无尽的担惊受怕。但是，牢骚和怨言解决不了问题，尤其是在国内国际形势风云变幻的今天，各种不确定性因素不断增加，如果我们不调整心态，改变认知，就无法正确面对工作和生活中出现的各种问题，就无法平息自己的心态，无法安心工作。

我们要坚信，面包会有的，一切都会好起来的，只不过是时间而已。我们的校园环境和办公条件会好起来的，我们公平公正的评价机制、奖惩机制会建立起来的，我们共同生活的校园的精神氛围会宽松活跃起来的，我们的学校特色和质量发展也会越来越明显的，甚至我们关心的各种福利待遇、职称评定等问题也会慢慢得到解

决的，一切只不过是时间问题。

二、打破壁垒，释放善意，友爱相帮，共建家园

我刚到学校的时候，感到大家面带倦意、目光游移，甚至有人躲躲闪闪、恐恐慌慌，我不知道是多么沉重的生活和工作竟然让大家如此不开心，如此地对别人心存芥蒂？总之，我感到心情压抑。一个学校，如果不能成为大家快乐生活、幸福工作的精神家园，那岂不是人间炼狱，让人心生恐惧？生活工作在这样一个环境，大家岂能身体好、心情好？

我经常想，如果我们不能改变社会的大环境，那么我们就尽力改变学校的小生态环境，让工作生活在其中的师生拥有共同的核心价值观，有着共同的目标追求和学校未来发展愿景。教师们德才兼备，宠辱不惊，有家国情怀，能开拓创新，既互助友爱又良性竞争；学生们积极向上、自信自强，有远大理想，能拼搏进取，既个性鲜明又全面发展；学校不再是教师教、学生学的场所，而是教师和学生平等对话、共同学习的命运共同体。学校就该是这个样子。

学校不是一盘散沙，更不能成为文化的沙漠、生意场、名利场、角斗场。我有时候想，学校就是学校，是治学修德的文明之地，为什么我们好多人对其寄予了那么多的欲望？后来我想明白了，学校也是一个小社会，大社会的好多东西会折射在这个小社会里，比如少劳多获甚至不劳而获的思想，比如利用各种关系要特权搞特殊化的思想，正因如此，我们脸上的笑容少了，心里的怨言多了。这是学校文明的耻辱，也是必须要改变的。

同志们，我来到这个学校，一开始就非常热爱这里，也非常希望学校越来越漂亮，越来越有内涵；我也爱大家，爱每一位同事。在我眼里，大家都是优秀善良的人，都是可亲可敬的人，我希望成为大家的“三友”：工作和学习中的战友，业余时间中的朋友，帮困解难中的亲友。虽然我和大家还不是很熟悉，但请大家以家人的眼光看待我，而不是用管理者和被管理者的心态看待我。我历经了六所学校，当过五个学校的校长，我每到一处都和大家通过工作建立起了深厚的友谊，据说我走后很多人很怀念我的哦，所以大家没有必要担心，甚至猜忌，我不会因为你过去跟谁亲近，或者过去你的某些表现而对你另眼相看。在我眼里大家都是一张“白纸”，我

会用心对待每一个人，以心换心、将心比心，做好一个校长的本分。在今后的工作中，也许会因为改革发展的原因，波及相关利益，我一定会妥善处理，但请大家也要正确看待。

若要这个大家庭好，大家都要打开各自人为建立起来的壁垒，最大限度地释放我们的善意，共同建立一个公平公正、民主和谐、积极向上的美好家园。

三、心怀良知，情系家国，不负教育，自觉担当

开学两个多月来，我们的师生员工做了大量的工作，尤其是我们的班主任在学生管理方面下了大功夫，学生的行为习惯和学习状态较前有了很大改观，也赢得了社会的普遍赞誉。但我还听到了一些不和谐的音符，个别教师在外对别人说，我只要把课一上，啥都不管了。这种言行影响极坏，临潼就这么大，你所说的话很快就会成为抹黑临潼中学的段子。难怪有些家长要把孩子从临中转到别的学校，就是因为我们的教师对于教育的态度吓坏了家长。

这两个多月来，我试图找出我们办学62年来所沉淀和传承的学校精神，虽然我的把握不够准确，但能够隐隐约约地看到，有一根主线贯彻着我们办学的始终，那就是团结奋进、爱岗敬业、勇于担当、甘于奉献的临中人精神。虽然这种精神被不断地冲刷，但这种精神的底色还在，那一点良知的血脉还在，那么我们学校的发展就是有希望的，我们的教育就是有未来的。

有人说，临潼这些年来教育荒漠化严重，这听起来似危言耸听，但细细想来，也不无道理。有教育情怀的人越来越少了，混教育的人越来越多了；静心育人搞教育科研的人少了，浮躁功利徇私钻营的人多了；向外关注金钱物质享受的人多了，向内注重精神心灵修养的人少了。这些现象不是教育的正常状态，良知告诉我们，唯有改变我们自身，才是改变教育的希望。我们虽然都平庸地活着，但不等于我们要庸俗地生活，我们在处理好工作与生活的关系后，拿出勇气和担当，为了自身的价值，为了学校的发展，为了学生的未来，我们不负上苍赋予我们的智慧，不负教育赋予我们的责任，干一点实事，上好每堂课，多做研究提升教学能力，勤读书提高自身素养，常内省完善丰富我们的灵魂。这样，我们也是成功的，也是幸福的。

（本文是作者在临潼中学2020年11月6日全干会上的讲话）

实现文化价值认同 打造精品特色学校

刚才我给大家大略地讲了什么是学校文化，其实学校文化的核心是学校精神，是我们这个群体共同认定的统一价值观，而这个价值观也不是立马就形成的，是我们在长期的工作生活中大浪淘沙、洗尽铅华后留下来形成的集体人格和群体性格，是我们学校区别于其他学校的最本质特征。在保持基本稳定的前提下，我们的核心价值观也不是一成不变的，也会随着时间的推移而不断发生变化。尤其是在今天这个思想多元、文化多元、价值多元的时代，不光是整个社会面临多元文化的危机和各种价值观的冲突，连我们学校这个基层单元，也会面临文化危机和价值冲突下的许多尴尬。在这种情况下，很多人都感到迷茫困惑，甚至感到无助和失望。我的观点是，不管外面的世界如何纷纷扰扰，生活在临潼中学的我们，仍然需要构建一个绿色和谐的生态系统，一个属于我们的良好生存生活环境。只有这样，我们在外面受到打击或者感到委屈时，在我们这个小世界里依然可以得到安慰和帮助。虽然有点乌托邦思想，但只要我们想做就一定能够做到。

前面说了这么多絮子话，目的还是想就构建我们学校良好教育生态环境提出我的主张，希望能够得到大家的认同和理解，最终成为我们血液里流淌的信仰，成为我们临潼中学人的共识，成为我们学校文化基因的有机组成。

一、爱校荣校是我们每一个教职员工的底线

中国人最痛恨的人就是，吃谁饭砸谁锅的人。当学校不好的时候，他不是想着添砖加瓦地建设学校，而是抓住学校的各种问题落井下石；当学校好的时候，他在享受学校荣光的同时，却通过各种方式不断唱衰学校，直至他可以浑水摸鱼，满足个人不可告人的私利。这就是典型的吃谁饭砸谁锅的人，令人鄙视、唾弃。我们痛恨这种人，就要相信学校，发展学校。就目前的生源和学校实力，我提出的口号是，我们不和任何名校比，尤其不和区内的学校比，我们要和自己比，我们要成为最好的自己，最有特色的临潼中学。这就要求我们要扬长避短，发挥优势，寻找突破口，走特色之路。目前我们搞的特色课堂建设，是我们学校实现华丽转身、完成市级特

色实验学校的重要抓手。改变是痛苦的、煎熬的，但凤凰涅槃、浴火重生后的精神是喜悦的。既然改变是必须的，那就宜早不宜迟，不要阳奉阴违、欺上瞒下、穿新鞋走老路，更不能老鞋老路使劲蹚。要做就认认真真地做，做出风格，做出成绩。据有些同志反映的和我了解的情况看，我们好多老师的能力亟待提升，如果你还是按原来的教法，不讲求效果地教书，难道不害怕误人子弟吗？现在，全校范围内推动课堂革命，大家都有了改变的机会，改变的平台，你不积极地革新自己，甚至还抱着消极的态度应对本轮的课堂改革，那么，我们良心何在！另外，我们每个人都要心系学校发展，躬身入局，不要置身事外。只要我们上下齐心协力，我们的学校一定能向阳而开。

二、一定要建立多劳多得、少劳少得、不劳不得、优劳优酬的分配观

一个学校要建立公平公正良好的工作生态环境，就必须建立科学合理的分配机制，形成正确的分配价值观。不少教师对我们原来的绩效和增量分配方案有意见，认为不够公平。为什么呢？因为的确出现了一些问题，多干的还没有少干的拿得多，这是一种什么怪现象？你想想，我们每个人都是平等的人，你凭什么就想不劳而获或者少劳多获？你凭什么就不想当班主任，而是希望别人做班主任？你凭什么？我们有些老师，有些小关系、小背景，甚至没有关系也要挖掘关系，来给学校说情或者施压，目的就是不干工作或者少干工作，或者为了职称四处找人干涉学校“内政”。

三、要树立一个凡事都要靠制度办理，而不凭关系办理的意识

以后我们评优、晋级，都要建立一整套的制度，不要凭嘴说，凭关系说，要把权力关在制度的笼子里，我们谁也不要耍特权、谋私利，这样良好的风气一旦形成，我们的学校就会良性正态发展，就会上下齐心，无坚不摧。

四、要形成一个优秀必然受到表扬和尊重，落后理应反省、改进甚至得到处罚的舆论氛围

一个堕落的群体，必然是打击先进、助长恶习的群体。在这个群体里，公平正义得不到伸张，先进典型得不到表扬奖励；相反，偷奸耍滑者，投机取巧者，阿谀

奉承者，却能够轻易得到好处，而且混得如鱼得水。在这样的群体里，谁表现好了，得到表扬了，得到的不是周围人由衷的赞美，而是讽刺挖苦打击，甚至是孤立。这样的群体，无论如何也成为不了教师心中有温度、有高度、有内涵的生命共同体和温暖家园！所以，今后我们每一个人的心目中，都必须建立这样一个概念——尊重优秀，赞美优秀，学习优秀，赶超优秀，争做优秀。

五、要使良性竞争和尊老爱幼成为临潼中学这枚钱币的两个面

我心目中理想的教师工作生活氛围，是一个尚德明理、乐业上进、良性竞争、尊老爱幼、包容合作、共享融通、民主和谐、幸福荣耀的工作生活氛围。在临潼中学，你活得好，也要让别人活得好；你优秀，也要让别人变得优秀。因为大家好，才是真的好，大家优秀，学校才能优秀。在评优晋级时，恶性竞争，可能两败俱伤，多败多伤，最后一塌糊涂，斯文扫地。如果我们在觉得自己优秀的同时，也能看到别人的优秀，或者在看到自己年轻有优势的同时，也要看到那些年龄大的同志也曾经年轻过，那么我们考虑问题的时候就不会那么偏执，那么残酷无情。我们好多老同志，是非常优秀的，他们是临潼中学的宝贵财富，他们对学校付出了青春和爱，对教育有着深厚的情怀，非常值得我们年轻人学习。比我大的王根生老师，不但有思想有见地，而且很有教育情怀和赤子之心，真正地爱课堂爱语文。他勤于钻研，经常主动和同志们谈课程、谈课堂改革以及学校发展。韩强利、赵慧敏、李俊亚等老师都是学科教学的实力派，都形成了系统的课程观，在培养学生思维能力和学科素养方面确实有一套自己的方法，学生对这些老师的评价都很好。虽然这些老师年龄大了，但都能积极参与课堂改革，积极投身学校发展的滚滚洪流之中，发挥余热，福泽学子。我们要向这样的老同志致敬。以后，对于支持学校工作，关心学校发展的老同志，在他们退休的时候，我们一定要为他们举办隆重的退休仪式，给他们颁发光荣退休证、赠送礼物，对于他们的直系后代在我们临潼中学上学将给予全力的支持和帮助，让他们曾经的付出得到应有的回报。

同志们，学校文化建设不是虚无的，需要学校所有人共同经营和倾力打造，只

要团结一心、厚德图强，我们一定会以文化为引领，把临潼中学办成有温度、有高度、有内涵的师生生命共同体和环境优美、特色鲜明、质量上乘、管理科学、运行民主的精品特色学校。

（本文是作者2021年5月在全体教师“学校文化”专题培训会上的讲话）

认清形势 顺应发展 团结一心 共创辉煌

一学期即将结束，回顾过往，倍感欣慰的同时，也有不少遗憾。欣慰的是，学校各项工作稳步顺利推进，尤其是特色课堂建设的积极有效开展，得到了上级教育部门、社会和家长的高度关注和广泛认可，教师的教和学生的学的方式都有了很大程度的改善；更可喜的是高考成绩呈螺旋式上升，学校、教师和学生也在各级各类活动中频频获奖，至此，一个欣欣向荣、积极进取、开拓创新的临潼中学以全新的姿态呈现在了公众面前。当然，还有许多遗憾，以及很多需要改进的地方，但瑕不掩瑜，主流是好的，整体是好的，这便是我们最值得肯定的地方。在此，我对大家一学期来的辛勤工作，表示衷心的感谢！下面，我强调四点：

一、修德立魂 强化担当

今天观看建党百年庆祝大会实况，我禁不住泪流满面，共产党领导中国人民历经百年沧桑到全面建成小康社会，从富起来到强起来，从任人宰割到面对列强敢于说“不”，并进行有力反击，无不证明我们党是一个伟大的党、人民可信赖的党。之所以这样，是因为我们党历来就是一个讲政治的党，有着铁的纪律的政党，团结奋进的政党。作为为党育人、为国育才的人民教师，在百年未有之大变局下，在国家转型发展的关键时期，我们以何种姿态面对教育，是我们每一个人必须思考的问题。我们需时时反问自己：对教育忠诚吗？对学校忠诚吗？对自己忠诚吗？尤其是在我校发展的爬坡期，我们是阳奉阴违地说一套做一套呢，还是表里如一地实实在在工作呢？我们是心里装着教育、装着学生、装着学校呢，还是什么都不在乎只把工作当成糊口的工具呢？这些都是我们必须深思的问题，是铸师魂、修师德、正师心的问题。

二、知得敬畏 方得始终

教育和学校都是神圣之所在。教育往大了讲，是为党育人、为国育才，往小了讲，是为了学生的成长和发展，关乎每一个孩子的前途，关乎每一个家庭的命运。古人讲：误人子弟，如杀人父兄。如此看来，教育不可谓不重要，教师这个职业不可谓不重要。对教育和教育职业缺乏敬畏感，我们就会看轻自己，就不能有职业的神圣感和成就感。对我们赖以生存的学校，也应该心存敬畏，心怀感恩，因为皮之不存毛将焉附？俗语讲：狗不嫌家贫，儿不嫌母丑。我们的学校再不好，是我们自己的学校，别人的学校再好，那是别人的学校。爱自己的学校，建设自己的学校，是一个教师的基本良知。建设学校，就是要提高教育教学质量，没有质量的学校就没有灵魂，是行尸走肉。我们中间有不少领导干部和教师，热衷于装模作样地走形式、耍花子、博眼球，却不能静下心来，深入班级、备课室和教师中间调研、管理，到头来，脱离教师，脱离实际，毁了质量，毁了自己，毁了学校。对质量不敬畏，是领导的悲哀，是教师的悲哀，是学校的悲哀！

三、认清形势 勇敢担当

我当初入职时最大的理想是进城教书，成为一名受人敬重的好老师。现在我超额完成了任务，但我从来都没有沾沾自喜过，而是心存敬畏，心怀感恩，发誓一定要干好工作，不辜负组织所托，不辜负命运垂青。大家当中好多人过去都在乡下初中工作过，为了能到城里来，也是费了不少周折，但随着时间的推移，习以为常了，也就忘了初心，不再敬业，不再珍惜。这就不好，人不能忘本。

现在，有一些单位在不好风气的影响下沉沦，生活在其中的人意志消沉、精神萎靡、心理变异，最终导致单位整体性堕落，也导致个体缺乏幸福感，甚至有些人心理抑郁、怪病不断。我不希望我们的学校是这样的，我希望我们的学校有一个宽松的治学环境、良性的竞争环境、健康的人际环境、幸福的生活环境，大家好好工作，制度以人为本，评价公平公正，奖励激发热情，生活开开心心。也许这是一个理想的乌托邦，但我坚信一定能够实现。

有人给我说，校长你太仁慈手软，对有些人和现象过于宽容，长此以往，毛病就形成了。我想，你无非说的是，有些人不能够看清形势、认识自己、把握自己，不服从学校工作安排，挑三拣四、拈轻怕重，推卸担子、逃避责任等；有些人过于自由散漫了，有些人请假太随意了，有些人上课太差劲了，等等。我说，相互适应得有个过程，给彼此留够充足的适应时间也好。再者，人性化管理并不意味着不要制度化管理，随着时间的推移，如果还有人不改变自己，那么严格的制度管理将是残酷的。目前，即将进行区管校聘，从文件本身来看，是一件相当严肃的事情。我们每个人都不要抱侥幸心理，认为区管校聘是一个流于形式的举动，但凡任何一种改革都会因为有人不符合要求而被淘汰，希望不是你！以后，根据大家提出的建议，我们还会进行绩效及增量的改革，真正体现“多劳多得、少劳少得、不劳不得、优劳优酬”的原则。要将区管校聘和绩效改革结合起来，真正调动起大家工作的积极性，实现真正意义上的公平正义。

校荣我荣，校衰我耻。身处临潼中学，我希望大家都要有一颗平等的心，就是己所不欲勿施于人的心，就是没有特权意识的心。在这个大家庭当中，你没有凌驾于任何人之上的特权，该上课你就上课，该当班主任你就当班主任，该服务你就服务。如果你觉得你厉害，不服从学校工作安排，你可以到更好的学校去，正好区管校聘给你提供了方便。留下来的我们，都是一群平等的人，无论男女老少。

四、团结一致 共创辉煌

一个正义的人，不管谁当校长，不管谁当领导，都会努力干事，因为这是一个正直人的良知底线。我经常讲，你觉得我这个校长干得好了，你就“把筋挣断”地干，士为知己者死嘛；如果你觉得我不行，你干好本职工作，出色完成你的任务就行，这是你的职业道德底线；如果你以对学校领导有意见为理由，背叛教育，懈怠工作，任意妄为，那你就是居心叵测坏了良心的人。一个积极向上的学校，领导和衷共济、坚强有力，同志团结一致、不懈拼搏；而一个集体沉沦的学校，领导各怀其心、拉帮结派，同志各附其庸、团团伙伙。临潼中学要实现跨越式发展，走过艰难的爬坡期，就必须要求大家团结一心，共同努力。只要大家齐心协力，临潼中学一定会再迈新高，一定会实现高质量、有特色、能示范的特色品牌名校梦想。

我就讲这么多，谢谢大家的理解，谢谢所有正义的心。

（本文是作者 2021 年 7 月 1 日在“区管校聘”动员会上的讲话）

家属做后盾 发展有底蕴

家属朋友们，首先请允许我真诚地对您说一声：您辛苦了！感谢您一直以来对临潼中学工作的大力支持！

暑期本该是所有师生渴望已久的休息时间，或者是团聚时间，但为了教育、为了学生，您的亲人仍不得不顶着酷暑在学校里继续补课上班，对此，我深表歉意。人活在这个世界都不容易，不尽这个责任，就要尽那个责任，自古忠孝难两全。人我同心，我们也有子女，我们的子女也都会经历高三，到了高三必须利用一切可以利用的时间抓好学习，这也是所有人的共识，所以暑期补课就成了必然。高三班级管理这项工作总要有人去做、去付出，好在您的家属作为优秀教师代表，荣幸地担任了高三的相关工作，责任重大，使命光荣。

临潼中学作为临潼颇具影响力的大校名校，具有 60 多年的办学历史，为国家培养了数以万计的各类人才。近年来，由于各种各样的原因，学校发展缓慢，教学质量低迷，人民满意度降低。为了扭转乾坤，重塑辉煌，学校新一届领导班子高瞻远瞩、励精图治，决心以抓铁留痕、踏石留印的勇气和毅力，从办学理念、办学模式、管理模式、课堂改革、质量提升等方面入手，为将临潼中学打造成一所高质量、有特色、能示范的精品特色学校而不懈奋斗。众人拾柴火焰高，家校联手创辉煌。尊敬的家属朋友，我们本是一家人，一荣俱荣，一衰俱衰，所以在学校转型期、爬坡期，我希望您能支持我们的老师，令其安心干好工作、奋力创造业绩。

作为校长，我知道学校工作非常重要，更知道幸福的家庭生活也同样重要。其实，工作即生活，生活即工作。工作干不好，在单位没有尊严，很难说生活就会有多好，毕竟工作的情绪也会影响生活；生活安排不好，家庭不和睦，夫妻相互抱怨，婆媳矛盾重重，家庭成员相互不支持，工作肯定也不会干得优秀。所以，我们很难将工作与生活完全分开。那种工作中应付差事、偷奸耍滑以期把生活经营好的人，注定是自欺欺人。因为突破了工作这个赖以生存的底线，生活肯定也不会圆满如意。因此，恳请您和我们的老师处理好工作和生活的关系，愉快工作，快乐生活！

尊敬的家属朋友，生活除了苟且，应当还有一层更明亮的意义。我相信，努力终有回响，好人必有好报。我们今天的努力是因，明天必将结出福报的果。说得自私一点，我们努力工作，认真生活，不仅仅是为了自己，更是为了孩子的健康成长和未来幸福！因为榜样的力量是无穷的。再换句话说，如果苦累苦难必须经历的，我们为什么不去享受苦累苦难，给自己人生来一场修行呢？天下兴亡匹夫有责，学校兴衰我的责任。家属朋友，既然我们是一家人，是命运共同体，那么就让我们携手同行，共克时艰，为了民族的复兴，为了教育的尊严，为了学校的发展，尽一份我们的绵薄之力吧！

最后，再次感谢家属朋友，因为有您，我们才有了努力拼搏实现名校梦想的底气；因为有您，教育的天空才晴空万里，教育的未来才面朝大海春暖花开。

（本文是作者 2020 年暑假期间致高三老师家属的一封信）

履行好代表职责　积极献言献策

首先我对大家牺牲休息时间来校参加教职工代表大会，表示衷心的感谢；其次，对大家当选教职工代表表示热烈的祝贺！

今天能来参加教职工代表大会的人，是教职工中最信任的人，也是最值得骄傲的人。大家把选票投给了你，也就是把信任和权利托付给了你，因此，我们有必要明白自己的权利和义务。刚才张建学副主席对大家进行了培训，我相信大家已经对此有了初步的了解。对于代表来说，责任重大，一时半会可能做不到完全理解，这也是正常的，所以今后党支部、工会有必要对教职工代表多进行相关培训，以便代表们能更好地履行职责，完成任务。

对于新一届教职工代表以及下面将要讨论的各种方案，我提几点意见或者建议，不到之处可以商榷。

一、我们一定要明白我们首先代表谁的利益

我说这话，一定有人快速回答，当然代表的是广大教职工的利益。没错，我们是代表广大教职工的利益，但我们首先代表的是学校的利益。皮之不存，毛将焉附？学校若成了一盘散沙混乱不堪了，教职工的利益何在？所以，我们这些代表心里一定要有一根红线，那就是我们首先代表的是学校利益，其次是教职工的利益。另外，我们是教职工的一员，我们代表教职工利益的同时，自然也代表了我们自己的利益，但作为教职工代表，我们却不能仅仅代表自己的私利，我们更不能以教职工代表这个“公器”身份谋我们个人的小“私利”。

二、作为教职工代表，我们一定要学会站在学校全局发展的高度，为教职工谋利益

目前临潼中学的现状和处境都非常尴尬，生源、师资、硬件设施等，都严重制约着我们学校进一步发展和壮大。那么，临潼中学能不能再继续发展？我肯定地回答大家：能，一定能！那么如何再发展？唯有改革！不改革，死路一条；盲目改革，一条死路。试问，我们改革的着力点在哪里？那一定是评价评优体系和绩效工资分

配体系！你想想，先进都用嘴说，谁还愿意冲锋陷阵？干多干少、干好干坏都一样，那谁还愿意多干干好？作为教职工代表，如果我们有正性有良知，我想大家一定会同意我的观点。

改革必然会有阵痛，改革肯定不可能使人人皆大欢喜，如果改革是不痛不痒的一场作秀，那改革就不能称其为改革。这一点，作为代表你一定要明白。就像我们的课堂改革，作为一个教师，你一定知道我们课堂改革的出发点和思路都是好的，但在操作过程中，由于缺乏经验借鉴，由于我们创新能力欠佳，由于我们非常习惯于旧有思维，因此一遇到问题我们就有可能退缩，然后质疑改革的正义性和必要性，甚至将自己进一步变成改革的绊脚石也在所不惜。接下来的区管校聘和绩效工资改革，都需要我们教职工代表很好地理解和宣传，并坚决执行。

三、如何理解一个方案的产生和执行

有一点大家必须首先明白，根据教育法律法规以及学校章程，学校在不违反国家法律法规和教育政策规定的前提下，具有制定各种校内管理规章制度和评价奖惩分配方案的权利。也就是说，学校具有用这些规章制度和各种方案管理教师教育教学行为的权利。只要这些涉及教师利益的制度方案一经教职工代表大会通过，就具有了约束力。

我还想告诉大家的是，任何一个方案都不可能完美无缺。我的建议是，只要大的方向和框架不存在问题，那么在执行的过程中，可以每年甚至每学期根据实际情况进行不断调整，使方案日趋完善。尤其是在讨论通过下面即将看到的“区管校聘”方案和“绩效改革”方案时，若局部或者细节有问题，可以逐步完善，对于方案的整体思路和大体框架，在你还拿不出更好的替代方案时，我建议先执行，再完善。

四、对于方案的一些要点，我们如何理解

为什么把成绩挺在前面？记得江苏锡山高级中学校长唐江澎曾说过，教育不排斥分数，也不应止于分数。没有分数，孩子上不了大学；光讲分数，孩子没有未来。我们现在进行的课堂教学改革就是实施素质教育的一个非常有效的途径，课堂教学改革如果真的搞成了，并坚持下去的话，我想不但学生的各方面素质会得到提高，

对分数的提高那也是肯定的，必然的。这样，我们便把要分数和要素质就恰当紧密地结合在一起了。

为什么对备课组工作如此重视？我们在对管理岗位积分的时候，给班主任每月积 30 分，备课组积 25 分，教研组积 15 分。有人对此提出异议，认为给备课组长的积分比教研组长高似乎有些不合理。对于这一点要这样认识：我们现在搞的课堂改革，所谓的“三研三备”主要以备课组为单位进行，大量的工作要备课组长牵头实施，而教研组长每月只召集一次活动，所以结合实际，我们增加了备课组长的积分。

相比普通班而言，示范班分数增量的差距很难拉开，因而排名可能会靠后，积分也就不如普通班，看起来似乎有失公平。对于这个问题要这么想：一是带示范班，在工作量相同的情况下，由于学生素质高，课堂管理难度低，也容易出成绩。二是带示范班机会多，荣誉多，尤其是到了高三奖励也多。三是学校就是想通过这样的竞争方式不断提高示范班的平均水平，以便提高一本量和 600 分以上的高分量。

既然“绩效改革”方案当中平均成绩起到了一个很重要的作用，那么，我们有必要认真对待分数产出的各个环节，尤其是要严格试题保密，严格监考、阅卷、登分，要保证原始分数的公平公正公开，否则一旦基础分数错了，一切量化就失去了依据和根本。这就对我们教务处工作提出了更高的要求，也对主管教务的校级领导压实了担子。

（本文是作者2021年8月15日在暑期教职工代表大会专题会议上的讲话）

振奋精神谋鸿篇 锐意进取建新功

值此第37个教师节来临之际，请允许我代表学校以及个人，向奋斗在教学一线的各位战友表示崇高的敬意和由衷的感谢！一柱红烛洒热血，三尺讲台育桃李。我们都是一群有良知、责任、荣誉和梦想的人。我们兀兀穷年、呕心沥血，虽名不见经传，也未曾建有丰功伟绩，但我们依然坚守内心的执着——为党育人，为国育才。因此，我们可以自豪地说，我们虽平凡却是最伟大的一群人。我们值得向自己致敬！

临潼中学在风风雨雨中走过了六十多年沧桑岁月，一代代临潼中学人依然初心不改。步入新时代，临潼中学的发展任重而道远，尤其是在当前的转型期，更是需要全体师生凝心聚力，锐意进取，共赴时艰。

作为校长，我深知肩上的担子很重，面对教育，我时刻保持敬畏之心，战战兢兢，如临深渊，如履薄冰，生怕误人子弟，误人前程。所以，每到一所学校，我都拼尽全力，外树形象内抓质量，不愿辜负组织所托，不愿辜负人民所望，力争把每所学校都办成高质量、有特色、能示范的品牌名校。虽说一个好校长就是一所好学校，但我清楚地知道，凭我一已之力绝不可能成就一所名校。众人拾柴火焰高，大家划桨开大船，离开了全体教职员工的努力，临潼中学这艘大船不可能行稳致远，筑梦未来。因此，借公开信之机，我想跟大家交流几点：

一、厚植爱国情怀，增强育人内驱力

当今世界正处于大发展大变革大调整之际，新一轮科技和工业革命正在孕育，新的增长动能不断积聚。时代越是向前，知识和人才的重要性就愈发突出，教育和教师的作用和地位就愈发凸显。但面对新方位、新征程、新使命，我们中仍有很多人还是不能完全适应。中华民族正在面临百年未有之大变局，中国也将面临崛起后的各种风险与挑战，要想在动荡不安、变幻莫测的国际大环境下勇立潮头，守住改革开放的丰硕成果，守住国泰民安的幸福生活，我们国家还急需大量的创新人才，而这些创新人才靠谁培养？当然是靠我们教师，所以，我们要厚植爱国情怀，不断增强育人的使命感和内驱力。

二、坚持修业精进，练就育人真本领

任何一种正当职业都能给人带来快乐，问题是你爱不爱，精不精。教育工作尤其如此！如果你能热爱它、钻研它、驾驭它，我想你一定能够获得“桃李不言下自成蹊”的自豪感和幸福感。不少人“谈当班主任色变”，并不是他真心拒绝这份工作，而是他缺少干好这份工作的勇气和能力。如果他能够以研究的心态做工作，静心、精心研究如何管理学生这门艺术，学会如何走进学生心里，学会如何跟学生打交道，那么他一定会喜欢上这份工作并甘之如饴。孟子说，人生有三大快乐，其一就是得天下英才而教育之。作为教师，要想获得教育英才所产生的快乐，我想你首先必须要有教育英才的真本领。而这种真本领是要靠我们研究学习，不断修业精进才能取得的。

三、以爱化育学子，才是育人大智慧

我喜欢德国哲学家雅思贝尔斯说过的话：“教育的本质意味着：一棵树摇动另一棵树，一朵云推动另一朵云，一个灵魂唤醒另一个灵魂。”他告诉我们教育的真正价值是一种启蒙，一种开悟，一种唤醒，一种点燃……而要做到这些，教师必须要对教育和学生倾注伟大无私的爱。试想：一个心里无爱、眼里无光的教师，怎会爱生如子，怎会有教育的热情和智慧？经常有老师抱怨学生是白眼狼，毕业后再也不理睬自己，但为什么有的教师却能受到学生众星捧月般的爱戴呢？区别就在于，付出真爱的老师——哪怕是平时爱批评爱唠叨的老师——只要是真心对学生好，学生终会理解你记住你感恩你的。而那些表面对学生好，实际上是纵容学生，对学生发展不负责任的老师，必将会得到学生觉醒后的差评。学生是一面镜子，我们在他们面前是透明的，任何的虚情假意他们都看得清清楚楚。其实，教育哪里有那么多的技巧和秘诀，爱才是教育的大智慧。

四、享受工作挑战，积极育人最健康

我有一个观点：工作是为了生活幸福，如果工作不能使生活幸福，那要工作干吗？所以，面对各种繁难烦心的工作时，我努力攻克它、战胜它，而不是害怕它、回避它，这样当圆满完成任务时，我就会获得一种超然的愉悦感。在工作过程中，面对困难、研究困难，享受困难，最后解决困难，何尝不是一种幸福。现实生活中，有不少同志不能够正确看待工作中的困难，要么放大困难吓倒自己，要么放弃困难听之任之。就像我们的特色课堂建设，只要你正确面对，积极参与，认真研究，大胆探索，一定能够使自己放弃固有思维改变教法，也一定能调动学生积极性促使学生改变学法。长此以往，不断精进，日日提高，我们怎能不为自己骄傲，怎能感受不到教育的快乐？精神快乐是最大的快乐，精神快乐才能身心健康，而我们伟大的职业本身就是我们精神快乐的源泉。转换一下思维，你就会觉得，因为我而不断改变学生的前途和其家庭的命运，那么我的工作何其重要，我的人生何其具有价值啊！人的一生可以做很多事，但最难做的是把一件事情心无旁骛地做到极致，做得有成就感。既择之，则安之。心安则身安，心安则福至。与其厌烦工作，惶惶不可终日，何不直面相对，与工作和解，把工作看成是促使自己幸福和健康的一个重要过程和手段呢。

享受工作，就要学会接受。学会接受学校的安排，学会在考评考核的制度框架内游刃有余地工作，而不是遇到问题便推脱责任，遇到考核便吹毛求疵甚至钻牛角尖，使得自己心情不悦。在我任期内，力争创造一个公平公正公开的治校氛围，我希望每一个人都知道，学校制定的规章制度和方案办法其目的绝不是针对某个人，而是要最大限度地实现公平，尤其是对于好老师的公平。作为一个人民教师，你必须明白这一点，这是你应该具备的理性。

享受工作，就要学会放下。工作当中我们难免会和同事、领导、学生发生矛盾，产生问题，但对事不对人，该过去的就过去，该放下的就要放下。站在二十四楼往下看，你看到的是风景，站在楼下看，你满眼都是垃圾。我们不妨改变立场，不妨提高站位，不妨改变心境。一个人要是长期背负重压和负担，心理不出问题才怪呢。所以，要学会放下，放下才会海阔天空，放下才会真正身心健康。

亲爱的老师们，纸短情长，千言万语道不尽我对你们的真心祝福和美好祈愿，在未来的日子里，希望你们家庭幸福，生活美满，工作顺意，身体健康，万事遂愿！

最后，再次祝大家教师节快乐！

（本文是作者 2021 年教师节致全体教师的一封公开信）

回首过往无怨无悔　展望未来信心百倍

全体教职员工，大家好！2022年如期而至，我在学校里（当时正值疫情，所有老师都放假了，我和一部分领导还坚持在校值班）向我们大家庭的每个成员致以新年的美好祝福！

2021年是极其不平凡的一年。面对疫情，我们临潼中学同仁众志成城，迅速行动，在线上教学和防疫抗疫两大工作主线上都成绩斐然。尤其是在防疫抗疫工作中，面对各种困难，我们教职员工不讲条件，逆行出征，英勇无畏，真正践行了临潼中学“良知、责任、荣誉、梦想”的校训和“厚德图强”的学校精神。在这次抗疫行动中，我们一部分年轻人表现优异，堪称楷模，让我们看到了临潼中学未来发展的希望；一部分年龄大的同志，虽然不能亲临一线抗疫，但拿起手中的笔为抗疫勇士鼓呼赞美，让我们感受了这个大家庭的温暖；大部分同志忙于线上教学，但心系抗疫，在朋友圈或者教师群里，对学校抗疫和参与一线抗疫的同志点赞表扬，让我们看到了一个上下齐心、团结友爱、顽强拼搏、敢打硬仗的英雄群体。在此，我向你们致敬！

2021年是波澜壮阔的一年。在中国共产党成立100周年之际，我们国家向世界宣布全面建成小康社会；在全球疫情大爆发之际，我们成功控制住了疫情；2021年6月17日，神舟十二号载人飞船发射成功，中国人首次进入了自己的空间站；还有许许多多的伟大成就，不胜枚举。2021年对于临潼中学来说，是激烈战斗的一年，是转型爬坡的一年，也是收获颇丰的一年。一年来，我们高举文化建设的大旗，革新观念、改革课堂、建章立制、建设队伍、打造特色，取得了一系列的成绩：市级特色实验学校验收任务圆满完成顺利过关，以总分第一名的成绩荣获区级高考优胜奖；学校在第八届（2021）“感动陕西教育人物”全媒体推介活动中获得“素质教育特色中学”提名，等等。一年来，我们大力推行特色课堂建设，立足“三个课堂”推动课堂革命，不断打造具有临潼中学特色的课堂教学新范式；转变是艰难的，嬗变是痛苦的，但为了教育梦想、教育情怀，我们临潼中学人，无论科目无论年龄，都以大无畏的精神投入轰轰烈烈的课堂改革当中，可亲可敬可赞！

每个人都是时代的一座高山，普通人也可以铸就伟大。2021年7月20日，在郑州地铁五号线上，乘客被水围困，一名年轻人冲了上去，跪在地上做了6个多小时心肺复苏，共救助了十几个人。18 岁士兵牺牲时留下的那句“清澈的爱只为中国”言犹在耳，他的形象瞬间由平凡成为伟大！张桂梅那双布满膏药的双手，因为一个特写，而成了时代的印记，成就了我们平凡教育人的伟大！生在这个时代，你我互为见证。其实，我们每个人都是不甘平凡的人，也都能成为自己的英雄。我们临潼中学的每一个教师，只要在自己的领域内，精益求精、锐意进取、大胆革新、勇于开拓，我们都能成为一个教学高手、行业精英、时代楷模。生于盛世，大道煌煌，除过奋斗，你我岂可左顾右盼？

2022 年将是继往开来的一年，也是临潼中学转型升级华丽变身的关键一年。临潼中学要真正在区域教育中站稳脚跟，赢得人民的认可，成为受人尊敬的学校，2022 年，至关重要！一个学校要想成为家门口的好学校，必然是有质量、有特色、有品位、有颜值，有口碑，说到底就是要品牌好！在陕西在临潼，最好的官方品牌就是省级示范高中。这也是我们 2022 年的最大目标和动力。为此，我们将外树形象内抓质量，双管齐下，倾力打造，全面完成。牛顿说，不是他厉害，只是他站在了巨人的肩上。我们临潼中学人现在可能是寂寂无闻，然而一旦我们建成省级示范，一旦我们站在省级示范这个巨人肩上，我们每个人必将会成为更加自信的人，受人尊敬的人，有价值的人。让我们振奋精神，激发斗志，唤醒良知，肩负责任，在实现自我价值和学校发展的过程中找到人生的最大公约数，成就一个凡人最伟大的梦想！

此时此刻，见字如面，唯愿山河无恙、国泰民安！唯愿你家庭幸福、身体健康、万事遂愿！

再次感谢大家！

（本文是作者 2021 年 12 月 31 日向所有教职员工作的新年致辞）

薪火相传赓续校脉　众志成城共襄未来

首先，请允许我代表临潼中学向在座的各位女同胞致以节日的问候，向各位退休老教师表达崇高的敬意!

岁月如流，转眼已经是2022年的春天，在这阳光迷人的季节，我们全体教师齐聚一堂，欢度节日，其乐融融，其意深远。回首2021年，我们众志成城，攻坚克难，圆满完成了市级特色实验学校的验收，成功改造了学校大门，对男女生宿舍和高三教学楼进行了翻新和文化布置，重新修订了学校的核心理念文化，更为可喜的是2021年我校以第一名的成绩荣获区高考质量一等奖，凡此种种，值得庆贺!

宝剑锋从磨砺出，梅花香自苦寒来。任何微小的进步，都是师生们艰辛努力的结果，都是值得赞美和鼓励的。好在我们有一个特别能战斗、特别能吃苦、特别能奉献的领导集体，为了学校发展，在没有利益可言，没有特权可用，在为了工作一次次被批评甚至被误解的情况下，在为了工作对父母不能尽孝、对儿女不能尽责甚至要带病上岗的情况下，他们，这群我们值得信赖尊敬的校领导们，依然无怨无悔，奋力前行。好在我们有一群具有大局观、图强精神、创新能力、团结协作意识的教师群体，为了学校发展，在没有充足经费保障的情况下，在没有过多福利待遇的情况下，在高强度的教育教学改革中，他们，这群临潼中学最可爱可敬的人，舍小我为大我，克服各种困难，全力支持学校的各项改革，默默无闻地在各自岗位上尽心尽力，令人感动，让人佩服!

我们所有人的努力，就是要以文化为引领，让学校成为有温度、有高度、有内涵的师生生命共同体，把学校办成环境优美、特色鲜明、质量上乘、管理科学、运行民主的精品特色学校。生活在这样的学校，我们每一个人生活有尊严，工作有乐趣，精神有营养，灵魂有香味。相信不久的将来，这些都能成为现实。

一切过往，皆为序章！展望2022年，我们任重道远！今年，我们即将迎来千载难逢的好机会，那就是以创建省级示范高中为契机，借助区委区政府和教育局的大力支持，全面提升我校的软硬件实力，争取在短时间内全方位优化我们的办学条件，为我们进一步跻身市级一类学校打下坚实的基础。同志们，冲锋的号角已经吹响，任何等待观望的思想必将使我们再次丧失发展的良机。临潼中学是临潼中学人的临潼中学，学校兴衰，是你的责任，也是我的责任，是我们每个人的责任。那种置身事外，牢骚满腹、消极悲观、敷衍塞责的意识必将被发展的滚滚洪流所遗弃，让我们躬身入局、携手同行，让我们抛开杂念、一心向学，在工作中寻求快乐，在奋斗中实现价值，过一段精彩生活，博一个无悔人生！

同志们，路漫漫其修远兮，吾将上下而求索！不管遇到多大的阻力和困难，不管被人如何猜忌和嘲笑，作为校长，我将秉持“良知、责任、荣誉、梦想”的校训，在“厚德图强”精神的感召下，即便身负骂名乃至粉身碎骨，也要带领大家走教育的康庄大道，做学生的生命贵人，实现高质量、有特色、能示范的品牌强校梦想。我坚信每一个有良知的临潼中学人，都会加入战斗的行列，都会在实现临潼中学伟大腾飞的征程上，各尽所能，各展其才！我更相信，有我们老一辈临潼中学人留下来的“厚德图强”精神，有他们的理解和支持，我们临潼中学必将薪火相传，行稳致远，再创辉煌！

最后，让我再次表达对我们所有教师的感恩之情，尤其是对即将离校的各位前辈致以崇高的敬意！你们把青春献给了教育，把爱心给予了学生，你们不但收获了岁月，更收获了桃李满天下的殊荣。家有一老如有一宝，希望你们退休不退群，常回家看看，继续关注临潼中学的发展和进步，在发挥余热中使你们的退休生活更加丰富多彩意义非凡。

再次感谢大家的辛勤付出！谢谢！

（本文是作者在临潼中学庆祝2022年3月8日国际劳动妇女节上的讲话）

厘清思路 提高认知 共谋临潼中学美好未来

李希贵校长有句管理名言：能用结构解决的问题，就不用制度；能用制度解决的问题，就不靠开会。基于这一点，我不是很赞成靠经常开会来解决问题这一做法，因而在学校的日常管理中，我们很少开大会。但在现实面前，我们不得不承认，统一思想统一意志方面，没有比开大会更捷快更有效了。由于疫情原因，原定的每月全干会无法按时召开，我也正好借停课放假的机会，对开学以来的问题进行了梳理，觉得有些话非说明白不可。但碍于难以面对面交流，只好以文字的形式发给大家，万望各位认真阅读，深入思考。

一、如何看待我们的课堂改革

为了完成2021年市上交办的特色实验学校验收，我们开展了自上而下的大规模课堂改革。一年来，学校投入了大量的人力物力财力，从领导层、教师层、学生层都付出了辛勤的汗水，最终取得了值得肯定的成果，也得到了社会以及同行的广泛赞誉。与此同时，我们也顺利通过了市级特色实验学校的初步验收，可喜可贺！从某种意义上讲，我们好像是被动参与了一场改革，带有很明显的功利性，缺乏内在的自觉意识和原动力。事实上，这场改革也存在一些问题：学校顶层设计的框架基本思路有，但提供的路径不是很明晰，可资借鉴的方法缺乏指导性操作性，不少老师尚存困惑。更令人担忧的是，很多老师意识不到改革的重要性，从心理上不能改变观念、理念，喜欢固守既定思维模式，不愿意走出舒适区，拿不出勇气和魄力进行自我革新自我革命。

这里我要强调的是：课堂改革从来都不是谁强加给我们的，课堂改革理应成为我们每个教师的日常自觉。作为教师，课堂是我们的主阵地，说得低俗些是我们谋生的场所，说得高尚些是我们实现个人价值、圆满生命意义的所在。于工作讲，一个教师不珍视课堂，虽无丢饭碗之虞，但绝对有误人子弟之嫌；于做人讲，一个教师都不能真心地面对课堂，怎能真心地面对生活、面对他人，这样的人自欺欺人地活着，何来幸福可言？于学生讲，课堂是他们接受灵魂洗礼、进行生命重构的地方，试想在这样一个圣殿里，一个不负责任、唯利是图的灵魂，又如何能够传递爱和智慧，如何培养我们这个国家和民族的赓续者？作为一个有良知的教育者，漠视课堂，就是在自我作践；儿戏课堂，就是在自取其辱！

鉴于上面的认识，鉴于课堂改革的正确性、正义性，我想告诉所有人：不管遇到多少艰难困苦，不管遭受多大嘲笑非议，不管历经多少失败挫折，我和班子成员都有决心有能力将课堂改革进行到底，直至改革成为常态、成为自觉、成为课堂的有机组成部分。我们必须清楚地认识到，临潼中学要实现跨越式发展，课堂改革就是我们弯道超越的最佳利器，除此之外，别无良策！同时我还想说句豪言壮语：为了家国情怀、为了学校发展、为了学生未来、为了自身幸福，请转换思维、转变观念、更新理念，积极投身改革，莫等待、莫观望，莫留后路，莫带遗憾！

二、我们如何看待教学成绩

课堂是我们每一个教师耕耘的主阵地，效果如何，评价的指标很多，我们不能唯分数论，但教学成绩是不可忽视的重要指标，是评价一个教师的关键所在。试想：同样一个年级同样一个科目，我们学校的教学效果如何，跟其他同类学校统一试题考考比比就可以，虽然不准确不全面，但多多少少能看出一些问题；分数没有别的学校高，即使不能证明你不行，但至少说明你有差的地方。同样的道理，作为教师，你课堂讲得多么洋洋洒洒，多么自我陶醉，若成绩不好，那么你的教学肯定存在问题，要么是教师个人智慧的问题，要么是学生落实不到位的问题。课讲得好，成绩未必好；但成绩好，课堂教学绝对不会很差。有些教师，没有标准答案讲不了试题课，成为学生的笑柄。有些教师不敢做高考题，也做不了，作为高中教师你都不敢面对高考试题，何谈取得好的成绩，你让学生情何以堪？你不会游泳，也不愿下水游泳，你还希望学生成为游泳健将，是不是很打脸？

一个教师，在学校想要有话语权，想要在职称晋升、评优评先中取得优先权，教学成绩应该是很重要的一个因素。即便是领导嘴上不说，但心里对一个长期教学成绩不好的教师，肯定不会有太好的印象。学生也一样，你的教学成绩好，你的课堂上睡觉的人就少，你当班主任学生也好管理。在同行评价当中，你教学成绩好，心里必然有潜在的优越感，你个人也会自信。更为重要的是，在每年的高考当中，还是分数说了算，分数不行，学生上不了好大学，学校便没有好声誉，从长远来看，也会影响学校的可持续发展。我说这些，绝不是说成绩好就一好遮百丑，但成绩好绝对是成为一个好教师的基本功。成绩不好，说明你综合实力还是不够。客观地说，成绩好的教师，大部分课堂教学也好，学生爱听。

对于成绩，我们不能钻牛角尖，我们既要把它放在大的教育教学框架下看它的作用，不盲目夸大它的作用，也要把它放在课堂教学的微观视觉下，看造成它好坏的原因，用它的好坏来倒逼课堂教学的改进和落实。

三、如何看待未来发展必将迎来的新型校内人际关系

我们的办学目标中提到，要以文化为引领，让学校成为有温度、有高度、有内涵的师生生命共同体。什么意思？就是作为管理者，我们想把学校办成环境优雅型、资源节约型、人际友好型、质量科研型、成长阶梯型的教师幸福家园。在这个新的学校发展目标下，我们必须构建新型的校内人际关系。这些人际关系主要有以下几种：

一是平等阳光的干群关系、师师关系、师生关系、生生关系。在这个学校里，无论领导，无论师生，没有任何人可以凌驾于别人之上，讲特权，享特利。专制产生主仆关系，民主产生平等关系。在现代的学校治理体系中，民主管理发挥着举足轻重的作用。要使我们学校成为环境优美、特色鲜明、质量上乘、管理科学、运行民主的品牌强校，人人都是主人翁的民主管理意识必不可少。

二是干净而非利益纠葛的干群关系、师生关系。试想领导在工作中总是唯利是图，以权谋私，哪还有资格和底气管理教师？试想职称晋升要靠关系或者金钱解决的时候，哪有公平可言，谁还会尊重领导，谁还会努力工作？试想你带学生，收了学生的好处，是不是有些时候你没办法严格管理他，甚至为了利益要讨好他，以至于客观上造成了纵容学生犯错误，这样你怎能教育好学生？

三是协作背景下的相互包容、相互欣赏、相互支持的同志间的良性竞争关系。鄙夷不屑的思想，使同志们之间失去了很多相互学习借鉴、相互支持温暖的机会，使我们局限在自己的小圈子里或者自我封闭的精神世界里自恋成癖，甚至抑郁成疾。我们所要建立的新型同志关系，就是要相互包容、相互欣赏、相互支持，而不是见不得别人好，受不了别人取得好成绩，鄙视别人成为名师、获得荣誉等。在新型同

志关系下，我们和而不同，各美其美，美美与共；我们在相互协作的大背景下，发挥各自的聪明才智和创造创新精神，允许适度良性的竞争关系存在，把个人发展和群体提升有机结合在一起，最终实现没有竞争的竞争，竞争是为了不竞争的格局。这样，一个崭新的临潼中学必将诞生在世人面前。

四、如何看待我们即将迎来的创建省级示范工作

以前为创建省级示范，学校也做了大量工作，但由于各种各样的原因，呼来唤去，游移不决，最终没有全力实施，造成一部分同志心里有了反感甚至抵触情绪。这很正常，也能理解。但我今天为什么又要旧话重提呢？是因为，我觉得大家对于创建省级示范，还是没有完全理解其中的深意，所以，我有必要再谈谈。

为什么要创建省级示范？或者说创建它有什么好处？有些人会说，你当校长呢，创建成了你就能升职加薪，与我们有多大关系！这里，我首先声明，我的校长任职时间也所剩无几，职级也到了“天花板”，就是我干出一朵花也没有所谓的升迁机会了，所以，创建省级示范，我没有任何私利私欲。那为什么我还要创建？轻轻松松地混着，自得其乐地图个安稳多好？为什么还要拼命地把我校打造成品牌强校，甚至还要跻身三秦名校行列？我绝不是吃饱了撑的，而是创建会为学校和教师个人带来千载难逢的发展机会。

何谓创建？就是创造创新，建设建构，就是要打破一个旧格局，建立一个新世界。创建本身就是一个动态过程，在这个过程当中，一是可以借助政府及教育行政部门的投入，改进现有的落后环境面貌和陈旧的设施设备，逐步提高我们的办学基础实力。二是通过创建省级示范，促使我们不断提升学校管理水平，增强质量意识，加强特色建设，为我们学校成为品牌强校和三秦名校打下坚实的基础。三是在创建过程中，我们教师的教学水平会得到进一步提升，职称晋升的通道会更加顺畅，获得发展的机会更多。当然创建成功后，学校的声誉地位，未来的生源质量，我们的生命尊严、福利待遇等，也都会得到改善和提升。

有人说，好是好，干吗这么急呢？慢慢来，稳扎稳打，岂不更好！确实如此，教育是个慢工出细活的行当，来不得半点急功冒进的浮躁心理，但我要说明的是，创建恰恰是一个倒逼的过程，是让我们在这个过程中重新审视我们日常的教育教学

行为，从而不断改进观念理念，不断提质增效。所以，创建和教育教学并非相互割裂、互相排斥，而是深度融合、有机发展的关系。创建是为了更好地教育教学，而不是为了创建就要停下所有事情，为了创建而创建。船开不等人，搭上了，学校就会迎来大发展大提升的历史机遇，错过了，想翻身就几无可能！这就是为什么我们不能等各种条件都成熟了再创建的原因，我们不能因为创建而大伤元气，而是要通过创建更好地发展学校，成就教师。

以上观点，可以商榷，但作为校长，我希望大家能最大限度地达成共识，则学生之幸，学校之幸，家国之幸！

（本文是作者在2022年4月全干会上的讲话）

理解制度 尊重制度 捍卫制度

当打开这一系列制度汇编的时候，我们看到的是这些制度背后所蕴含的公平、正义和价值，应该庆幸我们学校有了自己成套的规章制度。关于区管校聘、评优晋级、绩效工资等这些事关大家切身利益的问题的解决，有了一定的制度程序作为规范和保障。这就是从人治向制度治理的迈进，是一种管理的初级进步，值得庆幸！

第一，我希望大家能认真阅读甚至研究制度，并且严格执行。这些制度表明了学校的立场，约定该守的规则，说明办事的程序，关乎个人的利益，因此请务必高度重视，认真阅读、加以研究，并熟稔于心。这些制度绝不是用来作秀的，必须严格执行；也不只是针对别人或某些人，制度面前是人人平等的。

第二，制度的本意是为自由创造更为公平、广大的空间，目的绝不是限制、约束大家，所以请务必理解制度，尊重制度，捍卫制度。制度制定条款，就是为了给大家提供一个公平竞争的场所，这就是制度的价值和意义。制度或许不完满、有瑕疵，但至少我们向公平和阳光迈进了一大步。如果缺乏制度，那么整个学校就会陷入私欲私利的泥潭，大家就会为谋一己之私而损害别人利益、学校利益。制度就像达摩克利斯之剑，你不触碰它，在它的框架下活动，它对你而言就是“形同虚设”；你如果刻意挑战它，受伤害的一定是你！

第三，我们一定要明白，制度的发展和完善是一个动态的过程，会随着社会大环境的变迁以及学校治理环境的变化而不断变化。从来没有一劳永逸的制度，从来没有完美无缺的政策，这就提醒我们管理者和广大师生，要积极参与到制度的制定、修订中来，只有躬身入局才能保证我们的最大利益。你漠然，制度就漠然，你不关注制度，制度也会遗弃你！当然，我们不能苛刻于现有制度的不完满，请给予它成长的空间和时间。

第四，制度是死的，人是活的，所以我们不能为制度而制定制度，为规则而制定规则，制度和规则终归是为学校和师生利益服务的，明白这一点，就明白了制度管理的“最终之道”。所以，我们管理者在管理当中，要使制度化管理和人性化管理相结合，在不破坏制度、坚守规则的前提下，要运用智慧化解问题和矛盾，从而释放善意，温暖人心，发挥制度管理最大的效能。

最后，我要代表校委会感谢整理相关管理制度的同志们，尤其是教务处汪永刚主任、政教处宁斌主任等。是他们夜以继日地整理修订，才有了我们手中沉甸甸的制度汇编，才有了保护我们利益的铜墙铁壁，才有了我们今后向前航行的灯塔。也请阅读制度汇编的广大师生，能够体恤他们的良苦用心，尊重制度，捍卫制度，从而保护学校和我们自己最大的利益和幸福！

（本文是作者2022年5月写给教学管理、学生管理系列制度汇编的前言）

心怀理想 矢志不渝 成就人生 幸福自己

三年以来，疫情给我们生活工作带来的困扰和影响日渐增多，不少人情绪不安、心理烦躁、生活紊乱。其实这不是疫情的错，错在我们对待疫情的态度。面对疫情的反复无常，我们要做的是不恐惧，防护好就行。任正非说，在不确定的时代，要有确定的抓手。在特殊时期，这个确定的抓手就是——我们要相信未来生活会越来越好这个战略思想。只要你相信未来的诗和远方，那么眼前的一切不堪都是通往幸福的路径。以上这些，是我今天开启对话的背景和前提。

有句话叫“能打倒我们的，只有我们自己”。换句话说，成就我们的，使我们幸福的也只有我们自己。这就是我要表达的第一个观点：我们要使工作成为幸福生活的有机组成部分，甚至是实现幸福生活的主要方式，而不是把工作当成一种负担和累赘，备受煎熬，惶惶不可终日。学校举办红歌比赛的时候，我们老师组成的小合唱队所唱的《革命人永远是年轻》这首歌，就是革命理想主义和浪漫主义时代，人们把工作当事业，当成人生价值最大追求的真实写照。今天，我们理应也把工作当成一种事业，但几人做得到？我们很多人只把教育当成谋生的手段，当职业收入和期望值不符的情况下，就失去了职业成就感和幸福感，有的只是牢骚满腹、疲于应付造成的迷茫失落、生活挫败和人生价值空洞。要避免这些，首先，我们最好把职业当成事业，这样我们低收入的工作和日复一日的庸常生活就会瞬间变得高大上，我们是在做一种高尚的事情，是拯救灵魂的事情，是改变命运的事情，是服务家国的事情。如此，就像孔夫子说颜回那样“一箪食，一瓢饮，在陋巷，人不堪其忧，回也不改其乐”。其次，我们时刻记住一点，我们教书育人的同时，更重要的是自我教育，自我修炼，自我精进，自我救赎，到最后教育、工作、生活融为一体，都成为我们生命的有机组成部分，我们因教育工作而身体健康、精神矍铄、家庭和谐、儿女有成，岂不快哉！研究表明，教国学和艺术的教授们基本都长寿，在中科院文化研究所，不到八十都不敢说自己老了，连生日都不敢过，九十多的老教授比比皆是。为什么会这样？就是因为这些教授热爱自己的工作，把工作当事业，把学问和人生修行合二为一，而不仅仅是做学问。再者，对年轻教师我尤其要说的是，既然我们选择了教育，就要有教育理想，这是规划我们未来人生的大战略，你们不得不重视之。“天不生仲尼，万古长如夜。”孔老夫子的思想照亮了中国几千年，作为他的弟子，如果我们没有理想信念，苟且偷生，那如何面对学生，如何对得起这个国家和民族？我刚开始从教的时候，我们的校长就说，要当老师就要当名师当教育家，就要成为学生的偶像。现在我照样说给你们，有理想的人生不会寂寞，有理想的人生不会衰老，有理想的人生不会贫穷。

我要表达的第二个观点：只有把自己的兴趣爱好与学科建设、学校发展有机结合起来，我们个人才能凭借学校这个大平台，实现自己的人生理想和职业价值。你出门在外，人家问你是哪个学校的，如果学校是名校，你肯定自豪地说出校名；如果学校很烂，你绝对会羞于说出来，不但羞于说出来你可能还会倒踩一脚骂上一句。可见学校好坏对于我们每一个人来说都很重要。但学校的好坏不是天生的，它需要我们临潼中学人一代一代不断踔厉奋发，逐代积累，从而打造出好学校来。作为一名教师，我们个人能力再强，水平再高，如果只是在自己爱好的小天地里自得其乐，那永远成不了一个优秀老师，更成不了教育的专家名家。作为老师，有一点很重要，那就是你永远要关注学校的发展，知道学校目前的重点工作是什么，需要老师们做什么，否则，你永远都是局外人，永远享受不了学校发展所带给你的快乐。我欣喜地看到，我们的很多老师——黄昕老师、赵超产老师、张涛老师、李莉莉老师、刘欢欢老师等，他们把自己的兴趣爱好和社团活动建设以及省示范建设紧密结合起来，在结合当中不断发展自己提升自己，使自己越来越有成就感、归属感。今年，是我们学校华丽转型的关键一年，能否完成创建省级示范任务，关系着我们学校未来的战略发展，重任在肩，使命光荣。在这个过程中，需要我们每个人躬身入局，心系学校发展，上好自己的课，做好自己的事。我知道，我们每个人在不同方面都是身怀绝技的人，只是以前你没有机会展现出来，现在，学校发展建设如火如荼，你何不发挥你的聪明才智和浑身武艺参与其中呢？！毕竟我们需要大量高质量的社团活动，毕竟我们需要一大批课堂教学改革先锋！

我要表达的第三个观点：我们每个人都要有把握机遇的敏锐性和能力，要站在一个高度清醒地看待创建省级示范与自己的关系，不要错失发展自己提升自己的良机。人常说不经事不识人。对于学校而言一样，不经事你便不知道学校的现实状况是什么样子的。通过创建省级示范，我个人对学校整个外在环境、设备设施、师生素养、文化建设、领导队伍等有了一个全新的了解和认识。通过创建，你才知道我们和好学校的差距有多大，我们的问题有多多。但坏事里面肯定有好事，通过创建，我们多年未解决的问题，在上级部门的大力支持下，逐渐得以解决。我们的校园环境越来越好，设施设备越来越新，文化建设传承创新，特色建设有眉有眼，学校声誉日渐好转。这就是创建所带来的实实在在的好处。然而创建所暴露出的问题也值得我们深思：比如说我们的领导管理能力有待提升，我们的教师素养有待增强，我们的学生素质有待提高。对于我们教师而言，借着创建之机，从内到外，从表及里，都要切切实实地改变自己提高自己。比如说，作为教师最起码要讲究礼仪，穿着要得体甚至不妨精致美观一些，走路要挺胸抬头、自信大方，见人要面带微笑打招呼，交谈要温文尔雅、落落大方，切不可邋里邋遢，畏畏缩缩，见人就躲，或者目光呆滞、面无表情。生活虐我千百遍，我待生活如初恋。不管我们的工作家庭遇到任何事情，出门前我们都要简单地化个妆，见到人时展现自己的笑容，笑走生活的烦恼。再比如说，作为教师我们借创建之机，一定要改变消极被动的心态，积极主动地参与到学校的各项活动中来，最重要的是一定要上好自己的课，守住自己的课堂阵地。

我要表达的最后一个观点：静下心来，你才能发现教育的美，你才觉得是你负了教育，不是教育负了你！有句话讲：你对眼前的微利看得有多重，你的未来就会输得有多惨！现实的案例告诉我们，越是心理浮躁急功近利的人，越是难以感到幸福，也不会有一个值得等待的未来！就拿我们教师而言，多少人年轻的时候，看别人发财致富，穿金戴银，就按捺不住蠢蠢欲动，想要大胆下海，可是没有胆量没有本事，只是羡慕有余而行动不足，最终书也没教好财也没得发，一生慌乱不安一事无成。相反，好多比我们聪明的人则是既来之则安之，静下心来，一生耕耘，在一片贫瘠的教育之土上种出了桃李芬芳花香四溢。他们才是真正的智者，把目光朝内，追求内在精神层面的价值，他们发现了教育的真正美，他们是在享受教育，所以活得通透坦然，幸福满满。在这里，我告诫同事们，尤其是年轻的同事们，一定要静下心来，多读书，减少不必要的欲望，在不断提升自己的同时，做好学生的导师，给他们一个值得期待的未来，也许，在若干年后，你发现教育是你的贵人，教育如此之美！

今天就讲这么多，言浅意薄，不当之处可以商榷。最后，祝大家工作顺利，万事顺意！

（本文是作者 2022 年 9 月在临潼中学全干会上的讲话）

做最精彩的自己

大家下午好！首先，我代表学校对区教育局张树军局长在百忙之中亲临我校指导工作表示诚挚的欢迎和衷心的感谢！他的到来，是对我校工作最大的支持和鼓舞！其次，对获得“五级品牌教师”荣誉称号的教师、班主任表示热烈的祝贺！恭喜你们以自己的实力取得这无上荣光，这不仅是你们的殊荣更是学校的骄傲！临潼中学从此会因你们而变得更加精彩！

老师们，我们每个人都有自己的人生哲学，都会接受各种各样的道德教育。小时候家人常讲“人活脸，树活皮”，这种朴素的人生哲学包含着未来成长发展所需要的是非观、荣辱观、价值观。人如此，学校亦然；学校如果牌子倒了，质量滑坡了，社会不认可了，学校颜面也就没了，作为教师的我们，尊严也就没了。但对于一个有良知有责任有荣誉梦想的教师来说，“校荣我荣，校衰我耻”的观念早已根植在大脑中了，这种根深蒂固的爱校观念，就是我们临潼中学未来能够振兴的燎原星火。

临潼中学作为临潼城区的一所公办高中，从办学规模、生源质量、区域影响力等方面，都和区上的省示范高中有着一定的差距。对此现状，临潼中学人不服输，团结一致，奋力拼搏，在夹缝中求生存，在困境中求发展，有荣校兴校、努力跻身区内乃至市内优质名校行列的迫切愿望。这就是我们临潼中学未来必将振兴的内在驱动力，是我们一代一代临潼中学人不甘落后、勇于拼搏的厚德图强精神的绵延传承。

学校要高质量发展，核心不是富丽堂皇的教学大楼，不是高大上的教育教学设施设备，而是要拥有一支高素质的教师队伍。高素质的教师队伍从哪里来呢？是靠招聘高素质的人才吗？不是，哪来那么多高素质的人才给我们招呀！即便是招来了一群高素质的人才，如果没有良好的组织管理和学校文化，也无法成为一支精良的队伍。对于像我们这样的县域高中来说，教师队伍建设只能靠我们自己。怎么建设？我们现在所推行的“五级品牌教师、班主任”评选活动就是一个很好的尝试！这种尝试的好处在于：

第一，有助于形成一种追赶超越、良性竞争的教师发展氛围。人都有惰性，工作时间长了，就会不思进取，容易懈怠、倦怠，容易迷失自己、放纵自己、放弃自己，对任何事情都不上心，连基本的工作都会出现错漏。如果一个群体任由这种情况蔓延发展，那么迟早都会毁灭。临潼中学作为临潼区的大校名校，肩负着60万人民群众的重托，肩负着“为党育人、为国育才”的重任，作为教师的我们如果丧失教育情怀，丧失初心、良心，我们有何颜面去面对学生？但这种话说得多了，也没用，因为主动求发展的人都成了稀有动物。著名校长李希贵曾说，能用架构解决的问题不用制度解决，能用制度解决的问题不用开会解决。依照这个理论，我们开展了“五级品牌教师、班主任”评选活动。旨在树立标兵、旗帜，唤醒良知心、荣辱感，以梯队层级形式，设置发展台阶，形成动态良性的竞争格局，助推教师不断超越自我、超越他人，最终达到建设一支高素质教师队伍的目的。

第二，倒逼教师不断学习、反思、研究，不断提升素养。对于本次评选活动，全校教师约有一半的人提出了申请，跟预想的还有差距。原因可能有三：一是以前对学校各项活动漠不关心，现在认为这个活动也是走形式，没有实质意义；二是对自己不够自信，不敢大胆申报，从而错过了评选机会；三是想申报，但自身条件积累不够，申报不了。我想此时此刻，很多人也许很后悔没有参与此项活动，应该说这对于没参选的教师来说是一种损失，一种遗憾。现在活动实实在在地开展了，结果也出来了，今天我们也举行了隆重的命名表彰大会，还邀请了局里领导见证获奖老师的荣耀时刻，真是可喜可贺啊！在此次评选过程当中，负责评选的同志告诉我，一部分平时表现优秀的教师局部有些欠缺，问我咋办？我说，这种评选活动是第一年第一次，咱们的原则是以评选促发展，不是给别人下定论，而且评选也是动态的，两年一轮，所以有些条件可以适度放宽，这样人人都有机会，人人都能发展。再者，评选的结束并不意味着教师发展的结束，够条件的教师也要不断向更高台阶迈进。我们的首席教师、首席班主任现在还虚位以待，不够条件的教师在两年任期内一定要补充完成，否则将被淘汰下来。所以，希望我们被评选上的同志，珍惜荣誉，不断学习、反思、提升，不断提高素养，成为最优秀最满意的自己。

第三，品牌教师、班主任的示范引领，能够有力助推优秀教师集群的形成。教师就是教师，就要有教师的样子，我们反对教师世俗化、庸俗化、轻薄化，儒雅、知性、博学、仁爱、自尊等都应是教师的特质标签。此次被评选出来的同志，应该都是德才兼备的好同志，在教育教学方面都有一定的建树，因此今后一定要发挥模范带头作用。一是要充分利用来之不易的科研经费，做好课题研究、特色课堂研究，把每一笔钱用在刀刃上；二是要积极参与各种赛教评优、对外展示课、特色课堂示范课活动，积极进行各种研究，发挥示范引领作用；三是要落实好“青蓝工程”和“名师‘1+2’工程”，做好师傅，发挥好传帮带作用，培养好年轻教师，助推我校优秀教师集群不断壮大发展，为我们创建省示范打下坚实基础。

老师们，在学校向更高层次的迈进过程当中，没有局外人，大家只有躬身入局，团结一致，才能众人划桨开大船，才能使临潼中学进入西安教育的第一梯队，才能实现我们的名校梦想。现在，创建省级示范高中的号角已经吹响，我们唯有迎难而上、知难而进、攻坚克难，才能实现跨越式发展。在这个过程当中，谁当自己是外人，谁就会失去很多机会，谁冲锋陷阵，谁就会获得巨大的发展成果。在“五级品牌教师”和“五级品牌班主任”评选活动当中，有些教师就在等待观望，甚至隔岸观火，这些心思要不得，也会使自己丧失展示自我的机会。我希望，在以后学校举办的各项活动当中，大家能够八仙过海各显神通，把自己最优秀的一面展示出来，实现自己的职业价值和人生理想。

老师们，我经常告诉自己，生活本来就很平淡乏味了，如果工作再掀不起波澜，再做不出成绩，那活着还有什么意义？光辉书记、张哲校长曾经跟我说，咱仨年龄相仿志趣相投，再干几年都要结束了，我们要珍惜剩下来不多的工作机会，不负学生，不负教育，也给自己留点人生回味的东西。我非常赞同他们的说法，对于我们教师而言，教育是我们的第二次生命，如果我们浑浑噩噩误人子弟，我们的良知何在？我们的生活价值和意义何在？现在，学校借创建省级示范之际，迎来了难得的发展机遇，对于我们所有教师而言，也是一个千载难逢的机会，利用好这个机会，我们也许可以打开尘封已久的心境，我们也许可以做出令自己难以想象的改变，我们也许可以取得令别人羡慕的成就。

机会总是留给有心人的，有时候想想，你不努力逼自己一把，你永远不知道自己有多优秀。其实大家都很优秀，只是你随波逐流把自己埋没了。那就让我们以“五级品牌教师、班主任”为楷模，见贤思齐，挑战自我，不负韶华，不负人生，做最优秀最精彩的自己！

（本文是作者2022年11月在临潼中学首届“五级品牌教师、班主任”命名表彰大会上的讲话）

做一个有良知、有觉悟、有智慧的优秀教师

教师，这个千百年来令人五味杂陈的职业，在不同的历史时期被赋予了不同的使命。尤其当下，教师被国家委以培养接班人的重任，被社会及家长赋予了过高的期望，更是被各种负面舆论推向了风口浪尖。但不知从何时起，不少教师的身份定位开始出现异化——逐渐不满意不接受自己的教师身份，开始对权力产生觊觎，对金钱物欲进行膜拜，已无法静下心来研究教育教学、提高自身业务素质了。这是一个无奈可怕的现象。

当然，这不是教育的本真，也不是教师职业的应有之义，更不应该成为教师未来发展的主流方向。个别教师如果真走到了这一步，那肯定是误解了教育，误解了教师本身价值的意义所在。

教师不应是一种工具，也不是纯粹意义上的匠人，教师更应该成为学生心灵的导师。过去人常讲“家有五斗粮，不当孩子王”。足见在过去教师职业在很多人眼里是一种养家糊口的工具而已，多少让人有点轻视。但同时还有一句谚语说“三百六十行，行行出状元”。这句话则让人不敢小瞧任何一种职业，尤其是教师职业，做得好了，可以成为当代的教育家，诸如魏书生、李镇西等。所以，职业无贵贱之分，但对待职业的态度有高下之别。你贱看自己，蔑视自己的职业，然后给自己找一大堆理由，心安理得地混日子，甚至自甘堕落，并美其名曰怀才不遇，在人面前一副郁郁不得志的样子，这样你就只能是个不名一文的小教师。你尊重你自己，修身养性，拥有齐家、治国、平天下的志向，拥有“桃李不言，下自成蹊”的教育情怀，你不断提高修养修为，且乐为人师，把拯救学生的灵魂作为你终生为之奋斗的事业，那你就一定能够收获职业的快乐和幸福。德国著名哲学家雅思贝尔斯说：教育的本质是一棵树摇动另一棵树，一朵云推动另一朵云，一个灵魂召唤另一个灵魂。是的，虽然我们的职业看似卑微，但是我们的精神高贵，成为学生的心灵导师是我们的追求和荣耀，也是我们脱离低级趣味，成为教育达人的必由之路。

教师不是圣贤，也不是道德标杆，但可以通过教学相长，实现对自己的灵魂救赎。从成为教师的那一天起，我们也许就被道德绑架了，贴在我们身上的标签是：不容犯错的人，不能有个性的人，不能有喜怒哀乐的人，甚至别人骂你都不能爆粗口的人。

然而，我们不是完人，我们有家庭、有孩子、有各种世俗的欲望，也有林林总总的烦恼，尽管我们接受传统的道德教育，但我们无法完全实现自我的超凡脱俗。恰好此时，学生就是一面镜子，照出我们身上的妖，照出我们灵魂的丑，照得我们反观内心的时候，有了一种向上向善的冲动和勇气，所以我们庆幸，有了学生的存在，我们很幸运地便有了救赎自己灵魂的机会和舞台。

教师只有通过提高自身素养，实现专业高度发展，才能充分实现自身的社会价值。工欲善其事，必先利其器。要实现自己的最大价值，活得有尊严，那就要立志做学科的领军人物，做专家型的教师，进而成为教育家型的教师。而要成为这样的杰出教师，必须从提高自身素养，实现专业的完美发展开始。专业的完美发展始于研读教材、精心备课、认真上课、注重落实、积极反思、善于改进；更始于热爱读书、喜欢研究、乐于交流、共同进步。足够强大是别人能够听懂你的另一种语言。当我们有朝一日成为这个行业的佼佼者时，我们一定能够打破所谓的壁垒，和这个社会深度融合，从而取得我们应有的一席之地。

教师的家国情怀，是教师作为知识分子最重要的终极担当。当我们生活越来越好的时候，好多人会渐渐忘却我们这个曾经灾难深重的中华民族，在过去是如何遭受世界列强的百般蹂躏的。不管别人怎样健忘，我们这群人恰恰不能遗忘。如果我们这群人集体堕落，不思进取，得过且过，牢骚满腹，任意妄为，有利则上，无利则逃，懈怠工作，误人子弟，满眼只是不如意的琐碎生活，满心只是不满足的个人私欲，那么，我们的职责何在？良知何在？“为天地立心，为生民立命，为往圣继绝学，为万世开太平”的家国情怀何在？

有人会认为我谈这些不合时宜，大有堂吉诃德的悲哀，但我至今仍然坚信，教师群体的主流是值得信赖的，那些有教师之名而无教师之实的人毕竟是少数。就像我们的学校必将阔步迈向新起点一样，我们的教师也必将重拾信心、重整旗鼓，积极进取、勇于创新，去拼他一个人生无悔，去搏他一个桃李满天下！

（本文是作者写给临潼中学校刊《学境》首刊的刊首语）

战友们 等你归来

近乎两个多月没有见面了，很是想念大家。回想起放假前的工作和生活，一张张笑脸、一句句问候、一道道身影、一次次擦肩都历历在目。庆幸的是，我们很快就要见面了，很快又要投入火热的校园工作和生活中来，对此，我是多么地期盼啊！

经常有人说，世态炎凉，人情冷漠，这种世俗社会的大环境，我们谁也逃避不了，改变不了，但我们有一个自己的“乌托邦”——临潼中学这个大家庭，虽然她不能给我们带来所谓的权势与名利，可她至少可以让我们抱团取暖，让我们在这个小环境里自得其乐。我们可以羡慕其他单位的“荣华富贵”，可以羡慕某些职能部门对外办事的游刃有余，也可以羡慕某些有钱人出手阔绰的潇洒快意，但我们毕竟是心有所属的特殊的一群人。我们有自己的价值标准和精神追求，我们一生的喜怒哀乐都在临潼中学，我们一世的情怀理想念兹在兹。我们可以吐槽学校的不足，我们可以八卦身边的奇闻怪事，但我们一旦踏入临潼中学，也就注定着今生今世要和临潼中学相濡以沫，共度余生。儿不嫌母丑，这个学校再不理想，她都是我们的生命共同体，这个学校的人再不随心，他们都是陪伴我们的兄弟姐妹，在学校的时候，在一起的时候，你不觉得，但分别离开后，我们何尝不是对他们充满了思念，因为我们早已经是一家人了。

我坚信，我们所有人都热爱这个学校，只是我们热爱的方式不同罢了。有些人体现在行动上，有些人表现在语言上，有些人默默坚守，有些人不断提升，但万念归一，都是为学校做了自己该做的事情。很多人把单位当成了“歇马粮店”，自己就是匆匆过客而已，这是一个多么大的悲哀！对我们的学校而言，更是一个巨大的悲哀！我今天强调这个，不是我选择堂吉诃德式的固守，而是我选择拨云见雾后的回归，一个心灵在物欲横流的滚滚红尘中迷失久了，自然是需要一种简单的回归。来临潼中学三年，我看到了希望之光，看到了凝聚在一起的心，看到了激情澎湃的力量。省示范的成功创建，就是很好的例证。

再过一半天，大家就要再次奔赴学校，参加一年一度的职业培训了。我知道，每个人除了学校这个大宇宙外，还有自己家庭的小宇宙。我们都是这个小宇宙的核心，上有父母，下有子女，一身责任。但人生就是这样，必须在千头万绪中选择出一条主线，必须在重重责任中选择出最为重要的担当。我能理解大家的不易，没有人愿意逆风而行，没有人甘愿放弃好梦。但晨星破晓，大道其光，我们该上路了。我们只有变得更加专业，才会获得更多的尊严；我们只有不断地变强大，才会不惧将来的任何不确定。培训不是增加你的负担，培训是给你的发动机增加动力；培训不是人人都可以享受的福利，因为你身在临潼中学，培训更是一种荣耀。有的人觉得自己越来越孤陋寡闻甚至浅薄无知了，有些人觉得自己越来越思维枯竭甚至江郎才尽了，那么，培训就是一杯甘露，培训就是一次良机。针对我们实际需要，学校量身定制了一套大餐，希望你能饕餮之。

我们有些时候，往往把生活的不幸归结于命运不好。其实，哪里有什么命啊；其实，哪里又能没有命啊！一切都是因因果果，一切却都是最好的安排。这其中最为重要的就是，你的正见正念，也就是所谓的正能量。佛家讲，做一份对个人的好事命加一分，但做一件利国利民的好事命加百分，我虽不信佛，但我觉得这话讲得有道理。我们蝇营狗苟，我们自私自利，但最终没有获得想要的好命，而那些貌似愚钝实则忠厚的人，上天却很是眷顾，其中缘由不言而喻。所以与其头破血流地一场空，不如心态平和、扎扎实实地工作。为什么我要在这艰难困苦中打造临潼中学，其目的就是想能为所有人创造一个相对舒适、温暖、安全、自在的空间，在这里，我们可以放下所有的包袱，抛弃所有觊觎的欲望，过一种心灵回归的自然生活，内心不再焦躁不安，精神不再混沌迷茫。这是我的理想，也是我们共同的责任。

既来之，则安之！希望你能明白我的用意，希望你能明白你的责任！

最后，预祝大家培训愉快！并代我向家人问好！

（本文是作者2023年8月19日暑期培训前写给所有教师的一封公开信）

新老传承 共谋发展

今天，在这阳光明媚、秋高气爽的日子里，我们相聚在一起共同度过这个中华民族的传统节日——重阳节。与老同志们重逢，心里倍感温暖。值此佳节之际，我代表学校向广大退休教师致以节日的问候和崇高的敬意！

家有一老如有一宝。广大老教师是临潼中学最大的资源和财富。你们曾经为了学校的发展和学生的成长，兀兀穷年，付出了一生的心血。你们站在讲台上诲人不倦的身影如今仍历历在目，你们坐在备课室里钻研讨论的声音还言犹在耳，你们提出的独特的课堂教学模式还在青年教师当中不断传承，更为欣慰的是你们桃李满天下，学子遍九州，这是你们人生最大的价值和最高的荣光。

习近平总书记曾说，一代人有一代人的长征，一代人有一代人的担当。老同志们曾为了学校的发展做出了重要贡献，是学校建设和改革发展的先行者、参与者、见证者。没有老同志们的埋头苦干、无私奉献，哪来的临潼中学今天的蓬勃发展和如今取得的辉煌成就！所以，老同志理应成为学校的功臣，成为我们中青年教师学习的楷模。今天，我们隆重召开退休老教师联谊会，其目的就是从学校的角度表达我们的敬意和肯定。

在座的各位老同志，离开学校可能已有两年多了吧，或许对学校的近况还不是非常了解。在过去的两年多时间里，临潼中学发生了巨大变化。一是校园环境和设施设备发生了巨大变化；二是学校文化尤其是校风、教风、学风以及师生的精神风貌发生了巨大变化；三是教育教学质量发生了巨大变化——2021、2022 年连续两年我校高考位居全临潼区第一；四是学校格次发生了巨大变化，2023 年 6 月我们正式被省教育厅命名为省级示范高中，就此圆了临潼中学人 60 多年的梦。这些巨大变化的背后，是包括老同志在内的广大师生拼命努力和经年累月付出的结果，尤其是学校管理团队永不放弃、永不言败的精神，将我们老同志们所留下来的厚德图强的学校精神诠释得淋漓尽致。

同志们，临潼中学是大家的临潼中学，我们的喜怒哀乐甚至兴衰荣辱都和临潼中学的发展息息相关。作为临潼中学人，谁不为临潼中学的发展添砖加瓦，谁不为临潼中学的成功贡献智慧，那谁就不配作为临潼中学人。更有甚者，如果谁因为自己抹黑了临潼中学，那谁就是临潼中学的罪人。落红不是无情物，化作春泥更护花。庆幸我们有老同志为我们做榜样，使我们有了航行的灯塔，这就是传承，这就是财富，在此，请允许我向老同志致以崇高的敬意！

莫道桑榆晚，为霞尚满天。我们衷心希望退休的老同志，身退心不退，能够一如既往地关心、支持学校工作，为临潼中学向更高层次迈进贡献自己应有的力量。

最后，希望同志们在退休生活中保重身体，注重健康，保持良好心态，有时间多发展发展爱好，培植培植兴趣，做一个快乐有趣、性情高雅、健康幸福的人！

（本文是作者2023年10月23日在重阳节退休教师欢送会上的讲话）

爱校荣校 再接再厉 厚德图强 再创辉煌

刚才李迎兵书记宣读了我校新近提拔领导干部的任命文件，可喜可贺！一是这些被任命同志多年的努力终于得到了组织的认可；二是学校管理队伍又增添了生力军，使得我们学校的未来发展更有力量、更具信心。

每次人事变动，都会引起一些波澜，有人欢喜，也有人遗憾，这很正常。被提拔的人未必就能想到自己能被提拔，但能走到今天都是这些人自己踏踏实实、一步一个脚印走过来的，一件一件事情做出来的。机会总是留给有准备的人，每个人都要在心里埋下希望的种子，无论是年轻人、中年人还是老年人都不要放弃希望，并为此而不懈奋斗。任何的投机取巧、偷奸耍滑，到头来都是自受其害、自取其辱。今后，随着学校的不断发展，还会有更多机会摆在大家尤其是年轻人面前，学校期盼更多更优秀的人才能参与学校的管理和建设。我知道，还有一部分人压根就不愿意或者不擅长从事管理工作，为此，我们设立了名师、名班主任工作室，设立学术委员会，设立课程中心等，为不愿当领导却愿意在学术和事业上有所建树的同志提供平台和机会。人活在这个世上，就要敢于折腾，敢于弄出点动静来，不然默默无闻就像白来一遭、白活一世。我为什么希望临潼中学的教师八仙过海各显神通，最后都留下点名声，活得有价值有尊严？因为在农业时代、工业时代个人和组织的关系始终是组织大于个人的，而在信息化数字化时代、互联网全媒体时代、自媒体短视频时代，个人的影响力在不断扩大，个人可以让一个组织变得优秀、变得卓越、变得声名高涨，也可以让一个组织蒙受耻辱被打回到原点。咱们的乡党董宇辉之于东方甄选，就是一个很好的例证。

当前，学校发展正处于内涵发展、高质量发展的爬坡期，需要大量的优秀人才。一方面我们有赖于引进年轻的高学历高质量人才，另一方面我们更希望在校的广大教师能够善于学习乐于学习，敢于创新乐于创新，敢于实践乐于实践，不断提高个人素质，努力适应学校当前高质量发展需求。在学校发展需要人的时候，你不努力向上，你不奋起发力，你不改变自己，等到学校好了，等到人才济济了，试问，你将身归何处？在现实工作生活中，有些同志叫苦叫累，甚至在外总说一些不该说的消极话。我理解，但大家都说来就来说走就走，想睡到啥时候睡到啥时候，那么，课就不必上了，书就没有必要教了，学校也就没有存在的必要了。换句话说，舒舒服服就能学好，就能考好，就能生活好，就能把学校办好，那还要我们教师做什么？为什么还要设立教师这一职业？再说大点，人何以为人？！其实，人的价值就是在奋斗中得来的，就是在和自己的劣根性斗争中得来的。

学校是用来爱的，不是用来讽刺挖苦、厌恶嫌弃的。临潼中学之所以经过3年多的努力能发展到今天，完全是我们全体师生爱校荣校的结果。老临中人“把筋挣断也要把教学质量搞上去”的朴素箴言还言犹在耳，如今“厚德图强”的精神光芒更是照亮了我们前行的路。正因为如此，我们每一个人都以自己的方式关注着学校，像爱自己的家一样爱学校。尽管这种爱有时候是那样的朴素、微不足道，却爱得深沉、爱得真挚。二楼的高一年级组办公室旁边的女生厕所里的流水声哗哗作响，张普选老师叫来邢鑫说，你去把冲水阀拔一下，水浪费得人心疼。张老师天天坚守在学校，守护着校园，呵护着学生，默默地奉献着自己，光辉书记有一天给我说，张老师难得，他希望张老师就是退休了也能陪他管完2023级学生。李国华老师几乎天天都在发布校园里的美景，虽然我没有他的微信，但当我听到他这样做的时候，非常感动。一个人如果不是真的发自内心地热爱自己的学校，又怎能如此坚守？他的这份爱是多么朴素而又厚重！邢鑫看饮水机下面结冰，就在群里提醒大家要注意安全，以免把师生滑倒摔伤。刘国刚也发布了禁止学生到假山水池玩耍的告示，防止学生受伤。这些无处不在的爱，让我们在这个冬天感到无比的温暖和安全。为了质量，还有一群人在默默奉献、默默坚守着：高三班主任们从晨起锻炼、听力训练、小题狂练到延点整理，总会坚守在学生身边，为学生筑起了坚实的后盾。丁增强、张妮、李明侠、张琳琳、杜小芹、徐学武、穆晓瑾、翟宏斌、纪芙蓉、任颖、王晓娟等班主任，每个时段都会第一时间出现在学生面前，他们以身作则，率先垂范，为学生起到了模范带头的作用。楼梯上、走廊里、花坛间，时刻都会出现李瑞、余方、田小亮的身影，他们看似有意无意地跟学生交流，却在不经意间育化着学生。为了提升班级学生的学习激情和动力，张妮、任颖、呼喜茹、穆晓瑾、翟宏斌等班主任想方设法地举行励志班会，形式新颖、主题鲜明，甚至个人自掏腰包对学生进行奖励。延点至11点多，付雄飞老师仍在耐心地给学生进行单独辅导；石焕梅老师周末带病参加学习交流，生怕错过新高考的细节而影响学生的成绩提升；杨国英老师有病也坚持周日的文综试卷讲评；许慧老师即使将两个孩子放在邻居家里也要坚守学校周日的考试及讲评；王根生、唐明利、段田利老师为了学生的知识落实，经常在办公室逐一检查学生的背诵。理综组的高晓妮、何李宁、王锐、庄水田老师经常牺牲吃饭时间给学生进行答疑辅导；任颖老师高烧后虚弱无力，由于组内老师替课调不开，便自己带病走上讲台。王保军老师业务精湛，当学生反馈问题后能积极主动转化教法，与学生相互配合，值得我们学习！

还有一种爱就是通过业务为学校争取荣誉。魏囡囡老师是长安一中蒋建波“名师 +”研修共同体成员，当群里发布省上有关活动的文件时，囡囡老师问自己可不可以独立报，当得知可以报优秀课例参赛时，她本着“有名我就报，有活动我就参与”的理念，及时报名。经过全省遴选，她和东城一中的老师均被选上，但经过最终竞选，只有她一人胜出。她的课例经过省级教研员的反复修改打磨，在高二·八班同学协助下反复录制，最终她代表全省参与全国比赛并获得了特等奖。更荣幸的是她代表陕西受邀到南京参加苏教版优秀课例征集活动，何等荣耀！我想，她在大会上提到临潼中学的时候，临潼中学又是何等的荣耀！一个通用技术老师能做到国家级，凭啥？没有技术团队帮扶，一个人孤军奋战，自己录制自己钻研，有时候还得不到理解，但还是坚持下来了，她就是凭着对教育的爱，对学生的爱，对学校的爱，凭着学校在创建示范过程中给她提供的平台和机会，她取得了成功。正如她所说的：“谢谢薛校长。在这里真的特别感谢学校提供的平台，扁鹊中医社给我提供了校本素材，学校秋季野外拓展活动给我提供了灵感，这两者相遇，才促成了这节优秀课例，所以特别特别感谢您，走出去才知道薛校长的教育格局如此之大，感谢临潼中学！”从魏囡囡的身上我想告诫大家，要想有所建树，不要等不要靠，要主动出击，要敢于参与，不怕丢脸不怕出错，不怕千难万险，只要你满怀激情地去干事创业，最终都会成功。

我知道还有很多老师以各自的方式爱着咱们的学校，在此就不一一举例了。其实，我是个特别爱惜荣誉的人，一旦谁说咱们学校不好，再好的关系我都会跟他翻脸。当别人说你们学校的谁谁就是不好好上班，你们学校的谁谁那样子还能当老师，咋经常看见你们学校的老师上班时间在小区或者街道上乱跑呢，你们学校的学生在街道上手拉手谈恋爱呢……当我听到如此这般的时候，不管是不是事实，我都很生气。

我不愿听到学校的负面消息，不是我内心脆弱，是我太爱这个蒸蒸日上朝气蓬勃的学校了。

还记得我们的办学目标吧：以文化为引领，让学校成为有温度、有高度、有内涵的师生生命共同体，把学校办成环境优美、特色鲜明、质量上乘、管理科学、运行民主的精品特色学校。其中，我最看重的是“让学校成为有温度、有高度、有内涵的师生生命共同体”这句话。基于此，在日常管理当中，我们尊重每一个老师，从不强制性地搞各种形式主义的事情，让老师们感到最大限度的自由和公平，因为我相信我们绝大多数人的素质是高的，对自己的要求是严格的。但现实管理当中，还是有一些亟待改进的地方存在，而且往往都是一些细节问题。每周升国旗是我最看重的事情，因为一周的成败从升国旗开始。我们个别人升国旗总是迟迟不能到位，升旗结束后主持学生还没有说“请老师方阵先行离开”的话，我们的老师就转身离开，那么我们在学生的眼里是个什么样子！有一次升国旗，非常冷，任校长讲话教育学生，时间有点长，我们个别人就有怨言，甚至讨厌他，可为什么我们老师不想想，如果我们每个人平时都参与到教育学生的行列中来，人人都是德育导师，人人都是班主任，人人在遇见学生有不良行为的时候都能挺身而出加以教育的话，我们的学生在升国旗的时候很可能就规规矩矩，任校长批评教育的时间就会短一些，我们就会少受一会儿冷。最近，天寒地冻，我不反对大家取暖，但有些人使用大功率电暖气取暖，功率太大而且还走时不关，造成巨大安全隐患。如果你真的爱这个学校像爱自己家一样，你离开的时候请记着随手关灯、关电器。现在学校环境越来越美了，但不和谐的音符还是存在，汽车、电动车乱放就是一例。汽车车位我们没有划，是因为上级要求教学区内不准停放机动车辆，我们划了就是明显违规。也正是因为我们没有划定车位，就成了一些老师乱停乱放的理由。为了工作生活方便，我们不可能不让同志们停车，但你若真的爱惜学校的环境你肯定就不会随意停放车辆。为了便于小电动车停放我们做了相应的通道改造，希望大家先在车棚停放，停不下时再停外面。其实，我真的不想婆婆妈妈谈这些细节小事，但细微之处见真知，毫末之处见精神，我们随意的所作所为，潜意识里就说明我们爱不爱学校。

以后在会议上我尽量不再谈论这些低层次低认知的事情，就像著名校长李希贵先生讲的那样，能用制度解决的问题就不用会议解决，能用架构解决的问题就不用制度解决。借着干部人事的调整，学校将全面进行管理架构改革。今后，我校将全面实施“条＋块”有机融合下的级部制管理模式。关于这个管理模式的具体阐释，以后有机会我再讲。这个模式的最大特点就是充分发挥现有级管干部的作用，校级领导包级，中层干部包班，层层落实管理责任，人人压实质量担子，做到事事有人管，人人有事做，最大限度地提升效率、提高质量。级部制管理模式将采用聘任制和包干制的办法，校长聘任级部主任，级部主任聘任教师和班主任。以后的聘任将会是真刀真枪地干，任何人都不要低估改革的力量。有些人说，学校老师数量都不够，还害怕落聘，那你就错了，就是缩减班级也要保证教师质量，更何况每年都有高素质的新教师补充进来。尤其对于一些年轻教师来说，你不好好干，学校能招聘你来，也能把你退回去。当然，只要大家努力干事，这些事就不是事。

啰唆了这么多，不当之处，敬请海涵。

最后希望大家在天寒地冻的日子里，注意保暖，注意安全，生活顺心，工作愉快。

（本文是作者 2023 年 12 月 22 日在期末全干会上的讲话）

教科研不是装饰 是我们工作的底色

首先我对获得各种教科研奖励的老师以及成为名师工作室主持人和名班主任工作室主持人的老师表示热烈的祝贺！祝贺你们用自己的聪明才智获得了以上殊荣，实至名归，当之无愧！

老师们，为什么我们要在年终大张旗鼓地表彰奖励在教科研方面做出突出贡献的老师呢？因为这是为人师者的正事，学校治理的要事！

在过去的一年里，在教科研方面涌现出了很多的典型和榜样，值得我们在座的各位学习和借鉴。魏囡囡老师以学科新课程案例探索为本，深度挖掘校本素材，勇敢走出去，参与各类学科教研活动。她大胆创新，乐于分享，“技术的性质”课题荣获本年度学科国家级特等奖，充分展示了我校通用技术学科的发展，也把我校教科研水平提升到了国家级高度，使我们不再惧怕参与国家级奖项活动。赵静老师能静心阅读，善于思考，勤于写作，朋友圈里总会看到她和学生的美好日常。她一年内有4篇文章在《德育报》上发表并有多篇教科研论文获奖。正如赵静老师说的：不忘初心，热爱教育，坚持不懈，默默耕耘，所有付出都是专业成长的必须，也必将成就最好的自己。杜斌老师作为教研组组长，他脚踏实地带领数学组教师进行扎实有效的学科研修实践和创新，每一次的专题研讨活动都力求解决一个教学问题。他能立足数学学科，以我校课堂改革为契机，在教学实践探索的同时也收获了多项省市级教科研成果奖。他是把个人研修与学科研修有机融合且成效显著的典型代表。赵淑霞老师积极参与新课程教学改革，努力践行“三环五步”教学法。通过理论学习与课题研究等途径，不断提升业务素养。借助金太阳好教育联盟、名校+赛课、思政课大练兵等各类活动平台，勇于呈现“三环五步”教学法背景下的新型课堂教学模式，交流分享的效果特别显著。李小红老师在我校是资深名师，她毫无保留地把自己的教学经验传授给青年教师。她带领英语组的老师大胆进行各级别课题研究并把研究成果用于教学。她手把手、面对面带领青年教师学会在教学中抬头看路，在实践中深入其中，紧盯本学科发展的方向，引领青年教师在专业领域不断成长。当然还有很多案例，我在此不再一一列举。

同志们，我想问一句，你最在乎的是哪类奖项？作为教师，我想你一定最在乎的是两类奖——教育教学质量奖和教科研奖。为什么？因为作为教师，我们最在乎我们的专业属性！如果你是教师，你获得了魔术大赛一等奖或者溜冰大赛一等奖，别人也许不但不会承认你的厉害，反而有可能骂你不务正业。但如果我们在教育教学质量或者教科研方面获奖，我们的专业性得到了承认，这会给我们教师带来莫大的自信心和荣耀感。在学校这个圈子里，尤其是在一所良性发展的好学校里，你想得到大家的认可，你想获得一定的尊严，你想在这个学校拥有一定的话语权，我想你必须是教育教学的高手，高质量高成绩的操盘手，教科研的大能手。否则，你的底气何在？！

有人说，什么教科研，不过就是花拳绣腿而已！甚至有人还无端怀疑别人教科研的动机，诽谤诋毁别人的教科研成果。我想，我们这些获奖作品以及获奖个人，绝大多数是优秀的，是经得起考验的。自欺欺人的人必将自取其辱，这是历史的铁律。但我要说的是，教科研绝不是装饰，它理应成为我们工作的底色。教育教学和教科研是水乳交融，密不可分的。不存在脱离教学的教科研，也没有脱离教科研的教学。有些人对教科研有误解，认为教科研是高大上的事情，自己根本就达不到。如果是这样的教科研，那就偏离了教科研本真的方向。脱离了教育教学实际和校本实际的教科研是毫无价值可言的，对于没有价值的事情我们还投入大量的精力和时间去做，那就是害人害己。教科研的形式是多种多样的，可以是大的课题研究，如“AI 时代我们的学校教育何去何从”“如何在数学教学中实现德育教育”；也可以是小的课题研究，如“英语课堂板书设计研究”“什么样的作业批改效果好学生又喜欢”“‘三环五步’课堂教学模式下如何使学生少睡觉”。除过我们熟悉的课题研究外，书写教育叙事、各类赛教等，都是教科研领域可以大有作为的赛道。随着第四次工业革命的到来，随着人工智能时代的来临，我们的教育将面临前所未有的挑战，如何培养适应 AI 时代的新新人类，将是我们教育者需要思考和付诸实践的问题。当然，也是我们教科研需要考虑的问题和研究的新方向。

有时候人生就是一种选择，你选择了星辰大海，那你就得风雨兼程；你选择了躺平摆烂，那你就得自欺欺人地活着；你选择了教师这个职业，那你就得心业双修，成为一盏灯，成为一种象征。世界上有万千种工作，但最具挑战性和最有意义的职业，我想教师算一种！跟人打交道、教育人、改变人虽困难重重，但多有价值啊！所以要想让自己有价值，那就从搞好教学、搞好研究开始吧！就像没有爱就没有教育一样，没有爱也就没有教科研，要想在教师这个领域有所建树，你必须疯狂地爱上教育，爱才有成长的欲望，爱才会坚持不懈地去教学和研究。希望大家尤其是年轻人坚定地做自己，爱教育爱工作爱研究，只要坚持不懈，若干年后，你不但不会虚度光阴，还会觉得自己活得有价值，人生有收获。而那些听信谗言、摇摆不定、躺平摆烂的人，必将后悔莫及！

同志们，独行快众行远。不管是教育教学还是教科研，我们从来不是一个人在孤军奋战，临潼中学有一群人都是我们的战友兄弟。为了创设教科研的良好氛围，从机制体制上我们在不断改革创新，本次设置名师工作室和名班主任工作室，就是一次很好的尝试，希望这些工作室主持人能够星火燎原，开启临潼中学教科研的崭新局面。

同志们，不管这个世界多么错综复杂，你只要心里有爱眼里有光，心怀理想意志坚定，不随波逐流，坚持做你自己，坚持做你的事业，你一定会是一个幸福的人，一个精神的贵族！

（本文是作者 2024 年 1 月 16 日在全校教科研奖励大会上的发言）

第二章　春风化雨促成长

向阳而生 勇敢前行

时光飞逝，转瞬间已经进入开学后的第四周了。同学们，生活对于每一个人来说都不容易，对于每一个学校来说也不容易。临潼中学历经了3年磨砺，学校由原来的校园环境破败、设施设备陈旧、校园文化滞后、发展特色平庸、教学质量落后到现在的校园环境优美、设施设备优良、校园文化先进、发展特色鲜明、教学质量突出，我们广大师生为此付出了百倍的努力，可谓筚路蓝缕，玉汝于成！作为校长我也由满头黑发到两鬓斑白，从近视变成远视，从一个常回家看看的儿子到了90岁老母亲天天盼望回家的不孝儿子，但为了学校，为了心中的教育梦想，为了同学们的明天，我再苦再累也无怨无悔。尽管目前学校取得了令人瞩目的成绩，也得到了社会和家长的一致好评，但我们还有许多不尽如人意的地方，这就需要我们戒骄戒躁，不断改革进取。但我们不能因为有许多需要改进的地方，就去否定学校的发展，更不能因为我们发展中的瑕疵而抹黑学校，对学校失去信心。我相信，同学们从内心深处是爱我们学校的，是希望我们学校越来越好的。在临潼中学发展史上出了很多杰出校友，有将军、有省部级领导、有知名教授、有大国工匠、有商业大佬等，我也希望同学们发奋努力，为母校争光，为自己争气。

同学们，你们生而伟大，每个人都是一个独特的生命存在，未来你们都有无限种成功的可能，只要你们不放弃，人人都能成为自己领域里的王者。如果你是一棵树，我希望你成为一棵参天大树；如果你是一棵草，我希望你是“疾风知劲草”中的劲草；如果你是苔藓，我希望你“苔花如米小，也学牡丹开”。我们不盲目自信，也不妄自菲薄，我们做我们自己，做最优秀的自己，不攀比、不盲从、不放弃，因为这个世界上你是唯一的，唯一就是不可或缺，唯一就是无可替代，所以无论贫穷与富有、无论美貌与丑陋、无论杰出与平庸，因为你的唯一，这个世界才会因你的独特而丰富多彩。

同学们，学习固然重要，但最重要的是提高认知，增长智慧。其实，学习的本质就是提高认知，增长智慧。但我们很多同学把学习狭隘地理解为考取高分，考上好大学，当然这也没错。分数从某种意义上讲是学习的副产品，提高认知、增长智慧才是目的。如果不理解这一点，我们有些同学就会为分数而焦虑，甚至到了绝望的程度。我可以大胆地说，你们每一位同学在将来的生活当中都会有自己的一席之地，而且都会很好地生活下去，因为到了你们这一代手里，国家的社会保障机制就会更加完善，所以你们不用担心将来无法生活下去。而我要说的是，在物质生活极大丰富且日益同质化的今天，怎样的生活才有意义？我想说，拥有有趣灵魂的生活才有意义。漂亮的皮囊千篇一律，有趣的灵魂万里挑一。这有趣的灵魂从哪里来？这就需要你学会学习。我们有时候不妨向大自然学习，万物在你我不经意的田野里静静地生长，长成它们希望的样子，所以自然界才万紫千红、百花齐放。反观我们，如果急功近利、急于求成、揠苗助长，导致学习脱离了学习的本质，不断内耗，精致利己，最终会活得焦虑、活得不安、活得不幸福。作为聪明人，我们应静心学习，给自己成长的空间和自由，最终我们才会成为最棒的自己。最近我读了一行禅师的著作《正念的奇迹》，发现了一个道理，为什么有些同学学习会痛苦，不是因为智商问题，也不是因为方法问题，而是他产生了“分别心”。什么是“分别心”？就是他在上课的时候又想着下课时我要看一会儿闲书，或者看课本的时候又想着中午会吃什么饭，或者思考学习问题的时候又想起了男女朋友，总而言之，就是不够专注，不能去享受学习，从而生了“分别心”，生了痛苦。其实，我说这些既是认知，又是智慧。

同学们，每次看到你们在广场上打羽毛球或者在操场上打篮球生龙活虎、笑逐颜开的样子，我就非常开心，开心是因为除了学习之外，我们的同学还有自己的兴趣爱好可以愉悦身心。有了强健的身心，我们才能应对未来的各种艰难险阻和不确定性。人，不是生而坚强，都是后天磨炼出来的。不少同学应该知道王阳明吧，他被贬后，一路上遭遇追杀，恐惧至极，甚至有一度他都想了此残生，但他还是坚持了下来，最后终于在龙场悟道，做出了“致良知”的学说，对后世影响很大。王阳明开始也是普通人，也怕死，最后为什么不怕了呢，就是因为“致良知”，他认为活着并不是仅仅为自己而活，他要“为生民立命，为往圣继绝学，为万世开太平”，他正心正念正义去做事，被迫害又何妨！留得青山在，不愁没柴烧！只有他活下来，才有机会为国家和人民做事，才能实现一个圣人立德立言立功的伟大抱负。想到这里，反观我们同学，有时候遇到一丁点学习生活的压力，就变得脆弱不堪，那是因为我们心里只有小小的我存在，只关心自己的小心思小理想，如果我们学习是为了家国，为了人民，那么我们的学习瞬间不就变得高大上了吗，不就有动力了吗，不就很幸福了吗？！

生活对每一个人来说都不容易，但生活的苦往往成就了我们的坚强。最近我和我们的一些同学谈了心，不谈不知道，谈了之后我真的很佩服我们的同学，虽然他们中有些经历了家庭变故，有些身体有疾病，但他们都远比我想象的要坚强得多，他们不怨天尤人、自怨自艾，他们乐观自信、勤学上进，有的担任班长、学习委员，有的担任学生会干部、自主管理委员会干部，有的喜欢写作，有的喜欢运动，他们并没有因为家庭的原因而放弃变得优秀、变得强大，说到这里，我为同学们无比坚强的内心感到高兴和骄傲。有句话讲，那些打不死你的终将使你强大！我强烈相信，我们这些同学，未来一定会大放异彩、取得成功！

同学们，让我们向阳而生，勇敢前行，用智慧、汗水和勇气，拼搏出一个属于自己的精彩人生吧！

（本文是作者在 2024 年开学第四周升国旗仪式上的讲话）

永不放弃 永不言败 志存高远 活出精彩

细心的同学会发现，这个学期学校了多了一个人，几乎每天早上都在七点之前站在校门口，迎接大家。他看起来虽不算风度翩翩，但也温文尔雅，表面上不苟言笑，但内心里却热情似火，这个人是谁呢？不错，他就是本人，你们的新任校长薛耀军。

我很高兴能够以“掌门人”的身份，加入临潼中学这个大家庭，使我有机会、有时间来为师生们服务，为临中掌舵。我非常珍惜这次机遇，接下来的岁月里，我将和大家齐心协力、荣辱与共，把临潼中学这艘大船驶向光明的彼岸！请同学们放心，不管遇到多大的风浪，不管遭遇多少险滩，我都将和老师们共同为你们撑起一片遮风挡雨的蓝天，使你们安心学习快乐成长。

同学们！你们每个人都是这个世界上独一无二的存在，因为将来这个世界需要你们，所以上天才赐予了你们波澜壮阔的生命。所以，你们一定要正确认识自己，不要因为一时的失败而全盘否定自己，天才毕竟很少，我们大多数人还是要靠持续不断地努力而成为“大器晚成”者。更何况天才如果不努力，也会像王安石笔下的方仲永那样，最终会“泯然众人矣”。同学们，我一直固执地相信，我们每个人都是潜在的天才，只是我们没有在最佳的时期以最恰当的方法不断激发自己的潜能而已。觉醒没有迟早，努力不分先后。只要从此时此刻起，你相信自己，重整旗鼓，以不达目的决不罢休的决心和意志，挑战自我，挑战平庸，挑战认知极限，勇攀知识高峰，我想你一定会华丽转身，成就一个不一样的自己！

同学们，我们相信自己，但绝不盲目自大，一个人要真正成就一番事业，必须确定一个适合自己的目标，同时还必须拥有一个远大的志向。目标是具体的，而志向则是一种理想。比如新东方创始人俞敏洪谈及自己当时的目标时说，“我要上北大，从北大毕业后要去哈佛大学，哈佛毕业后要去世界著名的公司工作”，而谈到志向时却说，“志向就是我一辈子都有一种冲动，不管我在什么阶段，都依然想要往前走的一个方向，这就叫志向”。同学们，你的目标可以是一所理想的大学，而你的志向绝不是将来考个好大学，有个好工作，再找个好伴侣，然后幸福地过自己的小日子，这样的人生经过岁月的洗礼后必将陷入庸俗和迷茫，假如你将个人的志向和国家、民族的前途命运结合起来，你必将成为一个脱离低级趣味的人，你必将拥有一个不老的青春。

同学们，青春的字典里没有颓废两个字，我们必须始终保持自己的好奇心。当别人问及著名节目主持人白岩松，你都干了二十几年的新闻工作了，为什么还会充满激情和动力呢？他回答说，因为我依然好奇。别人问我都当了快二十年校长了，为什么还这么拼命？除了教育情怀外，也是好奇心使然。因为我好奇我最终能不能办成一所我心目中最理想的高中，能不能办一所名校出来。再看看爱因斯坦、杨振宁等诺贝尔奖获得者、大科学家，有人会把他们的成功完全归结于坚忍不拔的毅力，但我不这样认为，这些优点固然是他们取得成功的重要因素，但时刻保持着好奇心才是最重要的。他们为什么能够在枯燥的实验室里一待就是十几个小时？因为他们做事时是充满乐趣和带有好奇心的。他们可能想，如果再坚持一个小时，会不会发生新的变化呢？如果再坚持两个小时，会不会出现一个先前不知道的结果呢？如果再坚持再坚持，会不会有更多更大的惊喜呢？对于我们的学习，何尝不是如此？如果我们把每一次写作都当成一次充满好奇的旅行，那么我们何愁笔下不能生花！如果我们把每一道习题当成一次好奇的迷宫探险，我们又何惧望而生畏？！同学们，好奇心是打开智慧大门的钥匙，请保持你的好奇心！

大家可能很好奇，莫言连中学都没有上过，为什么会成为中国第一个获得诺贝尔文学奖的作家？对于真正的原因，莫言曾说过：阅读是创作最好的老师。是的，莫言从小就喜欢读书，为了借别人的书读，他像毛驴一样为别人家拉磨子；别人不愿意当图书管理员，而他主动请缨，目的就是为了能读更多的书。后来，他通读古今中外的名著，为后来的写作打下了坚实的基础。陕西文学界的代表人物陈忠实、贾平凹、高建群等，他们都不是正儿八经的科班出身，但他们的作品为什么能够享誉四方呢？还是因为他们喜欢阅读，阅读教会他们创作，阅读使他们成为大家。我说这些，不是希望大家都当作家，我所强调的是阅读的重要性。高尔基说过，书籍是人类进步的阶梯。我希望同学们能够搭乘这个阶梯，不断探索未知的世界，获取更多的知识，增长更大的智慧，从而实现自己的远大理想。

最后，我差点忘了，你们是到了一定年龄就会强调个性的群体，你们棱角分明，充满了各种奇思妙想，你们像风中的芦苇一样敏感而脆弱，自尊心极强，你们有时候过分强调自己的个性，容易缺乏包容和尊重，偶尔遇事不冷静，大有“匹夫之勇，拔剑而起挺身而斗”的冲动，或者“死钻牛角尖，不到南墙不回头”的偏执，这些都是缺乏同理心的表现。真正的个性是“我就是我，但你也该是你”，而不是“因为我是我，你也得是我”。个性是把双刃剑，把握好了是你的气质特点，把握不好了就会成为人见人烦的弊病。保持个性的同时，必须学会尊重，尊重差异，尊重规矩，懂得包容。有时候，老师、父母批评你了 100 次，95 次是对的，那你得允许有 5% 的容错率，这就是包容。我很佩服有些同学，虽然他处于叛逆期，也非常有个性，但令人赞叹的是他尊重老师、尊重家长、尊重其他同学，那他的个性就会更有价值。讲求个性，必须和讲求规矩相结合，没有规矩的个性叫“浑”，既有个性又讲规矩的个性才是真个性，才能活出属于自己的精彩篇章。我希望临中的同学们都是有个性的，同时又懂得包容和宽容，能尊重他人。

好了，由于时间关系我就说这些，千言万语汇成一句话：希望同学们永不放弃，永不言败，志存高远，最终活出属于自己的精彩人生！

（本文是作者在 2020 年最后一次升国旗仪式上的讲话稿）

不负韶华 做最优秀的你

同学们，2020年倏然即逝，不管成也罢败也罢，皆是过往；但过往并不意味着消亡，因为忘记过去就意味着背叛，不去反思生命等于空转。本学期已经结束，静下心来扪心自问，这半年来，自己是否浪费了青春、虚度了年华?

时光荏苒，韶华难再，试问你的青春有几个十七八岁？过度消费你的青春，你必将为未来的失败买单；若用知识智慧滋养你的青春，那你将永远青春无限。令人惬意的假期即将到来，在你欢庆青春如麦苗拔节般长一岁的同时，在家某个温暖的角落里，捧上一本书，心驰神往，与英雄对话，与圣贤交谈，与心灵会晤，与成功并肩。

正如歌里唱道：心若在，梦还在！尽管你现在还有许多不如意的地方，但你不是最终的失败者；只要你降服胡思乱想的心魔，只要你静下心来励志奋发，那么假期就是你弯道超越的最佳时期。利用假期及时总结，查漏补缺，迎头赶上。没有过不去的河，没有登不上的山。没有人可以阻止你前进的步伐，你必将成为自己的王者！同学们，我在开学收心考试的教室里等着你，等你王者归来！

临潼中学，多么美好的名字！他是秦风，他是唐韵，他是千年文化浓缩的精灵！能成为临潼中学的一名学子，你是何等的荣耀与自豪！谁说临中不行，临中正负重前行，在打造高质量有特色能示范的名校征途中，必将成为一颗耀眼的明星，必将为每一位学子大圆其梦！临潼中学，多么神圣的名字！我们每一个学子，要像爱护自己的眼睛一样爱护她的名声。同学们，你那墨绿色的校服，在校外代表着校风，是一道靓丽的风景，你切莫玷污它，让母校蒙羞！

同学们，我的孩子们！你不仅仅是你自己的，你还是国家的、世界的。面对百年未有之大变局，你定当树雄心立壮志，为国家奉献自己的全部力量！国是最大的家，家是最小的国，我们不但要爱国，更要爱家，爱父母，爱老师，爱每一个人。放假离别之际，不要忘记对恩师说声感谢；回到家里，不要忘记替父母做些力所能及的家务。小爱积成大德，大德惠及一生。

同学们，临别依依，我将最浓的祝福送你，祝你在2021年里，觉悟觉醒，明心明志，确立一个目标，狠下一番苦功，拼搏到最后一分钟，成就一段无悔的人生！

最后，再次祝福所有的师生们，新春快乐，万事胜意，身体健康，阖家欢乐！同学们，老师们，下学期再见！

（本文是作者2020年春节放假前对学生们的临别赠言）

心怀大志　永不放弃

见字如面，请允许我唠叨几句，说说自己的心里话。

同学们，高三累不累，苦不苦？累、苦就对了，不苦不累，高三无味，不苦不累，你的前途谁替你负责？不经过高三的艰难困苦，你不逼自己练就“七十二变”，谁替你将来扛下“八十一难”？不要相信不劳而获，不要相信随随便便的成功，更不要相信天上掉馅饼的美好运气，生活是残酷的，而且随着岁月的推移和生活的深入，这种残酷将更加明显。一般来说，博士生的收入要高于研究生，研究生的收入要高于本科生，重点本科生要高于一般本科生，当然一般本科生要高于大专生或者高中毕业生。我只是说一般而言，你不要和我较真说特例。不要相信所谓的读书无用论，在知识经济时代乃至信息化经济时代，那种没有文化却能一夜暴富的事情，将一去不复返，在未来没有一定的知识储备你将寸步难行。看看阿里、腾讯、京东、小米、大疆那些著名企业的掌舵人，哪一个不是大学毕业，甚至是名校毕业？我们要做的是，通过不断努力学习，为自己的未来搏一搏。

我一开始就说这些，为什么？因为，你们现在正处在人生的关键时刻。人们常讲，改变人生命运的最佳机会有两次：一次是上学，二次是婚姻。婚姻遥不可期，且没有定数，我们谁也无法掌控，但学习是属于我们自己的，是我们拼个好前程的利器，且能握在我们自己手中。由此说来，高三是我们改变命运的绝佳时机，机不可失，时不再来，人生能有几个高三，你千万要珍惜！古人常说，莫欺少年穷，没有人可以小看现在的你们，你们每一个人都是有着美好前程的人，将来都会成为各个方面的精英，前提是你要珍惜现在，你要发愤图强，再苦再累，你要永不放弃！否则，在人生的下一轮竞争中，你未必有实力赢得未来！

我知道有些人现在已经到了极限，他们可能会有两种选择，要么放弃，要么超越，那如何面对目前的困境呢？我喜欢打羽毛球，在双打落后10多分的情况下，要是放弃，心理防线一旦溃败，很快就会输掉整场球。此时，如果和队友抱定哪怕有一球还能扳回败局的机会都不放弃的信念，来个大逆袭不是没有可能，而且好几次我们都实现了反败为胜。学习一样，你坚持住了，“无限风光在险峰”，你将超越自己收获意想不到的喜悦；你放弃了，那你就是高考的懦夫，如果你现在连高考都这么轻易地放弃，那将来你人生若遇到任何难题也同样会轻易地放弃，那你就是人生的懦夫，终生将一事无成。可选择坚持呢？谁知道再坚持60天，坚持到最后一天直至高考，说不定奇迹就发生了呢？！你坚持有可能结果也会不尽人意，但你会收获勇气和担当；你如果不坚持，那肯定会失败，而且会输得很惨，没有任何悬念。

我知道有些人，脑子很聪明，但学习不专心，终将导致自己与重点大学擦肩而过。有些人沉迷于游戏，经常控制不住自己的手，和手机不离不弃，甚至为了手机和父母、老师闹翻脸；有些人，热衷交友，甚至谈恋爱，导致自己心神恍惚，注意力难以集中，严重影响了学习。到哪个山唱哪个山的山歌，到哪个时段做哪个时段的事情。我不反对你对异性有好感，我也曾歌唱过美好的爱情，但我反对你在高三最后这个冲刺阶段谈恋爱。人要成功，就是要在对的时间干对的事情，如果你在不对的时间干不该干的事情，恶果最终要自己吞下。我多说几句：爱可以甜言蜜语，可以开空头支票，但婚姻是现实的，得有一定的经济实力，得肩负一定的社会责任。不要为了青春的荷尔蒙去谈恋爱，更不要为了消解青春的困惑去涉足爱情，有些东西是美好的，但太早尝试了会失去人生最美好的期待，甚至会为自己一生埋下祸根。

作为校长，我有时候想，我们培养学生到底要达到什么样的程度才算是成功呢？古人讲，穷则独善其身，达则兼济天下。我们努力考上好大学，有了好工作，然后过上好日子，当然无可厚非，但是我们仅仅是为了自己活得更好，做一个精致的利己主义者的话，那我们的人生将是不圆满的，是没有意义的。大家好才是真的好，我们好了，就要肩负起社会责任、家国责任，让大家都过上好日子，让国家繁荣富强，这才是我们活着的意义。不要一提到爱国，就认为我是在说教，在国家利益面前，没有人能置身事外，基于这一点，如果你有报效祖国的雄心壮志，那么你一定会有学习的强大内驱力，你将会更加自觉自主地努力学习，千难万险你都不怕，因为你来到这个世界，不仅仅是为了你自己舒舒服服地活着，而是为了拯救这个世界和芸芸众生。其实，说了这么多，无非就是培养目标的问题。我们学校办学历史也有60多年了，但我们的学校培养出的杰出校友很少，看看周边学校，华清中学曾经培养出了陕西省原省委书记安启元、原国家工商总局副局长韩新民、陕西日报社原社长杜耀峰等知名校友，雨金中学也培养出了陕西省原副省长刘春茂、广西壮族自治区原副主席袁凤兰、军事科学院研究台海问题的将军王卫星等知名校友，马额高中也培养出了陕西师范大学原校长房喻等知名人士。我们学校办学 60 多年了啊，为什么没有培养出更多这般杰出校友呢？一方面是我们的人才培养目标有问题，更重要的是我们的学生没有“为中华民族之崛起而读书”的崇高理想，没有以天下为己任的勇气和担当，我们好多学生读书就是为了自己，一生一世仅仅是为了自己，别的一切不管不顾，这样的人，最终干不了大事。为什么有些同学，没有强大的学习动力，就是因为他经常拘泥于自己的小心思，活得太自私，没有大方向、大理想。如果我们有家国情怀，再苦再累，我们也会勇往直前，就像抗疫勇士，就像戍边英雄，就像千千万万的科技工作者一样，明知不可为而为之，向死而生，向阳而生。我希望若干年后，你的学弟学妹们提到你的时候，是一脸的崇敬，然后说，某某某是我们的知名校友，是我们临潼中学的骄傲！

我知道，有些同学学习已经到了“高原反应期”，到了最艰难的时刻，这个时候的人最容易放弃，因为再努力都好像没有效果，甚至是越努力越找不到方向，找不到自信。此刻，我要说的是，恭喜你，再坚持再坚持那么一段时间，你一定会突破瓶颈，进入飞速提升期。我们都经历过高三，高三谁没有焦虑、恐惧、绝望过呢？有过，说明你真正努力过，你不枉此生；若没有，那才是真正的可悲，因为你的努力还不够，你还没有焦虑、恐惧、绝望的资格。所以，同学们，不要怕这些情绪，这些都是正常的情绪，你不必过分担忧，你只要扎扎实实地复习备考，不念过往，不思将来，以平常心态对待高考，努力过后静等花开。为了给同学们分忧解愁，学校层面也会想一些办法，比如请一些名师为同学们讲讲各科最后的冲刺方法。比如请著名心理学老师为大家做个报告，缓释大家紧张焦虑的情绪；比如组织大家搞一搞活动，丰富同学们的课外生活等。

同学们，今天我就说这么多，我也没有什么高大上的大道理给你，我有的只是一片爱你们的殷殷之情、拳拳之心，我希望你们能够充分利用剩余的 60 天时间，静下心来，狠下决心，追赶超越，永不放弃，最终实现自己的名校梦想！

（本文是作者在 2021 年高考前 60 天致高三学子们的一封公开信）

决战最后 非你莫属

见字如面，恕我多言几句，聊表对你们的“拳拳之心，殷殷之情”。

拿破仑说，战争的胜利取决于最后5分钟。说高考是一场没有硝烟的战争虽然有点过，但高考的最终胜利，有时候拼的不完全是知识和智慧，很多时候更是顽强的意志，永不放弃、永不言败的斗志！基于此，我想谈以下几点建议：

一、不要忘记自己的目标

在最后的关头，任何外在因素都不能影响你，你要有克服任何杂念和干扰的能力，保持内心的强大定力，哪怕天塌地陷也要心无旁骛地发奋学习，朝着自己的既定目标持续发力。不要看身边有些放弃的同学，他放弃也许有更好的退路，他放弃可能是有人早已经给他安排好了所谓的前途，或者他放弃是因为他自甘堕落、自毁前程。而你却有远大的抱负，想要过高质量的人生、高品位的生活，那些燕雀安知鸿鹄之志哉！决战最后，非你莫属！

二、吃苦是人生的必由之路

这个世界上没有哪个人可以绕过吃苦，不吃肉体之苦就要吃精神之苦，就连你们眼中那些光鲜亮丽的影星、歌星，他们的背后也是残酷的竞争和无情的淘汰。你们只是单纯看到了他们成功的表象，而没有了解他们背后付出的辛酸。人一生要想有所作为，吃苦是必然的，你现在不吃学习的苦，将来就要吃生活的苦。吃苦不可怕，可怕的是比你聪明的人却比你更能吃苦。所以，为了理想，我们既然选择了高三，那么再苦再累，跪着爬着我们也要走完！

三、不要怕迷茫，也不要陷于迷茫

人生到了关键时候，迷茫是正常的，即便是成人也在很多时候会感到迷茫。你迷茫，说明你在思考你的人生，说明你开始对你的前途负责了。每个人都会遇到人生的无解方程，此时，唯有不陷于迷茫，以平常心态继续做好自己手头的事情，才能跳出迷茫。高考尤其如此，放下眼前那些高考之外的纷纷扰扰和暂时解决不了的问题，一切交给时间。同学们，当你真的深陷迷茫时，你要这样想，这不过是人生长河的一瞬间，过眼烟云而已，迟早都会过去，只待假以时日，一切都会柳暗花明，岁月静好。

四、现在最需要的是淡定、静心

我知道有好多同学现在已经开始擘画自己的美好未来了，已经跃跃欲试地想进入现实社会大展一番宏图了，可是你有没有想过，除了眼下的高考，目前来说哪有什么成功的捷径？这个世界是残酷的，荣耀只是属于王者，你没有练就一身本领就想笑傲江湖，就想过高大上的日子，那就是痴人说梦。多少蔑视高考、输掉高考的人，在后来残酷的现实面前，不是被碰得皮青脸肿、头破血流？！所以，还是回过头来，静下心来，直面高考吧。只有干掉眼前高考这只“拦路虎”，人生的道路才能有一个平坦的起点。

五、要感恩老师，感恩同学

我们要感恩身边的每一个人，对我们好的人温暖了我们的心，我们要感恩；对我们不好的人，为我们提供了值得借鉴的反面教材，我们也要感恩。我们只有心怀感恩，才能心胸越来越宽广，格局越来越高大。学会感恩就是要与人为善，与人为善的人不但善于给自己营造一个良好的生存发展空间，而且能够使自己的路越走越宽，人生越来越精彩。尤其是在最后的日子里，你们更要珍惜师生间的友谊，看重彼此的情分。高考不是师生友谊的终点，而是我们师生未来精彩生活的开始。

最后，我送同学们三句话：

你不努力怎么知道自己的潜能有多大，你不努力怎么知道未来的生活有多精彩？

你的每一次放纵不羁都会在将来的失败里找到影子，你的每一次不懈努力都会在将来的成功里找到归因。

你拥有青春，你就是整个世界，没有人可以挑战你；可你如果错过青春荒废青春，你将会在残酷现实的眼泪里否定和厌弃自己！

（本文是作者在 2021 年高考前 30 天致高三学子们的一封公开信）

天生我材必有用

见字如面。看着你们即将踏上征程，跃跃欲试的样子，我倍感欣慰。三年来，你们披星戴月，发愤图强；如今，你们学富五车，成功在望。临行前，作为校长我想给你们再叮嘱几句：

一、相信自己是最棒的，相信自己已经完全复习好了

时至今日，不管你觉得哪个科目的知识点还没有复习到位，其实都是一种感觉，甚至是错觉而已，知识点本身绝对不会影响你的高考发挥，相反，那种自认为没有复习好的缺憾造成的不自信，往往会影响你的临场发挥。因此，上战场前，你一定要告诉自己："我已经彻底地复习好了，就那么些知识点，难道我用了三年时间还没有复习好吗？复习好了，绝对好了，只是我偶尔遗忘、偶尔不自信而已。只要我高度自信，从容应对，在高考中我一定能够尽情发挥，甚至会超常发挥。"所以，在踏入考场的那一瞬间，你就是最棒的，一个知识点都没有遗漏、人生没有遗憾。高考中，你一定能够战胜恐惧，沉着冷静，思如泉涌，妙笔生花，不负三年苦读，不负青春韶华。

二、把兴奋点调整在高考时间段

同学们，知识点你们都已经复习好了，但为什么有的同学在高考考场精力旺盛、思路清晰，临场发挥超级棒呢？一个天大的秘密就是，这些同学在保证充分休息的前提下，有意无意地都在把自己的兴奋点往高考的具体时间段上调整。我们经常会有这样的疑问，为什么有些同学平时不咋样，高考却异军突起，最终考取了理想的大学呢？那是因为他们把兴奋点调整到了高考时间段上，一上考场就像打了鸡血一样，无所畏惧，思路开阔，学一分发挥十分。而你却精神萎靡，思维凝滞，学了十分发挥了一分，其结果当然大相径庭。

三、不要让非智力因素影响了你的高考

调整好心情，不管发生天大的事情，解决好当前的高考是核心。所以，过往的那些是是非非、恩恩怨怨，要一股脑地抛开，以后有的是时间去解决它们。要保持

平常心态，高考无非是一场比较正规的考试而已，仅此而已，不要把它跟前途命运紧密联系在一起，高考承受不起。高考前和高考中，要跟平时一样，饮食不要有大改变，睡眠不要太计较，于平平常常中见大智慧，于淡定从容中见大将风范。另外，考试时书写要规范，卷面要整洁，时间要掌控，心思要端正。

四、放下包袱，轻装上阵

前面我已经说过，高考就是一场考试而已，不要赋予它太多的想象力，仿佛高考不顺利，一切都要完蛋一样。高考胜出不是唯一的出路，也绝不是未来成功的唯一法门。当今天下，早已不是高考定终身的时代了，高考只不过是所有起点中的一个，也并非对所有人都是最完美的不二起点。要有天生我材必有用的自信，所以，请你们放下所有的思想包袱，坦然面对，积极应对，全心投入才是王道。

同学们，你们是伟大的，从你们身上我学习到了很多东西，所以，你们也是我的老师，值得我予以尊重。未来是可期的，希望你们走出临潼中学以后，好好做人、好好做事，不要辱没了临潼中学的门风。不管你们以后是远走高飞，还是积极投身家乡的建设事业，我都在临潼中学等你们，等你们荣耀归来！你们是临潼中学的宝贵财富，临潼中学也永远是你们的精神原乡。不管你们考得好不好，不管你们以后混得如何，母校永远是你们心灵憩息的港湾。欢迎你们常回家看看！

（本文是作者 2021 年临近高考时致高三学子们的最后一封公开信）

保持定力 克服阻力 锤炼实力 提升能力

将近一个多月没有和大家见面了，十分想念。没有你们，校园就没有了活力，没有了灵魂，更没有了日新月异的教育教学改革场面。至此，我才深深地体会到，你们才是教育的主体和核心；尽管你们平日里有可能调皮捣蛋，甚至惹是生非，但离开了你们，教育就无从谈起。想到此，多么盼望你们马上就回到学校，把我们一腔对教育的热爱倾注于你们，只可惜，这突如其来的疫情，让我们师生咫尺天涯，只能隔屏相望，遥寄思念。作为校长，虽然不能和大家面对面交流，但见字如面，我还是有话要说：

一、我们怎样看待突如其来的疫情

人生无常，我们永远不知道未来会发生什么，我们唯一能做的事情就是，面对突发事件该采取什么样的应对措施。比如这场疫情，面对突如其来的疫情我们该怎么办？同学们，你们可以继续思考我提出的这个问题，但我从个人经验出发给你们提供几点建议：一是遇到突发事件，首先是要冷静，冷静，再冷静。只有冷静，你的大脑才不会发热，你才会从理性出发思考问题的本质，因为慌乱和急躁会使人的思维力降至为零，甚至会令你做出极端错误的判断；二是找出问题的症结，科学应对，切勿盲目跟风，任意妄为。疫情防控是个社会问题，自然会有政府出来进行全面部署、依法依规科学应对，我们所要做的就是听从指挥、密切配合，切勿自作主张，违反规定，甚至肆意妄为、违法乱纪。

二、我们怎样应对疫情下的学习

一是我们要明白，疫情下的线上教学是在无法课堂面授情况下不得已而为之的一种教学模式，是新形势下的一种常态教学模式，你不能说它不合理，你也不能说它没有用，它是现实的存在，是我们必须面对的事实。不过，话说回来，学习的方式和地点不重要，关键还是在于自己。正如教育家叶圣陶先生说的那样，学习的主体是我们自己。唯有自己不要学习才是“失学”，离开学校并不意味着“失学”。二是你要很快转变思维，尽快适应线上教学。适应是一种能力，总是埋怨不能返校课堂教学，总是抵触线上教学而惶惶不可终日，最终可能使你虚度时日、一事无成。

三是要合理安排你的一日作息时间，并自觉自律严格执行。所谓高手，无非是自控力非常强的人！你如果能管住自己，慎独自律，一板一眼地按照作息表行事，你就会通过平凡练就伟大。四是要有一种化危为机的自觉意识。人生有很多弯道超车的时机，就看你能不能充分利用。疫情固然影响了我们的正常学习，但“反者道之动”，任何事情都有两面性，我们充分利用疫情这个障碍，加紧学习，加速超越，到了疫情结束的时候，别人就会因放松学习或分散注意力而落伍。这也是一种较量。

三、我们怎样在疫情期间过好自己的生活

我们回到家里，第一就是处理好家庭关系，首要是和父母的关系。在有限的时间和空间里待久了，人都会变得焦躁不安，此时一旦因为某事处理不得当就会引发矛盾甚至是“战争”。要化解不难，一是要善于和父母沟通，二是和父母多做一些互动活动或者家庭游戏，比如共同研讨烹饪一道菜肴等。最重要的是，不要游手好闲，像个木桩一样杵在家中，有眼色、多劳动是最好的相处之道。其次是要利用空闲时间多看书。乔治·马丁说：“读书可以经历一千种人生，不读书的人只能活一次。”那就让我们在单调枯燥的线上学习之余，在“一地鸡毛”的家庭生活之余，多读书，多经历几种人生，多丰富自己的生活吧。英国小说家毛姆也说，阅读是一座随身携带的避难所。培养阅读的习惯能够为你不断建造避难所，让你逃脱几乎人世间的所有悲哀。尤其是在当下剧烈的社会变革时期和你所处的青春叛逆期，阅读不失为自我救赎的良药和心灵得以庇护的避难所。三是力所能及地参与当地社会事务，积极争做志愿者，从身边小事起培养服务家国和人民的意识，也把临潼中学学子的良好精神风貌展现出来。在不耽搁学习，在注意自我防护的前提下，积极响应当地政府和组织的号召，积极参与防疫防控，尽自己的公民义务。最后我要告诫你的是：切莫沉迷游戏和网络，切莫参与各种形式的赌博，否则，自食恶果！

亲爱的同学们，纸短情长，不可尽言，唯期我临潼中学的学子们，慎独自律，努力学习，不负光阴，不负未来！

（本文是作者2022年初致学生的一封公开信）

拯救自己 改变自己 创新自己 大家一起走向未来

大家早上好！过去我在华清中学当高中部校长的时候，每年这个时候，都要在第一次升国旗时进行演讲——总结过往，展望未来，为新的一年提出希望。

过去的一年，我们学校发展日新月异——基础设施不断完善，校园环境不断美化，教学质量不断提升；我们的学子学业进步、学有所成——各种良好习惯不断养成，自觉学习意识不断提高，自我约束力不断增强。在这里请允许我，为我们的学校，为在场的师生所取得的进步发展，表示热烈的祝贺和衷心的感谢！感谢你们的努力付出，感谢你们的孜孜以求！

2021 年是极其不平凡的一年！国际国内、各行各业都受到了疫情的严重影响。对于我们的学校教育和学生学习来说，疫情的影响也不可低估。令人欣慰的是，我们的同学很快就认识到了这一点，虽然不得不在家网上学习，但绝大多数同学能够自觉自律自爱自强，一刻也没有放松学习。尤其是高三学生，大年初五就早早来到学校，晨起而读，夜深而宿，不畏严寒，不惧压力，为梦想而奋斗，为前程而拼搏，这种精神令人感动，值得尊重！

2022 年是虎年，龙腾虎跃，虎虎生威，一开年就有许多令人感动的人和事，所以我要在这里点三个赞。

第一个赞点给我们的冬奥会。我们伟大的祖国，高规格、高质量、高效率地成功举办了本次冬奥会，拉近了我们和世界各国的距离，增进了彼此间的相互理解和友谊，并且取得了良好的国际口碑。冬奥会跟我们又有什么关系呢？只有国家繁荣稳定，只有人民团结爱国，我们的国家才能办成大事，才会有国际影响力。小到我们学校，只有大家爱校护校、爱师尊师、爱学乐学，我们的学校才能够迎难而上、团结一致、同舟共济，一起走向未来！

第二个赞点给我们的女足。亚洲杯上，中国女足在 2 ∶ 0 整体落后的情况下，最终以 3 ∶ 2 绝杀韩国队，长了我们的志气，也圆了中国人的足球梦。女足跟我们有什么关系呢？关系大了，尤其是对于我们高三的学子们，意义尤为重要。女足逆转的事实告诉我们两点，一是不到最后绝不放弃自己的梦想，二是遇到强大的敌人绝不害怕，要殊死一搏，绝不后退。在这里告诫我们的高三学子们：我们都是天之骄子，只要我们不放弃，只要我们有捍卫自己命运的勇气，我们都是追梦人，都能拥有属于自己的美好未来！

第三个赞点给我们的临潼中学，我们的师生。去年在区委区政府以及区教育局的正确领导下，在全体师生的共同努力下，我们学校顺利通过了市级特殊试验学校验收，为迈向省级示范打下了坚实的基础；2021 年我校以临潼区第一名的成绩荣获高考质量优胜奖，这来之不易的好成绩绝不是吹出来的，是我们师生披星戴月、艰苦卓绝地拼搏出来的。2021 年，我们还有很多老师和同学获得了各种各样的省市级奖励，比如西安市首届“中华经典诵写讲”大赛优秀奖、微视频《愿所有孩子被温柔以待》获市级心理健康大展演活动一等奖等，在这里就不一一列举了。古人有改换门庭之说，让我们借新大门启用之际，取开门大吉的吉祥瑞意，进一步把临潼中学打造成高质量、有特色、能示范的形象气质和质量特色俱佳的一流学校。

2021 年我们收获满满，展望 2022 年我们信心百倍。春已至，寒意尚在，但这些阻挡不了我们师生干事创业的热情。新的一年，新的打算，新的期望，那就请允许我表达几点希望：一是希望在场的各位老师、各位学生以及你们的家人们生活平安，工作喜乐；二是希望我们所有的学生能够主动预习、主动讨论、主动练习、主动反思、主动改进！希望我们本届高三师生，戒骄戒躁、安心静心、永不放弃、永不言败、再创辉煌、再造奇迹，因为你不努力没人替你负重前行，你不努力临潼中学无法迎来属于自己真正的“元宇宙”！三是希望我们的师生，把学校真正当成自己的学校、自己的家，积极参与她的建设和发展，勇于维护她的形象和尊严，善于提出好的建议和意见，共同面对她的问题和不足；不希望看到师生以局外人的身份审视她、远离她，甚至丑化她、污蔑她、攻击她、伤害她。她再不好也是我们的家园，如果她不够好、不够优秀，那就让我们躬身入局，亲手改造她、建设她，使她变得温暖、和谐、美丽，就像一个幸福的大家庭。

老师们，同学们，生活不可能一成不变，未来的生活需要我们师生不断重构。要告别旧的生活总是痛苦的，要建立一种新的生活总是艰难的。好在“一切过往，皆为序章”，生活无论如何重构，良知与成长都是永恒的主题。因此，我期望我们所有人包括我自己在内，拯救自己、改变自己、创新自己，大家一起走向未来！

再次感恩老师们，感谢同学们！希望新的一年我们一切都好，一切都顺！

（本文是作者在 2022 年春季开学第一次升国旗时的讲话）

时间最宝贵 奋斗正当时

亲爱的同学们，寒意虽犹存，但春意已浓！在这萌发着勃勃生机的阳春三月，我们在这里隆重召开高考誓师大会，恰逢其时，至关重要！

高考虽不能生杀予夺，但可以改变命运；高考虽不是唯一出路，但是通往成功的最佳途径。我们生而为人，只有通过努力奋斗，才能获得尊严，才能活出精彩！不要相信未来会偶遇成功、偶遇贵人，这个世界没有救世主，只有自己救自己！我们何其幸运，学习在临潼中学！临潼中学是伟大的学校，同学们是伟大的学生，没有人敢小瞧你们，未来的你们必将以鸿鹄之志成千秋伟业！你们是未来的科学家、文学家、艺术家、企业家，你们是国之栋梁、家之明珠、校之骄傲！我由衷地羡慕你们拥有青春年华，拥有做梦的无限可能！

但我知道，有些同学开始倦怠了，开始放弃了，开始胡思乱想了！这些都是杀死理想的刽子手，都是葬送命运的断头台。井无压力不出油，人无压力轻飘飘。人生只有经过千锤百炼，才能凤凰涅槃、浴火重生！现在，离高考不到三个月了，此刻，时间最宝贵，奋斗正当时！此刻，是高考战争的焦灼期，不光要讲战术方法，更是心理耐受力的比拼，谁能坚持到最后，谁能保持思维清晰到最后，谁能心无旁骛到最后，谁就是王者，战胜自我的王者，王者必胜！

俗话说，一窍不得少挣半百。高考不仅仅是考知识、考能力，更是考智慧。智慧高考，就是要以系统思维复习，提高复习效率，能抓住重点，紧扣考点，手脑并用，脑于手先。智慧高考，就是相信学校的实力，紧跟老师的步伐，少走弯路，不误入歧途，不自作聪明，不单兵作战。智慧高考，就是要相信自己，相信天赋才华，相信十二年来的艰辛付出！

同学们，冲锋的号角已经吹响，我们别无选择！逃避和退缩是可耻的，永不放弃、永不言败是光荣的。你连高考的苦都吃不得，你往后余生还如何搏击风浪？你还如何给你爱的人美好的未来、一生的幸福？狭路相逢勇者胜！同学们，千万不要给自我堕落、自我毁灭找借口，现在所有的舒服都是温柔的陷阱，必将让你在 6 月 9 日的清晨，后悔莫及！不奋斗，不青春；不奋斗，何为人！同学们，加油吧！

最后，我再送同学们几句话，以共勉：只要启程，终会到达理想的彼岸；只要拼搏，终会收获辉煌的成功；只要播下奋斗的种子，必将收获幸福的人生！

谢谢大家！祝福可爱可亲的同学们，感恩可亲可敬的老师们！谢谢！

（本文是作者在临潼中学2022届高三高考冲刺誓师大会上的演讲稿）

永不言败 未来可期

同学们，你们好！在大家即将离校的时刻，作为校长我想再跟大家啰唆几句：

第一句：时至此刻，你一定要坚信现在的你是最好最优秀的自己！现在的你，历经千辛万苦，尽了自己最大的努力，发挥了自己最大的才智，面对此刻的你，你不后悔，也不绝望，因为你问心无愧。谁也不是天纵的英才，每个人都有他的局限性，尺有所短寸有所长，你做了最好的自己，就是最大的满足和胜利。所以，你务必坚信，相对过去的自己，复习已经完美无缺，应考定当所向披靡！

第二句：不到考前一分钟，决不放弃；要心静如水，淡定从容！总结以往的惨痛教训，我们发现不少平时的学霸在最后时段放纵自己迷失自我，结果一败涂地。高考考的不仅是智力，也有非智力，但更重要的是智慧。一个有大智慧的人，就像一个久经沙场的大将军，每临大事必是心静如水、淡定从容，绝不会心浮气躁、心慌意乱。静生慧，躁生危。希望同学们先拿高考练练手，将来以更大的智慧和勇气迎接人生的挑战。

第三句：你们真幸运，遇到了最优秀的高三备考团队，你们应该有底气面对即将到来的高考。今年，高三备考团队方向正确、目标清晰、精心备考、严抓过程、有效落实、效果显著，在三次模考当中每次都有突破，一本上线人数不断增加，这充分说明我校的复课备考是扎实有效的。作为校长，我虽然不是时时刻刻都在同学们身边，但我是每分每秒都在牵挂着同学们，可以自私地说，我把很多资源都倾斜给了高三，目的就是要为同学们创造一个最佳的复习环境和备考氛围。我说这些，就是希望同学们一定要充满自信地去迎接高考，因为你的背后有一个强大的学校。

第四句：人生豪迈，大不了从头再来！凡事做最好的准备，做最坏的打算，千万不要以为高考就是人生的终结和唯一，从而患得患失、焦虑不安、心中郁闷。未来没有你想得那么可怕，只要正确面对，不懈努力，用一生去证明自己，你依然会是光芒四射的你，未来可期的你！

第五句：不管你以后干什么，不要忘了学校，记得常回家看看。临潼中学办学60多年来，出了很多人才，但有影响力的校友并不多，希望你就是那个多年以后荣归故里的著名校友。你们将来可以不是轰轰烈烈，但希望你们坚守“良知、责任、荣誉、梦想”的校训，做一个农民就要做一个优秀卓越的农民，一个能带领群众过上美好生活的农民；做一个工人就要做一个技艺精湛的大国工匠，一个能为国家添砖加瓦的优秀工人！一定要记住：你优秀，临潼中学就优秀！

同学们，纸短情长，我纵有千言万语，分别却使人无语凝噎。因为我心里有说不出的感慨，感慨你们三年的努力付出，感慨老师们三年的辛苦耕耘，感慨学校三年的尽心尽力。三年转瞬即逝，三年漫长而艰难。三年沧桑了岁月，三年风华了少年。三年是我们人生历程当中难以抹去的印痕，三年是我们开启未来美好生活的序章。有了这三年的磨砺作为底色，我们的前途绝不会黯淡无光！经历了这三年的风风雨雨，我们没有理由惧怕即将到来的一切！同学们，愿你心无挂碍，愿你胸有成竹，愿你凯歌高旋！

我爱你们，愿你们一切顺利，愿你们旗开得胜！

（本文是作者 2022 年 6 月致 2022 届高三学生的一封公开信）

新时代青年应该具备的四个基本意识

同学们，好长时间以来都想跟大家聊聊，但由于各种各样的原因，我们难以静下心来，相互交流，共同进步。今天我想谈的话题是：作为新时代的新青年，我们应该具备的四个基本意识。

当今世界正迎来百年未有之大变局，作为中学生的我们不能“两耳不闻窗外事，一心只读圣贤书”，如果我们自身的发展不与国家、世界的发展紧密联系，如果方向错了，思维错了，努力错了，那只能是越努力越失败。

作为校长，结合当前国际国内形势，我认为作为新时代的新青年，我们务必要具备以下四种意识，否则，我们的人生之路不但走起来坎坷，而且会出现走弯路、多失败的局面。

第一种意识：我们要具有家国情怀和科学精神。我们努力学习，如果仅仅是为了改变自己的命运，这种动力就是普通动力；如果我们努力学习不仅是为了实现自我价值，更重要的是将来要为国家的科技进步、人民的幸福生活做出自己最大的贡献，那么这种动力就是“核动力”。其实，个人的前途命运从来都是与国家的前途命运紧密联系在一起的，皮之不存毛将焉附，倾巢之下安得完卵？今天我们能安安全全地生活学习，是因为我们有一个强大稳定的国家。看看那些战乱中的国家，人民流离失所，天天生活在战争的阴影当中，哪里还有什么个人的前途命运！只有国家强大了，我们才会幸福！国家强大靠什么？靠的是科学技术的进步和发展。美国为什么要对我们国家进行技术封锁，为什么要打压华为等我们国家颇具实力的科技企业？因为在当今世界，谁引领了科学技术发展，谁就能引领世界发展。落后就要挨打，就要被人欺负。

同学们，世界在飞速发展，科技在不断进步，如果我们看不到这些，看不到国家未来发展的需求，不把国家的发展和个人的发展有机结合，只是一味埋头苦学，不做研究，不做实验，不参与实践，或者沉浸在吃喝玩乐的自我世界里，像鸵鸟一样把头埋在沙土里，那么我们必将脱离这个社会甚至被这个社会无情淘汰。

第二种意识：实践能力和创新思维。为什么我把这两个词语并在一块呢？因为二者相互依存、相互促进，实践能激发创新，创新能促进实践，实践是创新的源泉，创新是实践的动力。我们经常说要培养学生的创新能力，创新能力是凭空而来的吗？不是，是从实践中来。中国作协主席铁凝，在中学毕业后面临两个选择，一是到城里当文艺兵，二是到农村插队当知青。为了实现自己的作家梦，她选择了去农村进行劳动实践，因为她知道，艺术源于生活，要想成为有成就的作家，那就必须深入生活。她来到农村，参与农村的劳动实践，手都磨破了，朋友看到了很心疼甚至大声哭起来，而她却淡然一笑了之，因为她知道，没有深入生活进行扎实地实践，就不会写出有创新有高度接地气的作品。正因为如此，铁凝在25岁时，以她插队的农村为背景，写出了自己的成名作《哦，香雪》，一举获得了全国优秀短篇小说奖。在铁凝的写作生涯中，她从未离开过实践生活这一路径。

现在，我们有些同学看不起劳动实践，认为现在的主要任务是学习，所以基本的家务不做，自己的衣服不洗，班级的清扫劳动偷奸耍滑，殊不知在这些最基本的劳动当中潜藏着创新意识的萌芽和意志品质的锻炼。处处留心皆学问。比如在做家务的过程当中，你学会了如何统筹安排时间；在洗衣服的过程当中，你了解了各种洗衣液的成分和功用，还有可能为你未来发明更好的洗衣液打下坚实基础；班级清扫，培养了你的团队合作意识，增强了你的劳动能力，甚至会激发你的创新欲望，比如不干胶如何清理，虽令人头疼，但只要你梳理化学知识，利用相似相溶原理，那么最简单的食用油就可以清洗掉。

同学们，我们既要仰望星空，也要脚踏实地；既要读万卷书，也要行万里路。只要你有把实践能力和创新思维有机结合的意识，你的未来就会有无限种可能，你就不必为现在暂时的迷茫而感到绝望，天生我材必有用，你的未来绝不是梦。

第三种意识：选择意识和明确目标。有时候，选择比努力更重要，如果选择的目标错了，那就是越努力越失败。所以，我们每个人要有强烈的选择意识。那么，我们每个人能选择自己的命运吗？答案是肯定的。不知道你们读过《了凡四训》没有，袁了凡这个人在听信算命先生测算了自己一生的命运后，直接选择躺平，终日无所事事，后来遇到云谷大师，大师告诉他“命由我作，福自己求”，于是他日行善事，久而久之，最终推翻了算命先生的测算，后来当了官，造福一方，为国尽忠。那么你呢？虽然我们来自不同的家庭，改变不了先天出身，但后天的努力才是关键！这就要看你如何选择自己的人生，想要过什么样的生活。你想努力学习，将来报效祖国，造福人民，那么你的人生就肯定不会太差。你如果选择了混日子混社会，那么你的人生注定好不到哪里去。所以，你的选择，也就是你的初心很重要。

当然，选择对了方向，有了明确的奋斗目标，努力学习才是根本。作家龙应台对儿子说过一句话："儿子，妈妈为什么要让你好好读书，好好读书不是为了出人头地、光宗耀祖，而是想让你的人生多一种选择，你能够选择你想要过的生活。"同学们现在都是衣食无忧，为什么还缺乏学习的动力？就是因为同学们没有明确的生活目标，如果你有了目标，那你为了实现自己的目标，实现自己想要过的生活，你一定会努力地对待每一天、每一次劳动、每一次活动、每一堂课、每一份作业、每一道题。目前，我们学校打造的"1+N"办学模式为同学们目标的选择提供了多种可能，除了通过文化课升入本科以外，同学们还可以通过美术、传媒、体育、音乐等方面的通道，实现名校梦想。

有目标就有未来，有目标就值得期待。反观我们同学，有些人沉溺在手机网络游戏的小圈子里不能自拔，有些人沉溺在谈情说爱的小圈子里不能自拔，有些人把自己封闭在一个不交流的空间里不能自拔。我们一旦选择了放弃正常的学习生活，也就意味着我们选择了毁灭。同学们，趁青春年华还未走远，我们大胆地选择自己的目标吧！未来充满了无数神秘值得期待的可能，未来充满了无限的风光等待我们去欣赏。因为有未来，我们才不会失望，因为有未来，一切值得奋斗！

第四种意识：我们要有积极的抗挫心理和坚忍不拔的意志。在信息时代，在网络媒体、自媒体发达的时代，在社会生活多元化的时代，我们每个人都对未来的不确定性充满了担忧甚至恐惧，这是正常的，不仅仅你们学生有，成年人也有。在这种大时代背景下，人们的生存状态、人际关系、友情关系、婚姻关系等都发生了巨大变化。对于我们，尤其是学生，在不能改变周围环境的时候，那么我们就改变自己，去适应社会。我知道对于我们这些涉世未深、思想尚未成熟的孩子们，适应社会发展变化很难，但有些现实你不能不去直面应对，并且越早应对越好。据调查，现在的单亲家庭、离异家庭、留守家庭越来越多，那么，如果这些事情发生在我们身上，我们将如何面对？人生不如意事常有八九，既然这是一种存在，那么，我们就坦然接受。如果我们遇到这种情况，我们也没有必要有低人一等的感觉，我们就把这所谓的不幸甚至厄运当成一种"上天的考验"，是一种钢铁淬火的机会，是把我们打造成金刚不倒之躯的绝佳恩赐。有了这种心理，一切艰难困苦都不是个事，一切艰难困苦你都能坦然面对。

未来的世界和未来的生活，肯定会变得更加复杂，只要你有接纳一切、悦纳一切的平常心态，你就会发现事物的本质就是无常的、不定的、不断变化的。有了这样的认知，你就会发现，任何的不幸绝不是针对你来的，你也没有必要钻牛角尖非要把痛苦和不幸大包大揽到自己身上，只是你碰巧遇到了。既然遇到了那就坦然面对，努力解决，如果现在解决不了，那就搁置争议，留到以后再解决，完全没有必要在一棵树上吊死，办法千万条，总有一条办法能解决你的问题。心学大师王阳明先生曾说，要在事上练。人的良好心态和认知能力要在遇到麻烦和困境的时候进行练习，当你遇到麻烦人和麻烦事的时候，你就想，这些人和事是用来考验你提升我的，我不能和他们计较，我若计较，我的德行和能力就会下降，我就无法做一个格局大度、心态良好的人了，那我也就没有福气了。经常这样练习，我们遇到挫折就不会怨天尤人，不会自怨自艾，不会死钻牛角尖，不会产生心理问题。拳头狠狠地打在你身上你肯定会感觉到疼痛，但你用拳头狠狠地砸向天空，天空是不会感到疼痛的，为什么，因为天空胸怀够大。同样，为什么有些人听到诽谤的话就会火冒三丈，而有些人却心若止水呢，就是因为后者虚怀若谷。你能做到虚怀若谷，就不会遇事遇人斤斤计较，就不会遇到问题意志消沉，同时，你的抗挫能力也会逐渐增强。

同学们，你我都是青春年少，拥有无限能量，可以抵御各种风险，那你还怕什么，怕什么妖魔鬼怪，怕什么流言蜚语，怕什么风刀霜剑，怕什么寂寞难耐。既然如此，在面对学习生活时，我们完全可以大胆大声地喊出来：让暴风雨来得更猛烈些吧！让一切艰难困苦都做我上进的阶梯吧！我不怕失败，我不怕伤害，我要用我强大的心理去迎接所有的挑战，我坚信我一定能够成为一个独立自主、顽强耐挫、终有出息的人！

以上四点，是我的思考，希望大家能够借鉴。

最后，希望同学们心怀家国、敢于创新、勇于实践，注重选择、明确目标，强大心理、磨炼意志，使自己最终成为对国家、对人民、对社会有用的人！不负青春，不辱使命，使自己的生命绽放出最耀眼的光芒！

（本文是作者在 2023 年五四青年节纪念活动上的演讲稿）

提高认知 明确目标 顽强意志 用智慧拼搏出一个精彩的自己

今天，我们隆重表彰了获奖的师生，在此，我对他们取得的成绩和获得的荣誉表示最崇高的敬意并致以最热烈的祝贺！为什么我们要在每年的开学典礼上表彰先进？就是要树立先进榜样，鼓舞后进斗志，形成“比学赶帮超”的良好氛围，最终使得我们所有师生共同进步，共创辉煌。刚刚在颁发奖状时，我看到一些师生的眼里充满了见贤思齐、发愤图强的热望，也看到了一些同学麻木不仁、玩世不恭的无所谓神态。其实，这就是所谓的认知问题，认知不同，高下立见。人和人的不同，关键在于认知不同；人和人最终的成就和幸福，也在于认知，可见认知的重要性。

有一部分同学把自己学习的好坏完全寄托在学校这个客观环境上，认为学校好了自己自然就会学习好，学校不好自己自然就学习差。不可否认学习环境对于人的重要性，古代孟母还三择邻呢，但学习这件事主观因素是起决定性作用的，客观环境只是起辅助作用。大家知道，再好的学校也有学习不好的学生，再差的学校也有学习好的学生。可我们不少人总是偏执地认为，只要他认为这个学校不好，那一定是要换的，如果父母不给换，轻则闹情绪，不学习；重则寻死觅活，觉得自己一生就完了。这种认知的狭隘和偏差，最终使人养成一旦失败便会甩锅给客观环境的习惯，久而久之就爱抱怨，什么都看不惯，什么都不对，但从不在自身找问题。反之，就是你认为好的学校，你也未必真的了解她，就像你身处的临潼中学一样，你未必真的完完全全了解她。社会上不了解教育的人，对临潼中学的概念还停留在20世纪城关中学的层面上，但现在大家一旦进入临中、了解了临中，都感到非常惊讶——学校咋变化这么大呀！临潼中学现在可以说，从环境上讲是临潼区最美的校园；从品位上讲是临潼区最有文化的学校；从质量上讲是2021、2022年连续两年高考质量区排名第一的学校，是2023年有中国人民大学、中国石油大学等名校突破的学校，有像高茜中考成绩518分高考成绩533分、张鸣宇中考成绩526分高考成绩537分等低进高出学生的学校；从口碑上讲是群众日益信赖、好评如潮的学校。身处这样的学校，你有啥可挑剔的，你有啥不信任的。你来了你不珍惜，想进来却没有考上的大有人在。对于在座的各位同学，以你们目前的基础状况和现实状况，我认为对你们而言，临潼中学也许不是最好的，但应该是最适合的。西安五大名校好，真正让你去了，你未必能跟上节奏。

还有一部分同学存在这样的认知，认为人生本来就是稀里糊涂的，哪里黑了哪里歇，对自己的人生根本就不会进行规划；还有人认为人生自有安排，车到山前必有路，船到桥头自然直；当然还会有人坚定地认为我命由我不由天，目标明确，意志坚定，不断奋斗。那么，请问同学们，哪一种认知更正确呢？哈佛大学的一项调查研究表明：3% 的人有自己清晰且长远的目标，25 年后几乎都成为社会各界的精英；10% 的人有清晰但比较短期的目标，25 年后这些人成为各专业领域的成功人士、事业有成；60% 的人只有一些模糊的目标，这些人 25 年后就会成为社会大众群体，平凡地生活着；27% 的人没有目标，25 年后生活、工作不如意，经常抱怨社会不公平。那么，同学们，你希望自己成为哪一类人呢？你是浑浑噩噩地生活、稀里糊涂地死学呢，还是从现在开始，静下心来，重新审视自己，认识自己，给自己定一个清晰可以实现的目标呢？有些同学从来不想我将来要干啥，反正我考个大学，有个工作就行；但有些同学就想，我将来要搞芯片研究，解决国外技术卡中国脖子的问题，从现在开始我就好好学习化学、物理、生物，将来考个“985”“211”。有些同学觉得自己不但要上大学而且要上名牌大学，但自己文化课成绩不太理想，那他就另辟蹊径，从艺术、传媒、体育等方面下手，突破名校。西安交大王树国校长说，相比于好专业他更倾向于好大学。想突破名校、想上好大学的同学想法是对的，毕竟好大学氛围好、校友好、平台好。我们学校的“1+N”办学模式正好给同学们提供了更多上名校的可能。同学们，有了清晰的目标，才会有源源不断的学习动力；有了清晰的目标，我们的未来才不是一场糊里糊涂的梦！

东林书院有副名联：风声雨声读书声声声入耳，家事国事天下事事事关心。我们现在很多同学读书学习的目的只有一个，那就是考个好大学，有个好工作，心里从来没有家国概念，从来没有考虑过“为中华之崛起而读书”。古人讲，穷则独善其身，达则兼济天下。那么，读书只为自己充其量成为精致的利己主义者，但读书一旦和家国的兴衰荣辱结合起来，读书就不再是谋生的一种手段，读书就不再是一件苦差事，而是走向精神伟大、灵魂高贵、心灵高尚的一种路径，更是实现自我价值最大化的必由之路。我们学校精神“厚德图强”的核心就是家国情怀和责任担当。就像我们校歌中唱的那样：我们学为家国，习尚自主，人人奋发，中华必兴。纵观当今世界，我们国家正处于百年未有之大变局，美国等西方国家从来没有放弃过对我们国家的打压和制裁，不断和我们进行经济、科技等方面的脱钩断链，妄图阻止我们国家的发展进步。与其靠别人，不如我们靠自己，所以，我们国家的繁荣发展要靠我们在座的每一位同学发愤图强。基于此，我们现在的学习，就不仅仅是为了自己，更是为了整个中华民族的伟大复兴。同学们，我们不仅要仰望星空，更要脚踏实地；不仅要心怀家国，更要做好自己。我们欣喜地看到，我们身边不断涌现的“美德青年”“十佳中学生”“学习标兵”，他们用实际行动诠释着家国的大爱情怀。继 2014 年我校王震等 10 名同学见义勇为受到表彰之后，2022 年 10 月我校又涌现出了董子豪等 4 名同学在放学路上救助车祸母子而被省市各类媒体广泛报道的先进事迹，这些充分体现了我们校训“理想、责任”的真正内涵。愿我们临潼中学的每一位学子都能成为家之希望、国之栋梁，都能成为具有家国情怀和责任担当的美德青年。

同学们，高中是我们基本三观的形成期，构建和重塑自身的认知很重要。对父母的认知、对自己的认知、对生命的认知、对同学的认知、对学校纪律要求的认知、对感情的认知、对金钱的认知、对未来的认知、对信息化社会尤其是人工智能的认知等，这些将构成你们对周围世界的基本认知。这些认知的正确性和高度、深度决定了你们未来人生发展的走向和成就。所以，不得不慎重对待。未来已经逼近，人工智能时代，同学们必须培养解决实际问题的能力，唯有能力和智慧是人工智能难以完全取代的。所以，现在你就要学会学习，重视自己能力的培养。当人们越来越依赖人工智能的时候，逐渐就会被它所控制。就像我们很多同学对手机的依赖一样，有的竟到了没有手机就会谩骂父母、伤害父母甚至寻死觅活的程度，可悲至极！所以，同学们，你应该对此要有清醒的认知，手机对于我们的学习生活只是辅助而已，绝不是生活学习的必需品，如果有一天你“人机合一”了，那你绝对已经走火入魔。身处信息化时代，对于智能化手机没有人能独善其身，尤其是对于仍作为学生的我们更是无法完全拒绝，在这样的情况下，我们学校按照相关管理规定和要求，禁止手机进课堂，绝对是明智之举，也是必须之举。信息化智能化的步伐无人能够阻止，那我们如何面对呢？这就要求同学们提高认知、改变认知、优化认知。人的一生，认知拔高了，看人生、看世界、看未来你就会高屋建瓴，你就不会站在低层次的位置，为了一些小事、烂事而迷茫、困惑、郁闷、怨恨。

同学们，我今天演讲的主题，其实就是认知。我们只有不断提高自己的认知，才能看清事物的本质，才能看懂事物发展变化的规律。看清看懂后，我们才能不迷失自己，我们才能够在纷繁芜杂的社会环境中，保持定力，明确目标，顽强意志，用智慧拼搏出一个精彩的自己。

（本文是作者在2023年秋季开学典礼上的讲话）

第三章　家校沟通聚合力

坦诚沟通 真心合作 齐抓共管 培养英才

昨晚我一直在思考给家长说些什么，是把家长当成学生进行说教，说些高大上的教育理念呢，还是把家长当朋友拉家常，讲些实实在在家长十分关切的心里话呢？我想，还是需要坦诚沟通，因为说教谁都会。

今天能来参会的，都是特别关注孩子教育的家长，能陪伴孩子成长，我认为是这个世界上最幸福的“工作”。如果你觉得陪伴孩子很麻烦很累，没有乐趣，我想你一定是认知出现了偏差。现在的孩子，比我们家长还忙，起得比我们早，睡得比我们晚，时间比我们紧，压力比我们大，还都比我们用功。我觉得现在的孩子们真是了不起！给现在的孩子做父母更是不容易！所以，父母想让孩子好好学习，你首先要不断提升自己。也就是说：家长必须好好学习，孩子才能天天向上！

知识就是力量，因为知识的确使中国发生了翻天覆地的变化；我们也经常说知识改变命运，的确知识使无数人、无数家庭的命运发生了转变。过去常讲“学好数理化，走遍天下都不怕”，但现在随着信息技术和人工智能的不断发展，对人才的标准也发生了很大变化，每个人都将面对未来的诸多不确定性。那么，我们将如何面对这些剧烈变化？我们将如何培养我们的孩子，以适应未来 AI 时代的发展需求？基于此，教育变成了令人越来越焦虑的问题，人人都很焦虑，这就成了一个大问题。我们要虑，但不能焦。今天社会的焦虑传导给了家长，家长又传递给了学校，学校又把这些焦虑传给了孩子。如此恶性循环，最终受害的还是孩子。这也是我为什么要跟大家一起分享、探讨、交流我们对教育看法的根本原因。

一般家长，对待孩子的教育无非有三种情况：一是自己的工作生活不得意，过去没有实现自己的愿望和理想，现在想通过孩子来替自己实现，这样不但自己有面子，也能光宗耀祖。至于孩子想什么，能力如何，心理如何，他们不会管。第二种情况是抱着“儿孙自有儿孙福”的态度，不管不问，反正迟早是社会的人，你爱怎样就怎样，甚至认为这样散养式的教育比精耕细作式的教育更利于孩子的发展。第三种情况是把孩子当真正的人，一个有尊严、有人格、有思想、有感情的人看待，父母尊重孩子的兴趣、爱好、特长，以平等的姿态和孩子做朋友，共同学习，倾心交流，用情沟通。这样的家庭教育，孩子会健康阳光地成长，最终会成为一个既幸福且有用的人才。其实每种教育观都不能说绝对的错与对，可能每种教育观都有成功的案例，但我还是认可第三种教育观，因为不是所有的孩子都能达到父母心里所谓的成功，但每个孩子都应该是幸福的。教育不是培养考试的机器，教育要培养的是活生生的有趣会生活的人。教育真正应该给孩子的是幸福的能力——既要有能给予别人幸福的能力，还要有让自己幸福的能力，更要有享受幸福的能力。这也是我的教育观。我也希望家长能明白这一点。

但现实问题是，孩子高三了，高考若离开了分数，一切都是白搭。我要告诉孩子们和家长们，真正的知识不是考出来的，而是来自孩子们对学习的真正热爱和迫切需求。我希望同学们不怕考试、不排斥考试，但同时永远不要把考试作为目的，不是为了考试而学习。真正地去热爱学习、热爱考试，那么考试也是幸福的。考试有时候考的是学校、考的是老师，所以在高三这个关键时期，学校和老师要不断调整复习备考的策略和方式，绝对不能按图索骥、死磕方案。我是相信我们的高三团队的，我也希望家长们相信我们的高三团队，只要充分调动他们的积极性主动性，我想他们一定能够打赢这届高三复课备考的大战。今天大家拿到手的复课备考方案，就是高三团队集体智慧的结晶，发给大家目的有两个，一是明白学校是怎么做的，二是让家长监督教师落实方案，产生实效。这也是家校合作的应有之义。

家长们，在孩子的教育问题上，我们是命运共同体、利益共同体，我们是一家人。孩子的成长需要家校齐抓共管，才能效率倍增。在共同教育孩子的过程当中，我们家校间可能会存在分歧，也可能会产生一些矛盾，但只要我们真心为孩子好，真心合作，一切都是可以谅解的。

再次感谢家长朋友们！感谢你们信任我们，支持我们！

（本文是作者 2020 年 9 月初在高三年级家长会上的讲话）

做一个有智慧的家长

很高兴大家能够抽出时间，和学校一起共商孩子们的教育大计！大家今天能来，一方面说明我们非常重视孩子的成长，另一方面我想大家也非常想了解学校究竟对孩子是如何管理如何教育的，以及孩子目前在校的学习状况、生活状况等。其实这也是本次家长会的目的之一，我在这里不具体讲这些，待会开班级会的时候班主任会详细告诉大家每个孩子的学习生活状况。下面，我主要想就家长的教育观和家校共育谈几点自己的看法，以供商榷，不到之处敬请海涵。

第一，作为家长，我们需要一个什么样的教育观？

现代的家长，尤其是在座的各位，对于教育都有自己的看法，多多少少也能就教育谈一些比较专业的思想，这是家长们学习的结果，也是时代进步发展的必然。处在这样一个激烈变革而又多元化发展的时代，一百个人对于教育可能有一千种看法或者思考，那么据此教育出来的孩子更是千差万别。但大道归一，什么样教育才是最好的教育呢？换句话说，什么才是我们真正应该拥有的教育观？

教育观，简单地说就是我们需要把孩子培养成什么样的人？我们是需要一个身心健康、阳光向上、富有爱心、富有创造力的孩子呢，还是需要一个只知死读书、低情商、低能力、缺乏创新精神创造能力而又自私自利的孩子？毋庸置疑，大家肯定喜欢前者。但目前好多家长情绪焦虑，似乎如果孩子读不好书，一辈子就完了，前途完了，幸福完了。因此，为了能让孩子考上一个好大学，找个好工作，将来有个好家庭，再生个好孙子，孙子将来再上个好小学、好初中、好高中，让我们一些家长如此这般深谋远虑，操碎了心，活着活着都不知道自己到底是谁、为什么而活着了。他们忧心忡忡，万分焦虑，然后再把这种焦虑情绪传递孩子，孩子能理解还罢，若不理解，轻者和家长对立闹情绪，重者抑郁甚至轻生。

作为家长，我们总是习惯于进行理想绑架，将自己不曾实现的理想强加给孩子，却忽视了孩子的感受，以及孩子的天分。他们是活生生的人，有感情，有思想，有个性，有自己对于未来的理解；他们或许并不想成为你们心目中的参天大树，他们也许就是想成为一颗珍贵而优雅的小草，谁说草就没有大树有价值了，人参不也是草吗？古人说，顺木之天，以至其性。我们不要总以为自己的孩子最聪明，一定会按照自己的意愿好好学习，成为最优秀的人，能为自己撑面子，殊不知每个孩子千差万别，各有其性（根据世界著名发展和认知心理学家霍华德·加德纳的多元智能理论，人类存在多种不同的思维方式，他将人类智能分为语言智能、节奏智能、数理智能、空间智能、动觉智能、自省智能、交流智能、自然观察智能等八个方面。每个人在这八种智慧上所拥有的量参差不齐，所以每个人各有所长，也各有各的平庸所在。他有一句名言：每个孩子都是一个潜在的天才，只是经常表现为不同的形式），我们只有按照孩子自身条件，量身定做，寻找到最适合他们的发展方向和最适合他们的教育方法，才能最大限度地挖掘他们的潜能和特长，最终把他们培养成比自己更优秀的人。但我们有时候却不得不接受自己的孩子本来就很普通很平凡的事实，如果一直被虚荣心驱使，一味地逼孩子，最终会把孩子逼上不归路。

第二，比起学习，品德的教育会使孩子受益终身。

现在很多人认为学习就是学生时代的事情，只要考上大学就完事了，就再也不用学习了。这就大错特错了，学习是一辈子的事情，拥有终身学习能力和精神的人，才会获得最大的成功。先不要说大学所学的进入社会后也只会用到所学知识的20%，纵观每一个成功者，哪一个不是终身学习的高手？阿里巴巴的马云是学英语专业的，搞的是电商，他不继续学习能行吗？京东刘强东学的是社会学，搞的是物流，他不继续学习能行吗？我说这些你会问，这与品德有何关系？大有关系，这就是持之以恒，久久为功的意志和品质。孩子一旦有了这种品质，你就不会害怕他现在不好，因为那只是暂时的不好。如果他具有了这种持之以恒、久久为功的终身学习能力和品质，他最终也会成功的。

还有一个重要的品质对于孩子来说也非常重要，那就是耐挫力，这也是一种品质、一种德行。现在的很多孩子，耐挫力很差，经不得一点点批评，受不得一点点挫折，动不动就会因为老师或者家长的批评走上极端的路。这些残酷问题的发生归根结底，还是在于父母的教育观。现在的家庭基本都是一孩化，很多家长觉得输不起，所以就对孩子的教育特别上心，为了孩子美好的未来，家长包办了一切，有些家长甚至为了学习对孩子百般溺爱，要什么给什么，想怎么样就怎么样，也容不得老师的批评教育，结果孩子变得自私自利、唯我独尊、嫉妒心强、心理脆弱、缺乏自理能力，一旦遇到挫折和失败就会变得很极端，将来成人了也会难以适应社会，缺乏基本生活能力，无法跟人合作打交道，轻者最终会一事无成，重者可能会走上极端之路。

第三，教育的最终目的是什么？

教育的最终目的无非是改变个人命运，改变家族命运，再大点是改变国家民族命运。现在的家长一般来说，不会给孩子进行家国教育，只是一味地告诉学生考高分上好大学，岂不知一个人一旦真的有了远大理想和家国情怀的时候，学习必然就有了内驱力。古人讲，穷则独善其身，达则兼济天下。中国知识分子从来都是因为有了兼济天下的理想，才不断独善其身。

如今很多人羡慕所谓的贵族教育，真正的贵族教育不是让孩子住别墅、开豪车，对人呼之即来，挥之即去，这不是贵族教育，这是暴发户式的教育。真正的贵族教育是培养孩子坚韧不拔的精神和奋发向上的意志，要知道，富与贵根本就不是一回事！

家庭教育是需要传承的，那么，我们给孩子应该留下些什么？是金钱财富，还是家族的精神？

著名作家小霍丁·卡特曾经说过："我们希望有两份永久的遗产能够留给我们的孩子，一个是根，另一个是翅膀。"根是什么？那就是信仰，你永远都要明白你们家族的根在哪里，信仰是什么。还有一个是翅膀，家长对孩子最好的教育就是言传身教，带着孩子飞翔，让孩子学会飞翔，送给他们一对会飞翔的翅膀。就像德国著名哲学家雅思贝尔斯说的："教育的本质就是一棵树摇动另一棵树，一朵云推动另一朵云，一个灵魂召唤另一个灵魂。"给孩子传递一种信仰，再加上父母的言传身教，这种家庭出来的孩子想不优秀都很难。林则徐说："子若比我强，留钱有何用？子若不如我，留钱又有何用？"这句话细细品味，始终觉得精妙极了。

你若真想为孩子好，不是留给他一座金山银山，而是把创造的能力和权力交给他。让他去流汗、流泪、流血，让他在无人撑伞的雨中奔跑，让他拼命追求那个"最好的自己"。你只需要传递给他一种坚韧不拔的信仰，让他用自己的"金汤匙"喝到人间至美的羹汤！

第四，什么样的家庭才能培养出优秀的孩子？

我曾读过一篇关于家庭教育的文章，说得非常好，下面分享一下。

一个好的老师，或许影响孩子三五年。但一个好的家长，绝对能影响孩子一辈子。对于老师来说，您的孩子只是几十个学生中的其中一个，可对于您来说，孩子就是唯一。《人民日报》曾发文指出：教育好孩子，是你这辈子最重要的事业。可见家庭教育有多么重要!

有出息的孩子大都来自这 7 种家庭：

1. 重视教育的家庭。“橘生淮南则为橘，生于淮北则为枳。”可见，环境对人的影响起非常大的作用。一个重视教育的家庭，一定能培养出一个热爱学习的优秀孩子。蔡元培先生说过：“家庭是人生的第一学校。”父母是孩子的第一任老师，重视家庭教育，是所有父母义不容辞的责任。有人说，5 天的学校教育颇有成效，但周末 2 天的家庭教育没跟上，那么孩子就会被打回原形，得到的教育成效就是 0 了。所以，家庭教育十分关键。别让“5+2=0”，别让孩子输在家教上。

2. 乐观积极的家庭。有研究发现，孩子的性格越好，各方面都会比同龄人更出色，将来也会更加优秀。父亲陪伴越多，孩子性格越好，逻辑越强。

3. 热爱学习的家庭。教育的本质是培养习惯，父母要带头先读书，先学习，做好榜样，孩子就愿意向父母学习与看齐。最好的教育，就是父母成为孩子的好榜样。

4. 情绪稳定的家庭。在充满爱的家庭里长大的孩子，注定要比终日吵闹甚至不健全的家庭里的孩子更乐观、更阳光、更上进。父亲的格局，母亲的情绪，决定了孩子的将来。

5. 尊重孩子的家庭。每一个孩子都是上天赠予的礼物，要想让孩子优秀，首先要尊重他们的灵魂。尊重孩子的一切，是一切教育的基础。比起质疑与拒绝，父母的理解与支持更重要。

6. 房屋整洁的家庭。在有序的环境里长大的孩子，不仅养成了有条理的好习惯，还能更从容地面对生活，应对今后的一切问题。“一屋不扫，何以扫天下”，习惯的养成应该渗透到孩子生活的每一面。尖子生总能将学习用具收拾得干干净净，作业也做得很有条理。

7. 讲究规矩的家庭。很认同这么一句话：有规矩的自由叫活泼，没有规矩的自由叫放肆。真正爱孩子，不是放任，而是约束。爱孩子和立规矩从来都不是对立的，两者并存，都是教育的根本。“养不教，父之过。”父母溺爱孩子，是教育的不作为。给孩子立好规矩，让他遵守规矩，敬畏规则，成为一个有教养、有规矩的孩子，是父母的使命。

卢梭曾经说过：“你知道用什么方法，一定可以使你的孩子成为不幸的人吗？这个方法就是，对他百依百顺。”好孩子，一定是父母精心教育出来的。坏孩子，一定是父母放纵溺爱出来的。再好的名校，都比不上父母的言传身教。父母才是孩子一生中最好的老师！想让孩子成为怎样的人，首先，您就得成为怎样的人。

最后，我希望家长们能相信我、理解我、支持我。亲爱的家长朋友们，你今日给我一个懵懂学子，我明日一定还你一个优秀青年——国家未来的栋梁！

（本文是作者 2020 年 11 月 19 日在高一、高二全体家长会上的讲话）

家校合作　各司其职　共商大计　共谋发展

欢迎各位家长朋友来到临潼中学这个大家庭，共商孩子们的教育大计！我想，你们在百忙之中来学校参加家长会，绝不是听我在这里讲废话的，你们一定是想关注自己孩子在学校的生活、学习、健康等情况，但我想，你肯定还会关注孩子上的这所学校到底怎样，质量如何，管理如何，校风学风如何，把孩子放在这里放心不放心等。这些都是我今天要向大家汇报的问题。说心里话，你们所关注关心的，正是我们努力的方向和工作的重点。

我冒昧地猜一下，在座的各位家长，绝大部分应该都是高中以上毕业吧，对教育也许都有自己的一些独到见解，应该知道影响教学质量的因素不外乎两点：教师的教和学生的学。为什么有些学校的教学质量总是不能达到一个高度，为什么孩子的成绩总是不那么理想，原因就在于，无论是教师还是学生，都不愿或者不能改掉旧有的思维和习惯。改掉旧有的思维和习惯，何其难哉！但不改变旧有的思维和习惯，不改变教法和学法，想取得高分、考上名校必然是非常艰难的。那怎么办？混吗？等吗？不是，我想唯有改革，唯有进行课堂改革，才是出路。

从2020年末至今，我们学校开始全面进行课堂改革，实施特色课堂建设。我们改革课堂的目的，就是要改变教师满堂灌地教和学生消极被动地学的现状。学校通过研究，总结出了一套行之有效的教学法——“三环五步教学法”，它体现的是一种大课堂观，把传统的课堂教学延伸至课前的预学和课后的固学，即一堂完整的课堂应该包括预学课、探究课、固学课，这就是所谓的“三环”；“五步”是对“三环”较为具体的阐释，即“预、检、探、思、固”。“三环五步教学法”的特点是：先学后教，以学定教，体现学生主体地位；集体备课，先研后教，凝聚教师共同智慧；教师主导，学生主体，杜绝大水漫灌；学习小组，合作学习，培养自主合作意识；讨论探究，展示质疑，提升思维思辨能力；多轮驱动，巩固落实，吸收内化为核心。通过“三环五步教学法”的实施，教师的主导意识和教学能力都得到较大幅度的提升，学生的自主学习能力、思辨能力、分析能力、协作能力、沟通协调能力、演讲能力等都得到了有效提升。改革后的课堂，不再像传统课堂那样教师满堂灌，学生被动散漫地消极学。随之而来的变化是学生的学习热情提高了，注意力集中了，脸上的笑容有了，精气神也有了。

有些家长会问：你说得这么好，老师不按照这个“三环五步教学法”去做，那咋办？我说，你问得好！这就牵扯到我们的教师管理问题。教师要在这个学校立足，要活得有尊严，要得到更多的福利待遇，你就得爱学生，就得多工作，就得教学成绩好。我们的一个做法是，改革薪酬分配办法，主要是改革绩效工资发放办法。改变过去“干多干少都一样，干好干坏都一样”的现状，把原有的分配办法改变成“工作量＋成绩”的计算办法，真正体现“多劳多得、少劳少得、不劳不得、优劳优酬”的分配原则。在座的各位家长，有当领导的，有做生意的，你该知道给员工讲再多的道理、再多的情怀，作用都不大，但你要是能建立起较为合理的分配体系，我想效果肯定会很好。这样用以质量为核心的绩效工资分配体系，倒逼教师关注学生、关注质量，从而提升质量。那怎样才能有效提高质量呢？用“三环五步教学法”啊，你看是不是又回到了课堂改革的执行问题。

绩效工资改革解决了教师气顺不顺的问题，名师锻造工程则解决了教师气硬不硬的问题。为了更好地促进教师成长，让教师有荣誉感、价值感、职业成就感，我们学校即将实施名师锻造工程——“五级品牌”教师评选活动。哪五级？就是教学新秀、教学骨干、教学名师、金牌教师、首席教师。通过设置教师成长层级，一是克服教师的职业倦怠；二是拉动教师不断提升自身素养；三是让教师拥有职业荣耀感；四是提供一定的科研经费。当然，五级品牌教师的评选也是以质量为核心的，没有质量哪来的品牌？这又倒逼着教师关注学生、关注质量。

我啰唆了这么多，目的就是向家长说明一个理：没有好的教师，你的孩子哪可能有好的成绩？我如果不抓教师的管理，孩子的良好教育又从何谈起？当然，教师培养体系是一个庞大的工程，我不可能一一列举。我只是想让你们放心，放心我们的管理，放心我们的教学。

家长朋友们，还有一个影响教学质量的点是非常重要的，那就是学生的管理。

教育必须为社会主义现代化建设服务，为人民服务，必须与生产劳动和社会实践相结合，培养德智体美劳全面发展的社会主义建设者和接班人。这就要求我们“以德为首，五育并举，立德树人”。在管理学生培养学生的过程中，始终要重视德育教育。现在我们推行的“十星级学生”评选制度，就是要在日常生活学习当中，不断教育和引领学生在德智体美劳等五个方面，时时刻刻严格要求自己，做一个对社会有用的人，对自己负责的人。在日常学生管理当中，我们学校按照国家“作业、睡眠、手机、读物、体质”五项管理要求，严格作息时间，严禁学生带手机进入课堂。在这方面，我希望家长一定要做好配合，按时睡觉就是要做到按时睡觉，不要睡觉的时候学习，学习的时候睡觉。有些学生喜欢晚上熬夜，白天睡觉，但高考不是晚上考呀，高考不可能按照你个人的意愿安排到晚上。根据对高考状元和学霸们的学习习惯统计，真正学习厉害的学生，一般晚上不会熬夜，而是能抓住课堂时间，抓住白天一切可用的时间。河北衡水中学，是全国闻名的高考大户，学生全部住宿，但学生宿舍不准带书进入，他们的口号就是：宿舍就是用来睡觉的地方，没有好的休息哪来好的成绩。我们学校的宿舍管理，是标准军事化管理，管理得非常好，也非常人性化。根据天气情况，11 月 11 日就开始给学生开放空调，让学生感受到家的温暖。手机方面，我还是希望家长能够积极配合，尽量不要让学生带到学校，若因各种特殊原因带来的，要合理保管，要服从宿舍管理人员的管理。我要强调的一点是：在没有自我控制力的情况下，别人的监管就是拯救你的孩子。还有一点，我还是建议，学生能住校就住校，住在家里有父母监管可以，但住在校外，真是害莫大焉！住在校外，家长和学校都鞭长莫及，学生管理存在重大安全漏洞和隐患，一旦出了事，家长后悔莫及！

曾经网上流行一句话：有才有德是精品，有德无才是次品，无才无德是废品，有才无德是危险品。可见德育对一个人成长成才成功的重要性。在理想、信念、前途的教育过程当中，我们以“美德青年”德育教育体系为主线，培植美德，发扬美德，形成美德，使美德成为每一个临潼中学学子身上闪光的品牌标签。当年，在网上热议老人跌倒该不该扶的情况下，我校王震等数名同学勇敢无私地扶起跌倒的老人，并送往医院，在全市全省乃至全国都引起了强烈反响。我们学校倡导贤达文化，向我们身边的各界精英、行业领军人物等这些贤达学习，学习他们热爱家乡、建设家乡的家国情怀，教育我们的学生，学习的目的应是“穷则独善其身，达则兼济天下”，能力一般的把自己管好就行，能力强的在管好自己的同时，因你而使身边的人、家乡的人也过得好，这才是人生在世的最大价值。

我刚才说了，影响质量的两个方面，教师的教和学生的学，也谈到了教师管理和学生管理，有家长会问，那学校的教学质量到底咋样？

我先谈一下去年的高考情况，在今年也就是昨天召开的临潼区教育教学工作会上，我校以总分第一名的成绩获得了临潼区高考优胜奖。成绩的取得是全校师生齐心协力、共同努力的结果，可喜可贺！另外，从最近高一、高二联考的情况可以发现一个显著的变化——各年级的同期排名在不断提升。

人常说，一个好的校长就是一所好的学校。我知道，我身上肩负的使命，所以从未懈怠过，作为我个人，一直在努力，不断在创新，绝不辜负各位家长的重托和领导的信任。我知道，即使我们这个团队再努力，学校再发展，离家长们心中理想的学校还有不少差距，但我们临潼中学校委会一班人，有能力、有信心、有意志完成上级交给我们的各项任务，努力办出人民满意的家门口的好学校。为此，我们设立了“三步走”的目标，一是今年年底完成市级特色实验学校的验收，后年完成省级示范高中的创建，大后年完成市级特色示范学校的验收。到时候，临潼就有两所省级示范高中，招生也会在同一个级别，我们学校的生源质量就会得到全面提升，为下一步创立特色品牌名校打下坚实的基础，为我们学校走出临潼、走出西安、走出陕西乃至全国铺平道路。家长朋友们，相信我们的明天一定会更美好！

上面，我全谈的是学校，下面，我想跟家长聊几句心里话，作为交流，希望大家不要上纲上线，如有不对，尽可商榷。

一是要做好孩子的榜样。研究表明，影响学习除了智力因素外，非智力因素中对学习影响最大的就是习惯和性格。也就是说，一个学生学习的好坏，80% 取决于家庭教育，因为好的习惯和性格 80% 都来源于家庭教育。我们好多家长只看到了孩子成绩不好，却没有意识到自己对孩子教育的缺失，尤其是对习惯养成、性格培养的缺失。我们作为家长如果不能管理好自己，给孩子做一个好榜样，却要求孩子样样都好，咋可能呢？！我们语言不文明，孩子肯定爱说脏话；我们行为不羁，孩子肯定会行为轻浮；我们心胸狭窄，孩子肯定会斤斤计较；我们爱玩手机，孩子肯定会看样学样，抱着手机不睡觉；我们爱看书，孩子肯定会喜欢阅读；我们爱孩子，孩子也会和别人友好相处；我们夫妻恩爱，孩子也会相信人间真情。所以，希望家长朋友们，能有效约束自己，给孩子树立一个好榜样，帮助孩子养成一个好习惯。西方有句谚语：性格即命运。性格哪来的？性格也是长期的习惯累积起来的，所以，一定要帮助孩子养成一个好的习惯。

二是要有正确的育人观。教育上有一个很有意思的前十名现象：一个班级的学生在未来社会生活中取得显著成就的往往并不是那些成绩前十名的学生，大部分是中游甚至是下游学生。大家可以看看身边的成功人士，很多人在我们眼里原来都不是学习那么出色的。说这话啥意思？不是不让你重视孩子的学习，而是不要只关注学习，而忽视了对其他能力的培养。一个人未来要成事，都是多方面能力综合运用的结果。你的孩子学习可能不是很好，但很可能恰恰证明了他的综合实力强，所以他即使学习不行，你也不要"一棍子打死"，对他失去信心，最后把你焦虑忧愁得不行，这样不但没有用，反而会把焦虑传递给孩子，造成孩子忧郁甚至抑郁。我想，不要因为你的焦虑、急功近利，把未来一个可能非常优秀的孩子变成一个患得患失、失去信心的人，最终把好事变成坏事。人的一生是一个漫长的过程，只要能有健康的体魄、顽强的意志力、敢于拼搏的精神，那么孩子未来取得成功是迟早的事情。

三是要和学校及时沟通，真诚交流。作为校长，我希望跟大家能就学校的发展建设、学生的学习生活教育及时沟通，坦诚交流，共同把临潼中学办好。临潼中学不是校长一个人的临潼中学，是全体师生的临潼中学，是所有家长的临潼中学，我们家校应该是一个联系紧密的命运共同体。在学校发展过程当中，我们作为管理者无论再怎么努力，肯定也有许多问题和不足。"旁观者清，当事者迷"，我们希望家长朋友们能高瞻远瞩、不吝赐教，帮助我们共同办好学校。只要是真诚地指出错误而非别有用心，我们一定虚心接受。如果学校有什么问题，希望你能来学校找我，或者打电话，能通过正常渠道解决的绝不通过非正常渠道去解决，这样会给学校腾出大量的时间抓管理、抓教学、抓学生。我们是一家人，不说两家话，我自认为是一个开明的校长，也是能听进去别人意见的校长，也是能体谅家长的校长，虽然我不能解决一切问题，但如果大家有什么难处或者困难，需要我帮助的，我将全力以赴。路遥知马力，日久见人心。时间长了，我相信大家会理解我的为人、我的处事、我的治学。

由于时间关系，我就说这么多，不到之处，敬请谅解。

最后祝福各位家长朋友们，身体健康，家庭幸福，万事如意！

（本文是作者在2020—2021学年度上半学期期中考试后家长会上的讲话）

多方合力 精诚团结 真抓实干 再创辉煌

欢迎各位家长朋友参加今天这个盛会！平时跟家长朋友们很少见面、很少交流，今天借这个机会我们齐聚一堂，共商学生教育大计，这是件非常庄重的事。我想今天家长们来，绝非只是凑个热闹，肯定是想了解学校的发展状况、高三复课备考情况、学生学习状况等，尤其是想知道自己孩子目前的学习生活状况。这些，都将在今天的活动中得以体现。

家长朋友们来自四面八方，从事不同的工作，有着不同的教育背景、文化背景，对教育的认识也不尽相同，但有一点是相同的，那就是我们都希望自己的孩子好，都希望学校把孩子管理好教育好，都希望孩子将来有出息。从这一点讲，我们是利益共同体、命运共同体、教育共同体，而不是矛盾的双方和相互挑剔指责的对象，更不是仇人冤家和敌我双方。我相信我们在座的各位家长都是善良的，尽管我们的生活可能充满了艰辛甚至不幸，但我们对于孩子都寄予了美好的期望。孩子是家庭的未来，也是社会的未来、国家民族的未来。作为一校之长，我深知重任在肩，丝毫未曾松懈过。我不想误人子弟，也不想碌碌无为，我尽我所能，力克时艰，改革创新，锐意进取，不断推动临潼中学迈向新高。

临潼中学近年来喜讯不断，教育教学成绩连年攀升。2021 年我校顺利通过西安市特色学校验收，同时荣获“全国素质教育示范学校”荣誉称号；2022 年我校顺利通过省级示范学校市级验收、省级公示，今年 3 月即将接受省教育厅的正式验收。2022 年我校在“陕西教育先锋人物”评选活动中获得“最佳教育质量示范名校”荣誉称号。这些荣誉的获得，是基于我校教育教学质量的稳步提升。在区教育局进行的高考质量评估中，我校 2021、2022 连续两年获得临潼区文理科高考评比第一名。更可喜的是，在开年进行的统考中，我校高二学生张欣颖同学获得理科全区第一的好成绩，伍紫乐同学获得文科全区第五的好成绩。这些成绩的取得，是全校师生齐心协力、奋发有为的结果，也是各位家长相互理解相互支持、共谋发展的结果。对于学校教育教学工作，再苦再累我们都不怕，怕的是不理解、不支持甚至是各种冷嘲热讽、明枪暗箭的打击。幸运的是，我们遇到了在座的各位，大家对学校的鼎力支持和全面理解，是我们安心干事、扎实做事的坚强动力。在这里，我再次对大家表示衷心的感谢。

我说这些成绩和荣誉，不是为了炫耀，一是给各位家长做一汇报，想告诉家长我们实实在在做的工作，取得的进步；二是想增强家长对学校的信心，让家长们放心，我们有实力抓好质量，只要孩子们努力学习，学校绝不会耽误孩子。

家长朋友们，距离高考就剩下不到100天了，我相信很多家长对孩子未来的高考成绩以及未来成长发展的不确定性，都感到担忧、迷茫甚至煎熬，这都属于正常现象，这说明我们在意孩子的成长发展，我们是个负责任的家长。但我要说的是，家长高度关注学生的高考成绩和未来发展，但不能盲目施压、盲目攀比、盲目定目标，自己也不能表现得过分焦虑、焦躁甚至暴躁，不然，你的情绪会感染学生、影响学生，导致学生成绩下滑，甚至会彻底搞砸了高考。时至今日，我认为家长最应该做的是，给予孩子充分的信心和信任，从生活上多照顾孩子、从心理上多鼓励孩子，让他们放开手脚，挖掘潜力，倾尽全力地拼搏一番。人人天资不一样，未必人人都能考上如意大学，只要竭尽全力了不后悔就行。再者，高考虽是中学的终点但也才是人生的起点，好大学只是说明你过去学习好，是个可塑之才，但最终能不能被社会塑造成功，那是由很多因素决定的。玻璃大王曹德旺、格力的董明珠、阿里巴巴的马云等这些人都不是名校毕业，曹德旺甚至是小学都没毕业，但并不影响他成为制造业的领军人物。说这些啥意思，就是告诉家长，条条大路通罗马，未来成功的路多着呢。没考上或者考的大学不好，并不能说明孩子将来就没有出息，最多只是比别人成功的概率低一些罢了。所以，作为家长，要从自己孩子的实际出发，不做不切合实际的要求，要把眼光放远，留足够的时间给孩子成长。我还要强调的一点是，家长一定要配合好学校和老师。既然在培养孩子这个目标上我们是一致的，那么合作总比闹腾好，团结总比分裂好。家长和学校只有达到高度地互信和尊重，我们才能最大效率地教育好学生，提高他们的成绩。否则，今天一个家长有事，明天一个家长有事，学校都把时间和精力用在解决各种问题上，哪有心思集中抓学习、促质量啊！我今天负责任地告诉大家，只要我当校长一天，我就会为各位家长负责一天、服务一天。所以，大家一定要信任学校，配合学校，信任老师，配合老师。

同学们，刚才我给家长们说，“条条大路通罗马，未来成功的路多着呢，没考上或者考的大学不好，并不能说明孩子将来就没有出息”。我说的这句话，很大程度上是一句给你们父母解心宽的话，但有时候真实情况的确是考上大学或者考上越好的大学，那将来成功的概率就会更大。尤其是面对这个飞速发展的信息化社会，你没有综合全面的知识体系，你没有卓越的专业技能，你想出人头地干一番伟业，那比登天还难。东方甄选的董宇辉，咱们陕西的娃，因其渊博的学识，他把直播带货做成了知识大讲堂，坐拥几千万的粉丝。他卖一个东西，诗词歌赋、历史典故、人文经典、科技发展等，能海阔天空地讲，旁征博引地把整个东西说得头头是道，可见知识的重要性。所以，我想告诉同学们，千万不要幼稚地以为读书没有用，考上考不上大学无所谓，“知识改变命运”这句话永远不会过时，而且会越来越显示出其巨大的作用。作为普通人家的孩子，我们不要对命运甚至所谓的贵人抱有幻想，我告诉你：你就是你的贵人，这个世界没有救世主，只有自己救自己，你强大了整个世界都会给你让路，你懦弱了一根稻草都会压死你。所以，赶快清醒过来吧，不要再做无谓的彷徨和迷茫，距离高考还有100天，要心无旁骛地尽最大努力去学习、去拼搏，别的事情暂且搁置一边。俗话说，临阵磨枪，不快也光。也许你就差那么一点点，就能考上，就可以不后悔，那你还在等什么？赶快撸起袖子加油干！我还想告诉同学们，高考不光考查知识，也考查我们的心智是否成熟，心理是否健康，我们是否具有很强的抗干扰能力，我们是否具有顽强拼搏的意志品质。说到意志品质我举个例子，我们学校好多体育生到社会上以后，有不少人把事业干成功了，究其原因，就是体育生在专业课训练过程中形成了吃苦耐劳、敢于拼搏的优秀品质，这些优秀品质成为他们日后成功的主要因素。而我们有些同学，甚至是家长，娃吃点苦都不行，跑个操都怕累，这样的意志品质不要说干成事，生活下去都成问题。所以同学们，在这剩下的不到100天里，你对自己要狠一些，敢于对自己的懒散习惯、毛躁心态、怕吃苦心理开炮，放下一切包袱、轻装上阵，拼他个无怨无悔，拼他个重点、一本。

借着机会，我还想给老师们说几句。高三年级的同事们，我亲爱的战友们，大家一定要对今年的高三充满信心，因为今年邓光辉书记所带领的高三团队是历届教师力量配备最强的一届，实力雄厚，战斗力强，每一个人都是经过学校精挑细选的，学校相信你们能胜任高三工作，对你们给予了厚望。所以，我们首先要珍视自己的荣誉，不要因为自己工作出现纰漏而影响你们班组团队乃至整个高三团队的成绩，不做阻碍学校发展的人。高三年级是窗口单位，是学校质量的先锋队，你们的荣辱也是学校的荣辱。其次，作为高三教师，我们虽然不是救世主，但我们肩负着成百上千学生的命运，承载着数千家长“望子成龙、望女成凤”的美好夙愿，我们的任何不负责任和任意妄为，都会给一个孩子一个家庭带来影响。再次，尽管剩下不到100天了，但我们不能放弃任何一个学生，必须特别关注、关心那些需要帮助的学生，也许我们一句鼓励的话，一个温暖的笑容，一个善意的眼神，都会改变他们的命运；更不要说我们无微不至的关怀、严格严厉的教育、随时随地的帮助，都会在他们人生转折的关键时刻助推他们划向成功的彼岸，都会给他们整个高中生涯留下最美的印记。最后，我希望大家要保重身体，为自己也为学校。学校将尽可能地向高三倾斜，照顾好大家的生活；也希望家长朋友们积极配合老师的工作，虽然家长们都很忙，但你们也要多换位思考，一个孩子都很难管理，一个班这么多学生，如果把责任全部都推给老师，你觉得老师能顾得过来吗？老师一旦累坏身体，吃亏的还是学生。大家再想一想，老师不光有负担很重的工作，他们还有自己的孩子和家庭，还有一大堆事情，在这最关键的时刻，家长们如果都不配合、不关注孩子的教育，那你还指望谁？所以说，人心齐泰山移，只有家校通力合作，家长老师默契配合，我们这届高三才一定能够取得比往年更好的成绩，我们的孩子才会实现自己梦寐以求的大学愿望。

由于时间关系，我就说这些，不对之处，敬请谅解，也可商榷。

（本文是作者在2023届高三高考冲刺誓师大会暨成人礼仪式上的讲话）

抓住机遇乘势而上 齐心协力筑梦未来

在这热情似火、万木葱茏的七月，我们齐聚一堂，共商教育大计，这是多么伟大而重要的事情。有人说，最快的速度不是冲刺，而是学习；最急的事情不是赚钱，而是教育。所以，今天能按时参加会议的家长，都是懂得轻重缓急、孰是孰非的明智家长，都是重视孩子成长、关注孩子未来发展的负责任的家长，也是值得我们尊重的家长。很多家长有一个误区，认为孩子交给学校，那一切事情都是学校的，家长自己则当起了甩手掌柜，孩子有事情不闻不问，甚至老师要求配合的时候不但不配合，而且推卸自己的责任，把问题和包袱都甩给老师。试问，自己的孩子自己都不操心，你指望谁给你操心？再者，一家一个孩子都管理困难，一个班级有五十多个孩子，你希望老师精雕细琢地对待每一个孩子，可能吗，老师有其心而无其力啊。所以，我要表扬今天能来参加会议的家长朋友们，起码你们关心孩子的教育，关注学校的发展，作为家长一旦有了家校携手、齐抓共管孩子的理念，我们就会尽到我们各自的责任，到最后不管孩子能不能考上大学，我们无怨无悔。

当然，今天我不是来批评教育大家的，作为校长，我是想实实在在把我对教育的理解、对家庭教育的理解、对家校合作的理解和大家做一个简单的交流沟通，旨在使我们在孩子的教育问题上达成共识，形成合力，以最优化的教育方式、方法使孩子们接受最适合、最优质的教育。

大家平时忙忙碌碌，很少能到学校来，对学校的现状和发展也知之甚少，接下来我首先将学校目前的发展现状和质量情况向大家做一简要汇报。

临潼中学始建于 1958 年，初名城关中学，1999 年迁于现址并更名为临潼中学。学校现有教学班 54 个，在校学生 2547 人。学校教职工共计 245 人，专任教师 206 人，其中高级教师 75 人，一级教师 79 人，研究生学历 64 人，省级教学名师 52 人。临潼中学办学 60 年来，先后荣获“陕西省教工委文明校园”“陕西省家长学校示范校”“陕西省平安校园”“陕西省科研兴校明星学校”“陕西省依法治校示范校”“陕西省校园文化建设创新单位”“西安市文明学校”“西安市首批绿色学校”“西安市园林式单位”“西安市健康教育示范学校”“西安市依法治校示范校”“西安市特色实验学校”“西安市中小学德育创新实验学校”“西安市智慧校园”等 40 多个荣誉称号。今年6月30日我校被陕西省教育厅正式命名为“陕西省普通高中示范学校”，至此，我校正式进入省级示范高中序列。从此临潼有了两所省级示范高中。

心怀理想，扬帆远航。临潼中学以其先进的办学理念、鲜明的办学特色、一流的师资队伍、先进的设施设备、优美的育人环境、骄人的办学业绩，在办好人民满意教育的新征程上，昂首阔步，行稳致远。尤其是近三年来，我校在生源质量持续下滑的情况下，高考质量却连年攀升，一本人数由2021年的153人上升到2023年的215人，本科升学率由2021年的76%上升到2023年的91.4%，真正实现了低进高出。可以说作为校长，自从2020年8月来到临潼中学以来，我起早贪黑、殚精竭虑、守正创新、踔厉奋发，生怕误人子弟，生怕有辱教育，但看着我来临潼中学三年之后交出的成绩单，自觉问心无愧。在此，也希望家长朋友们相信我，相信临潼中学，相信孩子在临潼中学会有一个美好未来。这是我讲的第一点，信任。

我讲的第二点就是认知。正如世界上没有两片相同的树叶一样，这个世界上也不会有两个一模一样的孩子。既然孩子千差万别，那么要求自己的孩子和别人的孩子一样，那自然也是违背自然规律和教育规律的。霍华德·加德纳的多元智能理论告诉我们，每个人至少具有八种智力，比如语言智力、逻辑数学智力、音乐智力、身体运动智力、人际关系智力等，不同的人这八种智力水平的表现各不相同，有的人语言智力强可能掌握十种语言，能说会道，而有的人连自己的母语都学不好，外语更是难上加难；有些人五音不全，而音乐智力好的人，却吹拉弹唱样样精通。由于条件所限，我们现在不能按照每个孩子的智力情况精准地因材施教，一个班五六十个孩子只能接受基本一样的文化课教育。所以，有时候孩子学习不好不是孩子的错，是我们没能发现孩子的优势智能或者忽略了孩子的自身发展特长，却一味地在文化课学习上跟别的孩子死拼。今后，如果经过努力后，孩子的学习成绩还是不能尽如人意的时候，家长一定不能觉得孩子这一辈子就完了，他学习不行，不代表今后的人生就不行，未来步入社会，拼的是综合实力，拼的是持续努力。成功的路千万条，总有一条适合你的孩子，所以，作为家长也没有必要过分焦虑，更不能把你人生的不如意转化成焦虑传递给孩子，这样最终会压垮孩子的。作为家长，我们要学会接受孩子们学习智力的差别，也就是我们平时所说的智商差别，我们不能一厢情愿地认为我们的孩子都优秀，都能考上好的大学，然后就拿自己的孩子和别人的孩子进行盲目攀比，导致自己很焦虑，孩子也很焦虑，甚至导致不该发生的事情发生。还有一点认知我想提醒家长注意：不少家长认为孩子大了，有了自己的主意了，孩子想干什么就不再干涉了，从而疏于对孩子的监管，过分迁就孩子的想法，只要孩子想做的事情就认为是对的，就支持，这种认知是极端错误和危险的。高中的孩子有一个很大的特点就是，啥都好像知道一点，但基本的价值观尚未完全形成，缺乏对事物本质的深刻认识，加之自控能力差，容易受到不良现象的影响。这就要求家长在必要时刻，立即介入，及时制止他们的不良行为和倾向。比如，有些孩子看到别的孩子在外住宿，不但自由，而且可以打牌赌博、上网、谈对象甚至同居，然后就以想晚上多学习为名，向家长死缠烂打说自己要到校外住宿，以不在外住宿他就考不上大学来威胁家长。家长不明实情，一味迁就，跟学校说非要搬出去住不可。有些孩子经不住校外培训机构的蛊惑，不顾家庭经济匮乏的状况，固执倔强地要到补习班花高价去上一年高三，殊不知出去很有可能染上一身恶习，甚至有些同学会出现心理问题。在这个时候，家长应该清醒地认识到，实际情况到底是什么，如果与实际情况不符，就要立刻制止这种行为，而不是一味迁就孩子。

我要讲的第三个是配合。我经常讲，学校和家长是利益共同体、命运共同体，是相互支持、相互帮助的朋友关系，而不是敌对关系。学校好了，家长学生受益；家长支持了，学校必然发展顺利。人常说，要搞好教育，必须社会、家庭、学校三家共同发力，否则再好的学校教育都不可能顺利进行。而在社会、家庭、学校三合力当中，家校合力是最重要最关键的。因为这牵扯到家庭、学校双方各自的具体利益。家校之间的任何不愉快、不合作，受害的永远是学生、是家长。家校就像一家人，家和万事兴，这个大家庭如果有事，大家齐心协力共同解决，学校就会腾出大量精力抓教学抓质量，最后受益的必然是学生、是家长。所以，配合太重要了。

一个老生常谈但又不得不谈的话题，就是手机管理问题。国家明文规定，手机不得进课堂，但由于各种各样的原因，屡禁不止。问题在哪里？我认为还是配合不力。手机是个双刃剑，确实可以方便上网查阅资料、有效沟通，但手机同时也可以打游戏、浏览不良网站、微信聊天、刷抖音等，这些都是分散孩子注意力的祸首，甚至导致孩子误入歧途。从弊大于利这个角度，我认为还是要在校园内禁手机，不然，其害无穷。有些家长认为，我的孩子自控力强，能管住自己，这话很没有说服力，试问几个成年人能管控住自己不刷抖音、不聊天？其次，需要配合的是住宿问题。我是师范毕业，原始学历低，但我是我们师范班里唯一一个在省示范高中当校长的人，为什么？我反思了一下，与我在初一开始就住校读书有很大关系，因为在校住宿期间，我的人际交往能力、财物管理能力、自我管理能力、组织管理能力等都得到了有效锻炼，所以，我一参加工作，这些能力便使我显得比别人更出众。反思现在的家长，过分溺爱孩子，怕宿舍吵影响孩子休息，希望孩子一人独处无干扰，甚至希望孩子生活在“真空”中。但问题是孩子总是要走上社会的，他们如果在宿舍住宿的时候就学会了抗干扰、能合群，那么以后在社会生活当中他就能有效解决遇到的问题。事实上，我们学校的宿舍条件和宿舍管理是相当不错的。第三个需要配合的是要慎重对待孩子外出借读。每年我们学校都要对外出借读的学生进行统计分析，发现外出借读学生 95% 都失败了。为什么？因为孩子能考到临潼中学，那位次和水平目前就是这个层次的，而这个层次的学生临潼中学最适合他。违背他的真实水平，到你认为好的地方揠苗助长，失败是必然的。有一个典型的例子就是，2022 年我们一个领导的孩子本来考上了临潼中学的示范班，高一只上了一学期就把孩子转到另外一所区内省示范高中的示范班，结果三年后孩子连二本都没考上，而原班的学生都考上了。所以，家长朋友们，要慎重对待外出借读，外出借读有很多不可控的因素。第四个也是最需要家长配合的工作，就是配合老师教育好自己的孩子。在很多人抱有“躺平”思想、多一事不如少一事的情况下，我们的老师还有勇气和爱心批评教育你的孩子，你应该感到荣幸，你应当感恩你能遇到这样一个好老师。假如你遇到了这样一个老师，你应该给予鼓励和支持，而不是让他既担了学生的责任又受到了家长的伤害。惯子如杀子，你对孩子没有底线的娇惯，必将给孩子未来的发展埋下祸根。家长朋友们，现在的孩子不好管啊。家长如果不能正确配合，那么一些不该发生的悲剧就很有可能会发生。有一天，我们的主管校长告诉我，一个学生自己在网上买药要自杀，而且还说要死在学校里给她妈挣点钱。我听后非常震惊，又哭笑不得，震惊的是她这么小，心理问题咋这么严重，哭笑不得的是她都这样了还有这份孝心。我告诉主管校长，一定要让家长带学生回去看病休养，在生命和学习之间，生命比学习更重要。再者，要委婉地告诉学生，用金钱衡量你伟大的生命太不值得，何况，学校经费非常困难，有时候连水电费都交不起，如果你想给父母挣钱那你就得好好调养身体、好好学习，将来找份好工作回报父母。你看，我们难不难？作为校长，面对近三千名师生，我整天提心吊胆，如履薄冰，总是怕出现安全事故，毕竟生命不保，何谈教育！

家长朋友们，由于时间关系，我就简单谈这几点。以后大家有啥问题或者难处，我随时在学校等你。我相信，这个世界没有解决不了的问题，只要我们加强交流与沟通，只要我们以诚相待，我们一定能在孩子的教育问题上达成共识，也一定能把孩子教育成为我们所期待的样子。人有善愿，天必助之。但愿我们的孩子个个都能成才、成功、成人，但愿临潼中学的明天更加美好！谢谢大家！不当之处，敬请大家批评指正！

（本文是作者2023年期末在三个年级家长会上的讲话）

生活虐我千百遍　我待孩子如初恋

2023 年即将结束，感谢您常年来对临潼中学的包容、谅解、关心和支持，您辛苦了！

2023 年对于临潼中学来说，是不平凡的一年，这一年我们完成了临潼中学人 20 多年来未曾实现的梦想，成功创建了省级示范高中。至此，在西安教育的第一方阵里也出现了临潼中学的影子。虽然距离名校强校的梦想还有很长的路要走，但我们毕竟迈出了坚实的第一步。相信在不久的将来，临潼中学一定会成为高质量、有特色、能示范的省级品牌名校。学校今天能成为省级示范，实现跨越式高质量发展，离不开家长朋友的鼎力相助，在此，我真诚地向您道一声：谢谢啦！

2023 年对于家长朋友来说，我相信也是不平凡的一年。据我了解，您这个年龄段的人，既是社会的中坚力量，又是家庭里的中流砥柱，上有老下有小，历经岁月的沧桑，肩负生活的重担，的的确确很不容易。面对家长朋友们的困境，我们虽然爱莫能助，但深表同情，并在学校力所能及的范围内会给予最大限度的帮扶。我相信，没有过不去的坎，困难只能吓倒懦弱者，真正的强者是看清生活的本质后依然热爱生活、乐观面对生活的人。我相信，此刻读信的您，也一定是一位意志坚强、乐观向上、积极生活、敢于挑战的人，唯如此，您的孩子才会像您一样，成为人生的强者。

家长朋友们，生活再苦再累，我知道您都能支撑下来，只要作为您生命延续的孩子有出息，您就是舍弃生命也在所不惜。我很能理解您作为家长对于孩子所寄予的厚望，这是为人父母最柔弱也最坚强的地方。尽管您非常爱自己的孩子，可能也会为他（她）的未来发展而焦虑，但我还是希望您能冷静下来理智地看待孩子的教育。高中学生，习惯基本养成，性格基本定型，这个时候唠唠叨叨地说教、强制性地命令真的于事无补，只能增添他们的烦恼。最温柔的伤害就是以爱的名义对孩子进行道德绑架，打亲情牌、打苦情牌，强迫孩子按照家长自己的意愿行事。这个世界上，无论是人与人之间的社会关系还是亲子关系，其实最重要的是理解——家长理解孩子成长中的困惑，孩子理解家长生活工作里的艰辛，并在理解的基础上相互陪伴、相互成就。很多家长因为过分焦虑孩子的将来，固执地认为只有学习才能拯救孩子，于是给了孩子超出自我承受能力的压力，致使孩子逐渐出现心理问题。作为校长，我从来不否认学习的重要性，而且我们在抓学习质量方面也绝不含糊，但面对越来越多的学生问题，我不得不开始反思：学生为什么而学习？还有没有比学习更重要的事情？一个陪在您身边过普通生活的健康孩子，和一个考上“985”“211”大学找到好工作，但一天到晚寻死觅活的孩子，您更喜欢哪一个？大量的事实告诉我们，比纯粹的知识学习更重要的是，培养孩子健康的身心、完善的人格、乐观的心态、善良的德行、顽强的意志、耐挫的精神和向上的斗志。有时候，是我们误解了学习的真谛，学习不是或者不仅仅是为了谋生，学习是一场心灵的修行，是为了创造更好的生活。基于此，希望家长在面对不确定、不稳定的生活时，在面对自己的诸多不如意时，不要把生活给予您的痛苦和折磨传递给孩子，不要让他们在小小年纪便过早地看到生活的阴暗面，背负沉重的亲情债务。既然您已经替孩子蒙受了苦难，那就请您多一分理智少，少一分焦躁，多一分现实少，少一分幻想，多一分共情，少一分执念。

随着数字化时代的来临，现代家长的视野和见识越来越宽广，对教育也都有了自己的独到见解，对此，我很欣慰。就像一千个读者就有一千个哈姆雷特一样，每个人对教育的理解不同，对学校教育、孩子教育的期望值也就不同，这很自然。临潼中学这些年来尽管在校园环境、硬件建设、文化建设、特色发展、高考成绩等方面取得了长足进步，然而离群众满意的家门口的名校强校还是存在一定的差距。但就像我们教育学生那样，不要害怕跟名校比，只要敢于正视问题，勇于改革前行，我们最终也会实现超越。学校和家庭本应有着共同的利益、共同的责任、共同的目标，那就是为了孩子好。但我们往往做不到相互信任，导致家校存在一定的沟通障碍，这严重影响了孩子的教育。金无足赤人无完人，临潼中学也不可能完美无缺，尤其在当前经费紧张、形势复杂的情况下，肯定还会存在这样那样的问题，但只要我们同向而行，没有解决不了的问题。作为校长，我真诚地邀请您来学校坐坐，我知道，您对学校的发展肯定有很多好的建议，或者您对学校还存有不少的怨言，我希望能够面对面地听听，以便我们更好地改进提升，为孩子创造更好的育人环境。

家长朋友们，2024 年即将来临，不管我们过去经受了多少磨难，不管我们还有多少没有实现的梦想，面对未来，让我们一起拿出勇气，拿出信心，努力前行，不断奋斗，在充满机遇的 2024 年努力开创属于我们自己的美好生活吧！

纸短情长，就此搁笔！再次感谢您的阅读！衷心感谢您对临潼中学和我个人的大力支持！愿善良者皆得所愿，愿爱人者皆得所爱！

（本文是作者 2023 年年末致家长的一封公开信）

誓师见证成长 高考成就未来

今天，我们齐聚一堂，共同见证同学们成长过程的重要节点，共同聆听同学们百日冲刺的豪言壮语，令人激动，使人振奋！家长朋友们更是舍弃了休息时间，来到学校，和我们一道共商教育大计，共谋教育良策，作为校长，我万分感谢！

现代的家长都是受过良好教育的家长，对孩子的教育都非常重视，也有着对教育的独特认识，这对于家校协作搞好孩子的教育大有裨益。但我们必须清楚地认识到，家庭教育代替不了学校教育，学校教育的同时也不能忽略家庭教育，所以，我们坐下来共商共谋孩子的教育非常有必要，这也是教育的应有之义。

今天大家来到学校，我想，绝非是想听我吹捧学校、吹捧老师，大家关心的是近期学校是如何抓教育的，自家孩子目前的学习状况是啥，针对孩子学习当中存在的问题老师们采取的方法措施是啥。我想，这是家长之常情，无可厚非。刚才主管高三的汪校长就后期如何复习、管理作了简单详实的讲解和说明。关于孩子的具体情况，在接下来的班级小会里大家一定会了解到：目前孩子的六大科目中哪些科目薄弱，薄弱科目中哪些方面存在问题，针对这些问题学校该怎么办，老师该怎么办，学生该怎么办。当然，今天家长来了也要思考您该怎么办！作为校长，上面这些不是我关注的重点，我更在乎的是认知和心理——影响高考的非智力因素。

家长朋友们，我不敢说在座的所有人对孩子学习方面的答疑解惑都束手无策，但至少我们当中一大部分人都难以应对当前日益复杂多变的高考试题和高考问题。在这样的情况下，作为家长你该如何面对孩子的高考复课备考？是束手无策然后听之任之呢，还是喋喋不休盲目指挥呢？是心平气和充分尊重孩子的意愿，给予他们足够的空间呢，还是过度焦虑把自己的想法粗暴地强加给孩子，不给他们留任何喘息的余地呢？这里就存在一个认知问题。考上大学是人生的全部吗？考不上大学人生就完了吗？考上好大学人生就完美幸福吗？其实，这些问题都是常识问题，日常生活中常见的各种案例就能回答，但很多家长回避这些问题。作为家长，如果我们敢于直面这些问题，我们就能理智地对待孩子的高考问题。不可否认，考上大学将来成功的概率会大一些，生活会相对有保障一些，但考不上大学，难道人生就无望了吗？其实考上大学只是通往未来人生成功道路的一种可能性的选择，而非全部。

即便有些人考上了大学，但为了梦想却毅然决然在大学辍学创业，最后也成了非常成功的人，比如曾经的世界首富比尔·盖茨，在哈佛大学二年级就辍学创业；现在的 OpenAI 公司 CEO，ChatGPT 之父山姆·阿尔特曼也是在大二就辍学创业，目前公司市值近千亿美元。还有一个值得思考的问题：你能说考不上好大学孩子将来就一事无成吗？任正非大学也没上过，不也从深圳办小厂起家，最终办成了中国最牛的“华为”吗？当然有人说，这些人的成功都有背景，姑且不论他们有没有背景，中国比他们有背景比他们厉害的人多了，为啥那些人没有成功而任正非他们成功了？所以，关键还是在个人的努力！有了这些认知，作为家长，面对孩子高考的时候，你还会焦虑如果孩子高考考得不好就会认为他们的人生从此就到了完蛋的地步吗？当然，在这里我不是鼓励家长不关心不在意孩子的高考，也不是否认高考的作用和意义，而是我们在谈论高考的时候，必须要有一个宽松环境和理性的认知心理，那就是高考再重要那也是人生的一部分，是未来成功成才的一种路径选择，人生未来的成功和高考有关系，但没有必然的联系，未来孩子的人生可能是多种多样、丰富多彩的，成功的路径和方式也是各种各样、千条万道的，取得成功的时间也有长有短——有少年英才的，也有大器晚成的。所以说，孩子的未来成功成才绝不能仅仅被一个高考就完全限定了。

说这么多，其实就是希望家长朋友们有一个理性认知，切莫过分焦虑，以至于孩子还没高考就已经失败了。作为家长，在我们不能辅导学生课业的情况下，我们在高考前能为孩子做点什么呢？作为曾经的家长，我想有效的陪伴，给孩子提供良好的情绪价值，是我们家长服务孩子的最佳方式。最忌讳的方式就是喋喋不休地说教，打感情牌、苦情牌，无休止地跟在他们身边，看守他们、监视他们——翻看他们的日记、手机等，把他们当成高考的机器和实现家长自己梦想的工具。离高考已经不足 100 天了，讲任何大道理已经没有意义了，还不如尊重他们、有效地陪伴他们，让他们把三年所学全部发挥出来，争取最大化的成功。我建议有时间陪他们一起去野外徒步，或者陪他们一起登山，在徒步登山的过程中，放松身心自由交谈，相互交心，也许平时解决不了的问题在此时也就迎刃而解了。或者有时间陪他们看一场电影，一起讨论观后感，在相互谈论当中感情进一步拉近，信任不断地增强，也许你跟孩子之间很多积弊已久的问题自然而然就解决了。或者有时间陪他们一起购物逛街，或者和孩子一切做做饭，有说有笑，也许很多烦恼就没了。如果能够跟孩子一起阅读，一起感悟，那就更好了。我说这些，是抛砖引玉，其作用是此处无声胜有声，看似无关高考却心系高考，因为只有当我们给孩子创造一个更加开放宽松的环境时，他们才不会恐惧高考，才不会把高考看成决定命运的生死门，才会以淡定从容的心态面对高考，才有可能在考场发挥出最佳水平。

家长朋友们，作为校长，有时候我跟你们一样，也有很多无奈，虽然我从教三十多年了，但面对现在的孩子我也有一脸茫然的时候，也有无计可施的地方。然而当你问我怎么面对他们、面对教育时，我还是会说，我爱他们，因为他们比我们聪明，他们是未来的希望，是改变这个不完美世界的一颗种子，有了他们的存在，这个社会将会变得更加美好。

同学们，我想对你们说的是，你们每一个人都了不起，你们未来有无限种可能，每一个人将拥有专属于自己的成功之路，每一个人都有自己绽放异彩的光辉时刻，因为你们叫年轻人。如果说你是一棵树，那我希望你成为参天大树；如果说你是一棵草，那我希望你是“疾风知劲草”中的劲草；如果你是一粒苔花，那我希望你虽然“苔花如米小，也学牡丹开”。同学们，你们能进入临潼中学，说明你们都是过去初中的出类拔萃者，你们有实力战胜高考，取得成功。你们生而为人，注定与众不同，注定这个世界因你们而变得伟大。所以，相信天生我材必有用，相信这个世界唯有你不是多余。

同学们，你们必将实现你们的梦想，因为在你们实现梦想的路上，有一群可亲可敬、如父如母的老师们在谆谆教导你，有一群心怀理想敢于拼搏的同学们在与你一路前行。你们不孤单，有一个人也是你们坚强的后盾，作为校长，尽管不能常伴你们左右，但我心系莘莘学子，常常在心里默默为你们加油打气。

同学们，没有随随便便的成功，风雨之后方见彩虹。国家安全战略专家金一南教授说：有本事的人都是被逼出来的，大都置之死地而后生，一个人没有进入过绝境，没有进入过万念俱灰，没有进入过一筹莫展，没有体验过绝望，这个人很难成为一个有本事的人。从这个意义上讲，高强度的高考，对于我们每个同学来说，不是一场灾难而是一场考验，不是命运对我们开的玩笑而是上苍给予我们化茧成蝶、凤凰涅槃的一次机会。现在不经历高考的苦，未来就要受生活的苦；现在享受高考的快乐，未来才能快乐地生活。

同学们，这个世界其实并非你想象得那么可怕与复杂，我们恐惧它，是因为我们自身不够强大，人常说艺高人胆大，万事不惧怕，只有我们不断努力学习提高自身本领，练就一身金刚不坏之躯，我们才会有足够的自信来应对生活、应对未来。我刚才给家长们说不要过高估计高考的作用，但对于我们普通人家的孩子来说，高考仍然是实现成功的最佳路径，考上好的大学就有更多机会改变自身命运，实现鲤鱼跳龙门的华丽转身。以后大学慢慢就会变成一种学历教育，考上大学你未必会有一个好工作，但大学能提高你的认知，使你在无形当中进入了一个更高的层次、更广阔的圈子，可如果考不上大学，你就会有可能被滞留在低层次，那时再想要实现跨越，你就得付出更多的努力。与其这样，不如现在就发奋努力。

目前，很多同学到了瓶颈期，出现了“高原反应”，就是再怎么努力都好像原地不动，久而久之，有些同学就心灰意冷，甚至产生了躺平放弃的念头。其实，一轮对于基础知识点的全面复习只是前奏，二轮及以后的综合复习才是关键。靠死记硬背考上好大学的时代一去不复返了，现在的高考，更加注重的是考查同学们发现问题、分析问题、解决问题的能力。所以，当你再努力都感觉原地不动的时候，就要转换大脑、转变思维，就要思考改变方式、改变方法，另觅新路，而不是选择放弃。有人说，高考就像一场战争，贵在坚持。就像拿破仑说的，战争的胜利取决于最后五分钟。高考就像是一次和自己的对决，贵在勇气，狭路相逢勇者胜。希望同学们用坚持赢得高考，用勇气战胜自己，将高考进行到底！

虽然我还有很多话要说，但由于时间关系，我就讲这么多。会后，如果家长朋友有需要，欢迎您和我单独交流。

最后祝家长朋友们身体健康、万事顺遂！祝所有同学们学有所成、梦想成真！更祝愿临潼中学的未来因家长朋友们的支持和同学们的努力而更加美好！谢谢大家！

（本文是作者2024年3月7日在高考誓师冲刺大会暨高三成人礼仪式上的讲话）

附录

蓝图擘画

第一章 西安市临潼区临潼中学三年发展规划

西安市临潼区临潼中学三年发展规划（2020—2023）

一、学校概要

临潼中学始建于1958年，初名城关中学，1999年迁于现址（临潼区体育路8号）并更名为临潼中学。学校坐落在骊山脚下，渭水之滨，东眺兵马俑，西望华清宫，是一所办学历史悠久、文化积淀深厚、校风严谨、学风浓郁、在当地享有较高声誉的陕西省标准化高中。校园占地面积47399平方米，总建筑面积41937平方米。

学校现有教学班54个，在校学生2500余人。2004年4月晋升为西安市重点中学，2008年12月晋升为陕西省标准化高中。学校教职工共计245人，其中专任教师206人，研究生学历64人，本科学历172人。高级教师75人，中级及以上教师154人，省市级教学名师、学科带头人、教学能手61人。

学校布局合理，三区分离；环境优美，四季常青；以文化人，五育并举。学校先后荣获“陕西省教工委文明校园”“陕西省家长学校示范校”“陕西省平安校园”“陕西省科研兴校明星学校”“陕西省依法治校示范校”“陕西省校园文化建设创新单位”“西安市文明学校”“西安市首批绿色学校”“西安市园林式单位”“西安市健康教育示范学校”“西安市卫生学校”等40多项荣誉称号。办学60多年来，学校屡获殊荣，培养出了薛宏伟将军等一大批杰出校友，为国家输送了数以万计的优秀人才。

二、指导思想

学校以习近平新时代中国特色社会主义思想为指导，紧紧围绕立德树人的根本任务，坚持“成就教师 奠基学生”的办学理念，实施“文化兴校、特色强校”战略，深化教育改革创新，全面发展素质教育，构建德智体美劳全面发展的教育体系，全面推进创建省级示范高中的各项工作，促进学校高质量特色化发展，努力成为人民群众满意的家门口的特色品牌强校。

三、行动目标

（一）总目标

完善各项基础设施、部室建设，加强学校文化体系建设，挖掘特色发展资源，完善管理机制，深化课程改革，提升教师整体素质，打造名师集群，强化教科研工作，着力打造绿色校园、人文校园、特色校园，努力把临潼中学打造成为区内一流、省市知名的省示范高中。

（二）分项目标

1. 基础设施建设和部室建设

以省示范高中办学条件为标准，不断完善、优化基础设施，不断改进、提升部室建设，全面提升办学条件。

2. 学校文化建设

总结、提炼、整合、优化现有的各种学校文化元素，打造成具有体系的临潼中学文化框架，编制《临潼中学文化》一书。

3. 完善课程体系

逐步设立课程规划发展指导中心和学生发展指导中心，统筹协调校本课程建设、社团建设、研学旅行、生涯规划等工作。

4. 建章立制，优化内部管理机制

完善各种管理制度，尤其是完善绩效工资分配制度，改革职称评定办法。改革学校内部行政运行机制，不断提高行政效能。

5. 加强师资队伍建设

完善教师聘任制，完善奖惩机制，创设教师成长发展平台，加强教师师德师能的培训与提高，加强教学研究与实践，加强课程改革，进行课堂革命，打造一支素质精良，业务精湛，师德高尚的临潼中学教师铁军。

6. 提升教学管理，打造高效课堂

加强教学的过程性和常规化管理，用过程的扎实有效来保证效果的稳定可靠。加大课堂改革力度，打造具有临潼中学特色的课堂教学新生态。改革教研室、教研组、备课组的相关工作，提高工作效能。

7. 强化德育工作，加强班主任队伍建设

以《中小学德育工作指南》为指导，强化德育工作，打造具有我校特色的德育模式。建立班主任成长发展机制，不断促进班主任向专家型、学者型、智慧型方向迈进。

8. 加强信息化建设

提升教育信息化水平。推进智慧校园建设和西安市优质教育资源共享平台的应用，实施教师信息技术应用能力提升工程，积极组织教师参加全市教师信息化教学能力大赛，提升教师信息化素养，吸纳更多教师参与 STEAM 教育、创客实践、人工智能等校本课程研究的实施之中。

9. 发挥示范引领作用

深化丰富“名校 +”教育联合体交流模式，对“+ 校”马额中学、陕鼓中学、新丰职教中心从师资培训、课堂教学改革、学校文化建设、特色建设等方面进行帮扶提升。

四、工作措施

（一）基础设施建设和部室建设

1. 2021 年：自筹资金，年底内完成学校旧大门的彻底翻新重建；完成鹏举楼（高三年级教学楼）室内粉刷 5900 平方米，铺设室内外地胶 2270 平方米；完成秀慧居（女生宿舍）、轩昂居（男生宿舍）室内粉刷 61936 平方米，更换防火宿舍门 442 个，资金来源为办公经费中的维修费；完成 1 个物理探究室、1 个化学探究室、1 个生物探究室的改造提升，更换物理、化学仪器柜 80 个；新增部分物理实验器材、3 台智慧黑板及 20 台笔记本电脑，资金来源为市教育局专项资金。

2. 2021 年—2023 年：完成学校墙体外立面改造共计 26914 平方米，其中教学区用楼外立面真石漆粉刷部分 14606 平方米，生活区用楼外立面外墙涂料粉刷部分 12308 平方米；完成实验室、教室内粉刷 23100 平方米，完成教室墙裙粉刷 1944 平方米；

完成部室、教室地胶铺设9270平方米；完成新建操场8998平方米，新建操场观礼台658平方米；完成全校主干道和前广场彩色沥青铺设6670平方米；完成学校围墙粉刷1300平方米。完成1个物理力学实验室、1个物理电学实验室、1个校园电视台的改造提升，完成新建2个生物实验室、1个创客教室、1个通用技术实验室。资金主要来源为市教育局专项资金和学校维修费用。

3. 对粉刷完成后的男女生宿舍、所有教室以及楼道、所有部室实验室、主要楼体外立面进行文化布置。对改造后不适宜的地方进行绿化美化。以绿化为背景，以文化为主题，对学校中心广场和前广场进行改造升级，打造完成以学校精神命名的图强园（中心广场）的建设。

4. 组织实施：张哲副校长牵头，总务处孙旭主任负责落实，办公室、教务处、政教处做好配合。

（二）学校文化建设

1. 2021年：总结梳理，提炼整合。在全校师生中开展学校文化大讨论，在总结现有文化元素的基础上，结合学校当前发展现状，提炼、整合、构建出符合学校高质量发展需要的文化体系。组织专门班子，对师生大讨论后新的学校文化进行研讨，形成初稿。然后再次发放到师生当中进行第二次意见和建议的征集工作，形成二稿。将二稿发放至家长和社会各界代表手中，改进后形成三稿。

2. 2021年—2023年：专家献策，优化提升。在学校文化脉络基本明晰的前提下，邀请陕师大专家组对三稿进行研讨，提出改进意见，形成定稿。搭建班子，形成体系。在定稿的基础上，学校领导班子深入研究，将新的学校文化元素进行梳理，形成我校较为全面的文化体系，并编著《临潼中学文化》一书。

3. 组织实施：薛耀军校长主抓，制定《临潼中学学校文化建设总体方案》，全面进行文化建设。

（三）完善课程体系

1. 2021年：对现有国家课程进行全面梳理研读，开齐开足国家课程，严格落实国家课程要求。在一些学校强势科目上进行二次开发，形成具有临潼中学特色的学科校本教材，拓宽学生思维，提高学生的学科学习兴趣，并通过学科社团形式进行落实。

2. 2021 年—2023 年：把研究性学习、兴趣类社团、职业生涯规划和第二课堂有机结合，形成拓展类课程。比如生涯规划课程、金牌主持人传媒课程、日语直通车课程、大师梦美术课程、中医药课程、贤达大讲堂、青年业余党校课程、野外拓展课程以及各类特色社团活动课程等，并开发相应的校本教材 10~15 种，通过兴趣类社团进行落实。组织学生开展社会实践、调查调研、职业观摩体验、研学旅行，以此推进学生综合实践活动课程的开展。修订和完善我校课程实施方案，出台《临潼中学新课程实施方案》《临潼中学课程管理方案》《临潼中学校本课程管理方案》等。

3. 组织实施：宋小彬副校长牵头，教务处汪永刚主任负责实施，政教处、教研室、团委做好配合。

（四）建章立制 优化内部管理机制

1. 2021 年：对原有的各种规章制度进行梳理，去伪存真，去虚存实，从教育教学管理、学生管理、安全管理、后勤管理等方面入手，建立一整套新的规章制度，并编制成册，形成《临潼中学教学管理手册》《临潼中学班主任管理手册》《临潼中学学生管理手册》《临潼中学后勤管理手册》等。完善旧有绩效工资分配制度，制定《临潼中学绩效工资发放实施方案》。改革职称评定办法，制定《临潼中学教师职称晋升量化考核方案》。改革评优奖励办法，制定《临潼中学优秀教师、优秀班主任评选办法》。

2. 2021 年—2023 年：改革学校内部行政运行机制，不断提高行政效能。进行管理架构建设，继续改革、完善行政运作体系，强力落实“三大工作原则”和“项目负责制”，尝试实行“级部制管理模式”，不断完善“条 + 块”行政运行机制；使责权利有机结合，使“条”的服务监督统筹功能和“块”的具体落实功能完美契合——相互督促、相互补充、相互提高，充分发挥管理者的积极性、自主性和管理潜能。

3. 组织实施：薛耀军校长牵头，教务处汪永刚主任、政教处宁斌主任、后勤处孙旭主任负责实施。关于内部运行机制部分，校委会成员配合校长参与实施。

（五）加强师资队伍建设

1. 2021 年：向区教育局申请紧缺的各科教师，全面落实区管校聘方案，改革我校聘任制办法，制定教育教学全面量化考核方案，制定优秀教师、班主任评选办法。加强教师行为文化建设，总结提炼教师行为文化，并形成文本。通过课堂改革，倒逼教师不断提升理念，改进教法，提高质量。

2. 2021年—2023年：充分发挥教研室、教研组和备课组的组织引领作用，制订教师专业发展计划，教科研计划。落实青年教师培养计划和教学能手、骨干教师、学科带头人培养计划。建立校内教师成长发展梯级机制——“五级品牌”教师、班主任评选机制。并以此为基准，发展壮大我校“三级三类”教师队伍，形成省区市校四级骨干型教师、卓越型教师乃至专家型教师的人才梯队。每年能成立1个区级乃至以上的“名师+”联合体。通过持续推进特色课堂建设，打造一定数量的精品课堂。注重教科研，积极承担省区市教研课题，争取承担国家级课题，使我校教科研水平高质量发展，教科研成果稳步提升。

3. 组织实施：宋小彬副校长牵头，教务处汪永刚主任负责实施，办公室、教研室（教研组、备课组）全力配合。

（六）提升教学管理，打造高效课堂

1. 2021年：加强常规管理：聚焦课堂，规范教学秩序，加强课堂教学管理。注重过程性评价，做好教学质量监控。深化课堂改革：构建适合我校实际的“三环五步”教学法以及各科具体教学模式，并推广运用。及时了解高考综合改革新动态，探索适合学校实际的走班教学模式，以良好适应高考改革新形势。

2. 2021年—2023年：继续深化课堂教学改革，用课堂改革倒逼教师加强教学研究，改变教师的教和学生的学，真正体现“教师主导，学生主体”的教育思想和“先学后教，以学定教”的教学思想，不断提高课堂教学效率。继续优化“三环五步”教学法以及各学科具体教学模式，并形成范式，结集成册《临潼中学“三环五步”教学法有效教学探究》《基于“三环五步”教学法下的学科教学模式探究》。

3. 组织实施：宋小彬副校长牵头，教务处汪永刚主任负责具体实施，办公室、教研室做好配合。

（七）强化德育工作，加强班主任队伍建设

1. 2021年：加强班主任队伍建设，打造具有我校特色的班主任成长发展梯级机制——“五级品牌”班主任评选机制，不断促进班主任向更高更好更专业的层级迈进。完善改进班主任工作考核评价奖励办法，注重对青年班主任群体的培养。

2. 2021 年—2023 年：以《中小学德育工作指南》为指导，强化德育工作，打造具有我校特色的德育模式——九鼎德育模式。把无形的德育和有形的落实相结合，通过课程育人、活动育人、实践育人、文化育人等方式，真正让立德树人的根本任务落地生根。

3. 组织实施：任俊伟副校长牵头，政教处宁斌主任具体实施，各级部做好配合。

（八）加强信息化建设

1. 2021 年：改造升级有线网络，实现校园网全覆盖。将现有网络再扩容提速，以满足教育教学的基本要求。在学校醒目位置和重要位置，安装动态显示屏。建立和引进优质教育资源平台，实现信息资源共享。

2. 2021 年—2023 年：对学校视听系统进行全面升级，包括校园安防系统，教室内外广播系统，男女生宿舍安防系统以及校园电视台、电子班牌等。建立巡课系统，设置三个巡课室，让领导老师能随时随地听取其他老师的课堂教学，让班主任能随时随地观察了解学生在班级的动态。借助市局专项资金，全面开启智慧校园建设。

3. 组织实施：宋小彬副校长牵头，教务处、政教处、后勤处、办公室、信息中心协调落实。

（九）发挥示范引领作用

1. 2021 年—2023 年：坚持教师交流常态化，坚持大型活动资源共享，加强学生德育合作交流。深化丰富“名校 +”教育联合体交流模式，对“+ 校”马额中学、陕鼓中学、新丰职教中心从师资培训、课堂教学改革、学校文化建设、特色建设等方面进行帮扶提升。

2. 组织落实：宋小彬副校长牵头，工会副主席李水利和名校 + 负责人胡慧珍老师负责具体落实，其他部门做好配合。

五、工作保障

（一）组织保障

成立以校长为主要负责人的工作领导小组，全面推动计划的组织实施，及时协调处理各种问题。落实各领导、各处室、年级组、教研组、备课组等的主体责任，制定各自的三年行动计划，有序推动任务的有效落实。既各自牵头实施，又相互配合形成合力，有效地推动任务的完成。

（二）资金保障

严格落实资金预算，用好教育资金。同时，积极争取上级部门的资金支持，为学校项目建设、设施设备配备、教师队伍建设、教育质量提升等提供保障。

（三）督查考核

充分发挥教育局派驻学校纪检员的作用，建立行动计划落实的考核制度，把任务落实到具体的处室和个人，要求各处室、各相关责任人定期汇报工作任务完成的进度，并把考核结果纳入年度考核中。对于完成不力，造成严重后果的个人要进行组织问责和惩处。建立教代会报告制度：利用一年一度的教职工代表大会，校长要向全体代表报告发展规划进展情况，以接受教职工代表大会代表的民主评议和监督。坚持问责制度：教代会代表有权就发展规划中未能开展或没有做好的工作向有关职能处室进行问责。

西安市临潼区临潼中学

2020 年 12 月

第二章　西安市临潼区临潼中学五年发展规划

西安市临潼区临潼中学五年发展规划（2021—2026）

临潼中学始建于1958年，初名城关中学，1999年迁于现址（临潼区体育路8号）并更名为临潼中学。学校坐落在骊山脚下，渭水之滨，东眺兵马俑，西望华清宫，是一所办学历史悠久、文化积淀深厚、校风严谨、学风浓郁、在当地享有较高声誉的陕西省标准化高中。校园占地面积47399平方米，总建筑面积41937平方米。

一、学校发展背景

（一）学校概况

学校现有教学班54个，在校学生2500余人。2004年4月晋升为西安市重点中学，2008年12月晋升为陕西省标准化高中。学校教职工共计245人，其中专任教师206人，研究生学历64人，本科学历172人。高级教师75人，中级及以上教师154人，省市级教学名师、学科带头人、教学能手61人。

学校布局合理，三区分离；环境优美，四季常青；以文化人，五育并举。学校先后荣获“陕西省教工委文明校园”“陕西省家长学校示范校”“陕西省平安校园”“陕西省科研兴校明星学校”“陕西省依法治校示范校”“陕西省校园文化建设创新单位”“西安市文明学校”“西安市首批绿色学校”“西安市园林式单位”“西安市健康教育示范学校”“西安市卫生学校”等40多项荣誉称号。办学60多年来，学校屡获殊荣，培养出了薛宏伟将军等一大批杰出校友，为国家输送了数以万计的优秀建设人才。

（二）学校核心文化

临潼中学得益于秦唐文化得天独厚的精神滋养，在挖掘其蕴含的文化价值和精神意义的基础上，传承了秦人强秦所留下的“赳赳老秦、共赴国难”的历史文化基因，结合临潼中学60多年来“改革创新、奋发图强”的发展奋斗史，经过师生为期半年的大讨论，最终提炼出了以“厚德图强”精神为核心的校园理念文化系列。

依据党的教育方针和时代发展的要求，秉承“奠基学生，成就教师”的办学理念，我们提出了“好学笃行、坚毅乐观、自尊自强、爱国爱人”的育人目标，确立了“理想、责任”的校训，“爱国、文明、包容、创新”的校风，“启智、育得、敬业、求真”的教风和“博学、勤思、和谐、合作”的学风。鉴于国际国内形势的剧烈变化和国家发展对于人才的现实需求，本着“学生成才、教师发展、学校特色、社会认可、人民满意”的办学宗旨，学校提出了“环境优美、管理科学、质量卓越、特色鲜明”的办学目标。

学校以秦风唐韵为底色，以厚德图强为支柱，以校园文化建设为引领，倾力打造特色课堂、书香校园、九鼎德育、“1+N”办学模式等四大学校发展特色，并以示范创建为引擎，以此优化提升学校发展建设的各项工作。

（三）办学优势

1. 区位发展优势

临潼中学坐落在拥有秦兵马俑和唐华清宫两大历史古迹的文化名城临潼。临潼是大西安的副中心城市和后花园，区位潜力优势明显，历史文化底蕴深厚，交通方便快捷，经济发展繁荣，宜居宜业，是办学的理想场所。加之临潼中学以“临潼”二字命名，指向性明确，地域特色浓郁，因而得到了区委区政府的高度关注。同时，高质量发展的临潼中学，必将会成为临潼经济社会发展的新风景，对外交流的新名片，招商引资的新招牌。

2. 理念文化优势

经过60多年的发展，临潼中学积淀形成了“厚德图强”的学校精神，并以此文化核心为引领，秉承“环境优美、管理科学、质量卓越、特色鲜明”的办学目标，坚守“理想、责任”的校训，积极落实“奠基学生，成就教师”的办学理念，倾力打造“1+N”办学新模式，努力成为人民满意的家门口的好学校。

3. 特色建设优势

临潼中学近年来一直致力于改革图强，打造特色，创建品牌。2021年通过西安市特色实验学校验收，为学校打造特色课堂、推行特色德育、建设书香校园、培育“1+N”办学新模式等特色品牌建设提供了信心，指明了方向。

4. 动态发展优势

在创建省示范目标的引领下，临潼中学校园环境不断美化优化，办公条件不断改善提升，各类教育教学设施设备不断完善更新，校园文化建设继往开来不断焕发生机活力。在以创建促发展的思想指引下，临潼中学呈现出积极向上、只争朝夕、日新月异的发展态势。

5. 人心思变优势

临潼中学作为临潼城区一所公办高中，从办学规模、生源质量、区域影响力等方面，都和区上的省示范高中有一定的差距。对此现状，临潼中学人不服输，团结一致，奋力拼搏，在困境中求发展，有荣校兴校、努力跻身区内乃至市内优质名校行列的迫切愿望。

6. 卓越团队优势

学校拥有省市级学科带头人、骨干教师、教学能手等教学名师 35 人，西安市“三型教师”及培养对象 9 人，“名师 +”主持人 3 人，参与“名师 +”研修共同体的教师 39 人。这是一个师德高尚、业务精湛、积极进取、守正创新、富有战斗力的团队，他们在班级管理、课堂改革、教学研究、学科建设等方面都发挥着引领示范的作用，必将会带动整个临潼中学向前发展。

（四）存在问题

1. 学科缺少领头羊

目前学校各个学科缺乏领军人物，导致学科整体水平不高，表现为教科研能力不强，课堂改革动力不足，学科竞赛成绩不佳，在临潼区未起到示范引领作用。

2. 优秀集群待加强

临潼中学在编教师 200 余人，但没有一个陕西省特级教师，更没有国家级骨干教师，省市级尤其是省级“手骨头”教师数量相对偏少。高级教师占比不足 30%，距离省示范还有一定的差距。

3. 设施设备待完善

按照省示范的标准，学校还欠缺生物实验室等数十个部室。目前，学校还没有一个室内体育馆；图书馆借阅系统因发生故障无法使用；各种社团活动室缺乏，有待进一步改造完善；许多设施设备因年久失修，需要改造提升。

4. 中长期规划缺失

学校缺乏面向未来5~10年的发展战略规划，导致工作缺少明确的指引，工作的盲目性和随意性增加；导致各部门各唱各的调，难以围绕中心展开工作；导致工作缺乏长远打算，目光短浅，急功近利，心气浮躁。

5. 建章立制不到位

学校在教育教学管理和评优晋级等方面，缺乏相关的制度，导致教育教学过程管理无标准、不扎实、难评价，致使质量难以提高；导致在评优晋级过程中，公平缺失、人心离散，危害极大。

二、学校发展的指导思想和基本思路

（一）指导思想

依据中共中央办公厅印发的《关于建立中小学校党组织领导的校长负责制的意见（试行）》，紧紧围绕“为党育人、为国育才”这个核心，加强党对学校工作的全面领导，完善“五育并举”育人体系，强力提高培养时代新人的质量；坚持人民至上的原则，规范办学行为，提高办学质量，努力办好群众家门口的好学校；依据国务院办公厅印发的《关于新时代推进普通高中育人方式改革的指导意见》《深化新时代教育评价改革总体方案》和全国基础教育工作会议精神，贯彻落实全面发展观，不唯质量，不唯分数，全面贯彻党的教育方针，落实立德树人的根本任务，厚植爱党、爱国、爱人民、爱社会主义的情感，努力培养德智体美劳全面发展的社会主义建设者和接班人；坚持以改革创新促进教育教学高质量发展的思想不动摇，将改革创新意识和举措落实到学校工作的方方面面，大力实施特色发展战略、教科研强校战略、教育教学高质量发展战略，不断改善办学条件，不断推进教育教学方式的变革，不断提升教师素质，不断推进办学模式的改革，拓宽学生发展渠道，提高学生发展质量。

（二）基本思路

依据党的教育方针和时代发展的要求，以人为本，秉承“环境优美、管理科学、质量卓越、特色鲜明”的办学目标，坚守“奠基学生、成就教师”的办学理念，坚持科学发展，强化机制创新，强化特色意识，强化高质量发展意识，不断改善办学条件，不断推进办学模式改革，用5~10年时间把临潼中学打造成高质量、有特色、能示范的品牌强校。

1. 坚持“环境优美、管理科学、质量卓越、特色鲜明”的办学目标。

2. 坚持“奠基学生、成就教师”的办学理念。

3. 培养身心健康的社会主义建设者和接班人，保障学生的身心健康、合法权益、发展需求。坚持“把每一个临潼中学学子培养成为好学笃行、坚毅乐观、自尊自强、爱国爱人，具有人文素养、家国情怀和国际视野的现代有为青年”的育人目标。

4. 坚持党组织统领、校委会行政推进、领导科学管理、工会协调监督、教职工民主参与的办学运行机制。

5. 坚持德育图强、特色图强、管理图强、质量图强、课程图强、科研图强的办学方略。

6. 抓好四大特色建设。一是狠抓特色课堂建设，进行课堂革命，着力打造三个课堂，促进教育教学高质量；二是发展书香校园特色，以书香温润人格，丰沛灵魂，培植兴趣，激发创新；三是构建具有临潼中学特色的大德育体系，打造“九鼎”德育课程体系，培养学生的人文素养、家国情怀和国际视野；四是做好学生生涯规划，打造“1+N”办学新模式，开阔办学思路，拓宽学生升学发展通道。

7. 打造一支“大先生”队伍。习近平总书记在清华大学考察时指出，教师要成为大先生，做学生为学、为事、为人的示范，促进学生成长为全面发展的人。具体讲就是要在我校打造一支具有理想信念、有道德情操、有扎实学识、有仁爱之心的“四有”好老师队伍。

三、学校发展的总体目标和具体规划

（一）学校发展的总体目标

改革管理机制，细化学校内部管理，落实“三大工作机制”和“项目负责制”，尝试探索以“级部制管理”为核心的“条 + 块”管理模式，进一步加强党组织对学校工作的全面领导，进一步完善教代会参与管理、参与监督的民主机制；建章立制，组网布局，逐渐完善学校制度的建设，实现制度提醒人、发展人、成就人的新局面；

改善办学条件，完善基础设施，提升现有设备，优化美化育人环境，做好学校核心文化理念的物化表达和外化表述，发挥环境育人和文化化人的重要功能；打造好三支铁军，一是要打造好一支政治素质过硬、思想道德修养良好、教育教学理念先进、管理能力超强的领导铁军；二是要打造好一支师德高尚、爱岗敬业爱生如子、善于管理乐于管理的班主任铁军；三是要打造好一支具有敬业精神、现代先进教育理念和业务素质优良的教师铁军，有力保障学校高效管理和教育教学高质量发展；深化课程改革，树立一切皆课程的理念，根植课程育人意识，丰富课程育人途径，使课程建设成为学校实现高质量、跨越式发展的主要抓手；强化特色建设，落实我校“四大特色建设”，让特色成为文化名片，擦亮临潼中学品牌；树立科研兴校、质量立校、人才强校的教科研战略意识，加强新课改新高考研究、特色课堂改革、校本课题研究、校本教材开发、教师校本培训等工作，使教科研工作接地气、解决实际问题，真正助推教育教学发展；依据2021年教育部出台的《普通高中学校办学质量评价指南》，更新办学理念，改革办学模式，落实“五育并举”，加强“五项管理”，促进艺体类健康发展，促进学生德智体美劳全面发展；抓好后勤管理工作，不断深化后勤改革，努力服务好教育教学，服务好师生学习生活。

经过5年的发展，努力践行“学生成才、教师发展、学校特色、社会认可、人民满意”的办学宗旨，把临潼中学办成一所“有温度、有高度、有内涵的师生生命共同体和环境优美、特色鲜明、质量上乘、管理科学、运行民主的精品特色强校。”

（二）学校发展的具体规划

1. 学校管理目标

积极探索建立“四化”管理运行机制，即“制度建设规范化、管理行为科学化、决策过程民主化、资源管理数字化”，把管理抓实抓细，构建科学民主、运行高效的管理体系。

（1）发挥党组织领导作用，保证学校发展的正确方向。明确党组织全面领导学校工作，实行集体领导和个人分工负责相结合的制度。依法实施党组织领导下的校长负责制，明确学校党组织会议、校长办公会议的职责任务。建立健全党组织统一领导、党政分工合作、协调运行的工作机制，注重发挥教职工大会和群团组织的作用。

（2）树立现代管理理念，建立行政管理运行机制。进行管理架构建设，继续改革、完善行政运作体系，强力落实“三大工作原则”和“项目负责制”，尝试实行“分部制管理模式”，不断完善“条+块”行政运行机制；使责权利有机结合，使“条”的服务监督统筹功能和“块”的具体落实功能完美契合——相互督促、相互补充、相互提高，充分发挥管理者的积极性、自主性和管理潜能。

（3）建章立制，不断规范管理行为，提高管理效率。继续完善学校民主管理体系，发挥教代会参与管理、进行监督的重要职能，继续完善区管校聘制（教职工聘任制）、绩效工资考核制、全面量化制（年度考核制）、奖惩制、问责制、校务公开制、干部公开竞聘制等，充分体现社会主义分配原则，充分调动教师的从教热情和积极性，为教师提供不断成长发展的空间。至2021年底，建立健全教学管理相关制度，编辑《临潼中学教学制度汇编》；建立健全学生德育管理、安全管理相关制度，编辑《临潼中学学生管理手册》《临潼中学班主任管理手册》，进一步规范教学管理，加强学生日常管理、安全管理行为，使管理有规可依、有据可查，不断提高管理的效率。

（4）加强领导班子队伍建设，不断提高管理效能。抓好领导班子建设、班主任队伍建设和优秀教师群体建设，更新管理理念，增强服务意识，提升管理技能，修炼管理艺术，充分发挥管理效能，向管理要质量、要特色、要发展。利用3~5年时间，不断优化班子结构，推荐提拔更多年轻有为的青年教师进入领导岗位。

（5）加强民主管理力度，继续完善民主决策、民主管理、民主监督机制。进一步健全教职工代表大会制度，不断完善民主决策、民主管理、民主监督机制，为广大教职工积极参与学校民主管理营造良好环境，开辟畅通渠道。依法定期及时规范地召开教代会，对学校发展规划、重大建设项目和涉及教职工切身利益的重要事项，提交教代会表决。结合学校实际，进一步创新教代会工作机制，提高民主管理、民主监督的针对性和有效性。进一步健全校务公开制，加强校情和校务公开基础资料库的建设，编撰《临潼中学校务公开年鉴》。

（6）提升学校管理信息化水平，助推办公教学智能化、网络化、自动化、高效化。2年内搭建智慧校园平台，构建一个集教学、科研、管理、服务为一体的智能化学校，利用大数据、云网络对我校教育教学进行智能化管理，实现部室之间信息数据、资料文件共享，利用大数据进行各项教育教学指标的汇总、分析，进行精准化教学管理，提高管理效率。通过3年时间建立完善学校资源库建设，通过3年的实践培养提升教师综合信息素养，打造一支高水平信息化教学和管理团队，有力服务教育教学，助力教育教学高质量发展。

（7）加强后勤管理，深化后勤改革，不断提高后勤服务教学、服务师生意识。后勤工作要坚持以学校整体规划为指导，坚持后勤为教育教学、教科研、师生员工服务的思想意识，努力提高后勤管理队伍素质，规范后勤管理工作流程，规范预算、大宗采购申报制度，规范校产添置、管理、使用、维护保养和报损审批制度，规范学校重大经费使用实行校委会集体讨论和教代会审议通过制度，确保后勤工作目标明确、措施得当、保障有力、服务到位。进一步提高服务质量，为师生员工创造良好的工作、学习和生活环境，打造物质环境好、文化品位高、服务优良的和谐校园。

2. 学校德育目标

深入贯彻落实习近平总书记系列重要讲话精神，落实立德树人根本任务，不断增强学校德育工作的时代性、科学性和实效性，并依据教育部制定的《中小学德育工作指南》，着力构建方向正确、内容完善、年级衔接、载体丰富、常态开展的德育工作体系。

（1）形成德育工作的总体思路。逐步形成“全人员育人”“全过程育人”“全领域育人”的多元化课程育人体系。“全人员育人”就是全校教职员工都要担负育人职责，人人包抓学生，个个都是育人导师。“全过程育人”就是要将育人工作贯穿于学生整个高中阶段的全过程之中。“全领域育人”就是充分发挥教育、教学、管理、环境、人财物等育人功能，建构立体育人网络。至 2024 年底，总体完成建立具有临潼中学特色的“全人员育人”“全过程育人”“全领域育人”的多元化课程育人体系。

（2）构建面向学生未来的大德育体系。秉持“理想、责任”的校训，构建“九鼎”德育课程体系，搭建多样化活动载体，发挥家校社全方位德育网络作用，建构具有临潼中学特色的“九鼎”德育体系。“九鼎”德育体系的实施，就是要通过课程、活动、实践等方式，使我校校训所体现的道德价值和道德意义落地生根并得以综合实施。创设具有丰富内涵和外延的、使每一位学生有强烈参与感的沉浸式德育课程，全方位多角度助力学生成才、成功和成人。建立过程评价、立体评价、多元评价等多维多层评价机制，通过学生全员量化方案，以“星级学生评比”为抓手，形成“班级月星级学生—班级学期星级学生—年级学期十佳中学生—全校学年美德青年”评价梯级，树立先进榜样，带动其他学生发展。至 2022 年 10 月，要基本形成并逐步完善“九鼎”德育课程体系，构建具有临潼中学特色的大德育体系。

（3）不断拓宽实施德育的有效途径。在德育实施过程中，要发挥课程育人、活动育人、实践育人、管理育人、协作育人等五大育人途径的功能。尤其要反对无视学生情感需求和兴趣爱好、单向确立德育目标和内容的形式主义德育、说教型德育和强制型德育的做法。充分运用各种课程、活动和社会实践等方法，创设渗透式、沉浸式德育课程，达到以德化人、润物无声的效果。

（4）整合各方教育力量，构建学校、家庭、社会相互协作、功能互补、三位一体的协同育人机制。依据《中华人民共和国家庭教育促进法》，建立健全家庭教育工作机制，统筹家长委员会、家长学校、家长会、家访、家长开放日、家长接待日等各种家校沟通渠道，及时向家长反馈学生思想状况和行为表现，认真听取家长的意见和建议，促进家长了解学校办学理念、教育教学改革措施，帮助家长提高家教水平。构建社会共育机制，主动联系本地宣传、综治、公安、民政、文化、共青团、妇联、关工委等部门，发挥老教师、老模范的作用，建立多方联动机制，搭建社会育人平台，实现社会资源共享共建，净化学生成长环境，助力学生健康成长。

（5）依据学生认知规律做好常规工作。

一是要加强班主任和班级管理。加强对班主任工作的科学化、制度化管理，扎实推进《临潼中学班主任工作量化考核办法》，对班主任工作进行全方位的考核和指导；重视班级制度及文化建设，适时开展班级文化建设评比活动，增强班集体的凝聚力，提高班级管理水平。

二是要狠抓学生行为养成教育。依据《中学生守则》《临潼中学学生全员量化方案》《临潼中学星级学生评比办法》《临潼中学学生奖惩暂行规定》，建立《临潼中学德行银行》，抓好学生常规管理，形成奖罚分明的管理体系，加强学生文明行为习惯养成教育、良好学习习惯教育，促进学生良好公民素质的养成。

三是要提高学校体卫艺工作质量。依据中共中央办公厅、国务院办公厅下发的《关于全面加强和改进新时代学校体育工作的意见》和《关于全面加强和改进新时代学校美育工作的意见》，依据教育部发布的《〈体育与健康〉教学改革指导纲要》《关于全面加强和改进新时代学校卫生与健康教育工作的意见》《关于加强学生心理健康管理工作的通知》等相关文件精神，创新学校体卫艺教育教学工作机制，深刻领会“1+N”办学模式的精髓，优化、整合学校体育、艺术与健康教育资源，把兴趣爱好和学生的职业生涯规划有机结合，拓宽学生学习升学通道。广泛开展阳光体育运动，体育课实行选修模式教学，开展丰富多彩的艺术教育和国防教育活动，组织学生参加各级各类中学生运动会。重视学生心理健康教育，有针对性地开设健康教育、青春期教育讲座，切实发挥心理咨询室作用，引导学生健康快乐地学习和生活；加强传染性疾病的宣传教育和防控工作，保障师生身体健康。

四是要培养学生科技创新能力。针对学生科技活动较少、获奖层次较低、硬件投入与师资力量不足的现状，学校成立创新教育领导小组，由一名副校长主抓科技教育和科技活动，明确教师在科技教育和科技活动中的职责，促进学校创新教育整体水平不断提高。2022 年 10 月前完成建立创客教室、STEM 课程实验室等，积极开展参与式沉浸式新兴科技兴趣活动，提高学生的科学素养和实践能力。组织学生积极参加科技小制作、小发明活动，争取在科技创新大赛中获奖。

3. 教师队伍建设目标

“百年大计，教育为本；教育大计，教师为本”，教师队伍建设是学校工作的重中之重，是适应新高考新课程改革、顺应陕西课堂改革的迫切需要，也是解决学校教育教学当中存在的突出问题的现实需要。有针对性地加强教师培养，是提升教师队伍整体素质，推进教育创新，提高教学质量，促进学校健康发展的重要抓手。为此，根据学校教师队伍当前现状和发展需要，采取教师自我成长和学校培养提升相结合的办法，分类别、分层级，有序推进教师专业成长，确保教师队伍的稳定性和发展性，旨在培养一批师德高尚、业务精湛、结构合理的学习型、研究型、创新型、实干型教师队伍。

（1）加强师德师风建设，打造一支“大先生”队伍。加强和改进师德师风建设是全面贯彻党的教育方针的根本保证。一是加强每周的师德师风大学习，学习要有内容、有笔记、有总结反思；二是教师要做学生的导师，把师德师风建设和课堂教学紧密结合，在学科教学实践中考核师德师风；三是实行师德师风一票否决制，任何教师都要明白师德师风是一条不可触碰的红线。

（2）以入职岗位培训为基础，以青蓝工程为引领，加快新入职和新调入教师的专业化成长，使新教师 100% 出师。学校给每位新入职教师配备一名师傅，师徒签订帮扶协议，旨在帮助新教师树立正确的职业道德信念，熟悉有关教育法律法规政策，熟悉教材和教法，掌握基本教育教学技能，熟悉学校管理流程，适应学校特色课堂教学模式，加快转变教育观念，尽快融入教师群体。

（3）以赛教活动为载体，以教学反思为促进，加快中青年骨干教师的专业化发展，使 80% 的中青年教师得到培养。学校挖掘具有发展潜力的中青年教师，提供发展平台，通过区级赛教、技能大赛、“名师 +”研修共同体、学术研讨、课题研究等活动，学习名师教育思想理念和教学艺术，积累教学经验，加强教学反思，促进自身成长，通过自我提升和学校重点培养，形成独特的教学风格，力争迈入品牌教师的体系。

（4）以“五级品牌教师” 评选和“三级三类”评选互为依托，加快名师梯队建设，形成“国家级——省级——市级——区级——校级”五位一体的名师团队。教学名师要发挥引领辐射作用，以学校教育教学面临的问题为突破口，每学期至少承担各级各类公开示范观摩课 1 次，主持并参与课题研究 1 项，撰写教育教学论文或教学反思 10 篇，在教学研究中不断提升教科研水平，将教学经验转化为教学理论，形成自己的教育教学思想，并鼓励教师著书立说，形成专著，为进入更高级别的名师序列打好基础，最终使我校名师数量达到 30% 以上。

（5）以学科建设为指引，以教学研究为途径，加强教研组长、备课组长的学科引领能力。教研组长和备课组长要认真履行职责，要以引领学科发展为己任，坚持每月读书，撰写读书心得或课改体会，提升自身学科业务能力和综合素养；学校每学期组织部分教研组长、备课组长外出学习一次，加强校际交流，把握学科发展方向和前景；教研组长要组织教师积极开发校本教材和精品课程，将本学科打造成具有区域影响力的重点学科。5 年内，每个教研组至少开发 2~3 门与社团课程不重复的校本课程（校本教材），每个备课组至少有一项精品课程，建设至少 3 个市级重点学科。

（6）以学生管理为导向，以活动开展为载体，加强班主任和社团负责人的管理能力培养。学校要明确班主任和社团负责人管理职责，完善学生管理制度体系，健全班主任和社团负责人考核机制，通过星级学生评比、班主任经验交流会、主题班会观摩课、社团风采展示活动、体育艺术节等活动，加强教育行为规范研究，增强爱心与责任心，同时努力将教育理论与教育实践有机结合，改进育人方式，提高育人能力。

（7）以团结协作为基础，以学校发展为目标，加强教育教学管理团队建设。教育教学管理团队是学校管理的基层组织，要定期加强管理理念提升培训，拓宽管理思路，提高管理水平和服务意识；要以“三大工作原则”和“项目负责制”为指导，在实践中积累管理经验，加强部门间合作，提高执行力，形成一支守正创新、作风硬朗、团结协作的学校教育教学管理团队。

（8）组建各种教师社团，培养教师的高雅情趣和职业素养，通过切磋交流技艺，增进彼此间的沟通了解，达到构建阳光人际关系、建设和谐校园的目的。两年内，成立文学沙龙、茶艺轩、舞蹈队、篮球队等数十个教师社团。

（9）引进学科带头人和名校教育类高学历毕业生。至2023年，我校将有30余位各科教师退休，其中高级教师占大多数，因而造成的严重缺员问题亟待通过人才引进得以解决。

4. 教育教学目标

学校要顺应新课程新高考改革需求，必须建立长期的教育教学发展规划，加强课程建设和学科融合发展，深化课堂教学改革，分步实施选课走班；实施五育并举，拓展育人途径，全面提升教育教学质量，使我校成为“高质量、有特色、能示范”的精品特色名校。

（1）建立科学合理的教育教学管理制度和评价制度。学校要加强校园文化建设，形成师生共同的价值观，统一教师思想认识。完善教学管理制度，制定相对公平的教学评价体系，为教师创造公平竞争的平台。健全绩效分配方案、年度考核方案、职称晋升方案，调动教师工作的积极性和主动性。建立名师培养制度，加大名师宣传，让教师有幸福感和归属感。

（2）健全常规教学检查督导机制，实施精细化管理，全面提升教育教学质量。教学常规管理是教学质量提升的关键，学校要逐步完善教学管理系列制度，明确教学管理职责，建立教务干事巡课制度，重视教学过程性管理，加强各个环节的督查，提高教学效能，形成人人抓管理、事事有人管的局面，向常规教学管理要质量。

（3）依据“三环五步”教学法理念，形成符合不同学科特点的教学模式。课堂改革是学校教学质量提升的关键，学校要坚定不移地推进课堂教学改革，深化特色课堂建设，从理论和实践两个层面不断提升教师教学素养。在“三环五步”教学法的大框架下，要形成不同学科、不同课型各具特色的教学模式，建立起我校课堂教学模式新范式、新体系，并以特色课堂建设为抓手，通过校际课改交流、送教下乡、公开赛教活动、“名校 +”“名师 +”指导“+ 校”和薄弱学校等途径，示范引领，不断推广、改进、提升我校“三环五步”教学法，使其在区内外形成一定的影响力。

（4）依托社团活动，加快校本课程开发，形成三级课程体系。学校要依据课程实施方案，在开齐开足国家课程的基础上，发挥学科优势和名师引领作用，加强精品课程的建设，丰富课程体系。以临潼地域文化和地方特色为依托，开发具有临潼地域特色的校本课程；以“九鼎”德育为主线，形成特色的德育课程；依托社团活动，开发竞技类和学科类校本课程，使我校形成国家课程、地方课程和校本特色课程相结合的三级课程体系，满足学生个性化发展的需求。

（5）建立有效的选课走班管理体系，推行导师制，逐步实施新高考选科走班制。新高考改革的实施改变了原有的教育教学组织形式，学校要做好应对新高考改革的各类方案，加强新高考、新课程培训，从理论层面改变教师教育理念观念，为新课程、新高考实施打好理论基础。建立生涯规划中心，开设生涯规划课程，加强学生职业体验，拓展学生职业视野，通过模拟选课，做好学生选课指导。加强与“名校 +”教育联合体成员校的深度融合，建立相对科学的师资调配机制，形成相对稳定的师资队伍。全面推行导师制度，探索行政班和走读班相结合的教学管理体系，根据学校师资和教室配置，优化选课组合，分步实施选课走班。

（6）加强部室改造提升，提升办学品位，满足学生发展需求。以省级示范高中创建为契机，以新高考改革为推动力，多方筹措资金，分模块实施，对理化生实验室进行改造提升，完成图书室智能化改造，不断更新图书种类和数量（每年 10%），启动并完成创客实验室、STEAM 实验室等特色部室的建设，为学生个性化学习提供平台。

（7）实施“1+N”办学模式，加强体艺生的培养。学校要在竞争日益激烈的教育现实环境中站稳脚跟，必须全面提高教育教学质量。根据现有生源情况和学校教育教学现状，提高质量，提升一本、二本上线率，必须改变原有办学模式，实施“1+N”办学模式，加强体艺生的培养，全面拓宽升学渠道。创新体艺生培养机制，使体艺生在名校上有所突破。

以高考为目标，加强学生管理，实行三年一体化教学，加强学情和考情研究，实施精细化管理，力争使高考成绩每年提升 5%。到 2026 年，高考一本录取率达到 50%~60%。

（8）提供交流平台，展示教师风采，推进学术交流。交流才能知不足，交流才能得提升。学校要进一步完善教师教科研奖励机制，搭建学术交流平台，以“四课”系列活动、创新课堂、思政课大练兵、教师技能大比武、优质课评选、全国同课异构大赛等赛教活动为契机，深入推进校际交流，不断推进教学赛教活动的级别，力争在省级以上教学大赛中获奖。

（9）以教科研为引领，解决教育教学问题，推进学科建设。学科建设是学校教研能力的集中体现，更是一个学校教师能力和教学水平的外在表现。学校要以解决教育教学中的突出问题为目标，加强学科融合，加强校本课题研究，鼓励教师积极申报并参与课题研究，撰写教育教学论文，创新学科育人方式，促进教育革新，推进学科建设，使本学科在区域内有一定的影响力，力争 5 年内我校有 3 个以上学科成为市级重点学科。

5. 教科研目标

通过专家引领、同伴互助、信息互通、政策引导、制度保障等措施，使教师牢固树立“科研兴教，科研强校”的意识，营造良好的教科研氛围。

（1）教研室要定位精准，职能明确。发挥教学示范、科研引领、课题研究、校本教材开发、教师新理念新课程培训等功能，使教科研工作既要有前瞻性、示范性又要接地气、校本化，真正起到课堂教学先行者、示范者和教育教学研究引领者的作用。

（2）加强教师培训工作。使所有教师掌握新课程新高考新理念，为推动教学工作的改革打下坚实的理念、理论、政策基础。

（3）加强课堂教学研究。发挥教师集体的聪明才智，总结提炼具有临潼中学特色的教学法和各科具体的课堂教学模式，并从实践升华至系统理论，然后汇编成册，积极推广，示范引领，扩大影响。鼓励教师著书立说，鼓励教师成名成家。

（4）加强校本化课题研究。大处着眼、细处着手，不好高骛远，立足校情、师情、学情，基于课堂教学和学生发展，确定研究方向，制定所研究的课题，促进教学提升，促使教育教学高质量发展。开发具有临潼中学特色的校本教材，发展学生兴趣爱好，拓宽学生视野，丰富学生课外生活。

（5）编辑校刊，为师生搭建学术交流、才艺展示、信息共享的平台，满足师生日益增长的学习需求。

（6）改革创新教研室工作机制，拓宽教研工作思路，创新性开展好教研组、备课组活动，使活动更富实效性，更加精彩，同时吸纳更多的年轻教师参与到教研管理的工作中来，打造一支临潼中学教科研铁军。

（7）加强对外交流的深度、广度和宽度，以“请进来，走出去”的方式，不断提高我校的教科研水平，尤其是要敢于和乐于对外展示，把我校的典型经验和优秀教师推出去，接受检验，经受历练，快速成长，同时示范引领，扩大影响。

（8）加大教科研奖励力度，提升教师参与教科研的积极性。

6. 学生素养培育目标

党的教育方针明确指出学校的学生培养目标，是要培养德智体美劳全面发展的社会主义建设者和接班人。那么这些建设者和接班人应该具备怎样的素养才能担当重任，这是我们必须严肃思考的现实问题。为了顺应教育改革的发展趋势，增强我国的核心竞争力，提升我国人才培养的质量，教育部明确提出将发展学生核心素养体系作为推进课程改革深化发展的关键环节。核心素养，是指学生应具备的适应终身发展和社会发展需要的必备品质和关键能力。

（1）学科核心素养是核心素养落地的抓手，学科核心素养是学科教育的灵魂。所以，必须将核心素养落地并转化为具体的学科素养，明确支撑和实现培育核心素养的手段和方法，加强基于学科素养教育的课堂教学研究。在未来3~5年内，探索出具有临潼中学特色的基于学生核心素养教育的课堂教学新常态、新模式，从而促使我校“三环五步教学法”不断迭代更新。

（2）高度重视课程育人的重要作用。高度重视国家课程下各科的学科素养教育对于培育学生核心素养重要性的同时，必须发挥地方课程和校本课程对于培育学生核心素养的重要作用。我们要不断开发完善校本课程、校本教材，突出其培育核心素养的方面，通过两年时间形成具有我校特色的校本课程体系。

（3）要发挥校团委的作用，每年常态化地积极开展各种形式的征文、读书、学境大讲堂、大型文艺会演、体育赛事、科技制作、摄影绘画大赛等争先创优活动；发挥社团活动在培养学生兴趣爱好特长能力、学生生涯规划建设和丰富学生课外生活方面的重要作用，在活动当中培育学生的核心素养。

（4）发挥社会实践对学生核心素养的培育作用。每年分年级通过研学旅行、走进大学、参观企业、种植园实践等校外实践活动，拓宽培育核心素养的渠道，寻找更为有效的新办法，保证核心素养的培育能够落地落实。

（5）高度重视研究性学习，充分发挥研究性学习在培育核心素养方面的重要作用。研究性学习是学生由课内走向课外，由书本走向实践的重要方式，对于知识、能力和态度都是一个考验，对培育核心素养同样至关重要。

（6）对学生要加强安全教育，尤其是交通安全教育，用电、用气安全教育，防溺水安全教育，心理健康安全教育等，进行必要的火灾安全演练、地震安全演练、天然气泄漏安全演练等，使教育和演练相结合，根植安全防范意识，学会自救自护的基本安全技能，确保学生生命安全。

7. 信息化建设目标

利用大数据、云网络对我校教育教学进行智能化管理，通过实践培养提升教师综合信息素养，打造一支高水平信息化教学和管理的团队，搭建智慧校园平台，构建一个集教学、科研、管理、服务为一体的智能化学校，实现部室之间信息数据、资料文件共享，利用大数据进行各项教育教学指标的汇总、分析，进行精准化教学管理，提高管理服务效率。

（1）基础网络改扩建

一是有线布网。在校园内通过综合布线把网络设备、用户终端等连接起来并配备相关软件管理局域网系统。通过互联网实现在线交流和资源共享，每个教职工办公位有 1 个网络端口，每个办公室有 3 个以上冗余端口，每个教室讲台区域至少有 2 个端口，实现校园网络全覆盖、全接入，千兆到桌面。

二是无线网络。校园无线网络采用基于三层交换机或控制路由及千兆 POE 交换机的 AP 系统架构，满足可管理、安全、QoS、漫游等功能要求。信息点能够满足语音、数据、图像等媒体信息大容量、高速传输的要求，覆盖学校教学区、办公区及其他区域。

三是网络拓扑结构。采用星形拓扑结构，两层架构（核心层、接入层）或三层架构（核心层、汇聚层、接入层）扩建校园网络。局域网 IPv4 地址以私有地址为主，通过 VLan 及 VPN 划分为教学应用专网、办公管理专网、校园通讯专网、安防监控专网。所有专网具有内、外网不同访问控制策略，限定不同类型用户的访问权限。

（2）信息化校园业务应用系统建设。

一是综合办公管理系统。构建以 OA 办公系统为主导综合管理系统，系统具有桌面、WEB、手机 App 三种登录方式，系统菜单和功能菜单可进行编辑。

二是教务管理系统。将教研备课、教学计划、教师工作、教师排课等紧密联系起来，实现教务信息管理一体化，促进学校教务管理水平和效率的提高。

三是学生综合素质评价系统。以阅卷系统为框架的学生综合素质评价系统主要特点是简单、智能易操作，数据分析详细，可参考性强。

四是德育管理平台。基于电子班牌智联系统的德育管理平台已经成熟，在德育管理上起到了关键作用。

五是校园融媒体中心建设。网络宣传已经成为媒体主流，要基于校园电视台，延伸部门功能属性，创作发布高质量的实例文案。

六是基于智慧校园的扩充性建设。建设数据管理中心，融合办公系统、教务系统、德育系统，形成综合性管理系统，适时增加校园人脸识别服务系统，实验室管理、校园一卡通模块及电子图书数据库等扩充性功能。

（3）实施步骤

① 2021 年—2022 年完成校园基础网络改扩建，增添功能性服务器，搭建网络终端设备管理系统；升级教室监控，增加音频采集功能，完成教室及公共区域监控设备并入校园网，实现移动终端调用监控数据功能。

② 2022 年—2023 年搭建综合办公管理系统，实现无纸化办公，完成教学资源库、固定资产登记、考勤统计、图书数据入库等功能建设，加快培养教师信息综合素养，提高教师使用信息化手段工作的意识和技能。

③ 2023 年—2024 年完成教务管理系统、学生综合素质评价系统、德育管理系统

的建设，建设成以数据为核心的适合我校的各种应用平台与软件，逐步实现精细化管理。

④ 2024 年—2025 年继续完善我校所需的扩充性服务应用系统，在教育教学精细化管理的基础上，不断深入学校工作的智能化应用，尽可能在条件允许的情况下完成校园入校人脸识别系统、实验室管理模块配备，增加电子图书数据库、校园一卡通设施设备等；完成校园融媒中心建设。

⑤ 2025 年—2026 年结合前面的建设情况，对智慧校园的应用进行补充、升级。

我校将持续加大数字化信息化建设的资金投入，力争通过 5 年时间，将我校建成一所拥有较高数字信息素养师资团队、先进软硬件设备、运用先进数字信息技术进行管理的智慧校园。

8. 校园建设目标

（1）对欠缺的生物实验室等 10 多个部室申请市上资金进行新建，对现有的老旧不能使用的部室进行改造升级，2022 年 5 月底，完成大部分实验室的升级改造。所需资金约 150 万元。

（2）对学校大门进行重新设计建设。新大门要求凸显庄重、大气，美观、实用，能够体现深厚的文化底蕴和强烈的时代气息。2021 年 12 月底，完成大门改造， 所需资金约 200 万元。

（3）对年久失修且不符合即将到来的新课程新高考所需的三个年级教室进行维修、改造和提升。粉刷墙面、铺设地面、定制学生的储物柜、进行文化软装，不但优化美化，而且要提高教室的收纳功能和育人作用。同时对教师备课室进行改造升级，优化美化文化，使教师办公心情舒畅、方便快捷，提高工作效率。2021 年 2 月底，完成对高三年级教室、教师办公室的改造提升工程，2022 年 9 月前，完成对高中一、二年级教室及楼道的改造提升，所需资金约 240 万元。

（4）对学生宿舍楼宇内外墙面及院子进行改造提升，刷新扮靓、文化布展、制度上墙；对宿舍内原有的监控进行改造升级，使其在保证学生人身及财务安全方面发挥重要作用。另外，要新建一套广播系统，成立广播室，提供播放通知、叫醒服务、读书服务、音乐休闲等功能，丰富住宿生的课余生活。2021 年 2 月底，完成对男女生宿舍的改造提升，2022 年 7 月，完成宿舍监控系统、广播系统的建设，2022 年—

2023 年，完成宿舍外立面刷新扮靓，所需资金约 400 万元。

（5）对学生餐厅进行彻底改造升级，改造水路、电路，改造通风系统，改造餐厅功能区使其更加合理科学便捷，对餐厅进行文化软装，优化美化，最终使餐厅布局合理、功能齐全、安全卫生、文明优雅。2022 年—2024 年期间，利用适当时间对食堂进行全面改造提升，并对外立面刷新扮靓，所需资金约 400 万元。

（6）对学校后操场进行全面规划建设，一是要建设体育看台，方便学校举办各类大型室外活动；二是要全面改造升级后操场，满足学生日益增长的锻炼需求；三是要创设操场的文化氛围，使操场变成德育的战场，成为重要的课程资源。2022 年 9 月底，完成体育看台建设任务，2022 年—2023 年，完成操场全面改造升级，所需资金约 500 万元。

（7）学校搬迁至现址已经近 25 年，校内建筑、设施设备、校园环境、文化建设等都逐渐暴露出问题，有些已经存在严重的安全隐患，有些已经不符合学校发展和时代发展要求，因此必须进行相关改造提升。改造过程当中，依托骊山秀美风光和秦风唐韵，重建园林式学校，校园建设要因地制宜，规划应通过充分科学地论证，做到详细、周密、合理、巧妙、新颖、简约，所需资金约 300 万元。

以上项目共计所需资金约 2600 万元。所有建设工作必须提前谋划、规划、设计，分期分批分项目模块化实施，最终使得学校建筑布局合理科学，建筑风格、色彩协调雅致，绿化美化有主题，文化建设有特色，达到人与环境、人与自然协调统一。

9. 特色建设目标

特色是一所学校的文化名片，是一所学校区别于他校的个性化特质，是学校在长期办学过程中积淀起来的独特优势和发展亮点，是学校特色化高质量发展的强劲引擎。我校虽历经 60 多年的发展，但能展示出来的鲜明特色几乎没有，这就需要我们这代人坚定办学自信，不断打造学校特色，从而推动教育教学高质量发展。

（1）打造管理特色。进行管理架构建设，继续改革、完善行政运作体系，强力落实“三大工作原则”和“项目负责制”，尝试实行“分部制管理模式”，不断完善“条 + 块”行政运行机制；使责权利有机结合，使“条”的服务监督统筹功能和“块”的具体落实功能完美契合，使“条”和“块”相互督促、相互补充、相互提高，充分发挥管理者的积极性、自主性和管理潜能。

（2）打造发展特色。创新特色办学思路，推动教育高质量发展。学校以秦风唐韵为底色，以厚德图强为精神，以文化建设为引领，倾力打造九鼎德育、特色课堂、书香校园、“1+N”办学模式学校四大发展特色，并以创建省示范为引擎，优化提升学校发展建设的各项工作。

（3）打造德育特色。秉持“理想、责任”的校训，构建“九鼎”德育课程体系，搭建多样化活动载体，发挥“家校社”全方位德育网络作用，建构具有临潼中学特色的“九鼎”德育体系。建立评价机制，形成“班级月星级学生—班级学期星级学生—年级学期十佳中学生—全校学年美德青年”评价梯级，树立先进榜样，带动其他学生共同发展。

（4）打造课堂特色。教务处对学校特色课堂的建设进行详细研讨、设计、谋划，制定特色课堂实施方案，要求突出创新特色，符合教育教学规律，符合时代发展要求，并对教学过程、效果提出科学评价标准，最终形成我校的特色课堂教学模式，并结集成册，用于学习交流、示范引领、扩大影响。2022 年 9 月前，初步完成特色课堂建设，编撰相关书籍，推广课堂教学模式，示范引领，扩大影响。

（5）打造教师品牌集群特色。通过“五级品牌教师”“五级品牌班主任”等一系列品牌建设活动，遴选出我校不同层级的优秀教师梯队，再通过表彰、奖励，形成良性竞争态势，不断促使教师专业化发展，不断促使优秀集群向更好更强更大发展。2022 年 5 月前完成品牌建设。

（6）打造社团活动特色。要充分认识社团活动的重要性，发挥社团活动在培养学生兴趣爱好、学生生涯规划建设和丰富学生课外生活方面的重要作用。逐步开设扁鹊中医社团、石榴花茶艺社团、蒙太奇传媒社团、青华美术社团、日语社团等特色社团，把社团活动建设和我校的“1+N”办学模式有机结合，以此拓宽学生升学渠道，提高一本上线率。

（7）打造校本课程特色。建立教师、学生、家长、社区人士等参与的学校课程决策机制，充分利用当地的各种课程资源，开发适合我校学生、教师的更为科学规范和极具培养价值的校本课程。到 2022 年底，开设丰富多彩的校本课程，并开发校本教材 16 种以上。

10. 对外交流目标

加强与省内外名校的联系与交流，加强家社校之间的沟通与交流，通过“走出去，请进来”战略，加强师生互访交流，实现信息资源共享，达到共同提高的目的。

（1）利用现代化信息交流平台，加强学校与家长、社区和社会的交流，实现学校教育与家庭教育、社区教育和社会教育的有机整合，调动起广大家长和社会各方力量参与学校改革的积极性和主动性，群策群力，献言献策，在交流中集聚资源，以获取更多的社会支持。同时，充分利用校友资源发挥校友作用，广泛联络历届校友，加强与各地校友会及校友的联系，听取校友对学校发展的意见和建议，取得校友对学校工作的支持与帮助。

（2）采取主动出击的办法，争取各方支持，扩大国内校际交流与合作的广度与深度。在已建立的市内多所友好学校的基础上，继续扩大与省内乃至全国名校交流合作的范围，转变交流模式，进行深度融合，进一步扩大我校的影响力，提高我校的知名度。同时，发挥我校作为市区两级“名校 +”“名校”的作用，发挥“名师+”研修共同体的名师引领作用，不断带动区内马额中学、陕鼓中学和新丰职教中心等学校特色化高质量发展。

（3）尝试构建开展国际交流的有效机制，打开与国际学校交流与合作的大门。完善一系列对外交流制度，在学校国际化建设中实现制度保障、人员保障和资金保障，确保各项交流与合作深入持久地开展。通过国际交流与合作，扩展学生知识面，拓宽国际视野，从而提高学生综合素质，使学生适应未来日益国际化的竞争环境。

四、实现目标任务的措施和保障

（一）实现目标任务的措施

（1）加强干部队伍作风建设。通过定期系统培训、外出学习考察等形式，充实各级领导干部的政治理论和管理知识，更新管理理念，提高其理论水平和管理艺术。特别要加强对年轻干部的教育培养，大胆放心地让年轻干部在实践中学会管理，在教改中增长才干，在教学中起领头羊作用。教育干部要坚持求真务实的工作作风，树立全心全意为师生员工服务的公仆意识，严格做到爱教育、懂业务、会管理、勤实践，诚待人、不谋私、善创新、立佳绩。

（2）推进校内人事制度改革。加强师资队伍建设，实施岗位聘任制和领导干部竞聘制，深化绩效工资制度改革，引入竞争机制，坚决杜绝人浮于事、在职不上岗、在岗不作为等积弊，理顺贡献和报酬之间的关系，进而调动广大教职员工的工作积极性和创造性，增强教职员工的责任心、使命感和荣耀感。

（3）加大民主治校力度。凡学校出台重大决策、商议重要事项都须校长办公会集体研究并由校委会审议通过。涉及职称评定、先进评选、工资体系改革等与教职工切身利益相关的问题，必须由教职工代表大会审议通过，并依据相关规定按程序进行公示。坚持学校工作和财务工作定期向教职工代表大会报告的制度。邀请教职工代表参与学校中层及以上领导的期末或年度述职考评，扩大民主监督管理范围，真正保障教职工参与民主监督、民主管理的权利。

（4）实施有效的校本培训和校本教研。明确校本培训和校本教研的指导思想，确立新形势下教师培训和教研活动的目标和任务，将培训与教科研相结合，与教育教学实践相结合，与教师专业发展相结合，实现教师教育观念的更新，师德师能兼顾，理论实践并重，建立教师校本培训考核的长效机制，落实教师发展的相关政策，力争教师的校本培训取得实效。

（5）营造积极向上和谐共处的氛围。坚持以人为本，实施更为科学的人性化管理，时刻关心广大教职工切身利益，妥善解决涉及教职工吃饭、住房、工资、职称、子女就学、个人就医等方面的问题，密切关注教职工的精神状况和心理健康，积极调节和化解人际关系方面存在的各种矛盾和问题，加强与教职工的感情交流和心灵沟通，办好教职工文体活动，排除教职工后顾之忧，真正把学校办成有高度、有温度、有内涵的师生生命共同体，使广大教职工心情愉悦、全身心地投入工作中，为学校教育事业发展贡献出自己最大力量。

（二）实现目标任务的保障

（1）依靠区委区政府，最大限度地争取教育行政部门的支持，创造良好的政策环境和发展空间，保障学校正常良性高效运转。

（2）充分发挥学校党组织的全面领导作用，发挥教职工代表大会参与决策、民主监督作用，保证学校各项事业沿着正确的方向发展。

（3）充分发挥集体领导和集体决策的作用，依靠学校管理体制改革形成的效能优势，集中智慧，群策群力，保障学校运行高效有序。

（4）加大经费投入并保持持续增长态势。一方面争取政府、教育行政部门财政投入以及校外贤达和校友的捐赠和资助，想方设法扩大经费来源；另一方面强化办学成本意识，加强成本管理，积极推进成本核算和效益评估制度，开源节流，在经费投向上首先要保证重点工作，紧缩一般性行政和公务开支，最大限度地提高有限经费的使用效益，确保把钱花在刀刃上。

（5）加大安全工作力度，加强技防投入，实现校内天网工程，全面监控管理死角；实现安全教育进教材进课堂，使安全教育入脑入心，保证学校安全运行，确保正常教育教学工作顺利进行。

（6）依法治校，依法治教，用学校建立的一整套科学规范的管理制度约束师生的教育教学行为，保障学校一切活动规范有序、依法依规、有章可循。

未来5年，学校将面临前所未有的严峻挑战，也拥有发展史上非常难得的战略机遇。全校师生员工务必以高度的主人翁意识，继续发扬“厚德图强”精神，以强烈的使命感、责任感和紧迫感，团结一致，开拓创新，踔厉奋发，为出色完成规划所提出的目标和任务努力奋斗，为临潼中学铸就辉煌未来！

西安市临潼区临潼中学

2021年2月18日

第三章 西安市临潼区临潼中学十年发展规划

西安市临潼区临潼中学十年发展规划（2020—2030）

临潼中学始办于1958年，是一所办学历史悠久、文化积淀深厚、校风严谨、学风浓郁、在当地享有较高声誉的陕西省标准化高中。校园占地面积47399平方米，总建筑面积41937平方米。学校现有教学班54个，在校学生2500余人。2004年4月晋升为西安市重点中学，2008年12月晋升为陕西省标准化高中。学校教职工共计245人，其中专任教师206人，研究生学历64人，本科学历172人。高级教师75人，中级及以上教师154人，省市级教学名师、学科带头人、教学能手61人。

学校先后荣获“陕西省教工委文明校园”“陕西省家长学校示范校”“陕西省平安校园”“陕西省科研兴校明星学校”“陕西省依法治校示范校”“陕西省校园文化建设创新单位”“西安市文明学校”“西安市首批绿色学校”“西安市园林式单位”“西安市健康教育示范学校”“西安市卫生学校”等40多项荣誉称号。办学60多年来，学校屡获殊荣，培养出了薛宏伟将军等一大批杰出校友，为国家输送了数以万计的优秀人才。

在过去的发展历程当中，我们在区委区政府和教育局的正确领导下，取得了长足进步。但随着经济社会的发展和人民群众对优质教育资源的日益渴望，我们不得不思谋学校未来更高更远更强的发展之道。目前，教育发展面临新的机遇和挑战，我们必须抓住机遇，走内涵式特色化发展之路，促进学校高质量、高速度、跨越式发展。为此，我们在深入研究校情的基础上，科学谋划超前部署，特制订2020—2030年十年发展规划。这是办人民满意教育的必由之路，也是广大师生的美好愿望所在。

一、办学思想及总体目标

（一）指导思想

全面贯彻党的教育方针，深入落实习近平总书记全国教育大会重要讲话精神，秉承“奠基学生，成就教师”的办学理念，坚决落实素质教育，扎实推进新课程改革，坚持以文化兴校、特色强校发展思路，促进学校沿品质化、内涵式道路稳定提升。以提高教育教学质量为根本，以优化教育资源为途径，以改善办学条件为手段，以新课程改革为契机，以提高管理水平为保证，以打造发展特色为引擎，注重培养学生的核心素养，尤其是创新精神和实践能力，着眼于学生的终身学习和社会发展的需要，通过管理创新、机制创新、科研创新和模式创新来进一步深化教育教学改革，最终实现学校跨越式发展。

（二）总体目标

通过十余年时间，把临潼中学建设成为内部运行机制顺畅高效、文化底蕴深厚、软硬件实力雄厚、办学特色鲜明、教育教学质量上乘、信息化水平不断提升的特色品牌名校。具体分三步实现：

1. 近期目标

以“服务、精细、高效、廉洁”的工作作风，开拓创新，攻坚克难，使学校顺利通过省级示范高中验收。

2. 中期目标

在创建省示范的基础上，不断优化内部管理机制，提高管理效能；强化德育工作，打造具有临潼中学特色的德育范式；加强教师队伍建设，建立我校教师队伍成长的长效机制的同时，对接省、市、区“三级三类”教师培养机制，打造临潼中学优秀教师集群，使我校省市级骨干教师和学科带头人数量明显增加，培养出在市内外乃至省内外具有一定影响力的拔尖教师和品牌学科带头人；加强文化建设，打造办学特色，力争在特色课堂、书香校园、九鼎德育、“1+N”办学模式方面形成明显的特色示范效应，不断提高我校的示范性，并赢得社会赞誉。

3. 长期目标

由制度化管理不断向人文化管理迈进，打造“无为而治”、人人自律、运行高效的开放式管理机制；教师队伍整体水平迈上一个新台阶，专家型、学者型、智慧型教师群体逐渐形成，“经师型+人师型”教师成为教师的理想追求和价值标准；师生创新意识不断增强，在新课程新课改当中，不断提升课程开发和运用的能力，使课程成为学校文化的中心和教师专业成长的主要途径；增强学生自主管理的水平，提高学生的学习能力和研究能力，把学校打造成为特色鲜明、效益显著、文化深厚、师生和谐、健康发展的具有一定影响力的特色品牌强校。

二、具体目标规划

（一）优化德育体系

1. 工作目标

（1）加强党建工作，充分发挥党组织领导的校长负责制的明显优势，以党建促进各项工作的开展，使党、政、工、团的工作迈向新高。

（2）加强师德师风建设，加强学科德育和思政德育的教化功能。

（3）加强学生思想品德的教育，把每一个临潼中学学子培养成为人格健全、精神丰盈、思想上进、意志坚定、心态阳光、个性鲜明、博学多识、开拓创新，且具有人文素养、家国情怀和国际视野的现代有为青年——美德青年，成为德智体美劳全面发展的社会主义建设者和接班人。

2. 实施措施

（1）发挥党政联席会议的作用，确保“三重一大”按程序进行，确保办学的正确方向。

（2）发挥学科德育的主渠道作用，同时发挥课程德育、活动德育、实践德育、文化德育的重要作用，全面落实“立德树人”的根本任务，培养学生的创新思想和实践能力。

（3）加强校园文化建设，以文化人，以德育人。

（4）形成具有临潼中学特色的九鼎德育体系，开创德育工作新局面。

（二）顺畅运行机制

1. 工作目标

（1）改变层级管理模式下能量衰减、效率低下的缺点和扁平化管理下宏观失衡、各自为政的局面。

（2）由人治管理到人性化管理再到人文管理，达到管理的最高境界，逐步形成管是为了不管的“无为而治”同时又高效运行的管理机制。

（3）动态地进行建章立制，构建科学的评价机制、奖惩机制、竞争机制，让制度保障机制顺畅运行。

2. 实施措施

（1）加强领导班子建设，构建学习型组织，不断更新领导观念和管理理念；完善中层干部竞争上岗制度，加强对领导干部的量化考核。

（2）提升民主管理意识，实施民主管理制度，使制度的刚性和人性的柔性有机结合，发挥管理的最大效能。

（3）进行管理架构建设，继续改革、完善行政运作体系，强力落实“三大工作原则”和“项目负责制”，尝试实行“级部制管理模式”，不断完善“条＋块”行政运行机制；使责权利有机结合，使“条”的服务监督统筹功能和“块”的具体落实功能完美契合——相互督促、相互补充、相互提高，充分发挥管理者的积极性、自主性和管理潜能。

（三）加强文化建设

1. 工作目标

（1）总体目标

根据学校的整体发展战略，遵循有计划、有步骤、由表及里、由内致外的程序，建立起一整套科学、合理、完整的学校文化建设系统。从理念、行为、制度、物质四个方面着手，全面推进、系统运作，构建出切合实际、便于操作的以“厚德图强”精神为主线的学校文化建设体系，并纳入学校整体的发展战略目标当中，成为学校整体规划的重要组成部分。

（2）分层目标

依据党的教育方针和时代要求，形成具有临潼中学特色的理念文化，包括教育理念、学校精神、办学宗旨、办学理念、培养目标等所体现的教育观、教学观、教师观、课程观、学生观、干部观和管理观等；通过全员参与，制定各种规范的、需要提倡和弘扬的、符合学校核心理念的师生行为制度，同时开展各种经典教育教学活动，逐步形成、固化为学校的行为文化；通过创设良好的自然环境和设计环境形成学校特有的物质文化；围绕学校核心理念，通过修订、完善各种规章制度从而形成学校的制度文化。

2. 具体措施

（1）注重物质文化建设，全力打造园林化、生态化的高雅舒适校园。

（2）加强理念文化建设，以文化人，风气育人。

（3）加强经典特色活动和传统常规活动的开展，加强特色课程的建设，不断促进行为文化的养成和提升。

（4）加强文化宣传力度，充分调动师生、家长、社会参与学校文化建设的积极性。

（四）打造办学特色

1. 工作目标

（1）落实市政办发【2022】29号文件提出的“深入推进普通高中学校多样化、有特色、高质量发展”目标。

（2）用特色破解发展瓶颈，用特色引领全域发展，用特色提升学校品质，用特色提高教育教学质量。

（3）秉持传承发展的理念，深挖已有的特色资源再结合当前发展实际，打造具有临潼中学自身亮点的办学特色。

2. 具体措施

（1）打造具有临潼中学特色的“三环五步”教学法和各学科具体教学模式，真正意义上改变教师的教和学生的学，充分发挥学生的主体作用和教师的主导作用。

（2）打造具有临潼中学特色的德育体系——九鼎德育，通过课程育人、活动育人、实践育人、文化育人这一系列育人载体，把学生培养成为具有临潼中学气质的美德青年。

（3）打造书香校园，以书香温润品香，建设学习型校园，培养师生终身学习的习惯。

（4）打造“1+N”办学模式，开发校本课程，借助各类社团活动，激发学生学习的热情和兴趣，拓宽学生未来发展渠道，进行生涯规划建设，为学生未来发展奠基。

（五）强化课程建设

1. 工作目标

（1）在国家课程基础上，建设具有我校特色的“三年一体化”课程体系，使课程更切合学校实际、学生实际，更具操作性。

（2）依托社团活动，开设特色学科课程，激发学生学科兴趣和潜能。建设校本课程体系，开展研究性学习，为学生的个性发展和未来发展打好基础。

（3）未来要特别重视对综合实践活动课程的自主开发，尤其是研究性学习和劳动与技术教育。

2. 具体措施

（1）加强学习，加深对课程的认知，加强培训，增强课程开发能力和水平。

（2）建立相关课程研究及开发机制，制定相关课程管理制度。成立临潼中学课程开发与管理中心，加强学科组建设，分别制定《临潼中学新课程实施方案》《临潼中学课程管理方案》《临潼中学校本课程管理方案》等课程管理方案。

（3）以优势学科为抓手，开发特色学科课程。发挥“三级三类”教师的带头作用，开发具有优秀教师自身优势的特色校本课程、校本教材。

（4）以研究性学习为抓手，有针对性地自主开发综合实践活动课程。

（六）提高师资水平

1. 工作目标

努力建设一支师德师风优、业务能力强、创新精神足、合作意识好、自主学习勤，且结构合理、充满活力的学习型、研究型、创新型师资队伍，以适应未来学校不断大发展的需求。

2. 具体措施

（1）以师德教育为重点，大力加强教师队伍建设。使教师具有坚定的理想信念，正确的价值观、质量观和人才观，树立依法治教、文明施教、精心执教和廉洁从教的良好师表形象，在政治思想道德品质、学识学风上以身作则、率先垂范、为人师表。

（2）提高教师的业务素质，实施名师工程、青蓝工程和安心工程。建立高层次教师业务进修制度，加大校本培训的力度，建立教师外出交流学习制度，组织教师参观一流学校，拜访一流名师，学习一流经验。建立我校教师发展成长机制——“五级品牌”教师、班主任梯级成长机制，并对接省、市、区“三级三类”教师评选机制，为教师铺就专业成功发展之路。对青年教师提出“三年争当合格教师，六年争做优秀教师，九年成为骨干教师，十五年成为学科带头人，十八年成为名师”的发展目标，搞好名优教师对青年教师的传帮带活动，加速青年教师的成长。推行依法治校、以德润校、以文化校，改善教师工作生活环境，建立和谐校园，为教师全心投身于学校教育免去一切后顾之忧。

（3）大力提高教师的学历水平和任职水平，教师学历合格率要达到 100%，同时创造条件，吸纳高学历教师来我校任教。努力做到中级职称教师占 70% 以上，高级职称教师占 30% 以上。省级教学能手、骨干教师、学科带头人的教师数量提高。

（七）狠抓教育科研

1. 工作目标

对标学校发展目标，确定学校教科研发展方向，带动校本教研深入开展，促进教育教学质量全面提高，不断提升教师队伍的整体素质，真正做到科研强师、科研兴校。

2. 具体措施

（1）建立完整高效的教科研运行网络，充分调动各个环节各种力量的积极性。

（2）建立有效的教科研工作机制、考核机制和评价奖励机制，促进教科研精准稳步高效展开。

（3）建立完善的校本课程开发机制和选修体系。

（4）要建立基于校本的课题研究机制，基于学校的问题，在学校中进行，注重实用性课题的研究。

（5）要通过教科研，培养专家型、学者型、智慧型教师，为他们深度成长提供交流学习机会、外出讲课机会、出版个人专著机会。

（6）要加强校际教科研交流，在学习先进的同时，对薄弱学校进行示范引领。

（八）全面提高质量

1. 工作目标

（1）建立全面质量观，落实立德树人根本任务，构建“五育并举”的培养体系。

（2）积极实施新课程、新课改、新高考，全面推进素质教育，切实提高教育质量，为学校赢得良好声誉，办人民满意的教育。

（3）要力争保持处于全区质量领先的位置，逐步赶上并超过部分示范高中。

2. 具体措施

（1）坚持学科教学主渠道作用，突出思政课的关键地位，充分发挥各学科德育功能，给学生厚植爱党、爱国、爱人民的思想情怀。

（2）全力推进“1+N”办学模式的系统落实，加强对体艺学生的培养，为学生未来发展创造更多路径。

（3）抓住新课改新高考的机遇，进行资源优化配置，调动各方力量，利用一切可以利用的机会，全面提高教学质量，实现弯道超越。

（4）进行课堂改革，打造特色课堂、高效课堂。坚持“三环五步”大教学法，进一步探讨和运用大教学法构建具有学科特点的课堂具体教学模式，不断提高课堂教学效率，推动教育教学高质量发展。

三、保障机制

（一）组织制度保障

积极发挥党支部的战斗堡垒作用，充分发挥工会及教代会在学校民主管理中的职能作用，促进校务公开，确保“三重一大”按程序进行。学校成立发展规划领导小组，对规划进行组织、指导、协调和服务。制定相关制度，确保规划顺利实施。

（二）物质后勤保障

逐步建立一支结构合理、勤奋高效、业务精良的后勤队伍，以服务育人为宗旨，遵循严格管理、民主理财的方针，树立全局意识、创新意识、效益意识，逐步建立体系完整、高效廉洁的学校后勤保障机制。

科学合理地编制年度财政预算，要有专门资金用于课程开发、实施、管理和教师培训、设施配置、信息技术的推广应用与对外交流等。充分管理好、利用好学校现有的固定资产，提高资产使用率，防止资产流失，防止资产闲置。最大限度地发挥人、财、物、信息的综合功能，使其全面服务学校的发展规划和各项事业的持续发展。

西安市临潼区临潼中学

2020 年 12 月

后　序

炳烛之明

晋平公问于师旷曰："吾年七十，欲学，恐已暮矣。"师旷曰："何不炳烛乎？"平公曰："安有为人臣而戏其君乎？"师旷曰："盲臣安敢戏其君乎？臣闻之，少而好学，如日出之阳；壮而好学，如日中之光；老而好学，如炳烛之明。炳烛之明，孰与昧行乎？"

——汉·刘向《说苑·建本》

先秦著名音乐大师师旷给晋平公讲，少年好好学习，犹如早晨的太阳可以照亮一天（一生）；壮年好好学习，犹如中午的太阳可以照亮半天（后半生）；年老了继续学习，犹如夕阳西下，天很快昏暗起来，这个时候就需要自己点燃亮光，不至于（余生）行走在这个日新月异的世界因不适应而坠入人生的迷谷。

读完薛耀军校长的追梦历程，我不止一次想到师旷说的这番话。

我和薛校长读的都是高中专，都经历过农村高中不堪回首的混乱时光，都饱尝过高考失利的挫败感，都有到农村中学任教不满现状的痛苦与煎熬，都有不断求学改变现状的奋进与攀登……我们读的是不同学校，教的是不同科目。他教英语，我教语文；他喜欢读书写作，我也喜欢读书写作；他喜欢打破常规寻求突破，我也常常把自己的课堂变成翻新的乐园。少年时代，壮年时光，我们彼此都在自己的生命长廊里，用读书丰盈自己，用写作释放自己，用钻研塑造自己。

三十年间，我们从未有过交集。同为临潼人，我师范毕业，在临潼教书十年，没有听过他的名字，没有去过他的学校，更不知在这片土地上还有一颗同样桀骜不驯的灵魂，执着于自己的教育梦想，破除万难，披棘前行。彼时，我们都寂寂无名。即使对面相逢，也有可能擦肩而过。

2019 年 4 月 25 日，我应邀走进雨金中学给高三学生做考前辅导，第一次见到薛耀军。此前，他买过我的书，我也读过他的诗集。我没有想到，一个日理各种烦琐事务的校长，还能有闲心写诗出书。那天，我们彼此都忙，只是打个招呼，讲座结束，我便返回。

第二次见面，因朋友的引荐，我们才加了微信。坐在他旁边，得以细细观察他。他是典型的书生模样，不管走路，还是坐着，都很安静。静到你不知怎么开口和他交谈。他与朋友聊天，说些工作交接的事，我只在一边静听，几乎插不上几句话。

虽然加了微信，留了电话，但很长一段时间我们没有交流过。我以为，他也跟加了我微信的很多老师一样，只是个符号的存在，只是个岁月过往的留痕。

2020 年 3 月，我开始负责学校的公众号宣传。曾经一直在网站、博客、微信公众号中行走的我深知宣传的影响力，便一改过去微信公众号有新闻才宣传的频率为工作日每天 3 条，从不同角度全方位展现学校的新风新貌。半年时间，学校的工作不只得到了当地老百姓和领导的认可，也传播到省内外，校友们陆续投稿，国外的校友也投来关注的目光。

2020 年 8 月，薛耀军调动到临潼中学当校长。9 月开学，他让朋友打电话给我，说要到杨陵中学参观学习。我思量我们学校也是在发展阶段，他来学什么呀？怕只是问问而已。没想到他又亲自给我打电话，说派老师来跟岗，学习公众号宣传方面的经验。的确，因为我们学校公众号每日发得频率高，区内好几所学校也陆续申请，有些比我们做得更好更有影响。期间，也有其他几所学校领导带老师专门到宣传中心咨询。

跟薛校长谈好了时间，却因疫情阻扰，没能成行，我就跟他们编辑公众号的老师加了微信，直接从微信里给她讲解申请流程、操作流程。那个老师年轻，很容易就学会了。临潼中学的微信公众号于 2021 年 1 月 15 日开通。此后，这个公众号成为我关注薛校长、关注临潼教育的一个窗口。他们做得越来越顺，公众号的条数在增加，阅读量在加大，内容陆续创新，质量不断提升，特别是每周高三年级的简报，全校的师生家长能看到，各级领导也能看到。高三工作的细致与效率，浓缩在一张小小的简报中，便于阅读，一目了然，得到了社会各界的高度认可。

如今，打开临潼中学的微信公众号“服务”栏目，呈现出三个版块：“临中光影”“教海撷萃”“咨询发布”。每个版块又有更详细的分类。“临中光影”有“学校简介”“校园风光”“校长寄语”“获奖感言”“心悦读书”；“教海撷萃”有“教研地”“名校+”“德育园”“党史学习”“班级建设”；“咨询发布”有“校园动态”“特改动态”“最新通告”“圆梦高三”“学生风采”等。我不知这些版块是何时分出来的，是编辑老师的智慧，还是薛校长和他领导团队的智慧？我惊叹他们用不到三年的时间，将公众号打造得如此丰富与精致。可以肯定的一点是，如果没有薛校长的鼎力支持，这个公众号就很难坚持下来。

推行公众号期间，薛校长多次跟我提起，发布的内容有错别字之类，编排有不尽如人意之类；但又说，他们也不容易，不能因为这个小小的瑕疵打击教师们的工作积极性。现在看来，他的做法是对的。他善于进行班子团队建设，融洽领导之间的关系、教师之间的关系、师生之间的关系。他说，没有和谐的团队，领导再厉害，也不能创出一片新天地；要想有和谐的团队，一把手得先有容人之量与包人之心。薛校长是这样想的，也是这样做的。

建设临潼中学公众号的过程，也是我和薛校长彼此熟悉的过程。他觉得我能帮人，也善于帮人。通过朋友圈，他看到我的专业成长过程，对我取得的研究成果予以肯定。他走的是领导岗位发展之路，他的理想是办好一所学校、造福一方百姓。我是个普通老师，研究好每一篇文章、上好每一堂课、教好每一位学生是我的理想。但不管怎么走，我们两个人走着走着，都走出了属于自己的人生发展之路。

交流渐渐多了，薛校长便想着到我们学校参观学习。我一推再推，总觉得这是领导之间的事情，我来联络不合适。还有，我想着临潼中学交流应该去西安的名校，或者外地市的重点中学。我们学校当时还没有评上省示范，他来学习什么呢？最主要的是，怕暴露学校问题。但薛校长很执着，一天好几个电话催，我便给边会均校长汇报，校长也欣然同意，说是取长补短。

敲定时间后，却因为双方学校的模拟考试等事项耽误了下来，我心里一松，终于可以不搞活动了。我承认自己不具备这方面的组织协调能力，遇到这类事情总想退缩。没想到过完年，开学不久，薛校长又提起“交流”这个事情，还建议“同课异构”，开展课堂改革教学研讨活动。我看这次再也推不过去了，就踏踏实实跟领导沟通，商议活动方案，对接各个科室。因为是家乡中学的团队来听课，我便义不容辞地承担了公开课的任务。

2022年3月3日，薛校长带领临潼中学全体领导班子成员和语文、物理2名教师来到杨凌中学交流。活动既有两校教师推进小组建设、以生为本的课堂教学实践，又有两校领导关于课改经验高屋建瓴的精彩报告，是一次推进课堂改革、践行“课堂革命”的有益尝试。这次活动，让我对刚认识的薛校长刮目相看。最初在我印象里那个“冷”且“傲”的校长忽然变得生动起来，亲切起来，热情起来。

活动结束后，薛校长邀请杨陵中学前往临潼中学交流，但因为疫情等原因一直没有成行。2023年年初，薛校长打电话问我，搞一个三校联动的活动行不行。这一次，我爽快答应了。也许是受到他执着性格的影响，也许是受他做事风格的感染，凡事不能拖沓，说干就干。定下科目和交流的教师，他们很快做出了活动方案。2023年2月16日，我们学校领导及讲课教师10余人前往临潼中学，与阎良区关山中学等3所学校共同开展了以“交流课改经验，探讨教学策略”为主题的“同课异构”活动。临潼中学的课堂改革、校园文化、特色社团、精细化管理及内涵式发展都给我校领导和老师留下了深刻印象。他们的纸杯上印有办学理念，笔记本一打开就是办学理念，笔和U盘上都刻有“临潼区临潼中学”的字样。临走，还给所有参会的老师赠送了一套。这些都彰显着薛校长的办学风格。

薛校长到临潼中学就任后，就开始启动省示范化的创建工作。他一边抓教育教学质量，一边打造校园形象工程。到杨凌中学交流过后没几天，他让张副校长跟我沟通，询问杨中楼体颜色的型号。我发给他，他怕有色差，又派专门负责项目的领导开车到杨凌中学，细细比对颜色。生怕刷上去不好看，改起来费事。他就是这样，时时处处留意，走到哪里都能发现为建设学校能用的资源。

他亲自撰写楼体标语，发给我让我再斟酌。为一个字，我们在电话里商讨了一个多小时。学校每有创意之处，他便拍个照片给我看，征求我的意见。忙碌之余，写一首诗，写一段话，发来听听我的意见，他的这份信任让我倍感欣慰。

让我油然而生敬意的是，每年开学，他都会写一篇讲话稿发在公众号上，文字顺畅，情意恳切，寄语深重。我一读，就知道不是那种套路讲话、空话文章。高三学生疲累，他转一圈回到办公室，就着冬日的灯光，很快出手一篇激励学生的文章，身为老教师的我读之也倍感振奋，更不用说学生。几年下来，他的校长寄语也能结集成一个册子，字里行间充溢着他对学校的爱，对学生的牵挂，对教育事业的挚爱。他是一个领导，也是一个作家。领导的思维让他的发言理性而有条理，作家的思维让他的寄语充满浓郁的赤子情怀。

2023 年 3 月 20 日，我主持的省教育厅重点课题“杨凌语文校本课程开发的实践研究”开展研学活动。研学的基地在西北农林科技大学，研究的主体对象是中药材专家王渭玲。薛校长得知这个消息后，即刻让张哲副校长带领他们学校中医社团的几十名学生来到杨凌，跟着我们的学生一起参与活动。学生们跟着王教授辨识各种中药材，现场聆听王教授的讲座，不仅对西农大校园产生向往之情，也对中医的博大精深有了深入了解。研学只有两个小时，但往返路程花费的时间更长，更不要说这么多学生的花费。薛校长说，相比学生的收获与成长，这些都不算什么。

薛校长富有智慧，反应敏捷，行动迅速，善于利用有效资源，时时刻刻想着给教师学生提供学习机会，这与他一路走来坚持学习且学有所成密不可分。他借别人的光照亮自己前行的路，更愿意点亮自己的蜡烛，照亮别人前行的路。

2023 年 7 月，临潼中学创建省示范化成功通过，薛校长没有停止奋斗的脚步，稳步跻身于西安市“名校长 +”发展的行列。他阔步前行，孜孜以求，又带着他的团队朝更高更远的目标前行。

记得有谁说过，慢热型的人值得用心交往。他们懂得交与自己合拍、高质量的朋友。他们所交的朋友，一定是他们所喜欢的、所在意的、真心相待的。他们不会伪装自己，不会为了取悦别人而随风摇摆。于今算来，我和薛校长的交往已经 4 年了，从开始的很少沟通，到现在的无话不交流，也算是我跟一个慢热型人交往的成功尝试。薛校长慢热的烛光，就这样悠悠地照到了杨凌，让我收获到明媚的暖意，让我看到家乡教育的希望之光……

高凤香
2024 年 2 月 7 日

高凤香，陕西临潼人。陕西省特级教师，陕西省正高级教师，现供职于陕西省杨陵区高级中学。杨凌示范区文联副主席、作家协会主席，《杨凌文苑》副主编，政协杨陵区第十届委员，宝鸡文理学院硕士生校外导师。中国作家协会会员，陕西省“百优”作家。作品发表于《人民文学》《作品》《美文》《青海湖》《雪莲》《黄河文学》《山东文学》《延河》《延安文学》等省内外报刊。出版散文集、纪实文学、教学论文等专著9部。散文《淡化抑或消散》获中国首届网络文学大赛散文大奖，散文集《温一壶月光》、纪实文学《精耕记》分别获第二届、第五届叶圣陶教师文学奖，散文集《他说，寂寞》获孙犁散文奖，散文集《栖息地》获第三届丝路散文奖。

后　记

我有一个梦想

我曾经有过好多梦想，有些都不好意思说。30 年前刚参加工作的时候，被分配到偏远乡下的一所村办小学，由于离家较远，当时又没有便利的交通工具，有的只是一辆破旧自行车来回颠簸，非常不方便，没办法我只能住校。所谓住校也没有像样的宿舍，就是在办公室里靠窗的地方放两个长条凳，在上面架上几张高低不平的木板，就是一张床了，晚上睡上去垫得人难受。这都不说，关键是一墙之隔就是村里的公坟地，晚上猫头鹰叫个不停，叫得人心里瘆得慌。那时，我的梦想就是调到交通方便、较为繁华的街镇中学教书。后来到了镇初中，教英语，带班主任，当教研组长，激情澎湃，斗志昂扬，不知疲倦地埋头苦干，一晃五年过去了。五年以来，在跟城区教师无数次同台竞技且不输他们的情况下，我又有了一个梦想，那就是到临潼县城去教书，成为一名城里老师。为此，我放弃周末休息，放弃寒暑假休息，通过函授自考等形式，将我的起始高中专文凭从大专、本科一直提升到陕师大的研究生学历。期间的苦楚只有我知道，记得暑假复习备考，房子没有风扇更没有空调，有的只是天花板上老鼠来回跑动的声音以及满屋子里赶也赶不走的蚊蝇。但因为有梦想，我并不觉得苦，我热爱读书的习惯也是在那时形成的。其实人有时候应该感谢苦难，唯有苦难才能使人头脑清醒、目标明确。

就在我努力为做一个好老师学习备战的时候，我迎来了人生的第一个转折点。我所在的相桥初中由于领导青黄不接，在几乎无人竞争的情况下，我有幸做了教务主任，也算是领导了。从此我更加努力，以校为家，以苦为乐，由于出色表现加之老校长的赏识，过了没有几年我便被推荐当了校长，在当时应该说是全区最年轻的中学校长了，时年30出头吧。在校长任上干了一段时间，有一天偶然翻看我高中时期的老照片时，心里不免一惊，当下反问自己，当校长意味着什么，怎样才是一个好校长？为什么会问这样的问题，是因为我对自己上学时的高中极为不满，那时学校管理混乱，晚自习时经常会有社会闲散人员到教室里光着膀子耀武扬威甚至殴打学生。我自幼胆小，遇此情况更是战战兢兢，生怕挨揍，所以也就无心专注学习。加之我们班一会儿没有语文老师，一会儿又没有物理老师，更可气的是一些学科经常变换老师，搞得我难以适应。我们那一级高考近500多名学生最后只考上了一个大专。我当时就埋怨学校，为啥不管？为啥不抓？现在，我当了校长了，兴奋之后、惶恐之余我感到责任重大，我再也不能像我们那时的校长了，要当校长就要当一个真正的好校长，为学生未来成长发展负责的好校长。带着这样的想法，每到一处学校，我都尽心尽力，殚精竭虑，生怕因我而贻误学生的美好前程。

最初我在乡下当初中校长，而后又到乡下当高中校长。在乡下初中当校长的时候我所在的学校中考质量在全区名列前茅；在乡下高中当校长的时候，因生源较差的缘故虽未在高考绝对数量上取得重大突破，但我抓住高中新课改的机遇，转变教育观念，更新教育理念，大力推行新课程改革，使课改走在了全区前列。因此，当时局里把新课改现场会放在了我所在的马额高中。记得时任局长当着几个城区校长的面说：“你们要反思一下，为什么新课改现场会没有放在你们城区学校，而是放在了偏远的马额中学？”我当时听了局长的夸奖后，其得意之情可想而知。从那时起，我就有了在城区当校长的梦想。2009年，我迎来了一个前所未有的机会，教育局有关领导透露说想让我去华清中学担任校长，当时，我信以为真，进而踌躇满志，把华清中学权剑琴老校长写的几本书仔仔细细地研读了一遍，又对华清中学的前世今生做了我自认为比较充分的调研，并在心中制定了一幅华清中学未来发展的蓝图——那就是依托临潼秦唐文化底蕴把华清中学打造成依山而建的中国第一个仿古建筑样貌的书院式校园，并借力兵马俑、华清池等名胜古迹，让华清中学走出临潼、走出西安、走出陕西、走向全国。当然，梦想终归是梦想，由于各种原因，我未能担任华清中学校长，只是做了主管高中部的副校长，从此，我的职业生涯跌入低谷。

好在后来时任局长为了不埋没我，在他离任前，在我担任华清中学副职六年后的2016年，再次任命我到雨金高中担任校长。在雨金中学的四年半里，我锐意改革，狠抓管理，提升质量，使得雨金中学在区局质量评估中多次获奖。尽管如此，我仍觉得没有实现我在马额高中时就产生的办一所名校的梦想。2020年8月，我终于迎来了自己职业生涯的重要转折点，局里任命我到临潼中学担任校长，这对于我来说，的确是梦想成真的开始。到城区当校长，表面看来是“洋火”事情，但其实是双肩的责任更大更重了。记得现任局长在我任前谈话时对我说：“你到临潼中学，最重要的一件事就是要把临潼中学创建成为省级示范学校。”以我的清高自负，当时想都没有想就说：“保证完成任务！”现在想来，真是后怕，要是三年创建不了呢，那还有今天我对创建省级示范工作的回归和总结吗？当然没有！好在我是一个永远不服输的人，宁可挣死牛也绝不会停下车，任何千难万险横在我面前我都无所畏惧，我相信人间正道是沧桑，但我更相信风雨之后定见彩虹。

但你知道，对于临潼中学创建省级示范我为什么会后怕吗？

因为我来以前，对临潼中学的实际情况多多少少还是有所了解的，而且以我在华清中学创建省示范（2014年华清中学创建省级示范的时候，我牵头创建工作）的经验来看，临潼中学要想成功创建省级示范高中，那简直是天方夜谭。为什么是天方夜谭？因为对照省示范标准，临潼中学的差距不是一般的大，这样一所学校，正常发展尚且需要加倍努力，要想创建省级示范那更是难于登天。加之临潼中学近4000万元的沉重债务拖得各项事务举步维艰，如此情状保持学校基本的水电运营都很困难，谈需要投资、需要提升才能创建成功的省级示范不是天方夜谭是什么？但是，向来自负且以教育内行自居的我，碍于面子，还是硬着头皮爽快地答应了局长，但我真的没有十足的把握保证在三年内能成功创建。庆幸的是，天道酬勤，经过全体师生三年的团结奋战，我们最终创建成功了，所有人放下了那颗忐忑不安的心。

回首我们的创建历程，可谓历经艰辛，百折千回。据说，临潼中学第一次启动创建是在2013年，2015年又启动了第二次，2018年启动了第三次，但由于各种各样的原因，创建省级示范高中的工作还是一再被搁置，可见创建工作难度之大。2020年，我到临潼中学后再一次吹响全面创建省级示范高中的号角，把创建省级示范高中工作摆在了优先发展的位置，提在了实现临潼中学跨越式转型发展的高度，势在必行，势在必创！记得我在班子会上说，要再次启动创建省级示范任务的时候，有个副校长对我说，现在尽量不要提创建工作，因为，狼来了狼来了，喊了多年了，教师们都已无感甚至反感了。但我不信这个邪，我坚信临潼中学教师的品质是优秀的，只要我真心真意地想干实事、干好事，他们会全力支持我的。他们之所以反感创建工作，不是反感创建本身，而是反感我们领导集体说而不做、做而敷衍的作风。只要我们领导集体敢于直面问题，勇于解决问题，我想我们广大教师是有良知的，都是希望学校好的，都会为学校的发展贡献自己的力量。我说这话，绝不是毫无根据，而是我在深入了解了学校精神传承的基础上，科学判断出来的，因为我们学校有"厚德图强"这个精神法宝。有了这个法宝我们就不会有办不成的事。正是受这个精神的影响，在创建过程当中，无论遇到何种困难，我都没有选择退缩与放弃，我坚信"有志者、事竟成，破釜沉舟，百二秦关终属楚；苦心人、天不负，卧薪尝胆，三千越甲可吞吴"。

创建是一个庞大的系统工程，光靠我一人之力，肯定是不可创建成功的。所以，我特别感谢我们临潼中学的管理团队，这一群可敬可爱而又战力充沛的局管干部和后备干部。在创建之初，相当一部分人对此不抱希望，大部分人更是漠不关心，这种情况下唯有领导集体冲锋在前、吃苦在前、加班在前，才能带领我们的广大师生心往一处想、劲往一处使地共同完成创建工作。创建项目由邓光辉同志负责，他尽心尽力，丝毫不懈怠，尽管还肩负着 2023 届高三工作，但他从不谈条件讲困难，把各项工作打理得井井有条。创建办公室主任王金玲同志，具体负责创建资料的收集整理工作，可以说是任务最重、难度最大，但她硬是凭着超强的意志力，条分缕析，把上万份资料归纳整理得恰到好处，赢得了迎验专家的高度好评。任俊伟同志主管德育工作，他带领自己的团队，在打造九鼎德育、特色社团活动、多彩阳光活动等方面，竭心尽力，不辱使命。雒昭同志，在编写校本教材、组织特色社团活动当中，跑前跑后，校内校外联系这个联系那个，做出了成绩，锻炼了自己。张哲同志主管后勤工作，他和孙旭主任在改善校容校貌、工程基建、部室建设等方面做了大量工作。孙旭同志一度眼疾复发，严重到看不见东西的程度，但他不愿请假，连续三个暑假冒着酷暑坚守在学校，建设学校，无不令人动容。宋小彬同志和汪永刚同志在特色课堂建设、书香校园打造、"1+N"办学模式构建等方面也做出了巨大贡献。邢鑫同志负责省示范验收汇报材料准备和省市领导及验收专家组接待两项工作，这两项工作，事关验收成败的最后一公里，不可谓不重要，但邢鑫同志在重大问题上、重要节点上、关键环节上，都表现出了非常之智慧，圆满完成了学校交办的各项工作。当然还有其他同志，比如黄昕老师、胡慧珍老师、南征老师、杨帆老师、刘娜老师、石焕梅老师、李莉莉老师、李小锋老师、孙向峰老师、李建革老师、曹小燕老师、李江老师、孙晓敏老师、李杜杜老师、雷小玲老师、刘欢欢老师、赵超产老师、赵静老师、郑立艳老师、田战旗老师以及我们的全体班主任老师，等等。他们服从命令、听从指挥，敢于担当、勇于创新，任劳任怨、无私奉献，在他们各自的岗位上做出了不平凡的贡献，为创建示范尽了最大的努力。在这里，我不再一一罗列他们的创建事迹了。

前面说过，创建是一个庞大的系统工程，它不仅需要我们的特色课堂、书香校园、九鼎德育、“1+N”办学模式等发展特色的支撑，更需要用质量作为托底的支撑，没有了质量，示范何以为示范？缺少了质量的示范，是没有灵魂的示范，是徒有虚表的示范，是绝对没有说服力的示范。所以，在这里我们要感谢宋小彬校长带领的2022届高三团队，在创建省级示范这个关键时刻，使我校的教学质量提升到了一个里程碑式的高度：本科升学率自建校以来首次突破90%大关。质量兴，则学校兴；质量强，则示范强。

创建也是一个涉及方方面面的复杂工程，离开了领导的支持，是万万不能的。最不能让人忘怀的是2022年假期，市局刘红局长来学校调研创建工作时的情景：在看到学校到处都在改造提升，轰轰烈烈地进行创建时，她非常激动；随后在会议室反馈调研情况时，看到我们领导班子饱满的精神状态和势在必创的强烈自信时，她非常感动，当即表示要向临潼中学提供最大程度的帮助。后来，创建省示范急需的1000多万改造提升资金都是市局给拨付的。在创建期间，省厅时任赵建林厅长、市局李红雨局长等领导以及有关专家也多次来临潼中学调研指导，给学校创建工作注入了强大动力。可以说没有领导的正确指导和全力助推，我们的创建工作不可能如此高效顺利地完成。

三年来，为了完成创建工作，我积极加强对外交流与沟通，不断争取社会各界的广泛支持。社会贤达为学校捐款捐物，人大代表、政协委员为学校献言献策，友好媒体宣传学校发展特色、为学校发展鼓与呼，等等。这些都为学校的成功创建起到了添砖加瓦甚至是雪中送炭的作用。在这里，我要说明的一点是，社会各界之所以能够关注学校发展，与我们学校宣传中心三年以来持之以恒的努力工作是分不开的，在此，让我对为宣传撰稿的老师们以及负责编辑的高红利老师表示衷心的感谢，感谢她们用如椽之笔镌刻了前程似锦的临潼中学。

最后，我们还要真诚感谢省示范验收组的专家们，他们严谨的工作作风，渊博的学识学养，谦和的处事风格，给我们留下了深刻的印象。感谢他们在验收过程中给我们提出的宝贵意见和建议，这些意见建议必将成为我们改进工作提升质量的突破口，必将使我们学校的发展更上层楼。

如今，尽管创建成功了，具体的创建工作也暂时告一段落，但正如验收专家组组长邵国希院长说的那样，创建永远在路上！当前的创建成功，只能说明我们的学校看起来像一个省示范了，但要真正使我们自己说服自己，说我们学校绝对是当之无愧的省级示范，并在西安教育的大盘子里取得一席之地，那还需要我们学校每个人继续付出艰辛的努力，有不断提升自我素质的勇气和自信，更需要我们每个人永远保持清醒的头脑，戒骄戒躁，不断精进，勇毅前行。

为了能让我们创建省示范这个案例给其他想创建省示范的兄弟学校提供借鉴，我选取了创建省示范需要关注和加强的几个重要方面，并编辑成册。这里特别需要说明的是，我们无意吹捧自己，我们清醒地知道我们学校的位置和实力，之所以做这项工作，无非是想通过总结反思加以自省自励罢了。

创建省级示范，不是临潼中学的终极目标，办出人民满意的特色品牌强校、名校，才是我们的奋斗目标。到那时，才算是真正实现了我的名校梦想，如此，也不枉活一世，也对得起先人！

是为后记！

薛耀军

2024 年 2 月 13 日于临潼中学